当代资本主义专题研究

刘　儒◎主编

红旗出版社

图书在版编目（CIP）数据

当代资本主义专题研究 / 刘儒主编. -- 北京 : 红旗出版社, 2020.3

ISBN 978-7-5051-4968-7

Ⅰ. ①当… Ⅱ. ①刘… Ⅲ. ①资本主义—研究—现代 Ⅳ. ①D033.3

中国版本图书馆CIP数据核字（2019）第226467号

书　　名　当代资本主义专题研究
主　　编　刘　儒
出 品 人　唐中祥　　　　责任编辑　朱小玲
出　　版　红旗出版社　　内文设计　张　敏
邮政编码　100727　　　　地　　址　北京市沙滩北街2号
编 辑 部　010-57274497
发　　行　北京华景时代文化传媒有限公司　电　话　010-83638610
印　　刷　北京文昌阁彩色印刷有限责任公司
开　　本　710毫米×1000毫米　1/16
字　　数　370千字　　　　印　　张　27
版　　次　2020年3月北京第1版　　印　　次　2020年3月北京第1次印刷
ISBN 978-7-5051-4968-7　　定　　价　78.00元

目　录

第五章 当代资本主义的社会保障制度

第一章

导论——当代资本主义及其新变化

第二次世界大战（以下简称二战）以来，资本主义发生了一系列新的变化。全面深入研究当代资本主义在生产力和生产关系、经济基础和上层建筑各个方面的新变化，科学认识当代资本主义的新变化并揭示其对社会主义的影响，是当代资本主义研究的重要内容。

第一节　当代资本主义及其发展

一、当代资本主义的一般含义

当代资本主义，是一个时空范围确定的概念。要准确地把握当代资本主义的一般含义，就必须从时间、空间和发展阶段三个维度进行全面解读。

首先，从时间上来说，当代资本主义指的是二战结束以来的资本主义。这一时期的资本主义与19世纪古典资本主义在经济、政治和社会生活方面都呈现出明显的不同。两次世界大战之间的变化被视为从后者向前者转变的一种过渡。当代资本主义，是在时间上笼统地把二战后的资本主义视为一个发展阶段。

其次，从空间上来说，当代资本主义包括全球范围的资本主义，既包括起步早、发展快、现代化程度较高的发达资本主义国家，也包括走上资本主义道路不久、现代化程度较低的发展中资本主义国家。当今全球200多个国家中，除了30多个发达资本主义国家和几个社会主义国家，大都属于发展中资本主义国家。虽然发达资本主义国家的数量不多，但它们的过去承载着资本主义的历史，它们的现实反映着资本主义发展的趋势，它们的实践提供了更多的现代化建设的经验教训。

最后，从发展阶段来看，当代资本主义就是处于国家垄断阶段的资本主义。二战以后，资本主义出现了不同于一般垄断资本主义（私人垄断资本主义）阶段的新特征，如凯恩斯主义成为主流经济学、国家职能空前加强、国家垄断资本获得明显发展等，使资本主义由一般垄断资本主义发展为国家垄断资本主义。

因此，当代资本主义不仅仅是一个时间概念，更重要的是表明资本主义在过去基础上的发展和变化，表明它进入新的发展阶段。一般而言，当代资本主义主要是指自二战结束以来西方发达国家的国家垄断资本主义。

二、当代资本主义的形成与发展

马克思指出："资本主义社会的经济结构是从封建社会的经济结构中产生的。后者的解体使前者的要素得到解放。"① 虽然资本主义关系早在14—15世纪已萌芽于西欧若干城市（地中海沿岸），但"资本主义时代是从16世纪才开始的"②。15世纪到18世纪中叶的第一次工业革命，约300年，是资本主义在封建社会母体内孕育、萌生并取代封建主义的阶段，也就是由商业资本主义、重商资本主义向工业资本主义、自由资本主义的转变阶段。在从封建社会向资本主义推进的这一过渡时期，15世纪末到16世纪初的地理大发现起了非常重要的作用。正如马克思所说："美洲的发现、绕过非洲的航行，给新兴的资产阶级开辟了新天地。东印度和中国的市场、美洲的殖民化、对殖民地的贸易、交换手段和一般商品的增加，使商业、航海业和工业空前高涨，因而使正在崩溃的封建社会内部的革命因素迅速发展。"③ 以蒸汽机的发明及其在工业和运输业上的广泛使用为标志的第一次工业革命，更是推动了资本主义生产方式的变革。

18世纪中期以来，资本主义大致经历了以下三个发展阶段：资本主义的自由竞争阶段、私人垄断资本主义阶段和国家垄断资本主义阶段。当代资本主义就是指二战后形成的国家垄断资本主义，是资本主义私有制在生产社

① 马克思：《资本论》第1卷，人民出版社2004年版，第822页。
② 马克思：《资本论》第1卷，人民出版社2004年版，第823页。
③ 《马克思恩格斯选集》第1卷，人民出版社2012年版，第401页。

会化发展的推动下所进行的调整和变革。国家垄断资本是资本的国家所有形式，是资本社会化的最高形式。

（一）自由竞争阶段

从18世纪60年代到19世纪70年代，是以自由竞争为特征的资本主义时代。在整个资本主义生命史中，这是一个不成熟的初级阶段，也是资本主义的上升时期。在这一时期中，从18世纪中后期到19世纪40年代，发生了以蒸汽机的发明和应用为标志的第一次工业革命，这次工业革命实现了自然力代替人力的变革，导致近代机器制造业的蓬勃兴起和交通运输业的革命性变革，使人类从工场手工业进入机器大工业时期，欧美发达国家普遍确立了自由竞争的资本主义生产方式。这一时期资本主义的基本经济特征主要表现为：自由竞争占据主导地位，工业资本占统治地位，商品输出是对外输出的主要形式，在对殖民地进行经济掠夺的同时，开始了对世界领土的瓜分和占领。自由竞争一方面刺激了资本家改进技术、提高劳动生产率的积极性，促进了资本主义的发展；另一方面也造成了商品生产者的两极分化，使生产的无政府状态日趋严重。自由竞争的结果是大资本吞并小资本，使生产和资本日益集中，从而加剧了资本主义的基本矛盾，必然导致周期性经济危机的爆发。

（二）私人垄断资本主义阶段

这一阶段从19世纪70年代到20世纪中叶的二战结束。在这一时期，发生了以电机的发明和电力的应用为标志的第二次工业革命，使人类从蒸汽时代进入电气化时代，内燃机、化学工业、钢铁技术等也获得了突破性进展，极大地推动了生产力的发展。与此同时，生产和资本迅速集中，垄断取代自由竞争成为全部经济生活的主要现象，资本主义从自由竞争发展到私人垄断阶段。这是资本主义发展并走向成熟的阶段，其主要特点是：生产力出现飞跃性发展；市场机制为垄断组织操纵，垄断取代了自由竞争，私人垄断成为社会经济结构的主体；资本社会化程度提高，大量的资本输出促进了生产和资本国际化；世界被帝国主义列强瓜分完毕，形成了以殖民体系为基础的国际经济关系格局。

（三）国家垄断资本主义阶段

19 世纪末 20 世纪初，自由竞争的资本主义转变为私人垄断资本主义的时候，国家垄断资本主义就产生了。但是，它在整个社会经济生活中占据统治地位，则是到了二战以后。在这一时期，发生了以原子能的利用、电子计算机的发明和广泛应用为标志的第三次工业革命，使主要资本主义国家进入电子化时代，生产的自动化和专业化程度大大提高，创造了巨大的劳动生产率，发达资本主义国家二战后 20 多年生产的产品，超过了过去 200 多年生产的产品的总和。1948 年至 1973 年，世界工业增长了 353%。因此，人们把这一时期称为“世界经济的黄金时代”。与科技革命和生产力的发展要求相适应，国家对社会经济的调节作用日益加大，私人垄断资本主义发展到了国家垄断资本主义阶段。国家垄断资本主义的基本特点是：垄断资本同国家政权结合在一起，国家的经济作用大大加强，国家直接干预经济生活的一切部门，以保障垄断资本的最大利润和资本主义制度的稳定。从生产资料所有制形式来看，国有成分有所扩大，这种现象在西欧最为明显。1972 年国有成分在国民经济中所占的比重，奥地利为 35%，法国为 33%，意大利为 30%，美国为 29%。当然，在垄断资本主义掌握政权的情况下，国家所有制只能为垄断资产阶级服务；从分配形式来看，国家通过预算，系统地、集中地掌握了很大一部分国民收入，大规模地进行国民收入再分配，这一份额大都占整个国民收入的 1/4 到 1/3。当然，国民收入的再分配，也是有利于资产阶级的，国家通过订货、收购、津贴、利息等方式使垄断集团的利润成倍增长；从各阶级和社会集团之间的关系来看，国家的“调控”作用日益增强，对劳资关系的干预越来越多。它们还从垄断组织的利益出发引导国家经济的发展，调解各个垄断组织之间的矛盾，避免国民经济失调。但即使在这一阶段，生产过剩的周期性经济危机，以及由此引起的政治危机依然存在。

三、当代资本主义发展变化的动因

二战后70多年来，在新科技革命、全球化浪潮和世界社会主义运动的影响下，资本主义在生产力和生产关系、经济基础和上层建筑各方面都发生了一系列新变化。这些变化不仅改变了东西方政治力量的对比和世界格局的走向，而且对社会主义的发展进程产生了广泛而深远的影响。对于当代资本主义纷繁复杂的新变化，我们有必要从理论上阐明导致这些变化的动因和趋势。

（一）科技革命为资本主义的全面调整提供了强大动力

20世纪70年代以来，在世界范围内掀起的新科技革命浪潮，是引发当代资本主义出现新变化的直接动因。可以说，当代资本主义出现的一切变化，都与科技革命有着密切的联系。新科技革命的影响首先表现为生产技术的革命和劳动生产力的大大提高，使得发达资本主义国家的生产社会化、国际化甚至全球化程度越来越高；生产社会化的进一步发展，使得生产社会化与资本主义私人所有制这一资本主义基本矛盾更加激化，迫使资本主义国家不得不对资本主义的所有制进行相应的调整和变革。新科技革命所创造的巨大动力，不仅为西方发达国家缓和社会矛盾奠定了雄厚的物质基础，而且为资本主义生产关系的调整提供了直接的动力。

纵观世界发展史，不难发现：哪个国家站在科技革命的潮头，率先吸收和利用科技进步的最新成果，其经济就迅猛发展，综合国力快速提升。18世纪60年代至19世纪70年代，在欧洲首先是英国发生了以蒸汽机的广泛应用为标志的第一次科技革命，又称“蒸汽革命”，人类从手工时代进入了蒸汽时代，实现了生产机械化。19 世纪 70 年代以来，以德国、美国为中心发生了以电力技术的广泛应用为标志的第二次工业革命，又称“电力革命”，人类从蒸汽时代进入了电力时代，实现了生产电气化。二战结束以来，始于美国的以电子技术的广泛应用为标志的新科技革命是第三次工业革命，又称“电子革命”，人类从电气时代进入了电子时代，实现了生产自动化。新科技革命经过 70 多年的发展，演变为以信息技术的广泛应用为标志的信息革命，使人类由工业经济社会进入信息经济社会。新科技革命的出现，使当代资本主义在生产力与生产关系、经济基础和上层建筑等领域都发生了重大变化。生产力的巨大发展和生产的社会化，对于狭隘的资本主义私有制日益增长的压力迫使资产阶级不得不在资产阶级内部可能的范围内越来越把生产力当作社会生产力来对待。资本主义社会中的股份制、托拉斯和国有制等就是在新技术革命推动下资本主义制度自我调节、改良或改善的产物。可以说，新科技革命既是当代资本主义新变化的重要表现，又是当代资本主义新变化的重要原因。

（二）战争的影响迫使资本主义进行自我调整

二战的影响极其深远，一方面，战争造成极大的经济破坏，需要进行恢复；另一方面，战争表明世界经济关系需要重新进行大调整。因此，二战结束后，改革与恢复成为世界经济的主题。各主要市场经济国家都在探求各自的改革方案。联邦德国形成社会市场经济，日本形成以政府为主导的市场经济，英国采取了国有化措施，法国则实行经济计划，美国沿袭罗斯福新政时期对经济干预的一些措施，形成混合经济。在二战期间和战后，国家对于经济生活干预和调节的理论和实践在发达资本主义国家普遍流行起来。这种自我调节、改良和改善表现在，国家运用财政、税收、货币、金融、预算等杠杆，乃至由国家直接出面主持重大项目、大规模采购商品以及支持银行、扶持企业等等，广泛介入生产、分配、交换和消费等再生产的各阶段，并遍布于生产力、生产关系和上层建筑等各个领域。

（三）周期性经济危机促使资本主义制度进行自我完善

周期性经济危机是资本主义基本矛盾的反映。在18、19世纪，资本主义国家的经济危机几乎每10年就发生一次，而20世纪30年代发生的资本主义世界性经济大危机，更使资本主义遭到致命的打击。当时美国总统罗斯福告诫资产阶级说："如果你们渴望保全自己，那就得实行改革。"后来，美国经济学家瑟罗作过这样的回顾："当1941年12月8日美国参加第二次大战时，实际上地球上只剩下美、英两个资本主义国家了，而英国已濒临军事失败的边缘。世界上所有其他国家，要么是法西斯国家，要么是共产主义国家，或者是第三世界的封建殖民地。20世纪20年代的金融危机和30年代的大萧条把资本主义制度带上灭绝的边缘。如今看来好似势不可挡的资本主义制度当时只要再错几步就会消亡。"① 正是这场史无前例的大危机，逼迫资产阶级反思和改进其社会经济发展模式和资本主义制度的固有弊端。

作为这种反思和改进的结果，西方国家采纳了凯恩斯的国家干预经济理论作为自由放任市场经济理论的补充，即采用"看得见的手"，不仅维持资本再生产的一般外部条件，而且渗入国民经济的一切领域，对国民经济的各部门和社会生产、再生产的各环节，进行广泛的调节和干预。如实行指导性的计划，对社会总供给和总需求进行宏观调控；采用税收、信贷、补贴或直接投资等手段，对某些经济部门或企业进行调控；通过双边或多边的经济政策，进行国际化的经济调节，以转嫁国内的经济困难和危机。特别是当经济危机到来时，西方国家就增加国家投资和消费，并通过财政、税收和金融政策刺激社会需求，以弥补私人投资与消费的不足，从而减缓经济危机对生产

① ［美］莱斯特·瑟罗著，周晓钟译：《资本主义的未来》，中国社会科学出版社1998年版，第5页。

力的破坏程度。

二战后西方国家为了维护垄断资产阶级的统治，保持社会稳定，还不得不采取一系列相应的措施来缓和阶级矛盾。譬如，通过工资决定形式的改变，缓和劳资矛盾；通过建立失业保障制度，防止产业后备军队伍的扩大；通过建立社会福利制度，减少社会冲突，缓和社会矛盾。到 20 世纪 90 年代末，西方国家每年通过税收集中起来的国民收入大约占国内生产总值的 1/3，其中欧盟国家已经接近 50%。在这部分集中起来的国民财富中，大约 50% 用于贫困救济、失业补贴、医疗补贴、养老金发放、教育等社会福利开支。公共支出在国内生产总值中所占比重，德国约为 47%—48%，法国为 51%，美国为 35%，日本为 33%。有的国家甚至还建立了所谓“从摇篮到坟墓”的社会福利保障体系。由于工人阶级和其他中下阶层的生活条件比二战前有了较大的改善，西方国家的阶级矛盾和阶级斗争在不同程度上有所缓和。

（四）西方发达国家利用不合理的国际关系盘剥落后国家获得巨大利润

由于历史的原因，当代西方发达国家拥有雄厚的实力和科技优势。它们凭借这些有利条件，通过技术垄断、不等价交换和资本输出等手段，在世界市场上大肆掠夺，攫取超额垄断利润。特别是二战后，西方列强依靠经济交往和文化渗透等新殖民主义手段，来维护并扩大它们在发展中国家侵占的各种利益，强化“中心”与“边缘”式的资本主义世界体系。而新科技革命和国家垄断资本、国际垄断资本的积聚，也使发达国家拥有更多的人力、物力和财力推行霸权主义和强权政治。当然，它们在使用经济和文化手段进行全球扩张的同时，还使用军事、政治的手段，给发展中国家施加压力和影响。这种不合理的国际经济政治秩序，不仅是发达国家剥削和掠夺发展中国家的重要工具，而且是维护西方国家经济增长和繁荣的重要因素。

尤其值得注意的是，西方发达国家利用金融资本的国际循环，加强对发展中国家的盘剥。据估计，1951—1973年，通过不平等的国际贸易，发达国家就剥削了发展中国家1000亿—1500亿美元。1980—1986年发达国家工业品价格提高了17.5%，而发展中国家的原材料价格却下降了35%。仅靠此手段，20世纪50—80年代，发达国家就从非洲、加勒比海和太平洋地区不发达国家赚取了2800多亿美元。进入20世纪90年代，发展中国家每年以1500亿—1600亿美元的速度向发达国家归还外债。20世纪90年代，美国经济之所以持续增长，原因之一就是无偿利用了巨额的世界资本。仅北约发动科索沃战争后的3个月内，从世界各地流入美国的资本就高达11000亿美元。资本流遍世界，利润流向西方，可以说是西方发达国家盘剥落后国家的生动写照。

（五）蓬勃兴起的社会主义运动为资本主义的改良提供了可资借鉴的经验

社会主义国家的出现，对资本主义来说，无疑是一个最有力的竞争对手。“铁血宰相”俾斯麦在德国建立社会保障制度时说，伤残和养老保险是“消除革命”的投资。20世纪上半叶风起云涌的社会主义运动对资本主义的调整和改良无疑发挥了巨大的影响。一方面，资本主义受到社会主义的威胁，不主动进行调整和改良就难以生存下去；另一方面，马克思主义的某些理论和社会主义国家的某些做法，也为资本主义进行调整和改良提供了借鉴。特别是经过20世纪30年代经济大危机的沉重打击，资本主义元气大伤，资本主义世界面临的形势异常严峻；加之二战后越来越多的国家加入社会主义阵营，资本主义和社会主义的对抗日益加剧，资本主义国家面对现实，不得不对自身存在的诸多问题进行调整和改良，以适应时代发展的要求和与社会主义竞争的需要。

从某种意义上说，西方国家加强对经济的干预和调控，由国家对公共服务项目进行直接投资，对国民收入进行不同程度的再分配，建立保障中下阶层利益的社会福利制度、保护公民平等受教育的权利等措施，既是资本主义国家工人阶级长期斗争的结果，也是马克思主义对资本主义的揭露和批判以及社会主义国家的示范作用所致。西方一些有识之士也不讳言资本主义对社会主义的学习和借鉴。日本一位学者说："第二次世界大战结束，出现了许多社会主义国家之后，西方和日本很注意研究马克思的《资本论》，并采取一条对策，就是凡社会主义国家有的福利，我们也都搞，而且要超过。"日本一些来华访问的企业家也承认，他们推行的"工人参与"和"自主管理"，就是学习中国的"鞍钢宪法"。一些西方学者还认为，资本主义在当代的发展，在很大程度上得益于马克思对它的批判。1991年11月，美国《华尔街日报》发表的《马克思主义的影响不容忽视》一文中写道："在美国、加拿大和西欧这些资本主义国家里，目前正在进行经济和社会问题辩论，人们所持的许多思想来源于马克思的著作。"就连布热津斯基也不得不承认："共产主义精髓的间接传播"对西方世界"对付经济和社会弊端的倾向日益流行"起了重要作用。2002年在伦敦召开的国际性"马克思主义论坛"年会的组织者认为，欧美发达国家至少从社会主义那里获得了以下有益成分：对经济实行有目的的计划管理和国家调节，国民收入的再分配考虑了社会福利的需要，出现了建立在不同形式基础上的劳动集体组织，建立在部分经济职能合作化基础上的个人经营活动，如销售合作组织、技术服务合作组织、农场主贷款合作机制。一些国家甚至还标榜自己具有某种社会主义的特征，尽管它们所说的社会主义与科学社会主义相去甚远。如德鲁克针对资本主义财富分配的一些变化断言："如果按照马克思下的定义，社会主义被界定为生产手段雇员所有制，那么美国已成为最'社会主义'的国家——同时仍然也是最'资本主义'的国家。"① 资本主义国家一方面拒斥马克思主义

① ［美］彼得·德鲁克著，张星岩译：《后资本主义社会》，上海译文出版社1998年版，第6页。

理论和社会主义制度，另一方面又吸收马克思主义的某些思想和社会主义国家的某些做法。所有这些对当代资本主义的调整和改良起了相当大的作用。

第二节　当代资本主义的新变化

当代资本主义的新变化，指的是二战结束以来资本主义发生的新变化。二战后 70 多年来，在新科技革命、国家干预主义和社会主义运动的影响下，资本主义在生产力和生产关系、经济基础和上层建筑各方面都发生了一系列新变化，如资本主义经济快速和相对稳定的发展、生产资料所有制和资本占有形式出现了社会化、分配关系出现了兼顾公平、社会福利和社会保障制度日益健全、劳资关系出现改善的特点、社会阶层和阶级结构出现了复杂化的特点等。梳理和分析当代资本主义这些新变化，有利于我们科学认识当代资本主义的新变化及其影响，有助于深刻认识社会主义，推进社会主义建设。

一、经济运行和经济调控的新变化

二战之后，伴随新科技革命的崛起、深化和发展以及国家对于经济生活的调节和管理的普遍流行，资本主义在经济运行和经济发展方面出现了诸多新变化，大大推动了资本主义国家生产力的快速与稳定发展。

（一）新科技革命是资本主义国家生产力和经济快速发展的直接动因

第三次新科技革命是资本主义国家生产力和经济快速发展的直接动因。

其一，它促进生产力本身各要素产生巨大变化，使得机器生产由手工操作向自动化方向转变，形成可以提高生产力的新的机器体系；其二，新科技革命使得作为劳动对象的原料发生革命性的变化，大量由人工合成的新材料层出不穷，大大拓展了人类利用自然资源的范围和程度；其三，新科技革命对于劳动者的科学素质、劳动技能、创造才能，及其积极性、主动性和创造性的发挥，提出了前所未有的高标准、高要求，使得劳动者的技能和劳动熟练程度在新科技革命的推动下获得大幅提高；其四，新科技革命下的自动化和现代化生产促进经营管理水平的大大提高。正是新科技革命带来的生产力各要素的重大变化和提高，二战后的资本主义国家在经过了战后的恢复和调整阶段之后，在 20 世纪 50 年代初期社会生产力就迅猛地发展起来，其中最为典型的是 1953 —1972 年期间，被称为资本主义的“黄金时代”，各发达资本主义国家的经济普遍、持续地高速增长。

据经济合作和发展组织的统计材料，在 1953 —1962 年和 1963 —1972 年的两个 10 年期间，各主要资本主义国家国内生产总值年均增长率：美国为 2.8% 和 4.0%，日本为 8.7% 和 10.4%，联邦德国为 6.8% 和 4.6%，英国为 2.7% 和 2.8%，法国为 5.1% 和 5.5%，意大利为 5.8% 和 4.7%，加拿大为 4.2% 和 5.5%，各发达资本主义国家年均经济增长率为 5.5%。在长达 20 多年的历史时期里，这样一种年均增长率在资本主义发展历史上也是无与伦比的。

新科技革命对于二战后资本主义国家经济发展的推动，还表现在科学技术对于经济增长的巨大且日益增长的贡献率。据世界银行 1991 年《世界发展报告》估算，美国科技进步对于经济增长的贡献，1929 —1947 年占 31%，1948 —1973 年占 33%，而在到 20 世纪 80 年代中期为止的 10 年中占 40%；日本科技进步对经济增长的贡献，在 1956 —1964 年占 48.5%，到 20 世纪 80 年代提高到约 60%。有关数据资料统计，二战后西方发达国家经济增长的 70% 和 80% 来源于科技革命所带来的知识创新和科技创新。正是因为高科技发展使资本主义国家摆脱了70年代的经济滞胀状态。20世纪90年代的所谓“新经济”带给资本主义国家的经济相对繁荣，在很大程度上离不开科学技术的突破性进展。据统计，2013年美国、日本等主要发达国家的科技贡献率已经达到80%左右。

（二）国家对经济生活的调节与干预，促进了资本主义经济快速发展

自由资本主义时代，国家在社会中扮演的是“守夜人”的角色，因为在当时占统治地位的自由放任主义思想认为，在市场这只“看不见的手”的完善调节下，供给能够自动创造需求，资本主义能够实现均衡发展，既不会产生普遍的生产过剩危机，也不会存在失业，因此，国家干预是不必要的。进入20世纪后，传统的自由经济体制面临着重大挑战，垄断的产生和加剧、战争以及经济大危机的发生，使得自由经济已无法正常运行。尤其是1929—1933年出现的经济大萧条，使得资本主义经济受到了沉重打击，而随后爆发的二战更是雪上加霜，主要资本主义国家的经济急需调整和恢复。在这一背景下，倡导自由放任主义的经济理论走向衰落，而反对自由放任和主张国家干预的凯恩斯主义应运而生。

▶ 相关链接 1-1　经济学家关于市场与政府关系的论述

“确实，他通常既不打算促进公共的利益，也不知道他自己是在什么程度上促进那种利益。由于宁愿投资支持国内产业而不支持国外产业，他只是盘算他自己的安全；由于他管理产业的方式目的在于使其生产物的价值能达到最大程度，他所盘算的也只是他自己的利益。在这场合，像在其他场合一样，他受着一只看不见的手的指导，去尽力达到一个并非他本意想要达到的目的。也并不因为事非出于本意，就对社会有害。他追求自己的利益，往往使他能比在

真正出于本意的情况下更有效地促进社会的利益。”①

“如果政治家企图指导私人应如何运用他们的资本，那不仅是自寻烦恼地去注意最不需注意的问题，而且是僭取一种不能放心地委托给任何个人、也不能放心地委之于任何委员会或参议院的权力。把这种权力交给一个大言不惭地、荒唐地自认为有资格行使的人，是再危险也没有了。”②

“扩大政府职能……恐怕会被认为是对个人主义的极大侵犯。相反，我为它辩护，这不仅是避免现存的经济形态完全毁灭的唯一切实可行的办法，而且是使个人主动精神成功地发挥作用的必要条件。”③

二战结束至20世纪70年代，主要资本主义国家大多将凯恩斯主义奉为圭臬。在凯恩斯主义理论的指导下，各国纷纷加强对经济的干预和调控，这不仅使国家垄断资本主义获得极大发展，也对资本主义国家经济的运行产生了重大影响。主要表现在：资本主义国家的经济增长迅速；经济平稳发展，经济波动幅度和频率变缓。各国通过经济计划、财政政策、货币政策和收入政策等手段，在经济萧条时采用膨胀型政策，扩大需求以刺激经济复苏；在经济过热的情况下，采取紧缩性政策，防止需求过分膨胀。这在一定程度上缓解了资本主义的基本矛盾（个别企业内部生产的有组织性和整个社会生产的无政府状态之间的矛盾；资本主义生产无限扩大的趋势同劳动人民有支付

① ［英］亚当·斯密著，郭大力、王亚南译：《国民财富的性质和原因的研究》下卷，商务印书馆1974年版，第27页。

② ［英］亚当·斯密著，郭大力、王亚南译：《国民财富的性质和原因的研究》下卷，商务印书馆1974年版，第27—28页。

③ ［英］凯恩斯著，徐毓枬译：《就业利息和货币通论》，生活·读书·新知三联书店1957年版，第323—324页。

能力需求相对缩小之间的矛盾），避免了生产的无政府状态，使得经济发展比较平稳，过大的经济危机得以避免。在 20 世纪 50 年代，美国经历了两次国内生产总值的下降，而西欧则在 1952 年和 1958 年出现两次衰退，但每次下降和衰退的程度都比较轻，并且在衰退之后都出现了更高的经济增长率。在 1973 —1975 年的经济危机中，美国的生产下降幅度和失业率分别为 15.3% 和 9.1%，联邦德国为 12.9% 和 5.1%；而在 1929 —1933 年的经济危机中，美国这两项分别为 46.2% 和 24.9%，联邦德国为 40.6% 和 50%。

二、生产资料所有制和资本占有形式的新变化

二战后，新科技革命使得生产社会化程度不断提高，要求与之相适应的生产所有制和资本占有形式的社会化。

（一）资本主义私人占有制向社会占有制形式转变

1. 个体资本所有制

在资本主义发展初期，个体资本所有制是占主导地位的所有制形式。在这种所有制中，生产资料的经济上的所有权与法律上的所有权是一致的，所有权与控制权统一于资本家自身。

2. 私人股份资本所有制

19 世纪中叶以后，随着股份公司成为主要的企业组织形式，私人股份资本所有制取代个体资本所有制成为占主导地位的所有制形式，公司成为主要的企业组织形式。私人股份资本所有制是一种私人资本家联合占有生产资料的所有制形式，其特点是资本占有主体多元化，而资本的使用具有整体性。在这种所有制中，作为资本所有制的股东，仅凭所有权凭证即股票，就能以股息的形式得到一部分剩余价值，整个股份资本由职业经理人直接管理和控制，生产资料的经济上的所有权与法律上的所有权发生分离，所有权与控制权不再统一。

股份公司的出现，在短期内把社会分散的资金结合成一个庞大的资本，从而克服了单个资本积累的有限性，成为促进生产力发展的有力杠杆。正如马克思所说，股份公司的成立，使“生产规模惊人地扩大了，个别资本不可能建立的企业出现了”。“假如必须等待积累使某些单个资本增长到能够修建铁路的程度，那么恐怕直到今天世界上还没有铁路。但是，集中通过股份公司转瞬之间就把这件事完成了。”①

关于资本主义国家股份制的性质，马克思指出：“那种本身建立在社会生产方式的基础上并以生产资料和劳动力的社会集中为前提的资本，在这里直接取得了社会资本（即那些直接联合起来的个人的资本）的形式，而与私人资本相对立，并且它的企业也表现为社会企业，而与私人企业相对立，这是作为私人财产的资本在资本主义生产方式本身范围内的扬弃。”②

▶ 相关链接 1-2　二战后资本主义国家私人股份资本所有制快速发展

二战之后，西方资本主义国家的许多企业，在适用于生产社会化与科技革命对资金的大量需求中，实现了股权的分散化。

以美国为例，1920 年时美国持有企业股票的人仅占总人口的 1%；1953 年直接持有股票的人达 649 万人，占总人口的 4.2%；1985 年为 4704 万人，占总人口的 20.1%，劳动力的 40%；1989 年，美国直接、间接持股的家庭占全国家庭的 32%；到了 1996 年，美国的直接、间接持股者，已占成年人口的 43%。

此外，股份公司是美国二战以来占统治地位的企业组织形式。二战结束以来，美国工商业仍倾向于股份公司形式，无论从企业数量、销售额还是净收入来看，股份公司的比重都在逐渐增长。

---

① 《马克思恩格斯选集》第 2 卷，人民出版社 2012 年版，第 566、283 页。

② 《马克思恩格斯选集》第 2 卷，人民出版社 2012 年版，第 567 页。

1960 年至 1980 年，股份公司数量增长了 1.4 倍，销售额增长了 6.5 倍，净收入增长了 4.4 倍；同期，独资企业和合伙企业相应指标则增长了 40.4%、2.2 倍和 1.2 倍。

1980 年美国总共有 1679 万家企业，其中独资企业和合伙企业有 1408 万家，占 84%；股份公司有 271 万家，占 16%。

从数量上说，美国是小企业的天下；但是从销售额和净收入来看，股份公司则占绝对优势，股份公司的销售额和净收入分别占总额的 88.9% 和 79.1%。

资料来源：徐崇温：《当代资本主义新变化》，重庆出版社 2004 年版，第 285 页。

3. 法人资本所有制

二战后，资本主义所有制发生了新的变化，其中之一是法人资本所有制崛起并成为居主导地位的资本所有制形式。法人资本所有制是法人股东化的产物，其基本特点是：各类法人取代个人或家族股东成为企业的主要出资人，企业的股票高度集中于少数法人股东手中，法人股东直接参与公司治理，监督和制约管理阶层的经营行为，使公司资本的所有权与控制权重新趋于合一。法人资本所有制有两种形式：一种是企业法人资本所有制，另一种是机构法人（机关法人、事业单位法人和社会团体法人）资本所有制。法人资本所有制在性质上是一种基于资本雇佣劳动的垄断资本集体所有制，它仍体现着资本剥削雇佣劳动的关系。

（二）国家资本所有制即国有经济迅速发展

发达资本主义国家生产资料私有制的主流一直是私人垄断企业，但在二战后资产阶级为了缓解国内外尖锐的矛盾对立，对资本主义私有制进行了扬弃，各主要资本主义国家生产资料国有化浪潮此起彼伏，国有经济在国民经济要害部门逐步取得统治地位。

国家资本所有制指生产资料由国家占有并服务于垄断资本的所有制形式。其主要特点是，国家作为出资人，拥有国有企业的所有权和控制权，国有企业的重要职能是推行政府的社会政策和经济政策，为私人垄断资本的发展提供服务和保障。国家资本所有制就其性质而言，仍然是资本主义形式，体现着总资本家剥削劳动者的关系。

▶ 相关链接 1-3　二战后资本主义国家国有经济迅猛发展

二战之后，在西欧一些主要的资本主义国家，如英、法等国，都先后出现过两次国有化浪潮。

英国在 1945—1951 年艾德礼工党政府期间出现的国有化浪潮，曾使国有经济席卷了整个采煤、造船、电力、煤气、铁路、邮政、电讯等行业，在钢铁、航空等行业中达到 75%；而在 1974 年威尔逊工党政府期间，又以大型制造业公司，如英国莱兰汽车公司那样的尖端工业公司、飞机和导弹制造公司、最大的机床制造厂、艾尔福雷德·赫伯特公司等等为对象，掀起第二次国有化浪潮，并新建了英国航空空间公司。

法国则在 1944—1946 年戴高乐执政期间，为了恢复被战争破坏了的经济，对巴黎国民贴现银行和国民工商银行、里昂信贷银行、兴业总公司实行国有化，同时还将雷诺汽车公司和许多基础设施、交通、燃料、通讯公司国有化，使国有经济占据了采煤、电力、煤气、铁路、邮政、电讯等行业的全部，并占据了钢铁和航空业的 75%；20 世纪 80 年代初密特朗社会党政府期间又掀起以大银行和大公司为重点对象的第二次国有化浪潮，将每家的存款额在 10 亿法郎以上的 39 家大银行、国家大公司实行国有化，使法国成为发达资本主义国家中国营经济成分最高的国家。到 1983 年，法国国营银行的存款比重上升到87.6%，贷款比重上升到77.6%，国有企业产值占国内生产总值的17%，投资额比重为35%，国企职工占劳动力人口的11%，其出口额占全国出口额的1/3，进口额占1/4。

资料来源：徐崇温：《当代资本主义新变化》，重庆出版社2004年版，第274—276页。

（三）合作制经济大量出现

二战后，合作制经济大量出现并成为生产资料所有制的重要组成部分，从而使得资本占有形式呈现出社会化的特点。

例如，合作社有了更广泛的发展，合作社数目和社员人数都大大增加。以意大利为例，1951—1983年各类合作社由10729个增为45375个，增加了323%。农业部门的合作社增长尤其迅速，由1891个增为16062个，增加了749%。1981年，意大利有合作社社员200多万人，占全国就业人口的1/3以上。合作经济被称为私有经济和国有经济之后的第三大经济势力。

合作制经济的广泛发展，既有社会经济发展的内在需要，又有其本身固有的优势和上层建筑的推动。这种合作制经济，就其所有制性质来说，属于劳动人民集体所有制经济；就其经济功能来说，属于劳动人民互助合作性经济组织。它处于占主体地位的国家垄断资本主义经济的支配下，虽有效地维护了社员的切身利益，但不能不受其控制和同化。它的发展归根到底同资本主义的原则相抵触，同时又对当代资本主义经济发挥着积极的稳定作用。但如果认为可以通过单纯发展合作制经济使资本主义社会转变为社会主义社会的想法是不切实际的。

马克思指出："不管合作劳动在原则上多么卓越，在实际上多么有效，只要它仍然限于个别工人的偶然努力的狭隘范围，就始终既不能阻止垄断势力按照几何级数增长，也不能解放群众，甚至不能显著地减轻他们的贫困的重担。也许正是由于这种原因，所以那些面善口惠的贵族，资产阶级的慈善空谈家，以至机灵的政治经济学家，先前在合作劳动制处于萌芽状态时曾枉费心机地想要把它铲除，嘲笑它是幻想家的空想，咒骂它是社会主义者的邪说，现在都突然令人发呕地捧起场来了。要解放劳动群众，合作劳动必须在全国范围内发展，因而也必须依靠全国的财力。但是土地巨头和资本巨头总是要利用他们的政治特权来维护和永久保持他们的经济垄断的。他们不仅不会促进劳动解放，而且恰恰相反，会继续在它的道路上设置种种障碍。”①

就性质来说，存在着合作社变为一般资本主义企业的趋势。马克思指出：合作工厂“在自己的实际组织中，当然到处都再生产出并且必然会再生产出现存制度的一切缺点”②。列宁也说过，在资本主义制度下，由于受到竞争的压力，合作社“有蜕化为资产阶级股份公司的趋势”。实际情况也正是如此。

总之，我们应该清楚地认识到，随着社会生产力和生产社会化的不断发展，在资本主义社会中相继出现的从单个资本个人所有到股份资本、法人资本所有和国家资本所有制，这是资本社会化阶梯上的发展和升级，是资本主义私有制随着生产社会化的发展而推出的相应的具体形式的调整和改革，它并不是资本主义私有制性质的根本改变，它只是为由资本主义私人所有制过渡到社会主义公有制做准备，其本身并不是社会主义公有制的存在形式。因为这些形式都没有消除生产力的资本属性，没有解决工人和资本家之间的矛盾冲突，而只是包含着解决矛盾冲突的形式上的手段和线索。要解决这种矛盾冲突就得由社会公开地和直接地占有已经发展到除了适于社会管理之外不适于任何其他管理的生产力，就是说，要把生产资料的资产阶级私有制改变

---

① 《马克思恩格斯选集》第3卷，人民出版社2012年版，第9页。

② 《马克思恩格斯选集》第2卷，人民出版社2012年版，第571页。

为公有制。

三、分配关系和社会福利的新变化

由于新技术革命的推动、工人阶级斗争的不断高涨以及战后资本主义经济的迅速发展，二战以后，分配社会化、社会福利和社会保障制度在发达资本主义国家迅速发展和广泛流行起来。首先，以电子计算机和原子能的利用为标志的第三次科技革命极大地推动了生产社会化的发展和提高，而生产社会化的高速发展又要求分配的社会化，只有相应地实现了分配的社会化，才能解决在生产社会化高速发展的条件下，工人失业的可能性增加的问题和劳动者对基本生活资料的需求提高等关乎工人阶级生存与发展的问题。其次，二战以后工人阶级坚持、扩大和发展争取改善劳动条件和生活状况的斗争，尤其是社会主义制度在欧洲、亚洲、拉美一些国家建立起来并对西方发达国家的工人阶级产生重大的思想影响，这促使西方发达国家不仅把社会福利制度的广泛建立和发展当作缓和国家阶级矛盾的工具，而且当作抵消社会主义制度扩展影响进而对社会主义国家进行“和平演变”的手段。最后，二战后资本主义进入“黄金时期”后经济迅速增长，为社会福利制度的广泛实施奠定了物质基础。

（一）剩余价值规律主导的情况下，资本主义的分配形式出现了兼顾公平的趋向

与早期资本主义不同，当代资本主义国家特别是西方国家，在保证资本家获得剩余价值的基础上，也力求使劳动者的收入不断提高，以缓和社会矛盾、保证再生产进行。如实行个人收入及财产的税收调节，实现劳资双方双赢目标；实行两次分配，第一次分配满足效率原则，第二次分配照顾低收入者。当代资本主义国家对收入分配的调节，是适应调整初级分配，重点加强

再分配，大致形成政府主导或引导，企业和个人参与、社会补充的收入分配制度体系，在一定程度上限制了资本力量的过度膨胀，也在一定程度上弥补了资本力量膨胀造成的后果，为广大劳动者提供了必要的基本生活保障。

（二）在贫困依然存在的情况下，出现了分配均等的趋向

在某些资本主义国家出台了一些促进分配均等的措施，主要是制定和实行雇员工资收入的社会保障制度，包括：最低工资法；利润分享制度，即劳资双方共享利润的制度（法国规定100人以上的企业必须实行利润分享制度）；劳动保护和劳动福利制度等。这些措施使得当代资本主义的年剩余价值率在下降，而劳动者工资占的比率在上升。

（三）在剥削依然存在的情况下，出现了社会福利普遍化趋向

二战以后，凯恩斯主义福利国家进入发展的黄金时期。在此期间，主要资本主义国家参照托马斯·汉弗莱·马歇尔（Thomas Humphrey Marshall）的公民权利理论（Citizenship Theory），向本国民众提供普遍性或补缺型的福利照顾。按照马歇尔的论述，公民权利分为民事权利、政治权利和社会权利三个递进层次。因此，1950—1970年，西方各国的福利政策基本与公民的社会权利相适应，表现出明显的扩张性。各发达资本主义国家普遍实行了社会生活中的福利制度，从救济贫困发展成公民的社会权利，普遍制定实施了“从摇篮到坟墓”（即人从生到死）的一系列福利制度，其特点是：社会福利种类繁多，覆盖面广，主要提高中下层收入者的生活水平；社会福利制度化、法律化；各种福利补贴（如：家庭补贴、医疗补贴、住房补贴等等）惠及广大民众。这些措施，在一定程度上缩小了生活水平的差距。20世纪70年代的“滞胀”危机和2008年国际金融危机的周期性爆发，治理范式成为福利制度的重要内容，社会福利的指导思想、目标和作用范围等方面都发生了深刻的变化，在作用范围上经历了从国家提供与公民权利相联系的普遍覆盖的福利到通过市场调节使

福利有重点地面向“值得帮助的穷人”（the deserving poor）的转变。

但是，我们应该清楚地认识到，当代西方国家的社会福利制度无疑是资本主义发展到国家垄断资本主义对于其分配关系的新调整。在这种新调整中，资本主义国家的工人阶级的生活情况显然得到了改善，但与此同时，资本主义私有制和工人的被雇佣地位并没有改变。所以，这种调整又只是在资本主义生产关系所允许的范围内采取的一种改良措施。

四、企业管理制度和劳资关系的新变化

在资本主义发展的初期，资本家指挥下的劳动只是形式上隶属于资本，随着机器大工业生产体系的建立，生产工具使用的社会化程度提高，劳动者个人的技能不再对生产过程和结果具有决定意义了，劳动对资本的隶属就成为实质上的隶属。在这样的条件下，资本家对工人的控制更加严格，剥削方式也更加巧妙和残酷。在这方面，作为血汗工资制的“泰罗制”和“福特制”是非常典型的。

▶ 相关链接 1-4　泰罗制与福特制

泰罗制

泰罗在20世纪初创建了科学管理理论体系，他这套体系被人称为“泰罗制”。泰罗认为企业管理的根本目的在于提高劳动生产率，他在《科学管理》一书中说过：“科学管理如同节省劳动的机器一样，其目的在于提高每一单位劳动的产量”。而提高劳动生产率的目的是增加企业的利润或实现利润最大化的目标。

泰罗科学管理的特点是从每一个工人抓起，从每一件工具、每一道工序抓起，在科学实验的基础上，设计出最佳的工位设置、最

合理的劳动定额、标准化的操作方法、最适合的劳动工具。例如他在某钢铁公司进行的搬运生铁和铲铁试验中，就具体规定了工人所铲物资的轻重不同，所用的铲子大小也应该不同。为此，他专门设立了一个工具室，存有10种不同的铲子，供工人们在完成不同作业时使用。因此，泰罗的科学管理系统将工人的潜能发挥到无以复加的程度，有人形容，在实行泰罗制的工厂里，找不出一个多余的工人，每个工人都像机器一样一刻不停地工作。

在泰罗以后，科学管理理论得到不断补充和完善，但是泰罗制的局限性也逐渐显现出来。泰罗理论的前提是把作为管理对象的“人”看作“经济人”，利益驱动是该学派用以提高效率的主要法宝。科学管理学派研究的重点是管理的科学性、严密性和纪律性，很少去考虑人的因素。

单从经济学和企业管理的角度来看，泰罗制只不过是一组新的以生产作业为对象的管理技术、管理方法的集合。无论是工时研究、分工与专业化、标准化、员工培训、职能化组织设计，还是各种各样的效率工资，都不过是提高劳动生产效率的手段。但实际上，泰罗制不只是一种有关生产作业的管理方法与技术，而且是资本主义社会里的一场社会变革。

福特制

福特制是美国汽车制造家和管理学家福特首创的一种生产管理制度。其基本内容和主要特点在于，把科学管理原理应用于生产，在生产标准化，即产品标准化、作业标准化的基础上，利用高速传送装置，使生产过程流水线化，使流水线上各道工序的工人的各种作业在时间上协调起来，并由传送装置的速度决定工人每天所完成的作业和产品数量，最大限度地提高工人的劳动强度。这种生产管理制度把流水线上的各种操作简单化、程序化，因而能够大量使用工资低廉的非熟练工人，从而有利于组织生产作业的机械化和自动化，进一步提高劳动生产率，降低生产成本。但是，这种生产管理制度却成为剥削雇佣工人的一种手段。如果流水线上各道工序的工人跟不上机器的运转速度，就会被克扣工资甚至被解雇。

资料来源：MBA 智库·百科（https：//wiki.mbalib.com/wiki/%E6%B3%B0%E7%BD%97%E5%88%B6；https：//wiki.mbalib.com/wiki/%E7%A6%8F%E7%89%B9%E5%88%B6）。

随着科学技术的进步和社会生产力的发展，为适应资本主义经济由大规模生产向灵活生产制、由福特主义向后福特主义的转变，要求把工人由“会说话的机器”逐步变成被看作“经济人”“社会人”“文化人”，乃至“能力人”，以调动起生产积极性、协调劳资矛盾。特别是随着工人阶级反抗力量的不断壮大，资本家及其代理人开始采取一些缓和劳资关系的激励制度，促使工人自觉地服从资本家的意志，以实现资本价值增殖。这些制度主要有：职工参与企业决策制度、终身雇佣制度、职工持股计划、社会福利制度。

（一）职工参与企业决策制度

职工参与企业决策制度是一种由企业法规定的、职工以特定的方式参与企业决策机关介入企业决策程序、影响企业决策结果、监督企业决策实施的企业民主管理制度。自 20 世纪中叶以来，西方发达资本主义国家以不同形式，在不同程度上实行了雇员参与企业决策和管理制度。比较流行的有：

1. 职工建议制度

职工建议制度在美国、日本和西欧一些国家的企业中颇为流行。据美国建议制度协会 1971 年的统计，职工人数在 1000 名以上的公司，有 60% 实行了这种制度。在美国最大的 500 家工业公司中，有 375 家实行了这种制度。美国的柯达公司、联合航空公司，日本的丰田汽车公司、松下电器公司，都是实行职工建议制度非常成功的企业。实行职工建议制度对公司是非常有利的，据《国际管理月刊》报道，在日本和英国推行这种制度时，公司每投入 1 美元，可收回 30 —50 美元。

2. 目标管理制度

目标管理制度是 1954 年美国企业管理专家德鲁克首次提出的。这种制度让职工亲自参加公司工作目标的制定，在工作中实行“自我控制”，在一定期限内努力完成上述目标。目标完成后，根据完成情况给职工以相应奖励，借以“激发”职工为完成更高的目标而努力。20 世纪 70 年代以来，这种目标管理制度已由美国流传到其他一些国家。美国和其他一些国家的企业中实行的“工作丰富化”，也是类似目标管理的一种制度。这种制度主要是在工作中增加了一些更有兴趣和更富挑战性的内容，在计划和控制工作中给予职工更多的自主权，通过工作发展个人的成就感和创造力，最后达到提高生产力和工作效率的目的。

3. 自我管理制度

自我管理制度是在美国、英国、联邦德国、澳大利亚等国的一些企业中实行的一种工人自行管理生产的制度。具体做法是：把工厂的管理部门减少到最低限度，把经理部门一向拥有的许多特权移交给工人，让工人自行管理，甚至出现了一批所谓“无厂主”的工厂。这种制度将工人分成三班，轮流进行生产。每一班工人包管制造、包装、运输和行政在内的全部工作。工人轮流担任各种职务，共同制定各种管理制度和方式。如通用食品公司经过多年试验，认为这种自我管理制度降低了成本，提高了质量，减少了事故，提高了出勤率。

4.“共同决策”制度

“共同决策”制度主要在西德企业中推行，由职工代表参加公司的监事会，“参与”公司重大问题决策。1951 年，联邦德国制定了《煤钢行业职工共同决策法令》，规定凡人数在 1000 人以上的煤钢企业，其监事会成员由劳资双方各占半数，另外再加一名“中立”代表组成。1952 年，联邦德国又制定《企业组织法令》，规定凡人数满 500 人以上的企业，其监事会成员 2/3 由资方代表担任，1/3 由劳方代表担任。1976 年，联邦德国又制定新的《职工共同决策法令》，规定人数满 2000 人以上的企业，其监事会由劳资双方各出一半代表组成，监事会采取多数表决制，如有的议案赞否各半，则由监事会主席进行裁决。监事会具有以下权限：负责公司董事会董事的任免，对公司董事会进行监督，对董事会的决算进行检查。

此外，还有为职工争取更多福利和争取劳动条件改善的企业委员会或内部委员会制度，这些企业治理制度对于改善工人的处境，维护工人的利益，改善劳资关系，缓和企业内部的阶级矛盾和冲突，巩固资本主义在企业乃至在整个社会中的统治都有一定的意义。

（二）终身雇佣制度

所谓终身雇佣制，日本学者青木国彦与奥野正宽在合著的《经济体制的比较制度分析》中将其称为长期雇佣关系，“是指企业的男性职员从进入企业工作开始到退休为止，一直在同一企业工作的人的比例较高的特征”。终身雇佣制与年功序列制、企业内部工会一起，曾被称为日本企业经营的“三种神器”。在采用终身雇佣制的企业里，只要员工没有大的过失，企业就不会开除员工。当企业面临经营困境时，企业会通过削减支出、减少加班等办法减少开支，而不进行裁员；当人员过剩时，企业则采取调换员工岗位的办法重新配置员工，而不会采用解雇的方式。这就意味着只要企业不破产，员工的工作和生活就有保障。与此同时，员工的收入与企业的经营成果直接相连。企业经营得好，利润中的一部分会通过提薪和奖金的形式还给员工；企业出现亏损，员工收入增速也会放慢；企业资不抵债破产时，员工也会随之失业。终身雇佣制使员工的个人利益和企业的生存发展紧密结合起来，员工和企业结成了一个命运共同体。日本式经营体系中的终身雇佣制，萌芽于二战前，经二战后初期的民主化进程，特别是经过经济高速成长期，成为日本大企业普遍采用的雇佣制度，对日本经济的腾飞起到了很大的推动作用，因此受到广泛的赞誉。

（三）职工持股计划

职工持股计划，指在股份公司内部设立职工持股会，公司以一定形式赋予职工全部或部分资金，帮助职工个人积累资金购买并持有本企业股票。这一制度的优越性在于：增强企业内部凝聚力，提高劳动效率，稳定股东队伍，防止公司被恶意收购，替代年金制度，避免大股东的高股息要求，得到减税好处，获得银行融资支持等。发达资本主义国家通过实行所有制与经营管理的分离，通过授予实行雇员持股计划的企业以实质性的税收补贴，来推行雇员持股计划等措施，逐步调整私有制的实现形式，推动资本主义企业由以股东为中心到兼顾利益相关者（经济管理者、雇员、债权人、供应商、股东）的转移。1999 年 6 月，世界经济合作与发展组织 29 国签署的《公司治理结构原则》明确指出：“利益相关者的贡献是建立一个有竞争力而且赢利的公司的宝贵资源”，公司治理结构的框架应保证其权利受到尊重，并在受到侵害时得到有效补偿。截至 1996 年，美国已在 1 万家公司中有雇员持股计划，覆盖雇员 900 万人，他们共持有公司资产 8 万多亿美元中的 9%，达 7500 多亿美元，而且每年增加 300 —600 家公司。推行这种雇员持股计划的理念在于，当人们在经济制度中获得个人的利害关系时，他们就好像变成了其组成部分的社会、政治、财务、文化等一切制度的管家。

（四）社会福利制度

二战后，各发达资本主义国家除了继续实行原有的工资制度外，还愈益普遍地实行了一种所谓“社会福利制度”。福利制度是二战后发达资本主义国家以税收的形式把一部分国民收入集中起来，而后用于社会上收入不高的居民，以部分改善他们在初次分配中收入过低状况的一种制度，它是当代资本主义社会最主要的分配方式。各国政府通过对不同收入的阶层实行有差别的税收政策，特别是累进税减少了由所有权产生的分配不合理，缩小了贫富差距，在一定程度上缓和了不同利益集团之间的矛盾，增强了生产力高度发达的市场经济制度下的凝聚力，这一税制是二战后资本主义国家得以稳定发展的不可或缺的“缓冲器”“减震器”，从而为资本主义国家的经济发展和社会稳定提供了前提和保证。20 世纪 70 年代中期，除个别国家外，各发达资本主义国家政府的社会福利开支，一般已占政府总开支的一半以上。20 世纪 80 年代，政府的社会福利开支仍在进一步增长，社会福利制度已经发展为由一系列社会福利措施和项目所组成，并且各有一整套具体内容和详细规定的制度，它在整个经济社会生活中所起的作用也空前增大。各发达资本主义国家社会福利的大量增加，使得工人的社会福利收入占工人收入总额的比重也在不断增加，成为二战后资本主义社会相对稳定、阶级矛盾趋于缓和的重要原因之一。

五、社会阶层和阶级结构的新变化

二战以后，科技革命的发展带来的产业结构的变化在客观上促进了社会阶层和阶级结构的变化，资产阶级围绕生产力的发展对生产关系进行调整的自觉实践也使得工人阶级内部结构发生了很大的变化，主要表现在：无产阶级与资产阶级两个对立的阶级之间的关系缓和化，工人阶级的就业结构发生了显著变化，无产阶级的生产生活状况得到了明显改善等。

（一）阶级关系缓和化

20 世纪 30 年代之前，资本主义处于以自由放任经济思想为主导的发展阶段，整个社会处于无政府主义的生产状态，阶级矛盾十分尖锐，劳资关系呈激烈对抗态势，阶级斗争大规模展开。20 世纪 50 年代—70 年代，是所谓资本主义发展的“黄金岁月”。在经济危机和工人阶级长期斗争的推动下，资本家阶级调整生产关系和统治政策，缓和阶级矛盾，实行福利国家政策，形成资方、劳方和国家的“三方体制”，阶级关系态势由体制外激烈对抗转变为体制内的“妥协合作”。其中，实行“福利国家”“职能社会主义”的瑞典最为典型。瑞典社民党始终将阶级合作作为其一贯的政治主张，积极倡导议会民主、阶级合作和政治妥协，将平等、合作和福利三大原则作为制定和实施各项政策的行动指南，积极充分地与其他政党、利益集团、社会团体进行协商与对话，同时制定从“摇篮”到“坟墓”的全面的福利制度、缩小工资差别的“社会连带主义”工资政策、实现劳资对话的畅通化和制度化、建立全国性的经济决策机构等缓和劳资关系的政策与制度。在其他国家，制定和实行雇员持股计划、社会福利制度、“共同决策”制度等成为资产阶级进行阶级合作、缓和阶级矛盾普遍采取的措施。二战后，资产阶级和工人阶级两个对立阶级之间的矛盾逐渐缓和，为经济稳定、持续和繁荣发展奠定了政治基础。20 世纪 70 年代以来，国际及发达资本主义国家的工人运动走向总体上一直处于低潮，主要表现在：劳资冲突的数量逐渐减少；罢工和游行示威不再作为工人阶级斗争的主要手段，而改用对话和协商。虽然当代资本主义国家的工人运动处于低潮，但是斗争并没有停止。资产阶级采取的一些缓和阶级矛盾的政策，使工人阶级在基本生活资料和生活条件方面得到了一定的改善，但是工人阶级受奴役的地位并未得到丝毫的改变。

（二）阶级结构呈现多层次化

二战后，无产阶级与资产阶级仍然是当代资本主义社会的两大阶级，但阶级结构呈现多层次化，社会成员角色也出现了错综复杂的状况。资产阶级的变化表现在：传统的资本家即家族资本家虽然仍然存在，但已不是资产阶级的单一构成要素，甚至已不是占绝对优势的组成部分，大量经理资本家的产生使其成为资产阶级的重要组成部分。无产阶级的变化表现在：

1. 工人阶级在数量上迅速扩大，科学文化素质大大提高

在美国，工人阶级的数量从 20 世纪 50 年代初的 4930 万人增加到 80 年代初的 1.01 亿人。同期，英国从 1980 万人增至 2250 万人，日本从 1800 万人增至 4100 万人，德国从 1650 万人增至 2380 万人。1998 年，美、英、日、德的工人阶级数量分别增至 1.09 亿人、2523.2 万人、5952 万人和 3343.2 万人。阶级队伍的扩大，主要是靠减少农业人口来实现的。美国的农业人口，20 世纪初还占劳动人口的 40%，1970 年降到了 4%，现在已降到了 1%。日本农民占劳动力的比重，也从 1950 年的 45.4%，降到了 1980 年的 9.7%。1971 —1996 年，英国农业从业人员在全部就业人员中的比重，从 1.9% 下降到 1.3%。

此外，工人阶级的科学文化素质大大提高。主要表现在：（1）工人平均受教育时间增加和受教育程度提高。美国全体职工受教育的时间，从 1948 年的 10.6 年增加到 1977 年的 12.6 年。在美国民用劳动力中，受过中等教育以上的比重，从 1948 年的 58.3%，提高到 1992 年的 90%。同期，受高等教育的比重从 14% 提高到 55%。1997 年，在全美劳动力中，获得大学以上学历的占 56.6%。工人阶级中的科学家和工程师增长迅速。二战后初期不足 10 万人，到 20 世纪 80 年代，已达到 500 多万人。（2）企业管理人员和行政人员在工人阶级中所占的比重也在提高。从 1950 年的 519 万人增加到 1980 年的 1089 万人。占全体就业人员的比重，从 8.8% 提高到 11.2%。（3）工人的劳动技能和平均熟练程度也在提高。熟练工人在生产工人中的比重也大幅度提高。

2. 在科技革命推动下，工人阶级内部结构上发生了种种变化

新科技革命极大地改变了资本主义国家的产业结构。以金融、信息和其他服务为主要内容的第三产业已上升到 2/3 以上，以 IT 产业为首的高新技术产业迅速崛起，信息技术对经济增长的贡献率日益提高，正逐步成为新的经济增长点。产业结构的巨大变革使工人阶级的就业结构发生了相应的变化。（1）包括工业和农业在内的物质生产部门的就业人数相对减少，非物质生产部门的第三产业的工人队伍迅速扩大。1950 年，美国、联邦德国和日本第一产业工人所占比例分别为 12.2%、23.2% 和 50.7%，到 2000 年，分别降至 2.6%、2.7% 和 5%。第三产业工人在就业总人口中所占比重则处于不断增长的趋势，截至 2000 年，美国第三产业的工人已经占 74.2%，德国和日本也分别达到了 64.3% 和 63.5%。（2）随着以劳动力密集型和低技术含量为特征的传统工业的没落，工业中现代化、自动化服务和新工艺的广泛采用，新的生产管理方法和生产组织形式的广泛实行，从事体力劳动的工人有所减少，而从事脑力劳动和从事脑体双劳的工人有所增加，越来越多的工人以生产过程中的监督者、调节者和操作者的身份同生产过程发生关系。

3. 白领工人数量的增长速度超过了蓝领工人

早在 1955 年，美国以从事脑力劳动为主的“白领”在数量上就超过了以从事体力劳动为主的“蓝领”。到 1981 年，“蓝领工人”在美国仅占工人阶级的 34%，其他发达资本主义国家的“蓝领工人”也都在 30%—40% 之间。20 世纪 90 年代以后，“白领工人”在全美就业总数中所占比重已达到 90%，成了当代发达国家工人阶级的主力军。蓝领工人数量的急剧下降，其主要原因是 20 世纪 70 年代以来新自由主义指导下美国的产业空心化，造成美国本土制造业就业机会的戏剧性缩水，付出最大代价的团体是美国制造业的蓝领工人。统计数据显示，美国制造业就业岗位 1979 年达到历史高峰，为 1950 万个，1990 年减少到 1777 万个，2001 年减少到 1640 万个，缩水平均速度为每 10 年大约 150 万个。之后便是突然加速再加速的过程，2007 年是 1390 万个，2009 年是 1160 万个，这意味着从 2001 年到 2007 年，美国制造业已经损失了 250 万个就业岗位，而在金融危机衰退期间，美国又损失了接近 250 万个就业岗位。现在，美国制造业的就业数量已经降到了 1941

年以来的最低点。

（三）工人阶级生产生活状况明显改善

20世纪50年代中期以后，随着资本主义经济的迅速发展，社会福利制度普遍推行，工人阶级的生活状况有了明显改善。主要表现在：（1）工人的实际工资明显提高。以美、日、德、法、英等国制造业职工实际工资增长情况为例，1970年与1949年相比，上述各国分别增长48.8%、369.8%、242.4%、120.4%、46.1%；1977年与1970年比，又分别增长了7.3%、50.7%、27.7%、47.3%、10.8%；1984年与1977年相比，各国分别增长69.1%、64.7%、24.1%、39.3%、78.7%。（2）社会福利增加。福利政策在西方各国的普遍推行，使工人在年老、患病、失业、因工致残时基本生活得到了保障。工人劳动时间普遍缩短至每周40小时左右，法国在20世纪80年代就开始实行每周35小时工作制度，工人每年还可以享受3—4周的“带薪假期”。（3）社会地位和生产条件得到改善。二战后，员工参与企业管理的“民主管理”制度在资本主义国家得以发展，员工参与管理的方式主要包括：集体谈判制度、员工参与董事会制度、三方机制、员工评审和选举制度，等等。工人阶级开始享有与资本家就工资标准、劳动条件进行谈判、讨价还价、协商解决问题的权利。

面对当代资本主义社会阶层和阶级结构出现的种种新变化，我们必须清楚地认识到：在资本主义基本矛盾不变的前提下，资本主义制度内部出现的劳资对立相对缓和、工人阶级生活相对改善等新变化，在根本上并没有消除阶级差别与阶级矛盾，并没有改变工人阶级受剥削的性质和雇佣劳动者地位。主要原因有：首先，在资本主义内部，劳资矛盾的相对缓和只是相对的、暂时的，劳资间的差别、矛盾和冲突是必然性的而且是永恒的。20世纪70年代以后，发达资本主义国家工人斗争比较缓和、低落，但工人运动并未沉寂。在当时的新工业化国家，巴西和韩国的例子表明，工人运动正处于上升势头。在工业发达国家，工人运动仍继续存在。因为大多数就业居民是依靠领取工资、薪金维持生活，他们的利益与雇主的利益是完全不同的，两者之间的冲突无论如何都要求雇员方面采取集体行动。当前资本主义阶级关系中存在的资强劳弱、资攻劳守的态势，进一步深化了工人阶级与资产阶级之间的对立和矛盾，这一点已突出反映在经济、政治和社会文化生活的各个领域，包括工人阶级日趋严峻和恶化的就业形势，工人阶级同资产阶级之间不断扩大的鸿沟，与日俱增的社会问题和精神危机等等。这些都表明，在资本主义社会制度下，处于受剥削和被压迫地位的工人阶级同资产阶级之间的根本利益是对立的，他们之间的差别、矛盾和对立、冲突不可能消除。正如马克思所深刻分析的，工人阶级的经济地位和政治地位，决定了他们是抗衡资产阶级的主力军，决定了这两个基本阶级在利益上的根本对立，“只要有利益相互对立、相互冲突和社会地位不同的阶级存在，阶级之间的战争就不会熄灭”[①]。

其次，工人阶级生产生活的改善并未改变其受剥削的性质和雇佣劳动者的地位。在资本主义制度下，没有生产资料的工人阶级不得不出卖劳动力，从事雇佣劳动，处于受剥削被压迫的地位。二战以后，工人阶级生产生活状况得到了明显改善，但正如马克思所说，这实际上不过表明“雇佣工人为自己铸造的金锁链已经够长够重，容许把它略微放松一点”，“不会消除雇佣工人的从属关系和对他们的剥削”。[②] 特别是在经济全球化的冲击下，世界范围内强资本弱劳工的局面更加突出，工人阶级所遭到的剥削更加深重。（1）剩余价值率提高。新技术的运用使发达资本主义国家的劳动生产率有了明显提高。据统计，美国制造业 1950 年、1960 年、1970 年、1980 年、1989 年的剩余价值率分别为 111%、122%、141%、161% 和 209%，40 年间几乎

① 《马克思恩格斯全集》第 8 卷，人民出版社 1961 年版，第 249 页。
② 《马克思恩格斯全集》第 23 卷，人民出版社 1972 年版，第 678 页。

翻了一番，远远超过了工人实际收入的增长速度。（2）对本国工人剥削程度加强。当前资产阶级对工人阶级的剥削变为主要依靠科技教育、提高劳动生产率榨取相对剩余价值的“文明”剥削。但这种“文明”反而使资本对于工人剩余价值的剥削更加残酷。目前，工人的劳动时间中仅有极少一部分是用于完成自己的小时工资和社会保险费，其余时间都是在为资本创造剩余价值和利润。（3）工人阶级和资本家之间的收入差距不断扩大。20 世纪 70 年代以来，代表资本利益特别是金融垄断资本利益的新自由主义政策在全球推行开来，使得财富占有和收入分配的两极化更加明显。20 世纪 80 年代至今，无论是发达国家还是发展中国家，收入差距扩大和两极分化已经成为不可否认的事实，已经成为世界性的问题。以 2000 年的数据为例，“世界前 10% 最富有的人群占了全球总财富的 85%，而前 2% 最富有人群占有全球总财富的一半以上。前 1% 最富有人群占有全球家庭资产总额的 40%。而处在底层的 50% 世界人口只占有全球总财富的 1%。全球财富分配的基尼系数高达 0.89%。也就是说，如果 100 个人分 100 美元，其中一个人得到 90 美元，而另外 99 个人各得 10 美分”[①]。

▶ 专栏 1–1　关于当代资本主义国家工人阶级新变化的西方资产阶级观点

面对资本主义国家工人阶级的发展变化，一些资产阶级代言人乘机宣扬“西方发达资本主义社会正在与无产阶级彻底诀别”等观点，提出资本主义国家现有的差别和矛盾“不会演变成传统意义上的社会冲突，因为它们已被限制在法律和制度的框架之内，人们普通接受了社会运动的规则，‘危险的阶级’已从社会

① ［英］彼得·诺兰著，丁莹译：《十字路口——疯狂资本主义的终结和人类的未来》，中信出版社 2011 年版，第 59 页。

和政治舞台消失，引起社会冲突的社会关系已经被铲除”[①]。一些西方马克思主义者也提出了种种关于工人阶级消亡的理论，这些理论包括：

（1）以马尔库塞为代表的“无产阶级及其历史使命消失论”。该理论认为，自动化改变了工人被剥削的阶级地位，使资本主义社会成了“没有对抗的社会”，因此“在工业发达的国家里，马克思的无产阶级已不复存在，马克思赋予无产阶级的作用不能再赋予这些国家的现代工人”。

（2）普兰查斯等的“工人阶级缩减论”。该理论把直接从事物质生产、直接创造剩余价值的工人划为无产阶级，而将包括商业雇员、服务业人员和脑力劳动者等在内的其他工人都划为“新小资产阶级”，根据这一划分，工人阶级的队伍显然大大缩减了。

（3）马勒和高兹的“工人阶级本质改变论”。该理论认为，二战后工人阶级的内部结构、素质、愿望都发生了变化，出现了一个与传统的以体力劳动者为主的工人阶级不一样的“新工人阶级”等等。

上述观点，大都否认了传统工人阶级的性质和历史使命，要对其进行批驳，必须从这些观点产生的条件，即现代工人阶级的新变化入手。

资料来源：吕薇洲：《当代资本主义国家工人阶级的新变化及历史使命》，《贵州社会科学》2006 年第 4 期。

六、政治制度和国家职能的新变化

随着资本主义经济基础的发展变迁，作为资本主义上层建筑的资产阶级

① ［法］菲力蒲·贝奈东：《社会阶级》，陶大镛：《现代资本主义论》，江苏人民出版社 1996 年版，第 543 页。

民主政治必然也发生诸多变化。主要表现为：

（一）国家职能增强

二战后，随着资本主义从私人垄断发展到国家垄断资本主义，国家在社会生活中的作用日益强化成为全球范围内的一个普遍趋势，国家职能的增强成为当代资本主义在政治方面的突出变化。政府远远超出了“守夜人”的最小概念界定，成为混合经济的福利国家的核心新机构。当代资本主义的国家职能已经从“守夜人”的角色发展到全面介入国家政治经济文化生活。在对内职能上，当代资本主义国家职能的调整突出地表现在直接干预经济生活、干预社会收入再分配以及协调社会阶级矛盾等方面；对外职能的调整则表现在国家政权直接为跨国公司的全面扩张铺路。2008 年国际金融危机爆发以来，各主要资本主义国家纷纷采取“救市”等政策措施，加强国家干预成为摆脱危机、助推经济发展的重要工具，新一轮的“罗斯福新政”在全球上演。

（二）议会地位下降、权力萎缩，国家行政机构的权限不断加强

二战后，西方主要发达资本主义国家的议会地位遭到了政府职能的削弱，监督权的实施越发困难，议会立法权不断萎缩，但是行政权力普遍得到加强。除了因议会在立法和对政府监督方面权力和地位的衰落而带来行政权力的加强外，这种权力的加强还表现在行政首脑权力的扩大。从某种意义上讲，行政权力扩大的趋势实际上是回应了全球化时代资本主义国家机器强化国内外社会生活干预的需要，这既包括阶级职能的强化也包括管理职能的强化。主要表现在：国家官僚机构规模的扩大和预算的增加，行政首脑在外交领域的权力空前增长，拥有紧急状态下发动战争的权力等。

（三）公民民主权利有所扩大

二战后，随着民主化浪潮的日益高涨，西方资本主义国家普遍扩大民众

政治参与的范围和程度。其具体表现是公民可以在法律允许范围内较为广泛地通过个人的政治、法律行为，或以团体、组织、政党为单位，通过集体的政治、法律行为，如投票（包括选举、全民公选等）、竞选、参加有组织的活动（如罢工、游行、示威、请愿等），对国家政策的制定与执行施加压力，从而对国家权力意向的形成和有效行使产生影响。

（四）改良主义政党在政治舞台上的影响日益扩大

改良主义政党在政治舞台上的影响日益扩大，成为二战后西方资本主义国家政治生活中非常引人注目的现象。二战后，一些改良主义政党在英、美、德等发达资本主义国家相继获得执政地位。在这些政党执政时期，他们凭借国家政权，在不触动资本主义基本经济制度的前提下，对资本主义生产关系的个别环节进行了自觉的改良，如在维护私有制的同时推行国有化；在坚持市场调节的同时实施经济的计划调控；在不剥夺私人资本的权利的同时对其权力的运用进行一定的限制；在不牺牲效率的前提下倡导社会公平等。

回顾资本主义二战后几十年的发展历程，我们不得不承认：在当代发达资本主义社会，国家的职能已经远远超出了“阶级镇压工具”这一方面，与马克思和恩格斯所处的时代相比，国家在社会生活中的地位和作用已经大大加强了，它已经渗透到了资本主义社会生活的方方面面，真的变成了像霍布斯所描述的那个巨大的猛兽一样凶猛、可怕，一样展示出很强的生命力。

我们知道，正是生产力与生产关系的矛盾运动推动着人类历史不断向前发展，资本主义也是不断向前发展的。对于资本主义的不断发展性，马克思、恩格斯在《共产党宣言》中就已指出：“资产阶级除非对生产工具，从而对生产关系，从而对全部社会关系不断地进行革命，否则就不能生存下去。”[①] 列宁也曾说过：“资本主义不可能有一分钟停止不动，它必须不断地前进。”[②] 由于历史的局限，马克思、恩格斯只是预测到事物的发展趋势，而没有也不可能看到资本主义为了应付经济危机和调节社会冲突所进行的资本主义生产方式范围内的结构性变革和政策调整。二战后美国、西欧等主要资本主义国家的发展表明：资本主义生产方式中存在着某种内在的应变活力，通过调节可以延续它的生命力。当代资本主义国家职能的转变，即由政治职能为主到经济社会职能的空前加强，无疑是最具代表性的资本主义生产方式的自我调整，这种调整一定程度上适应了社会化生产力发展的客观要求，从而极大地推动了资本主义经济的发展。

当代发达资本主义国家为了维护其统治，维护其长远的、根本的利益，在资本主义生产方式范围内对其政治制度和国家职能做出了重大调整，这是资产阶级适应生产力发展的客观需要。对生产关系做出调整的结果，客观上极大地促进了社会生产力的发展。正如马克思所说的：“无论哪一个社会形态，在它所能容纳的全部生产力发挥出来以前，是决不会灭亡。”[③] 当代资本主义在一定时期内仍表现出相当的生命力，这是我们不能回避的现实。然而，资本那种“为赚钱而赚钱”的本性从它产生之日起，到现在一直未曾改变。因此，在资本主义社会，民主政治建设从根本上来讲是不可能的，只是资本主义为促进经济发展和缓和社会矛盾所做的不得已的选择。正如美国著名学者塞缪尔·鲍尔斯和赫伯特·金蒂斯在《民主与资本主义》一书中所说的那样：“在民主乃是保障个人自由权和使权力的运用负有社会责任这个直截了当的意义上面，今天没有任何一个资本主义社会可以合理地称为民主社

---

① 《马克思恩格斯选集》第 1 卷，人民出版社 2012 年版，第 403 页。
② 《列宁全集》第 20 卷，人民出版社 1958 年版，第 145 页。
③ 《马克思恩格斯选集》第 2 卷，人民出版社 2012 年版，第 3 页。

会。”[①] 而且，危机的缓和也只是暂时的，资本主义也不可能从根本上消灭危机，它的潜在危机依然在积累之中，这就决定了资本主义生产关系终有一天会走到历史的尽头，为代表更先进生产力的社会主义生产关系所代替，这是历史的抉择，也是时代的必然。

第三节　科学认识当代资本主义的新变化

如何认识当代资本主义的新变化历来是一个存在着巨大的思想分歧的领域：资本主义制度的代言人总是企图用当代资本主义社会的新变化，去论证资本主义制度已经发生了根本质变，论证资本主义制度可以永世长存；而资本主义的有些批评者则往往忽视了这些新变化的广度和深度，并对资本主义仍然存在的生命力和活力估计不足。对于如何认识当代资本主义新变化问题的思想分歧，还直接影响社会主义国家发展战略的思考。世界社会主义的历史经验说明，能不能用科学的态度去认识当代资本主义的新变化，直接关系到社会主义的兴衰存亡。因此，坚持解放思想、实事求是、与时俱进的原则，正确认识当代资本主义的新变化，就具有极其重要的理论意义和现实意义。

一、承认和正视当代资本主义的新变化

正确认识当代资本主义的新变化，就是要运用马克思主义立场、观点和方法实事求是地回答和解释当代资本主义社会的经济、政治、文化生活中出

---

① ［美］塞缪尔·鲍尔斯、赫伯特·金蒂斯著，韩水法译：《民主与资本主义》，商务印书馆 2013 年版，第 7 页。

现的新情况和新问题。

马克思、恩格斯是正确认识资本主义新变化的典范。众所周知，马克思主义是在研究和揭示人类社会特别是资本主义社会的发展规律的基础上形成和发展起来的科学体系，但在19世纪70年代以后，当资本主义的发展中广泛地出现诸如股份制等新现象时，他们立即深入研究和剖析了它们，并在《资本论》第三卷第二十七章《信用在资本主义生产中的作用》《反杜林论》《1891年社会民主党纲领草案批判》等名篇中深刻地剖析了这些新变化和新现象，马克思、恩格斯一方面指出它是“资本再转化为生产者的财产所必需的过渡点”，另一方面又强调它是“作为私人财产的资本在资本主义生产方式本身范围内的扬弃”。[①]资本主义的发展变化说明，一方面，这些变化已使当代资本主义变得面目全非，而在另一方面，资本主义制度剥削的本质并没有改变，资本主义对全球扩张的现象和趋势也没有改变，社会主义经历一个长过程发展后必然代替资本主义这一人类社会历史发展的总趋势同样也没有改变。因此，我们必须坚持马克思主义的立场、观点、方法，坚持与时俱进这一马克思主义的内在品质，用宽广的眼界去观察和把握当代资本主义经济、政治、科技、文化的发展趋势，深刻地揭示当代资本主义的新变化及其发展规律。既要正视这些新变化，又不把这些新变化混同于资本主义的根本质变。然而，在实际生活中，却大量存在着或者忽视或者夸大当代资本主义新变化的两种倾向。忽视当代资本主义新变化的倾向，看不到资本主义对内外矛盾和危机的适应、调整能力，低估了资本主义的弹性、活力和生命力，片面强调资本主义的腐朽性和垂死性，在二战以后很长一段时期资本主义已经取得了超过其历史上任何时期的政治经济社会稳定以后，还坚持认为资本主义总危机在继续加深，资本主义即将崩溃，还继续存在着“世界革命形势大好”等观点。反

---

① 《马克思恩格斯选集》第2卷，人民出版社2012年版，第567页。

之，夸大当代资本主义新变化的倾向，或者认为资本主义依靠垄断组织根本消除了危机，使之免除了必然崩溃的历史命运，或者认为科技革命已经导致资本主义根本质变，或者认为资本主义具有按照客观情况的变化进行自我调整的无限能力，使它得以永世长存。凡此种种都需要我们根据当代资本主义新变化的客观实际，进行认真的考察和分析，予以澄清，为人们解疑释惑。

▶ 专栏 1-2 斯大林关于当代资本主义新变化的观点

在世界社会主义运动中，不承认、不正视当代资本主义发生了新变化的，首推斯大林。在 1952 年发表的《苏联社会主义经济问题》一书中，斯大林认为："第二次世界大战及其经济影响在经济方面的最重要的结果，应当认为是统一的无所不包的世界市场的瓦解。这个情况决定了世界资本主义体系总危机的进一步加深"①。其表现是"各主要资本主义国家（美、英、法）夺取世界资源的范围，将不会扩大而会缩小；世界销售市场的条件对于这些国家将会恶化，而这些国家的企业开工不足的现象将会增大"②。据此，斯大林认为列宁在 1916 年春提出的"资本主义虽然腐朽，但'整个说来，资本主义的发展比从前要快得多'的论点"，斯大林本人在二战以前提出的"关于资本主义总危机时期市场相对固定的论点"都"已经失效"。③斯大林提出的这个观点，在当时是不符合客观事实的。事实是，尽管除美国以外的各主要资本主义国家在二战中饱受战争蹂躏、遭到了严重破坏，但在二战后，其经济却得到了迅速

① 《斯大林选集》下卷，人民出版社 1979 年版，第 561 页。
② 《斯大林选集》下卷，人民出版社 1979 年版，第 562 页。
③ 《斯大林选集》下卷，人民出版社 1979 年版，第 562 页。

恢复，并为生产的迅速增长打下了基础。在战争结束三年以后的1948年，除战败的德、意两国之外，其他西欧国家的经济都已恢复到乃至超过了战前1938年的水平；到1950年，整个西欧已完全恢复到战前的水平。以西欧国家国民生产总值的增长为例，如以1938年为100，法国1945年为100、1950年为121，英国1948年为106、1950年为114，意大利1948年为92、1950年为104，只有德国1948年为45、1950年为64；再以发达资本主义国家的工业生产指数为例，英、法两国的工业生产在1948年都已超过了战前水平，意大利也恢复到了战前水平，德、日两国的恢复虽然慢一些，但进入20世纪50年代以后也都得到了恢复，如以1948年为100，西德1936年为150、1954年达282，日本1938年为228、1954年达281。

然而，斯大林的这个观点，不仅不符合当时的客观事实，而且由于他的观点是建立在因为两个阵营的存在而出现、并在此期间始终存在的他所谓“统一的无所不包的世界生产的瓦解”的基础上面的，这就把他不承认、不正视当代资本主义新变化的观点，发展成一种不论客观现实发生什么变化都始终僵滞不变的思维定式。这种僵化的思维定式使人们看不到在发展进程中资本主义不仅具有其根本性不变的一面，还有其生产力不断发展以及经济基础和上层建筑的某些环节适应于形势的变化而改变的一面。马克思、恩格斯在《共产党宣言》中说过：“资产阶级除非对生产工具，从而对生产关系，从而对全部社会关系不断地进行革命，否则就不能生存下去。”[①] 资本主义的发展历程就是资本主义适应形势的变化而不断地进行自我调节的历史，当代资本主义由于受信息革命、经济全球化

① 《马克思恩格斯选集》第1卷，人民出版社2012年版，第403页。

和金融化等因素的影响，更处于自我更新、调节、发展的大变革时期。二战以后的历史发展说明，半个多世纪以来，西方资产阶级为了维护资本主义基本制度的生存和发展，对资本主义生产关系和上层建筑的某些环节以及资本主义经济社会的运行和管理机制做了不少的自我调节、改良和改善，甚至借鉴社会主义的一些做法，以缓解资本主义私有制对生产力发展的羁绊和制约，为生产力的发展提供新的空间，从而使得在资本主义生产关系下面生产力不仅能够被容纳，而且还能得到进一步的发展。同时，资本主义统治下的阶级矛盾和社会矛盾也能得到相当程度的缓和。

斯大林的不承认、不正视当代资本主义新变化的思维定式，同马克思主义经典作家从实际出发、与时俱进的思维方式是截然相反的。例如，随着在资本主义发展进程中股份公司、托拉斯这些新的社会化形式的出现，恩格斯迅速在其对资本主义特征的界定中做出相应的反应："由股份公司经营的资本主义生产，已经不再是私人生产，而是由许多人联合负责的生产。如果我们从股份公司进而来看那支配着和垄断着整个工业部门的托拉斯，那么，那里不仅没有了私人生产，而且也没有了无计划性。"①

资料来源：徐崇温：《正确认识当代资本主义的新变化》，《湖北行政学院学报》2002 年第 5 期。

二、当代资本主义的新变化不是资本主义性质上的根本改变

应当指出，与忽视当代资本主义新变化的倾向相比，那种夸大资本主义的倾向是更加大量地存在的。

① 《马克思恩格斯选集》第 4 卷，人民出版社 2012 年版，第 290 页。

在世界社会主义运动中，把当代资本主义的新变化极力夸大为资本主义已经从根本上改变性质，抹杀社会主义与资本主义的原则界限，最终导致东欧剧变、苏联解体的，是戈尔巴乔夫。

在1989年11月发表的《社会主义思想与革命性变革》一文中，戈尔巴乔夫说："马克思对资本主义自我发展的可能性估计不足"，"没有推测出两种社会制度在庞大的国家集团中长期共存"，"促进资本主义的自我完善"。现在，"资本主义的性质发生了重大变化"，"生产已经国际化，整个资本主义经营跨国化"，所以"首先必须排除两大社会体系的对抗性，抽象的形而上学的对立"。在1990年4月发表的《未来世界与社会主义》一文中，戈尔巴乔夫说："资本主义现在远不是从前那种资本主义了"，"社会主义的一些特征诸如公有制、计划化、社会保障，在某种程度和范围内已经成为先进的西方社会生活习以为常的部分。现代的民主和法律制度在很大程度上也是社会主义思想和行动的成果"。在苏联解体以后出版的《难以决断的岁月（选集1985—1992）》中，戈尔巴乔夫说："从19世纪下半叶以来所产生的'社会主义—资本主义'那种二律背反论，我总觉得现在已经过时"。在1995年出版的《戈尔巴乔夫回忆录》中，他针对人们关于东欧剧变损害了社会主义而有利于资本主义的批评，辩驳说，这种批评所采用的"是非黑即白的思维方式"，而"这种'二进制'的思想方法已经绝对过时了"，"资本主义和社会主义的基本概念本身需要重新考虑"[①]。在1998年出版的《对过去和未来的思考》一书中，戈尔巴乔夫又说："'资本主义'和'社会主义'概念本身在它们通常的、惯用的意义上已经难以描绘和说明现实"[②]。

戈尔巴乔夫借口当代资本主义的新变化去鼓吹资本主义已经根本改变性

① ［俄］米哈伊尔·谢尔盖耶维奇·戈尔巴乔夫著，潘兴明译：《孤独相伴：戈尔巴乔夫回忆录》，译林出版社2015年版，第318页。

② ［俄］米哈伊尔·谢尔盖耶维奇·戈尔巴乔夫著，徐葵等译：《对过去和未来的思考》，新华出版社2002年版，第87页。

质、已经具有社会主义的一些特征，因而“资本主义 / 社会主义”的基本概念和思维方法已经过时、已经难以描绘和说明现实等诸如此类的说法，都是没有根据的混淆是非之谈。

诚然，几十年来，特别是在二战以后的半个多世纪以来，当代资本主义在许多方面发生了新的变化，这是客观存在，不承认、不正视是不行的；但是，这样不能不承认、不正视的客观存在还有：在当今世界，资本主义制度所固有的基本矛盾依然存在，并没有因为发达资本主义国家经济、科技的发展而有本质的改变。发达资本主义国家所采取的种种自我调节、改良和改善措施，也并没有触动资本主义统治的根基，没有从根本上改变资本主义制度的性质。恰恰相反，由于资本主义在经历这些新变化的过程中，不断增加的财富越来越集中在少数人手里，使贫富两极分化继续不断扩大，这就不可避免地会加剧资本主义的基本矛盾，会在新的基础上积累和加深资本主义的基本矛盾。

就以戈尔巴乔夫所津津乐道的所谓发达资本主义国家已经具有社会主义的一些特征来说：在马克思去世以后的一个多世纪里，发达资本主义国家确实推进了《共产党宣言》所提出的许多改革措施，如劳动法、最低工资法、福利救济、公共住房、公共卫生体制、遗产税、累进所得税等等，以致有的西方左翼学者评论说：“没有这些改革措施，没有这些改革，很难想象资本主义还会继续存在。”（约翰·卡西迪语）然而，这丝毫不意味着资本主义就具有了社会主义的一些特征，不意味着区分资本主义和社会主义的概念和思维方法就已经过时了。

（1）发达资本主义国家是为了维护资本主义制度的生存和发展，而不是为了改变资本主义制度的根本性质去借鉴和采取这些措施的。恩格斯在《英国工人阶级状况》一书的 1892 年德文第二版序言中，曾经谈到“过去带头同工人阶级作斗争的最大的工厂主们”，现在“学会了避免不必要的纷争，默认工联的存在和力量，最后甚至发现罢工——发生得适时的罢工——也是实现他们自己的目的的有效手段”[1]。应当说发达资本主义国家采取《共产党宣言》中所提出的工人掌权后所应采取的一些措施和借鉴社会主义国家的一些做法，是把它们当作维护自己的生存和发展、达到自己目的的一种手段。

（2）发达资本主义国家在资本主义经济政治文化的基本框架内采取这些措施、借鉴这些做法，可以调节、缓解资本主义私有制对生产力发展的羁绊和制约，可以使资本主义继续容纳和发展生产力，可以使资本主义统治下的阶级矛盾和社会矛盾得到相当程度的缓和，却并没有触动资本主义统治的根基。在《反杜林论》一书中，恩格斯谈道，在资本主义生产方式下，生产力以日益增长的威力要求消除、摆脱它作为资本的那种属性，要求在事实上承认它作为社会生产力的那种性质，这种日益增长的压力“迫使资本家阶级本身在资本关系内部可能的限度内，越来越把生产力当做社会生产力看待”[2]，也就是说，不得不使大量生产资料采取股份公司、托拉斯乃至资产阶级国有化等社会化形式，尽管这些社会化形式意味着对私人资本的扬弃、向生产者集体所有或社会所有和社会管理过渡的因素，意味着是为社会主义本身占有一切生产力做准备的阶段。但是，只要无产阶级还没有从资产阶级那里取得国家权力，并把生产资料变为国家财产，那么，“无论向股份公司的转变，还是向国家财产的转变，都没有消除生产力的资本属性”[3]，即使是采取了资产阶级国有化这种社会化形式，也没有改变事情的本质，因为“现代国家，不管它的形式如何，本质上都是资本主义的机器，资本家的国家，理想的总资本家。它越是把更多的生产力据为已有，就越是成为真正的总资本家，越是剥削更多的公民。工人仍然是雇佣劳动者，无产者。资本关系并没有被消灭，反而被推到了顶点”[4]，所以，“生产力归国家所有不是冲突的解决，但

---

① 《马克思恩格斯选集》第 1 卷，人民出版社 2012 年版，第 67 页。
② 《马克思恩格斯选集》第 3 卷，人民出版社 2012 年版，第 665 页。
③ 《马克思恩格斯选集》第 3 卷，人民出版社 2012 年版，第 666 页。
④ 《马克思恩格斯选集》第 3 卷，人民出版社 2012 年版，第 666 页。

是这里包含着解决冲突的形式上的手段，解决冲突的线索”[①]。归结起来，发达资本主义国家为了维护自己的生存和发展，借鉴和采用社会主义的一些做法，虽然是一些对资本主义进行消极扬弃和积极扬弃的社会因素，但这些社会因素本身并不具有社会主义的性质，要是没有变资本主义社会为社会主义社会的革命飞跃，这些单个的社会因素丝毫不能改变总的局面，不能触动资本的统治。

（3）即使在和平与发展成为时代主题的条件下，发生和发展着世界从对抗转向对话、由紧张转到缓和的明显趋势，发生了种种新变化的资本主义，为了最终战胜社会主义，把它们那套价值观强加于社会主义国家，改变社会主义国家的政治经济制度，把社会主义国家纳入国际资本统治轨道的本质与“和平演变”战略却并没有丝毫的改变。戈尔巴乔夫以资本主义发生了变化为借口，要求排除资本主义与社会主义“两大社会体系的对抗性，抽象的形而上学的对立”，乃至废除区分资本主义和社会主义的思维方式和思想方法，实际上只是在为资本主义“和平演变”社会主义国家的战略效劳。正因为这样，戈尔巴乔夫的这种从理论到实践的一味地同西方世界“一体化”的想法和做法，理所当然地遭到了世界社会主义运动的一致谴责。例如俄罗斯共产党认为，苏联解体的原因在于他们没有对自己的政治经济体制进行反省，而是在维持不下去的时候，走上了完全抛弃科学社会主义世界观和期待资本主义的道路，采取自我否定、自掘坟墓、自我毁灭的变节者的态度；美国共产党认为，东欧剧变是西方与戈尔巴乔夫里应外合地发动的一场成功的反共政变；希腊共产党认为，苏联解体的直接原因是戈尔巴乔夫蓄意复辟资本主义的反革命“改革”政策。

---

① 《马克思恩格斯选集》第3卷，人民出版社2012年版，第666页。

三、清楚认识当代资本主义自我调整的有限性

不承认、不正视当代资本主义新变化的客观存在是不行的，把当代资本主义的新变化说成是根本改变了资本主义的性质，抹杀社会主义与资本主义的原则界限，也是不符合客观事实的，而且会导致严重损害社会主义事业的恶果。那么，到底应该如何认识当代资本主义的新变化呢？关键在于要从客观的实际影响中去把握当代资本主义的新变化。既要看到这些新变化在缓解资本主义社会的矛盾、维护资本主义社会的稳定和促进资本主义社会的生产力继续发展等方面所发挥的作用，又要看到这种作用的限度，乃至酝酿和加剧资本主义矛盾方面的作用；既要看到这些新变化在延缓资本主义的覆灭、延长资本主义的寿命方面所发挥的作用，又要看到它并没有也不可能改变在经过一个长过程的发展以后资本主义最终必然被社会主义所取代的历史命运。

在当代资本主义新变化与资本主义社会的基本矛盾的关系上，一方面在日益发展的生产力要求承认它作为社会生产力的那种性质，就是说摆脱资本主义私有制的狭隘框架对于生产社会化的束缚的压力下，资产阶级在资本关系所许可的限度内，先是对生产资料所有制采取的股份公司、托拉斯和国有化那样的社会化形式。随后，又推行雇员持股计划，实行企业由股东为中心到兼顾利害相关者的转移等措施，在企业的组织机构和治理结构方面推进多层次多形式的雇员参与企业的决策和管理制度。在产品的分配和再分配方面，实行名目繁多的社会保障制度和社会福利制度。在经济社会的运行机制上，把实行经济计划作为国家对经济进行宏观综合调节的手段，以减轻生产无政府状态所导致的严重后果，这就在一定程度上缓解了资本主义基本矛盾的紧张程度，为生产力的发展开拓了新的空间。但是，在另一方面，由于当代资本主义的这些新变化毕竟都是在资本主义私有制的基础上产生和发展的，因而随着形势的发展变化而改变的，就只是资产阶级私有制的实现形

式，而并不是私有制本身。更重要的是，随着资本主义制度这种变化发展而出现的，还有同资本主义的本性紧密相连的财富不断集中的趋势、贫富两极分化进一步发展的趋势。

在财富不断集中的趋势方面，以美国为例，资产在 10 亿美元以上的公司，1955 年为 22 家，1992 年为 316 家；拥有 100 亿美元以上资产的特大公司，1970 年为 2 家，1992 年为 49 家。10 亿美元以上的公司拥有的资产在整个工业资产中所占比重，1960 年为 23%，1990 年为 71.2%；它们所获得的利润在美国企业的整个利润额中所占比重，1960 年为 38%，1990 年为 73.2%。在贫富两极分化进一步发展方面，仍以美国为例，1973 —1992 年，占全美家庭总数 20% 的上层平均收入增长了 20%，而占 20% 的下层其平均收入却减少了 42%；1983 —1992 年，占家庭总数 20% 的上层，占有了增加财富的 98.8%，其中，占 1% 的最上层，占有了增加财富的 61.6%；结果是 1980 —1996 年，美国最富裕的、占家庭总数 5% 的上层，在全美家庭总收入中所占比例从 15.3% 上升到 20.3%，而最贫困的、占家庭总数 60% 的下层，在全美家庭总收入中所占比例却由 34.2% 下降到 30%。这种贫富两极分化不断扩大的趋势，在欧洲也存在着。以德国为例，占家庭总数 5% 的上层家庭，占有社会财富的 1/3 以上，而占家庭总数一半以上的下层居民，却只拥有不到 10% 的社会财富；1980 —1995 年，独立经营者可支配的实际收入增长了 54.3%，而雇员可支配的实际收入却下降了 10%。与此同时，从 1980 年以来，国家征收的工资税和社会福利税在平均劳动工资中所占比例增加了 25%，达到 35%，而企业收益税在全国税收中所占比例，却从 16% 下降到 5%。

发达资本主义社会中财富不断集中、贫富两极分化进一步发展的这些趋势，显然说明了在一些方面其紧张程度得到暂时缓解的资本主义基本矛盾，又在另一些方面不断积累的基础上继续加深着。面对着这样的形势，美国著名经济学家瑟罗警告说：“如果资本主义体制在总体经济大饼扩大的时期不能提高大多数参与者的实际工资，它就不可能长久地拥有大多数人的政治忠诚。同样地，如果民主的政治程度不能消除在资本主义体制内发生的、无论是什么原因造成的这一现实，民主制最终也会失去信用。”① 而德国《明镜》周刊惊呼道：“在德国贫富截然分开，中间阶层中对于社会地位低落的恐惧不断增长，这种恐怖情绪的蔓延会带来十分危险的后果，民主制度还能忍受多大程度的社会不平等？”②

在当代资本主义新变化与资本主义经济危机的关系上，一方面，资本主义经济危机的频繁爆发，特别是 1929—1933 年经济危机的严重破坏后果，迫使资本主义国家加强对经济生活的干预和调节。在针对危机所采取的措施方面，这种干预和调节首先表现为扩大财政预算行政开支和社会福利开支，这就直接增大了社会消费需求，缓解了两大部类之间的积累失衡，减轻了消费资料生产过剩，从而削弱了资本主义经济危机的强度。其次，则表现为使固定资本的更新分散化，即在危机到来前的经济过热阶段，采取紧缩措施，以抑制经济过度高涨，而在危机到来时又设法增加社会消费，刺激私人投资，保护金融体系，以维持相当规模的固定资本投资，降低生产下降幅度。资本主义国家所采取的这些干预和调节措施，减轻了经济危机的强度。例如，在 1929—1933 年的经济危机中，美国的生产幅度下降了 46.2%，失业率为 24.9%，德国的生产下降了 40.6%，失业率为 50%，日本的生产下降了 32.9%；而在资本主义国家采取了针对经济危机的干预和调节措施之后，在 1973—1975 年、1979—1983 年爆发的两次经济危机中，美国的生产下降幅度就降为 15.3% 和 11.8%，失业率降为 9.1% 和 10.8%，联邦德国的生产下降幅度降为 12.9% 和 12.2%，失业率降为 5.1% 和 8.5%，日本的生产

① ［美］莱斯特·瑟罗著，周晓钟译：《资本主义的未来》，中国社会科学出版社 1998 年版，第 264 页。

② 张世鹏、殷叙彝：《全球化时代的资本主义》，中央编译出版社 1998 年版，第 177 页。

下降幅度降为 20% 和 4.1%。但是，另一方面，由于国家的干预和调节，使经济危机不能充分展开，不能充分发挥危机淘汰过剩生产能力、危机对生产的强制性调节作用，以暂时解决生产和消费之间的矛盾，这就使生产能力的过剩经常化，加深了生产过剩的危机，使经济危机不是像有些人所想象的那样，或者消失了，或者转移了，而是爆发得更加频繁了，两次危机的间隔时间从 19 世纪中期的每 10 年一次，缩短为 20 世纪的每 4 年左右一次。

然而，经济危机的继续存在和频繁爆发，却并不意味着资本主义制度即将崩溃。这是因为，实现这种取代不仅需要有超乎寻常的加剧被压迫阶级的贫困和苦难的经济前提，而且需要有给被压迫阶级的不满和愤慨迸发造成突破口的、统治阶级在政治上不能照旧维持自己统治的政治危机，还需要有革命阶级能够发动足以摧毁或打垮旧政府的革命群众运动。而发达资本主义社会却在经济危机频繁发生的同时，用一系列的自我调节、改良和改善去缓解资本主义生产关系对于生产力的羁绊和束缚，并暂时缓解资本主义社会的阶级矛盾和其他社会矛盾。这就是虽然在 20 世纪资本主义的经济危机频繁爆发，而在发达资本主义国家却没有出现资本主义被社会主义所取代的一个重要原因。

在当代资本主义新变化与资本主义发展进程的关系上，一方面，由于科技革命的迅速发展，由于发达资本主义国家的自我调节、改良和改善，使资本主义社会中的生产力、科学技术获得了新的很大的发展，阶级矛盾和其他社会矛盾也得到暂时的缓和，这些无疑延缓了资本主义的灭亡，延长了资本主义的寿命。但在另一方面，由于当代资本主义的这些新变化并没有改变资本主义的本质，没有消除资本主义社会的基本矛盾，反而使之在新的基础上积累和加深，也没有消除资本主义的经济危机，而是使之爆发得更加频繁，因而，也就没有改变资本主义由于自身的矛盾发展而最终为社会主义所取代的客观必然性。这也是一切马克思主义者在 170 多年以来所始终不渝地坚持的信念和信心。早在 1848 年，马克思、恩格斯就宣告“资产阶级的灭亡和无产阶级的胜利是同样不可避免的”[①]。

四、警惕当代资本主义发展中各种“趋同论”思想

人类历史发展在20世纪呈现出的一个重要特征，就是社会主义革命首先在经济文化较不发达的国家——首先是俄国，随后是东欧和亚洲一些国家，再后来是拉丁美洲的古巴——取得胜利，而一些西方国家则仍然实行着资本主义制度。在由此出现的“一球两制”的格局下，资本主义在同社会主义相互对立的同时，又借鉴社会主义国家的一些做法。与此同时，随着社会生产力的发展，当代资本主义的生产社会化、管理社会化、资本社会化等也相应地迅速发展起来。有些人把这些现象称作资本主义和社会主义相互趋同，并据此而提出了“趋同论”。

趋同论是一种预测人类社会发展变化趋势的社会理论，认为资本主义和社会主义之间的各种差别，将通过它们的相互借鉴、相互吸收对方的一些做法而逐渐消除、趋向同一并最后融成一体。趋同论早在十月革命胜利后萌芽，在20世纪50—60年代才正式出笼。最早的“趋同论”思想出现在美国著名经济学家约瑟夫·熊彼特的著作《资本主义、社会主义和民主主义》（1942年）中，他认为，只要采用计划管理，资本主义就会在资本主义体制范围内“逐渐社会主义化”，这种“资本主义向社会主义靠近”的思想实际上就是最初的“趋同论”。在1960年，美国社会学家索罗金发表《美国与苏联相互趋同为混合的社会化类型》一文，首先使用“趋同”概念，认为在北美国家及苏联、日本等国的例证中可以发现“齐一化”的趋势。1964年，他在《我们时代的基本趋势》一书中，从理论上概括趋同论：“正在产生的社会和文化的主要形式，也许既不是资本主义，也不是社会主义，而是可以

① 《马克思恩格斯选集》第1卷，人民出版社2012年版，第413页。

称之为一体化的特殊形式，这一形式将是资本主义和社会主义制度与生活方式之间的形式。”① 而荷兰社会民主党人、首届诺贝尔经济学奖得主廷伯根则在1961年发表《共产主义经济和自由经济是趋同的样板吗？》一文中，借用数学和生物学中“趋同”术语，系统地说明共产主义和自由主义两种社会政治制度互相向对方发展的趋势。廷伯根此文产生了轰动效用，引发出来的论述趋同的著述犹如雨后春笋。1964年美国学者泽鲍特出版《竞争共处的经济学：因增长而趋同》一书，认为“完全可以有根据地预料，世界上的经济制度的基本趋同现象，是朝着某种共同的特征前进”，“这是我们这个时代正在发生的极其重要的事情”。1965年，廷伯根又在同荷兰社会民主党的另外两个重要成员林耐曼、普朗克合著的《东西方经济制度的趋同》一书中，详细展开了有关趋同论的基本思想和研究方法的论述，被认为是趋同论的集大成之作。尔后，美国经济学家加尔布雷思、丹尼尔·贝尔，社会学家和未来学家托夫勒、奈斯比特又用新技术革命、资本主义国家的经济调整和社会主义国家的改革潮流，去论证趋同理论的正确性，认为这些潮流使各国的经济结构、阶级结构、利益格局等，都毫无例外地趋同一个“后工业社会”“信息社会”“第三次浪潮社会”等。美国学者哈拉尔则认为，世界上各类“国家之间的文化差异正在促进各种经济制度的发展，形成资本主义和社会主义的混合体”②，“混合经济的扩大看来正在使两类国家沿着一条共同的道路走向自由企业和民主”③。

---

① ［美］沃尔夫、向红：《索罗金：〈我们时代的基本趋势〉》，《现代外国哲学社会科学文摘》1965年第9期。

② ［美］威廉·E.哈拉尔著，冯韵文、黄育馥等译：《新资本主义》，社会科学文献出版社1991年版，第345页。

③ ［美］威廉·E.哈拉尔著，冯韵文、黄育馥等译：《新资本主义》，社会科学文献出版社1991年版，第370页。

▶ 专栏 1-3 “趋同论”的类型及主要内容

目前国外所流行的“趋同论”有三种不同类型：(1) 社会主义向资本主义趋同，也就是说，社会主义趋向资本主义的道路发展；(2) 资本主义向社会主义趋同，资本主义趋向社会主义的道路发展；(3) 经过对资本主义的否定和对旧的社会主义改革之后，在资本主义和旧式社会主义发展的中间道路上发展起来的一种新社会。

趋同论的种类和派别繁多，而就其内容来说，主要有以下四种。

1. 所有制趋同论

这种理论认为，当代资本主义国家搞了国有制、法人财团所有制和股票职工化，这就改变了资本主义私有制的本质，而与社会公有制日益趋同。

2. 企业治理制度趋同论

这种理论认为在二战以后，西方发达资本主义国家以不同形式，在不同程度上实行雇员参与企业的决策和管理制度，有的还在大企业的监事会里实行雇员与雇主代表的“对等的共同决定”等，这种企业治理制度不仅保障了劳资平等，使工人成为资产阶级管理企业中的平等伙伴，而且使劳资对立变为劳资合作，改变资本主义制度，建立新的社会制度的开始，不仅如此，通过工人更多更广泛地参与决策和管理，还可以代替对社会的革命改造，使资本主义逐渐发展成为社会主义。

3. 所有制度趋同论

这种理论认为，当代资本主义国家通过实行累进税制将高收入者的部分收入集中到自己手里，然后再通过社会福利支出的形式把这种收入转移到低收入者身上，即把富人的收入转移给了穷人，这就在全社会范围内实现了“收入均等化”，使这种分配制度成为满足人类需要的公平分配，成为消灭剥削和贫困、导致社会普遍福利和阶级同化的“收入革命”，从而实现了社会主义人权。

4. 经济运行机制趋同论

这种理论认为，现代科学技术进步和国家干预生活的需要，一方面，可以使资本主义国家利用一切现代技术和经济手段，及时收集市场信息，制订出指导经济和社会发展的宏观计划；另一方面，可以在现代生产条件下普遍加强企业的微观计划，国家的宏观计划和企业的微观计划相结合使资本主义的经济运行成为自觉的过程，使资本主义成为“有计划的资本主义”，与社会主义趋同。

资料来源：徐崇温：《正确认识和把握当代资本主义研究中的几个界限》，《理论前沿》2005 年第 11 期。

在经济全球化历史发展大趋势的推动下，不断经受周期性经济波动和经济危机困扰的资本主义开始吸收和借鉴社会主义发展的有益成分和成功经验，通过调整生产关系、分配关系和社会关系不断扬弃自身的私有性质，使资本主义制度内部出现了种种“社会主义因素”，如国有制经济、合作制经济、股份制经济、社会保障制度、职工参与制度等。关于资本主义社会是否可以产生社会主义因素这个问题，这些新变化的出现，表明资本主义已经具有一定的自我完善、自我更新和自我发展的能力，具有在资本主义根本经济制度的框架内纳入“新社会因素”的能力，在一定程度上为资本主义的生存与发展扩展了空间、释放了活力。但是同时，这些社会主义性质的举措，在客观上却为资本主义带来了另外一种后果和发展趋势：为资本主义即资本主义生产关系的进一步扩展设置了新的界限、障碍、限制和桎梏，从而进一步促进对资本关系自身规定性及本质的自我背离、自我否定和自我扬弃的进程。

此外，对于当代资本主义社会中的社会主义因素，我们应坚持唯物辩证的观点，既正视它的存在，又认清它的地位。列宁指出：“辩证发展过程在资本主义范围内确实就包含着新社会的因素，包含着它的物质因素和精神因素。但是，社会主义者应当善于区分部分和整体，应当按整体提口号，而不是按部分提口号。”① “当代资本主义社会中的社会主义因素”这一提法本身，表明社会主义因素还只是“部分”。要使它发展为“整体”，必须实现资本主义制度的根本变革。

五、资本主义自行扬弃并不是向社会主义的过渡

所谓资本主义自行扬弃，是指资本主义在自己的发展过程中，在不断地扬弃着自身，孕育着新社会的因素，为过渡到新的更高级社会形态做准备。马克思指出，19 世纪后半期资本主义随着信用制度的发展而广泛出现的股份公司、单个资本变为社会资本等变化，“这是资本主义生产方式在资本主义生产方式本身范围内的扬弃，因而是一个自行扬弃的矛盾，这个矛盾明显地表现为通向一种新的生产形式的单纯过渡点”②。

在 1877 年《给〈祖国纪事〉杂志编辑部的信》中，马克思说，在《资本论》关于原始积累的“那一章末尾，资本主义生产的历史趋势被归结成这样：‘资本主义生产本身由于自然变化的必然性，造成了对自身的否定’；它本身已经创造出了新的经济制度的要素，它同时给社会劳动生产力和一切生产者个人的全面发展以极大的推动；实际上已经以一种集体生产方式为基础的资本主义所有制只能转变为社会所有制”③。

在马克思生前没有完稿、后经恩格斯整理和修订补充、在 1894 年出版的《资本论》第三卷第二十七章《信用在资本主义生产中的作用》中指出：

---

① 《列宁全集》第 11 卷，人民出版社 1987 年版，第 371 页。
② 《马克思恩格斯选集》第 2 卷，人民出版社 2012 年版，第 569 页。
③ 《马克思恩格斯选集》第 3 卷，人民出版社 2012 年版，第 729 页。

“股份制度——它是在资本主义体系本身的基础上对资本主义的私有产业的扬弃；随着它的扩大和侵入新的生产部分，它也在同样的程度上消灭着私人企业……”[①]，而“工人自己的合作工厂，是在旧形式内对旧形式打开的第一个缺口，虽然它在自己的实际组织中，当然到处都再生产出并且必然会再生产出现存制度的一个缺点。但是，资本和劳动之间的对立在这种工厂内已经被扬弃……”[②]。马克思在这些论述中提到的“新的生产形式”“新的经济制度的要素”，都是资本主义自行扬弃的结果和产物。

但是，马克思主义所揭示的资本主义这种自行扬弃，又只是意味着资本主义特别是国家垄断资本主义在其发展过程中正在向社会主义过渡作准备，而绝不意味着资本主义自行扬弃中所产生的“新的经济形式”“新的经济制度的要素”已经是社会主义性质的，从而在资本主义的自行扬弃过程中资本主义正经过这种不断的部分质变自行长入社会主义。因为，这些“新的经济形式”“新的经济制度的要素”仍然处于“资本主义生产方式本身范围内”，虽然“在股份制度内，已经存在着社会资料借此表现为个人财产的旧形式的对立面；但是，这种股份形式的转化本身还是局限在资本主义界限之内；因此，这种转化并没有克服财富作为社会财富的性质和作为私人财富的性质之间的对立，而只是在新形态上发展了这种对立”[③]。正如列宁所指出的那样：“资本主义本身造就了自己的掘墓人，本身创造了新制度的因素，而同时，如果没有‘飞跃’，这些单个的因素便丝毫不能改变总的局面，不能触动资本的统治。”[④]

如其不然，马克思在《法兰西内战》中为什么要工人阶级去“解放”那些由旧的正在崩溃的资产阶级社会本身孕育着的“新的经济制度的因素”，而不是听凭这些因素经由一部分质变而使资本主义自行长入社会主义呢？

---

① 马克思：《资本论》第 3 卷，人民出版社 2004 年版，第 497 页。
② 马克思：《资本论》第 3 卷，人民出版社 2004 年版，第 499 页。
③ 马克思：《资本论》第 3 卷，人民出版社 2004 年版，第 498—499 页。
④ 《列宁选集》第 2 卷，人民出版社 2012 年版，第 274 页。

▶ 阅读文献

1. 马克思：《资本论》，人民出版社 2004 年版。

2. 列宁：《帝国主义是资本主义的最高阶段》，人民出版社 2004 年版。

3. [美] 杰里米·里夫金著，张体伟、孙豫宁译：《第三次工业革命》，中信出版社 2012 年版。

4. [美] 杰里米·里夫金著，赛迪研究院专家组译：《零边际成本社会》，中信出版社 2014 年版。

5. 靳辉明、罗文东：《当代资本主义新论》，四川人民出版社 2005 年版。

6. 庞仁芝：《当代资本主义基本问题研究》，人民出版社 2015 年版。

7. 刘儒：《趋同是社会主义胜利吗》，《科学社会主义研究》1990 年第 4 期。

8.《求是》杂志课题组：《资本主义的新变化及其本质上的腐朽性——二论资本主义发展的历史进程》，《求是》2001 年第 4 期。

9. 郭伟伟：《关于当代资本主义新变化及其历史发展总趋势的研究述评》，《当代世界与社会主义》2005 年第 2 期。

10. 徐崇温：《正确认识和把握当代资本主义研究中的几个界限》，《理论前沿》2005 年第 11 期。

11. 庞仁芝：《关于当代资本主义的三个基本判断》，《高校理论战线》2011 年第 10 期。

12. 刘仁营、左乐平：《金融危机坐标中的资本主义新变化》，《红旗文稿》2010 年第 14 期。

13. 颜鹏飞、刘会闯：《当代资本主义再认识：当代资本主义基本矛盾的新解读》，《理论学刊》2013 年第 9 期。

14. 孙寿涛：《20 世纪 70 年代以来发达资本主义社会劳资关系的新变

化》,《教学与研究》2014 年第 2 期。

15. 陈学明:《资本主义的新变化是“证伪”还是“证实”了马克思主义?》,《西南大学学报》(社会科学版)2012 年第 6 期。

16. 刘志明:《国际金融危机以来世界资本主义的四个新变化》,《中国矿业大学学报》(社会科学版)2015 年第 3 期。

17. 何自力:《去工业化、去周期化与经济停滞常态化——一个认识当代资本主义的新视角》,《华南师范大学学报》(社会科学版)2015 年第 4 期。

18. 林德山:《关于当代资本主义新变化的思考》,《国外理论动态》2015 年第 6 期。

19. 刘震、蔡万焕:《当前资本主义的特征、矛盾和发展趋势》,《山东社会科学》2016 年第 2 期。

▶ 相关概念

第三次科技革命	经济自由主义	凯恩斯主义
个体资本所有制	私人股份资本所有制	法人资本所有制
国家资本所有制	合作制经济	职工参与企业决策制度
终身雇佣制	职工持股计划	“趋同论”

▶ 本章思考题

1. 二战后，资本主义国家在所有制、分配方式、阶级关系、企业管理制度、政治制度等方面都出现了哪些新变化?

2. 二战后至 20 世纪 70 年代，资本主义都出现了哪些新变化?

3.20 世纪 70 年代至 2008 年国际金融危机爆发，资本主义发生了哪些新变化?

4.2008 年国际金融危机以来资本主义出现了哪些新变化?

5. 如何看待资本主义和社会主义两种制度的趋同?

6. 如何正确认识当代资本主义的发展变化?

7. 如何认识国家干预和当代资本主义新变化的关系?

8. 当代资本主义国家出现的员工参与企业管理制度与社会主义国家的职工当家作主、参与企业管理在性质上、本质上和目标上是一样的吗?为什么?

9. 运用马克思主义相关理论分析当代资本主义的新变化。

10. 当代资本主义新变化对中国特色社会主义发展有哪些启示?

第二章

当代资本主义的世界体系

资本主义世界体系是资本主义世界范围内，由各种力量主要是各资本主义国家，以一定的关系通过各种纽带组成的整体。新航路开辟后，世界开始连成一个整体。但直到18世纪中期工业革命，世界市场尚未形成，更谈不上世界体系。工业革命后，世界市场的形成使得资本主义在全世界确立了它的统治地位。这个体系的根本特点是以一种席卷一切的态势迅猛扩张，少数发达国家对落后国家进行掠夺和控制。在二战之前，这个体系扩张的形式主要是殖民统治和海外贸易。二战后，一大批民族国家的独立和解放运动动摇了诸如英国等殖民宗主国的统治基础，但并没有彻底改变这种国与国的不平等关系。本章主要对二战后当代资本主义世界体系的形成、发展及其特点进行阐释。

第一节　资本主义世界体系的形成和发展

一、资本主义世界体系的起源及扩张

马克思从生产力和生产关系的角度，阐发了世界历史的形成过程，认为世界贸易和世界市场在16世纪揭开了资本的现代生活史。从生产关系的角度来看，世界历史的形成和发展主要是由资本的本性决定的，不断扩大产品销路的需要，驱使资产阶级奔走于全球各地。“资本主义生产方式是发展物质生产力并且创造同这种生产力相适应的世界市场的历史手段。”①“资产阶级，由于开拓了世界市场，使一切国家的生产和消费都成为世界性的了。……一句话，它按照自己的面貌为自己创造出一个世界。”②从生产力的角度看，资本主义要冲破地域的限制，在世界市场上获得更大的利润。“资本一方面要力求摧毁交往即交换的一切地方限制，夺得整个地球作为它的市场，另一方面，它又力求用时间去消灭空间，就是说，把商品从一个地方转移到另一个地方所花费的时间缩减到最低限度。”③随着资本主义的全球扩张，资本的掠夺本性暴露无遗。“资本来到世间，从头到脚，每个毛孔都滴着血和肮脏的东西。”“这种剥夺的历史是用血和火的文字载入人类编年史的”④，马克思这样概括资产阶级按照自己的需要改造世界体系的过程：“它

① 《马克思恩格斯全集》第25卷，人民出版社1979年版，第279页。
② 《马克思恩格斯选集》第1卷，人民出版社2012年版，第404页。
③ 《马克思恩格斯全集》第46卷，人民出版社1979年版，第33页。
④ 《马克思恩格斯选集》第2卷，人民出版社2012年版，第297、291页。

使未开化和半开化的国家从属于文明的国家，使农民的民族从属于资产阶级的民族，使东方从属于西方。”① 剥夺促进了资本集中的加快，科学技术、土地、生产资料的利用率都大大提高，劳动协作日益发展，“各国人民日益被卷入世界市场网，从而资本主义制度日益具有国际的性质”②。这样，西方强国经过剧烈的政治革命、两次科技革命，从自由资本主义过渡到垄断资本主义，对全世界进行殖民统治和掠夺。到 19 世纪末 20 世纪初，“资本主义已成为极少数‘先进’国对世界上绝大多数居民实行殖民压迫和金融扼杀的世界体系”③。20 世纪是社会主义与资本主义相互斗争、相互渗透、相互制约与相互影响的世纪，在这一时期，经过两次世界大战和殖民地争取独立的斗争，若干次严重的资本主义经济危机，资本主义国家不断调整国家职能，以缓和其内外矛盾。20 世纪 90 年代以来，随着东欧剧变、苏联解体，这些国家开始转型，福利国家开始退潮，新自由主义者随之叫嚣资本主义全球化一统天下，甚至认为第三世界已经消失、需要用新的词汇来形容贫困。东西矛盾退居其次，南北矛盾即“中心—边缘”的对立更加显著。

伊曼努尔·沃勒斯坦（Immanuel Wallerstein）认为，“延长的 16 世纪”（1450—1640 年）是欧洲资本主义世界经济体系的起源阶段。他认为，14、15 世纪的欧洲封建制度危机的巨大压力，使大规模的社会变化成为可能，世界规模的地理扩张、不同区域的劳动力的不同控制方式和相对强大的国家机器的产生这三个关键因素使资本主义世界经济体系得以建立④。世界范围的劳动分工将世界划分为核心区、半边缘区、边缘区三个地带，不平等的劳动分工派生出等级化的世界政治结构。“不等价交换”和“资本积累”是这

---

① 《马克思恩格斯选集》第 1 卷，人民出版社 2012 年版，第 405 页。
② 《马克思恩格斯选集》第 2 卷，人民出版社 2012 年版，第 299 页。
③ 《列宁选集》第 2 卷，人民出版社 2012 年版，第 578—579 页。
④ ［美］伊曼纽尔·沃勒斯坦著，罗荣渠等译：《现代世界体系》第 1 卷，高等教育出版社 1998 年版，第 29 页。

个体系运行的基本动力，资本积累过程中的不等价交换不仅存在于无产阶级和资产阶级之间，而且存在于核心区域与边缘区域之间。外部区域不断被“融入”和“边缘化”，接受其世界范围内劳动分工的角色，逐渐沦为“边缘”地区。

二、二战后美国主导的资本主义世界体系的形成

二战结束后，本土远离欧洲和亚洲战场的美国保持着经济上的繁荣和各方面的领先地位。利用战后秩序的重建，美国建立起以其为主导的新的资本主义世界体系。金融方面，美国安排战后世界经济秩序，直接代替英国，颁布了《布雷顿森林协定》，确立了美国的霸权地位，建立了一个以美元为中心的新的货币金融体系。国际贸易方面，美国积极推动国际贸易的自由化，签署关税及贸易总协定（GATT），强迫英国放弃了大英帝国特惠制。美国扩大了自己的商品输出，实际上形成了以美国为中心的国际贸易体系。工业方面，美国凭借强大的工业制造能力，成为世界工厂。美国通过“马歇尔计划”，将过剩产能转移到欧洲，同时把西欧主要国家纳入美国主导的资本主义阵营中，开始了资本主义和社会主义对抗的冷战时代。

（一）布雷顿森林体系和国际货币体系变革

所谓“布雷顿森林体系”，通常有狭义和广义之分。狭义上的布雷顿森林体系是指二战结束直至20世纪70年代初，以国际协定所确立的法定国际货币制度，其主要特征是“双挂钩”的金汇兑本位制，即美元同黄金挂钩、其他主要货币同美元挂钩。广义上的布雷顿森林体系则是指二战以来以美国为中心的资本主义世界体系。美元作为国际货币体系的本位货币，充当国际货物、服务和资本贸易的主要计价和结算工具，构成各国货币的主要国际储备资产。美元中心国家以国际货币基金组织、世界银行以及关税与贸易总协

定（后改称世界贸易组织）为组织基础，不断向外围世界推行以货币兑换自由化、贸易自由化和资本流动自由化为特征的经济全球化。

为了恢复受战争破坏的各国经济，稳定各国汇率、平衡国际收支，英国、美国等 44 个国家在 1944 年 7 月通过协商后，在美国的新罕布什尔州的布雷顿森林制定了国际货币体系，这就是布雷顿森林体系，并于 1945 年建立国际货币基金组织（IMF）和国际复兴开发银行（又称世界银行）。布雷顿森林体系从 1944 年开始运行，到 1973 年彻底崩溃，共运行了 30 年。该体系尽管是二战后美国维护国际货币霸权的工具，但在一定程度上稳定了战后的经济，对世界经济的发展起到了积极的作用。

布雷顿森林体系通过“双挂钩”，确认 35 美元等于 1 盎司黄金，所有成员国必须认同并维持它。当各国政府用美元向美国兑换黄金时，美国必须以官价进行兑换。同时各国货币与美元建立固定的汇率，上下浮动不得超过 1%，如若超过，就必须得到国际货币基金组织同意，否则他们不仅失掉了利用该组织恢复经济的机会，而且还有可能被开除。“布林顿森林货币体系所确定的美元与黄金挂钩，各国货币与美元挂钩的原则，使美元等同于黄金，成为黄金的代表或等价物，由于各国货币不能直接兑换黄金，而只能通过美元间接与黄金挂钩，从而使得美元取得了在国际货币制度中的中心地位。在这一制度下，美元代替黄金成为各成员国支付国际收支逆差的主要手段和国际储备货币，有的国家甚至用美元代替黄金作为发行纸币的准备金。这种国际货币制度，实际上是一种国际金汇兑本位制，或者说是美元——黄金本位制。”[①] 布雷顿森林体系的实质是以美国为核心建立的有组织的、特殊的国际金汇兑本位制，是以当时的世界经济状况为依据，人为建立起来的一个货币体制。

我们在分析布雷顿森林体系的时候，总是忽视一个历史事实，那就是与

---

① 宋则行、樊亢：《世界经济史》（修订版），经济科学出版社 1998 年版，第 300 页。

布雷顿森林体系并行，同时还存在一个以苏联的卢布为核心的、囿于苏联和东欧社会主义阵营的、机构健全的另一国际金融体系。因此，布雷顿森林体系并不是全局性的，而是应对冷战的产物，或者说是资本主义世界内部的国际货币体系。

这个体系中的主要矛盾是西方资本主义世界内部的矛盾，是西方资本自相博弈的集中体现。因此，对布雷顿森林体系批评的声音主要来自欧洲，尤其是法国。在这样的大背景下，虽然体系内部充满矛盾，但是具有“一致对外”的倾向。因此，该体系可以说还相对平衡、稳定。至少，作为盟主的美国既有权力、利益，也承担义务。布雷顿森林体系中美国的自由是有限的，在地域上有苏联和东欧集团的分割，在制度上有兑换黄金的约束。比较而言，美国在构筑这一体系的时候，还是很大程度上主动地提供了公共产品，对恢复二战后的秩序和经济具有积极的作用。布雷顿森林体系的设计本身存在着很大的缺陷，早在 1957 年特里芬教授就提出了对布雷顿森林体系的质疑，指出该体系存在着信心和清偿力之间的悖论。这就是人们熟知的“特里芬两难”（Triffin Dilemma）。

众所周知，布雷顿森林体系作为雅尔塔体系的一个组成部分，是经过多方长期激烈论争的结果，标志着美国作为二战的胜利者对于国际金融主导权的构建。这一人为构建体系的核心内容就是以国际法的形式确定了国际货币：由黄金保证价值的美元。然而，这一国际法性质的、针对国际货币的确定与使用的体系，现在看来过于粗陋了，它只是搭建了一个极其简单的框架，在规定了美元与黄金、各国货币与美元的关系之后，竟然对美元这一真正意义上的国际货币的发行和监管没有任何约束和说明。这就意味着国际货币的发行完全是美国的内政，是以美国意志和利益为转移的，不受国际监管，只是在制度上存在着一个边界性的软约束条件即兑换黄金的义务。

按正常逻辑，确定了国际货币之后，马上面临的问题就是发行方式的确定和货币秩序的维护，这就如同一国中央银行所面临的问题一样。然而在布雷顿森林体系中，如此重要的方面竟然是没有制度规范的，在这样的国际制度环境下，美国只有一条途径来发行国际货币就是形成国际收支逆差。接下来的结果便是“特里芬两难”，即由于黄金的不足，美国通过国际收支逆差的方式发行国际货币无法持续下去，最终会受到其黄金存量的制约。那么，摆脱黄金的约束，情况会如何？

“特里芬两难”其实源于这样一个逻辑悖论：裁判参赛。既然居于超主权地位、提供公共产品，就不应再具有利益谋求，即提供公共产品的主体应该是一个超然的非利益主体。唯有如此，才有资格居于超然地位，才有可能维护一个稳定、高效、可持续的秩序。但现实中的美国却不是这样。相反，美国恰恰利用其特权大肆牟利。我们不能否定美元作为国际货币的公共产品性质，然而资本属性更是美元的本质特征。这样在布雷顿森林体系中，两者纠缠在一起而不得调和。在这样的境遇下，美元两种属性的内在矛盾与冲突的现实体现就是“特里芬两难”。

内在冲突的结果使美元摆脱了黄金，布雷顿森林体系瓦解。这里存在着一个表面看起来很奇怪的现象，美国人为何会对自身主导的体系的瓦解表现兴奋？实质在于美国主导的国际货币体系并未瓦解，而只是升级换代了，瓦解的只是美国的债务和他国的财富。美元更多地放弃了其公共产品属性而趋向资本。也就意味着美国完成了一次角色转换，甩掉了“裁判”的面具，成了完全的“参赛者”。但是，它仍掌握着货币发行权和规则制定权。

（二）牙买加体系及其危机

牙买加体系是布雷顿森林体系崩溃后的第二个国际货币金融体系。布雷顿森林体系崩溃以后，国际金融秩序再次陷入动荡，国际社会及各方人士纷纷探讨能否建立一种新的国际金融体系，并提出了许多改革主张，如恢复金本位、恢复美元本位制，实行综合货币本位制和设立最适货币区等，但均未能取得实质性进展。国际货币基金组织于 1972 年 7 月成立一个专门委员会，具体研究国际货币制度的改革问题，由 11 个主要工业国家和 9 个发展中国家共同组成。这个委员会于 1974 年 6 月提出一份“国际货币体系改革纲要”，对黄金、汇率、储备资产、国际收支调节等问题提出了一些原则性的建议，为以后的货币改革奠定了基础。直至 1976 年 1 月，国际货币基金组织理事会“国际货币制度临时委员会”在牙买加首都金斯敦举行会议，讨论国际货币基金协定的条款。经过激烈的争论，签订了《牙买加协议》，1974 年 4 月，国际货币基金组织理事会通过了《IMF 协定第二修正案》，从而形成了新的国际货币体系。

与布雷顿森林体系不同，牙买加体系是面向全球的，为西方资本的新一轮全球化铺设好了金融管道。牙买加体系单方面“无条件”地终止了美元兑付黄金的义务，国际货币基金组织也以正式的法律形式《IMF 协定第二修正案》加以确定。但是这一国际法意义上的协定不存在对任何一方的约束内容，而只有对约束的解除。“黄金非货币化”这样轻描淡写的客观陈述使美国直接赖掉亿万美元债务，更实质的问题是美元的世界发行再无羁绊。之所以称“牙买加体系为无体系的体系”在于该体系彻底摈除了布雷顿森林体系中少得可怜的制度因素，使得国际货币领域变成了制度真空地带，不再有约束，也不再有人承担义务。在这种情况下的自然秩序是依据前体系的惯性和现实的实力对比形成的“霍布斯丛林”，即在表面上提供公共产品的伪装形式也去掉了。

布雷顿森林体系的瓦解，使美元完全趋向于资本属性而不再顾忌自身作为国际货币应该扮演的公共产品角色。美国作为准世界中央银行不再承担丝毫的国际义务，而只是在利用其发行国的地位为美国利益，尤其是为美国资本利益服务。从此以后，美元在总体上呈现一个单向贬值的趋势。这引发了游资肆虐和多次金融危机。而美国过度借债、恶意借债的状况也日益严重。美国次贷危机的发生说明美元作为国际货币的国际发行达到了极限，美国的债务达到了极限，美元的信用透支也达到了极限。回顾一下 2007 年美国次贷危机爆发之后，美国的应对措施不外乎增发货币、增发债务，竭尽所能地向全球转嫁危机。殊不知，这一运行模式已经走到了尽头，“货币量化宽松”政策更像饮鸩止渴。相比布雷顿森林体系，牙买加体系的虚拟化程度大大增强，因为这是从国际金汇兑本位制向国际信用本位制的过渡，本质上这是从金属货币向信用纸币的演化。这一过程中，美元作为国际货币的虚拟化程度与日俱增，表现为美元发行过度远离实体经济，使得美国完全不能兑现其抛向世界的大量美元的购买力。与此同时，美国构建了无限庞大的金融市场，以此来回流抛向世界的大量美元，减轻美元的购买力兑现压力。其中，尤其荒谬的是美国的衍生金融产品市场，出售和交易凭空制造而又完全虚拟的衍生产品，据称这一市场规模达到了不可思议的 170 万亿美元，俨然是一个黑洞，坐等他国财富来填补。

东欧剧变、苏联解体使西方资本主义失去了强大的、唯一的对手，牙买加体系给予以美国为首的西方资本主义以最大的自由，资本主义似乎获得了全面的胜利而将长期主导人类历史。然而，在享有最大程度的自由几十年后，资本主义自己走向了衰败。次贷危机的爆发使美国轰然从极盛滑向低谷，形势变化之急剧令人措手不及。接踵而至的美债危机和欧债危机无可争辩地宣布了资本主义的没落。在无节制的极度扩张中，美元及西方资本走向了自己的尽头。

在牙买加体系中“特里芬两难”仍然存在，国际货币的公共产品属性与资本的逐利属性仍然纠缠不清，只是该体系中保证美元价值的不是黄金，而是美国的商品。如果布雷顿森林体系的瓦解是由于美国没有足够的黄金担保美元的价值，那么眼前的美元危机也可以看作由于美国没有足够的实体财富来保证其美元购买力的兑现。

三、二战后资本主义世界体系的特点

资本主义世界体系包括资本主义的经济、政治和文化，但其基础是资本主义世界经济的体系。随着资本主义的发展和各资本主义国家之间关系的变化，资本主义世界体系在不断演变。资本主义世界体系在不同的发展阶段和不同的历史条件下具有不同的特点，但总的来说，资本主义世界体系呈现出以下特征。

（一）当代资本主义世界体系的层级结构

“依附理论”认为，当代资本主义世界体系呈现二元结构，即中心—外围的层级结构。20 世纪 60 年代，拉美经济学家普雷维什、埃及经济学家阿明以及弗兰克等激进经济学家认为，在世界经济的“星系”中，具有强大实力的发达资本主义国家处于星群的“核心”、居“主导”地位，实力弱小的发展中国家处于星群的“外围”、居“依附”地位。发达国家之所以与发展中国家进行经济往来，目的是凭借自己的优势地位，通过不等价交换，攫取“外围”的“经济剩余”，而发展中国家在这种国际经济交往中，只是服从于“中心”的资本积累，被发达国家剥削和支配，结果导致自身经济发展迟缓，长期处于落后状态。因此，这个“星系”是一个外围依附于中心的不平等体系，牺牲外围的利益而让中心发展的剥削体系，促成世界范围内两极分化的不合理体系。因此，要建立国际经济新秩序，必须进行变革。有些依附理论的经济学家认为，发展中国家要想发展自己，必须割断同发达资本主义国家的经济关系。经济学家阿明甚至得出“同国际经济和世界市场决裂”的激进结论。虽然依附理论有自己无法克服的内在缺陷，但是却为一度被西方忽视的非西方社会提供了认识自己国际处境的新视角，无疑增强了非西方国家的经济独立意识。

“世界体系理论”认为，资本主义的世界经济体是由中心区、半边缘区和边缘区三个部分联结成的一个整体结构，即三元结构。中心拥有生产和交换的双重优势，对半边缘和边缘进行经济剥削，维持自己的优越地位；半边缘既受中心的剥削，又剥削更落后的边缘国家，而边缘则受到中心和半边缘的双重剥削。中心区、半边缘区和边缘区内部及其相互之间的地位是随着经济、政治条件的变化动态变化的。在中心方面，世界体系的中心先后经历了从荷兰到英国再到美国的几次转变。半边缘的地位并不稳定，其中的组成部分可能会蜕变为边缘，而边缘中的部分也可能会上升为半边缘。目前，美、英等发达国家居于体系的中心，一些中等发达国家属于体系的半边缘，东欧某些国家、大批落后的亚非拉发展中国家处于体系的边缘。这种格局仍然在不断变化之中。

随着当代资本主义世界体系向纵深扩展，不仅当代资本主义世界体系内部经济网络越来越紧密，而且它通过国际分工、世界市场把这个体系之外的一些国家的生产和生活越来越深地席卷进这个体系。在当今世界200多个国家和地区中，处于中心位置的发达国家仅20多个，180多个第三世界国家和地区属于欠发达或不发达国家处于半边缘或边缘区。①

▶ 专栏2-1　依附论的主要流派

1. 激进主义依附论

代表人物有弗兰克（Gunder Frank）、阿明（Samir Amin）等。弗兰克最重要的理论是提出了“不发达的发展理论”（Development of Underdevelopment），他认为两种结构的存在使得处于外围的国家日益走向贫困：宗主——卫星的全球体系和卫星国的中心——农村的结构，而“依附理论”中“外围”的发展与“外围”与“中心”的联系是成反比的。因此，他主张一种“脱钩论”。相对于弗

① 靳辉明、罗文东：《当代资本主义新论》，四川人民出版社2005年版，第302页。

兰克而言，阿明的理论更为系统，着重强调资本主义的世界经济体系对于“外围”发展的一种制约与剥削性质。他认为：“资本主义已经成为一个世界体系。矛盾并不存在于各个孤立考虑的国家中的资产阶级和无产阶级之间，而是存在于世界资产阶级和世界无产阶级之间。”

从一种哲学意义上的解释来看，激进主义依附论是一种外因决定论。弗兰克、阿明等学者强调外因在发展中国家发展中的作用，这作为一种分析问题的角度是可取的，应该说这也是造成不发达的根源之一。但是，这种单维度简单化地从外部环境来寻找落后的理由不免过于单薄，他们所主张的通过一种激进的途径来实现发展中国家摆脱依附的设想与当今世界经济一体化、经济全球化的趋势相差甚远。

2. 改良主义依附论

代表人物有巴西社会学家卡尔多索（F. H. Cardoso），他既反对西方经济学新古典派的现代化理论中把不发达国家落后的原因归结为其内部因素，也对弗兰克的外因论持批评意见。20 世纪 70 年代以来巴西、东亚在经济发展上所取得的巨大成就及实践经验促成了人们对先前的依附论进行反思。卡尔多索根据这些新的现实将发展和依附联系起来，指出“发展和依附是同时发生、并存的一个过程，而不是相互对立、相互排斥的两个范畴”。他提出了要利用与资本主义世界经济体系的联系来为本国的发展服务，而不是简单地脱离资本主义世界体系的思想。这是对东亚模式和新兴工业化国家发展实践经验的一种理论上的总结。

3. 正统主流依附理论

代表人物是多斯桑托斯（Dos Santos），他认为，对当代不发达问题的研究重点应放在生产领域，而不是流通领域。他所定义的新依附论是，20 世纪五六十年代资本主义发展到跨国垄断资本主义阶段，而发展中国家进入了一个依靠外资实现工业化的新时期。他对依附的三种形态进行了论证，即商业——出口依附、金融——工业依附和技术——工业依附。

资料来源：MBA 智库・百科（https：//wiki.mbalib.com/wiki/%E4%BE%9D%E9%99%84%E7%90%86%E8%AE%BA）。

（二）发达国家和发展中国家的不平等关系

发达国家在世界经济实力中处于主体地位，在世界产业结构中处于优势地位，在世界经济发展中处于主导地位，在世界经济事务中处于支配地位。发达国家占有世界经济总量的 4/5，世界贸易总额的 3/4，资本输出的绝大部分，劳动生产率水平和经济实力占绝对优势。发达国家凭借它们的经济实力、产业结构、在国际分工体系和国际经济事务中的优势地位，靠它们主导的资本主义剥削性质的国际生产关系，攫取经济全球化的最大“红利”。而广大发展中国家由于发展资金匮乏、债务负担沉重、贸易条件恶化、金融风险增加，在经济全球化中处于不利地位，饱受贫穷落后之苦。

二战后，资本主义殖民体系瓦解，第三世界国家逐渐获得民族独立，建立了民族国家。这些国家的工业化过程一开始就被纳入西方国家经济活动中，使西方资本运动的空间大大扩展，且引发了西方资本向全世界范围大规模的跨国运动。发达国家通过加大资本输出，利用跨国公司的直接投资，对发展中国家的廉价劳动力进行直接盘剥，赚取高额利润。

在当代资本主义世界体系的国际分工和商品交换中，发达国家凭借在资本、技术、信息等方面的垄断优势，通过国际产品、技术、资金、劳动力、信息的不平等交换及剩余价值的转移，获取巨额利润，发展中国家成为发达国家资本积累的对象。发达国家主要生产高附加值的产品，发展中国家主要生产低附加值的产品。第三世界国家向发达国家输出的主要是原油、农矿原料以及其他初级产品，发达国家向发展中国家出口电子产品、机器设备、精密仪器、民用飞机、汽车以及高级耐用消费品等高附加值产品，高低附加值产品交换的价格差相当大。二战后以来，这种高附加值产品与低附加值产品之间的价格“剪刀差”一直在扩大，发展中国家的贸易条件在不断恶化。

发达国家还利用第三世界国家资金短缺的困难进行重利贷款和债务盘剥，造成发展中国家债务危机。20 世纪 80 年代中期，不少拉美国家的负债额高达国内生产总值的 60%，过高的债务负担严重地阻碍了这一地区经济与社会发展。进入 20 世纪 90 年代，发展中国家的绝对债务量依然在上升。目前，债务问题仍然是发展中国家的负担，发展中国家为此付出了沉重的代价。发达国家还利用科学技术上的绝对优势和发展中国家对其技术上的依赖，利用技术、信息垄断等手段从发展中国家转移财富，每年从这方面索取的超额利润达 300 亿—500 亿美元。同时，还利用工资优势吸引发展中国家本来就十分短缺的科技人才到发达国家服务。

总之，在资本国际循环过程中，资本流向世界，利润流向西方。资本主义世界体系下的经济全球化使资本以不同的形态在世界范围流动，但不同形态的资本流动所产生的利润或经济剩余却在向西方转移和集中。

（三）国际范围内财富的两极分化

发达国家通过不平等交换，使发展中国家生产的剩余价值向发达国家转移，同时也使劳动人民的贫困化和贫富两极分化向广大发展中国家转移。在国际范围内造成发展中国家与发达国家之间的经济差距扩大，一极越来越富有，一极越来越贫穷。这种状况反映在很多方面，如 30 年前占世界总人口 1/5 的最富有者拥有的财富为世界总人口 1/5 的最贫穷者的 30 倍，现在前者的财富为后者的 74 倍。目前，只占世界人口 15% 左右的西方国家集中了全世界绝大部分财富，消耗了全世界约 75% 的开发资源。再如，第一世界与第三世界的人均收入之比 1500 年为 3 ：1，1850 年为 5 ：1，1900 年为 6 ：1，1960 年为 10 ：1，1970 年为 14 ：1。差距拉开的速度在 20 世纪 80 年代更是惊人。2002 年 7 月 29 日《参考消息》上有文章指出：世界上有两种全球化，正被看得见的高墙越来越明显地分隔开来。大墙内是富裕国家的全球化，大墙外是贫穷国家的全球化，即贫困全球化、落后全球化和不发达全球化。大墙里有不到 30 个国家，其强大核心是七国集团，在这里生活着占世界 11% 的人口，而且其国内生产总值占世界总产值的 70%（1993 年时占 63.1%）。地球上 6% 的人口（其中有 98% 的人居住在最富裕的国家中）占据着世界财富的 59%。大墙外生活着地球上 89% 的人口（其中 33% 的人正在饥饿线上挣扎）。[①] 除了少数几个国家外，他们的贫困化和边缘化等主要指数更加恶化，现在比任何时候都更加债台高筑。发达国家的富裕、进步是建立在不发达国家的贫困落后之上的。

发展中国家与发达国家之间的经济差距扩大是当代资本主义世界体系中资本与劳动对立的具体表现。马克思揭示的资本运动必然带来财富在一端积累，而贫困在另一端积累的规律，在南北贫富分化的现实中继续得到充分显示。这说明资本与劳动的对立这一资本主义固有矛盾不仅没有解决，而且正在更大的范围内扩展、积累和加深。

（四）资本主义世界体系中矛盾的多样性

二战后，发达资本主义国家内部矛盾缓和了，这主要是因为资本增值的循环与周转越来越多地在全球范围内进行，资本与劳动的矛盾已越出一国的范围，在资本的国际循环过程中向世界范围扩展。发达国家的许多矛盾和问题并不是在它自身内部解决的，而是通过资本的国际循环转移到了发展中国

① 严书翰、胡振良：《当代资本主义研究》，中共中央党校出版社 2004 年版，第 247 页。

家。在当代资本主义世界体系中也存在着各种矛盾，包括发达国家与发展中国家的矛盾，发达国家之间的矛盾，发展中国家之间的矛盾，各国家集团之间的矛盾，各跨国公司之间的矛盾，国际资产阶级与全世界工人阶级和劳动人民之间的矛盾，世界生产的扩大与世界市场有限的矛盾，跨国公司内部、各国内部生产的有组织、有计划与世界生产少组织、无计划之间的矛盾。这些矛盾都是资本主义的基本矛盾在当代资本主义世界体系中的反映。二战后，有些矛盾比过去有所缓和，这主要是因为资本主义生产力的社会化和国际化的加强、各国间经济依赖关系的加强，从而使国际关系受到一定的约束和调节。但是，当代资本主义世界体系中的各种调节作用都是有限的。只要资本主义世界体系不能扩展到地球之外，它对社会化生产的扩张能力的容纳就是有限的。处于中心区域的发达国家以攫取财富为唯一目标，唯利是图，不仅国内存在着自身不可克服的对抗性矛盾，而且通过全球化进程把生产社会化与生产资料私人占有之间的矛盾扩展到全球范围，把自己的富裕和发达建立在大多数人和大多数国家的贫困落后之上，不断地制造着危机、冲突和灾难。这种以贪婪和不公正的生产方式和社会制度组成的世界体系是注定没有前途的，它必然要让位于合理、公正、公平的新社会制度。

第二节　经济全球化与资本国际化

全球化阶段是几百年来资本主义在全世界扩张的顶峰，它使世界上大多数国家和人民都被整合进资本主义市场，被纳入资本主义生产关系之中。在全球化的背景下，世界资本主义体系正在经历着一场引人注目的深度扩张。资本主义生产关系正在取代残存的前资本主义关系，清除那些束缚资本主义扩张的文化和政治体制，为全世界社会生活的彻底商品化或市场化铺平道路，资本主义交换关系正在侵蚀原先不属于该体系的一切公共及私人领域。资本主义借助全球化进行的征服和控制进行得很隐蔽，尤其是在全球化也会给一些国家或地区带来一定的经济增长的背景下，人们难以全面深刻地认识全球化。

一、经济全球化的出现和演进

（一）全球化的含义

虽然全球化的概念直到 20 世纪 90 年代才明确提出来，但是，从人类历史的实际进程看，全球化早在文艺复兴时期就开始了。正如马克思、恩格斯所说："美洲的发现、绕过非洲的航行，给新兴的资产阶级开辟了新天地。东印度和中国的市场、美洲的殖民化、对殖民地的贸易、交换手段和一般商品的增加，使商业、航海业和工业空前高涨，因而使正在崩溃的封建社会内部的革命因素迅速发展。"[①] 由此可见，在马克思那个时代，资本主义的足迹几乎踏遍了地球的每一个角落，从印度到中国，从佛得角到巴拿马，资本主义用商品、枪炮征服了全世界。马克思在《共产党宣言》中，以对资本主义的分析，宣告了人类"全球化"时代的到来和发展的前景。马克思、恩格斯在《共产党宣言》《德意志意识形态》及其他著作中对全球化的问题有着非常深刻、非常精辟和非常准确的论述，这些论述与今天所出现的全球化现象非常吻合，只是与马克思、恩格斯的"世界性"用词不同而已。

由葡萄牙、比利时、意大利等国学者所组成的"里斯本小组"，以其《竞争的极限——经济全球化与人类的未来》一书，从中心权力向外扩展的角度把全球化理解成一种新的社会经济现象，格雷从全球化与本土化相互作

① 《马克思恩格斯选集》第 1 卷，人民出版社 2012 年版，第 401 页。

用的角度把全球化理解成一个复杂的历史过程，哈维从资本主义空间生产的角度把全球化理解成一种地缘政治方案。这三种解读模式虽然向我们展开了不同的解读视域，但它们的一个共同缺点是，无法把当代资本主义的全球化理解成资本主义生产关系发展到当下阶段的一种表现形式，因而也无法站在历史唯物主义的理论层面来深刻地把握全球化的本质内涵。

当代资本主义是普遍化垄断的资本主义，垄断已经成为一个整合的系统。这些垄断集团紧紧控制着所有生产系统，普遍化垄断正主宰全球经济。所谓的“全球化”，是指它们对全球资本主义边缘地区的生产系统施以控制的一系列要求。这无异于帝国主义的新阶段。普遍化和全球化垄断的资本主义系统，确保这些垄断集团能从资本剥削劳动所榨取的巨量剩余价值（转化为利润）征收垄断租。① 人类历史正在进入一个全球化的时代。许多左翼学者认为，全球化是资本主义现代化的一个重要阶段，具有客观必然性和历史进步意义，但应该清醒地认识全球化对人类社会发展的复杂影响。资本主义在全球范围内的拓展是资本主义在当代最深刻的变化，全球化如果一直按照这样的趋势发展，全球资本主义化是最有可能出现的一种结果。如果全球化实质上是资本主义制度在全世界的扩张，发展中国家尤其是社会主义国家就应该采取审慎和科学的态度对待，警惕全球化成为全球资本主义化的倾向和趋势。

（二）马克思对经济全球化的理解

所谓经济全球化，是指按照在市场经济规律基础之上的交往原则，在全球范围内逐步对资源、资本、商品、劳务诸要素进行合理配置和生产、流通、消费有序化的一种客观历史过程。马克思在《1857—1858 年经济学手

① ［埃及］萨米尔·阿明、黄钰书：《当代资本主义体系的内爆》，《政治经济学评论》2013 年第 4 卷第 3 期。

稿》中深刻地揭示了这一点："人的依赖关系（起初完全是自然发生的），是最初的社会形态，在这种形态下，人的生产能力只是在狭窄的范围内和孤立的地点上发展着。以物的依赖性为基础的人的独立性，是第二大形态，在这种形态下，才形成普遍的社会物质变换，全面的关系，多方面的需求以及全面的能力的体系。建立在个人全面发展和他们共同的社会生产能力成为他们的社会财富这一基础上的自由个性，是第三个阶段。第二个阶段为第三个阶段创造条件。因此，家长制的，古代的（以及封建的）状态随着商业、奢侈、货币、交换价值的发展而没落下去，现代社会则随着这些东西一道发展起来。"[①] 这是对经济全球化必然趋势的深刻揭示。把马克思和恩格斯视为全球化理论的创始人是有道理的，因为从《1857—1858年经济学手稿》中我们可以看出，马克思区分三大社会形态的主要标准已经不是一般的生产方式，而是反映人类历史发展新的历史阶段的交往方式。第一大社会形态可以概括为交往不很发达的以自然经济为基础的前资本主义社会，包括我们平常所指的原始社会、亚细亚社会、奴隶社会和封建社会；第二大社会形态主要是指由商业、货币、交换价值的发展而发展起来的现代社会，包括目前的资本主义社会和社会主义社会。资本主义是与市场经济相适应的一种生产方式，但不是唯一的生产方式，就如同前资本主义存在着与自然经济相适应的多种生产方式一样。但是资本主义却开创了一个时代，一个以市场交换为一切交往基本原则的时代，一个普遍交往的时代，这就是经济一体化的时代，舍此不能"形成普遍的社会物质变换，全面的关系，多方面的需求以及全面的能力的体系"。正如马克思、恩格斯在《共产党宣言》中所生动描述的那样："不断扩大产品销路的需要，驱使资产阶级奔走于全球各地。它必须到处落户，到处开发，到处建立联系。""资产阶级，由于开拓了世界市场，使一切国家的生产和消费都成为世界性的了。……资产阶级挖掉了工业脚下

① 《马克思恩格斯全集》第46卷，人民出版社1979年版，第104页。

的民族基础。古老的民族工业被消灭了，并且每天都还在被消灭。它们被新的工业排挤掉了……这些工业所加工的，已经不是本地的原料，而是来自极其遥远的地区的原料；它们的产品不仅供本国消费，而且同时供世界各地消费。旧的、靠本国产品来满足的需要，被新的、要靠极其遥远的国家和地带的产品来满足的需要所代替了。……物质的生产是如此，精神的生产也是如此。……一句话，它按照自己的面貌为自己创造出一个世界。”[①] 按照马克思的观点，经济全球化是全球化的基础和开端，资本主义制度的扩张和资本主义世界体系的形成首先是资本主义世界经济体系的构建，因此，理解当代资本主义的发展离不开对资本主义全球化的剖析。

（三）经济全球化的动因和表现

1. 经济全球化的动因

经济全球化凸显于 20 世纪 80 年代末，特别是东欧剧变、苏联解体之后，随着资本的不断扩张、激烈的国际竞争、跨国公司的迅速发展以及市场经济体制在世界范围内的确立使得经济全球化不断扩张。这主要得益于以下几个方面。

（1）科学技术的进步和生产力的发展，为经济全球化提供了坚实的基础，特别是信息技术革命，加快了信息传递的速度，推动了经济全球化的迅速发展。

（2）世界范围内对市场经济制度的普遍认可和接受，为经济全球化创造了良好的条件。市场经济具有自主扩张属性，通过不断地扩展自己可支配资源的活动范围来不断提高自己的效率，市场经济一直存在着持续扩张的动力和趋势。

（3）东欧剧变、苏联解体，使原来处于对峙状态的东西方国家建立和加

① 《马克思恩格斯选集》第 1 卷，人民出版社 2012 年版，第 404 页。

强了联系，为经济全球化的发展创造了良好的社会环境。中国的改革开放政策以及市场经济体制的建立，都在一定程度上对经济全球化起了推波助澜的作用。

（4）跨国公司的国际化运行是经济全球化的主要推动力。随着跨国公司的迅猛发展，经济全球化的步伐加快。跨国公司充分借助自身的技术优势与经济实力，利用跨地区的生产与经营网络，对不同地区的资源进行最佳有效配置，特别是其国际化的经营活动极大地推动了经济的全球化步伐。过去 30 多年来，跨国公司快速地增加了对外投资的份额，扩张了在全球市场的活动。联合国贸易和发展会议（UNCTAD）提出了“跨国指数”（TNI），其由三种比率构成：对外资产 / 总资产，对外销售 / 总销售，对外就业 / 总就业。世界 100 强公司的跨国指数从 1993 年的 47% 增长到 2003 年的 55.8%，增长了 8.80%，200 强公司总资产的份额在 1983 年到 2002 年增长了 655.90%，而同期的世界国内生产总值却只增加了 179.50%。

（5）国际经济组织对经济全球化的推动作用。世界三大国际区域经济协调组织（IMF、WTO、WB）的创立和其发挥的作用为经济全球化构筑了组织和法律框架，为国家之间的经贸交往提供了必要的规则，促进了经济全球化。

2. 发达资本主义国家经济全球化的表现

20 世纪 70 年代以来，在经济全球化过程中，发达国家的资本通过工厂迁移等手段实现了生产过程的全球化布局，在产业（部门）层次上带来发达国家制造业的相对衰落，表现为产业结构的“去工业化”；与此同时，资本更在企业经营上借助日益强大的信息技术，进一步实施业务“外包”，同时实现了资源（包括人力）的全球分散配置和信息、金融的集中控制。

（1）产业结构的“去工业化”。去工业化（Deindustrialization），指因经济发展而导致工业比重降低和服务业比重上升的现象①。推动“去工业化”的技术基础是信息技术的广泛运用，这也是经济全球化的关键技术条件。美国哈佛大学的诺里亚教授说：“更便宜更强大的信息技术以及运输成本的相对下降，有助于在更大的规模上重演一个世纪前在区域和全国范围内出现的现象。把曾经是不同的‘孤岛’市场联结为一个单一的、巨大的市场……在20世纪的最后30年，新的信息技术和喷气式飞机在超国家的和全球范围内产生着类似的效果。”②他这样概括二战后美国产业结构的调整和升级：“第一，1955年到1998年工业部门的相对衰落大体上是一个常数。在1955年到1974年的19年中，工业的份额丢失了25%，在1974年到1998年的24年中丢失了另外的33%。尽管这些公司采取了种种办法，结果证明它们无力挽回相对衰落的趋势。第二，政府、运输和通讯部门，以及批发（零售）贸易在这个时期多少维持稳定……第三，服务业在经济中是最大的赢家，传统服务业稳定增长，金融、保健和传媒以及信息技术在20世纪八九十年代急剧上升，1998年，政府和服务业所占份额已经超过GDP的3/4。”③信息技术的发展带动美国的产业升级，实现了美国产业的全球布局和产业结构的调整。

“去工业化”并不是工业部门的全面萎缩，而主要是传统制造业和面临激烈竞争的生产部门的收缩。20世纪70年代，发达国家的传统制造业陷入严峻的危机和困境。首先，原材料成本和劳动成本提高，加之生产能力过剩，使传统产业越来越无利可图。其次，某些新兴的发展中国家和地区经过二战后的发展，在传统工业产品上大大提高了竞争力，具有劳动成本和资源成本的优势，逐渐侵占发达国家的国际市场甚至国内市场。再次，经过二战

① 杨成林、乔晓楠：《发达国家非工业化进程举证：一个文献述评》，《改革》2012年第9期。

② 陈宝森：《剖析美国“新经济”》，中国财政经济出版社2002年版，第55页。

③ 转引自陈宝森：《剖析美国“新经济”》，中国财政经济出版社2002年版，第57—58页。

后的长期发展，经济发达国家之间的差距业已缩小，在具有一定技术含量的生产部门中竞争日益激烈（如汽车、家电等）。在这种情况下，发达国家的资本出于竞争加剧和利润率下降的压力，被迫进行产业结构调整，把劳动密集型和资本密集型的企业转移到某些投资条件较好的发展中国家，以充分利用这些国家廉价的劳动力、丰富的资源和广阔的市场。20 世纪 70 年代以来，发达国家对发展中国家的投资急剧增长，产业转移的步伐大大加速，而其国内的制造业也迅速缩减。

（2）企业经营的“外包”趋势。从 20 世纪 80 年代开始，特别是 90 年代以来，业务外包成为企业经营的一种战略选择，日益活跃。许多大公司将信息技术业务转移给外部服务提供商，外包服务成为各界关注的焦点，引发了世界范围内的热烈争论。

外包是指通过签订合约，将企业内部的某些业务或职能转移给外部服务提供商承担。通过转移，原属企业内部等级分工体系中的活动和职能，转变为社会分工体系的市场关系。外包的实质是企业分工向社会分工的转变。这种广泛意义上的外包实际上早就存在，而且遍布建筑业、制造业和政府部门。即使是信息技术服务业，外包的历史也可追溯到二战期间，当时为美国联邦政府提供信息技术服务的许多公司，如今已有相当数量成长为国际巨型企业。跨越国界的外包，称“离岸外包”，则是经济全球化条件下的产物。我们这里讨论的也主要是这种跨越国界的外包形式。

20 世纪 90 年代，美国率先在信息技术与通信技术方面取得突破性的进展，实现了信息的网络化，使跨国公司分布在全球的业务能够低成本地得到良好协调，可以进行集中控制，并为公司内部、公司之间以及公司与消费者之间的信息交流创造全新的条件。同时，在因特网发展的条件下，美国首先试验把原来在一个国家或总部的生产和管理程序分割开来，如把财务会计、战略管理、研究开发、设计营销、生产制造等功能安排到不同国家，发挥其区位优势，以降低成本。现代信息技术使新型管理制度可以跨越全球得到有效应用，促进了美国跨国公司在全球生产经营的一体化布局。

随着信息技术和高速数据网络方面的进展，跨国的外包范围扩大到一系列企业经营业务和管理事务，涉及金融、保险、医疗、人力资源、抵押、信用卡、资产管理、顾客服务、销售及研发等领域。按其简繁程度，业务流程外包（BPO）分为五个层次：后勤办公业务、顾客服务、普通公司业务、知识服务和决策分析、研究开发。全球信息技术服务业加速向新兴国家转移。总体来看，美国、西欧和日本仍是全球最主要的信息技术服务市场，但由于传统、文化和产业结构方面的原因，从事信息技术服务的专业人才并不多。加之人力资源面临较大缺口，以及在生产效率、运营成本、响应速度等方面不具备明显优势等原因，这些国家和地区自身承接信息技术服务的能力非常有限，主要通过外包形式或者在中国、印度等新兴国家建立分公司的形式来满足信息技术服务市场的需求。根据美国信息产业咨询公司 Gartner 的数据，2014 年全球 IT 服务支出达到 9560 亿美元。根据工信部软件服务业司发布的《2012 中国软件与信息服务外包产业发展报告》，2009 年、2010 年、2011 年全球软件外包与服务行业的规模分别为 3100 亿美元、4100 亿美元和 4900 亿美元，2011 —2015 年年均复合增长率为 5.4%，2011 —2020 年年均复合增长率为 4.7%，维持稳定增长态势。受益于国际、国内市场的巨大需求，中国软件与信息服务外包产业得到快速发展，2013 年产业规模已经达到 3510 亿元，2007 年至 2013 年年均复合增长率达到 21.15%。另据报道：2006 —2016 年，中国服务外包企业承接离岸服务外包执行金额由 13.8 亿美元增至 704.1 亿美元，年均增长率达到 54%，跃升并稳居全球第二大服务外包接包国。①

利用外包将企业管理和生产的某些局部职能分离出去是目前发达国家资

① 《中国服务外包年均增长率超过 50% 全球离岸服务外包市场稳居世界第二》，国际在线 2017 年 9 月 12 日。

本加强管理的重要手段。资本结合采用外包和非标准就业形式，分化劳工队伍，加大对雇佣劳动者的控制和剥削[①]。“企业目前采用的灵活系统、精简生产和建立工作团队等方法似乎更是一个提高工人劳动强度、加快组装线速度、减少工人数量和将部件外包的手段。”[②]有意思的是，一些公司通过外包，将原来的雇员转化为独立的承包商负责原来的工作，或将其解雇后改为就业服务中心（人力提供商）的外派雇员（合同工）。这样通过将雇佣关系转化为市场关系，资方可以借机削减工人的工资和福利，剥夺他们的工作安全保障，逃避承担与雇佣关系相关的各种法定义务。据美国劳工部 1995 年的调查报告，500 万合同工中大约有 17% 是在为原来的公司工作，包括施乐公司（Xerox）、霍夫曼—拉罗会公司（Hoffman–LaRoche）、德尔塔航空公司（Delta Air Lines）、数码设备公司（Digital Equipment）以及切夫隆公司（Chevron）等这样的大公司。美国管理协会有份调查也指出，720 家新近缩小规模的公司，其中 30% 重新雇佣从前的职工，但都不再给予医疗保险与退休金[③]。

二、金融垄断资本的世界统治

如果说经济全球化最初以生产、贸易、消费的全球化为主要内容，依赖于有形的物质生产活动及其交换、消费，当代资本主义的扩张背后是金融资本在兴风作浪。列宁在《帝国主义是资本主义的最高阶段》一书中，揭示了

① 孙寿涛、谷自力：《20 世纪 70 年代以来发达国家工人阶级的层级化特征》，《教学与研究》2012 年第 10 期。

② ［美］菲利普 · A. 奥哈拉、刘英：《关于世界资本主义是否进入长波上升阶段的争论（上）》，《国外理论动态》2005 年第 1 期。

③ ［美］爱德华 · 勒特韦克著，褚律元译：《涡轮资本主义——全球经济中的赢家与输家》，光明日报出版社 2000 年版，第 77 页。

帝国主义的五大特征，其中金融资本和金融寡头的形成及其世界掠夺居重要地位。金融资本的世界统治和国际盘剥，是垄断资本主义或帝国主义的一种重要特征。在列宁看来，垄断资本主义或帝国主义本质上就是金融垄断资本的世界统治。

（一）实体经济的金融化趋势

与列宁时期相比，如今少数西方国家的这种金融统治和掠夺的世界体系不仅更加严密、更为发达了，而且产生了一些新形式和新特点。列宁曾经指出，在自由资本主义时期乃至垄断资本主义形成的初期，西方资本主义国家资本的国际剥削主要靠商品输出和国际贸易中的不等价交换来实现；随着垄断资本主义的发展，西方国家的资本在继续使用这种商品输出和不等价交换手段进行国际剥削的同时，越来越注重资本输出和资本直接剥削外国劳动的作用，国际剥削的重点已由商品输出转变为资本输出。目前，列宁当年所剖析的以私人垄断为主体的一般性垄断资本主义已经转化为国际垄断资本主义，发达国家的资本在继续采用商品输出和资本输出这两种传统的国际剥削方式和途径的同时，越来越注重和强化金融资本输出的作用，国际剥削的重点又由昔日的以工业资本为主体的资本输出逐步向以金融资本为主体的资本输出转移。① 发达国家特别是美国的垄断资本之所以积极推动这种转移，是因为金融资本的输出具有商业资本和工业资本所不具备的特殊的国际剥削和压榨功能。

随着布雷顿森林体系的瓦解，全球资本主义经历了种种明显的变化，这些变化不仅导致金融业如赌场般激烈，而且还加剧了人们生活的不稳定性。这种资本主义结构的转变与经济的金融化并肩而行，金融市场中的现象或趋

① 靳辉明、李崇富：《马克思主义若干重大问题研究》，社会科学文献出版社 2011 年版，第 82 页。

势已经引领着非金融业。金融产业的利润份额，包括保险业和不动产业，在20世纪90年代超过了所有非金融产业的利润总和。

在金融化的过程中，不仅仅是工业被引入赌场经济，公民个人也被迫卷入这项行动中。退休后，他们对金融市场的依赖日益增强，养老金计划中的主要份额现已从养老金固定收益转向为公共和私有养老金账户固定缴款计划。养老基金常和商品期货交易相连，如谷物或燃料的期货交易，所以，没人能知道他最终会获得多少养老收入。其结果将是赌场经济决定养老金收益的最终价值。

（二）放松对金融业的管制

金融业的爆炸性增长，尤其自20世纪80年代以来，归结于两个因素：（1）制造业尤其是具有垄断资本特点的部门的过度积累。（2）对金融市场的控制不断减少。二战后，七国集团的制造业曾有过一段持续的增长，到了20世纪70年代，便面临着过度积累的局面。从此，制造部门的利润率和股票价值开始明显下降。同时，经营盈余（现金流超过了固定资本总构成）增加。过度积累产生多余资金，垄断资本便寻求其他途径把闲置资金投入金融部门，而不是握着不放。要把这个可替换的途径变为现实，就需要减少政府对金融市场的控制。简言之，垄断资本利用金融部门，通过将闲置资金转变为流动资本的方式，加速了金融化的进程。

美国对金融行业减少控制的步骤如下：（1）所有“利息和金融交易费用”的规章制度至1986年已全部废止。（2）1985年，所罗门兄弟公司发明了按揭证券化。（3）禁止银行绕过国家网经营分行的《麦克法登法》，从1974年起便一步步放松了控制，最终于1994年被取消。（4）其中包括一项禁止持有公司的银行拥有另外金融企业规定的《高盛公司法》最终在1999年宣布无效。（5）商品期货交易于2000年放松控制，接着一些颇具影响力的条款在2004年予以废除。这些减少控制的议案是在美国政府和华尔街的合作下进行的。高盛公司前联席总裁罗伯特·鲁宾曾担任克林顿政府财政部秘书，而后成为花旗银行执行官。艾伦·格林斯潘卸任联邦储备局总裁之后，在太平洋管理公司从事咨询工作。高盛公司前首席执行官亨利·保尔森曾担任布什政府财政部秘书。美国在2008年金融危机后加强了对金融业和华尔街的管制，特朗普上台后又逐步取消了这些限制。

华尔街银行从减少控制的政策中获益最丰厚。他们创办了最新金融企业，填满现金以吸引家庭储蓄、养老基金及储蓄贷款机构中存储的剩余资本，并将这部分基金投放到证券市场，基金的涌入推动股票价格上涨。随着开始于20世纪70年代末期持续到20世纪80年代的“经营联合”的繁荣，华尔街银行拓展成兼并收购公司，包括“恶意”的收购。对于非金融公司而言，由于股票价格的上涨，直接融资便显得更加具有吸引力。因此，从20世纪80年代中期，家庭储蓄和养老基金就已进入证券市场，尤其是通过机构投资共同基金从而绕过银行储蓄。换言之，金融化和证券化已携手共进。2000年信息科技泡沫破灭后，剩余资金开始投入不动产市场，从而导致房地产泡沫。此时，华尔街银行的行动再次在泡沫的膨胀中起着关键作用。从20世纪90年代开始，他们就发明了新的证券化商品，如按揭证券（MBS）、担保责任凭证（CDO）及信用违约互换（CDS），并把从世界各国聚集的剩余资金用于投机，最终吹破房地产泡沫。

现代资本主义需要投机来保持经济流通。如今的金融市场不仅是投机的场所，也是基金的来源，而这个市场反过来刺激更多的投机活动。金融行业的这些变化与垄断资本造成的过度积累和按垄断资本的指令发起的放松控制政策有密切关系，从某种意义上来说，赌场经济及其滋生的不稳定性是垄断资本支配的直接后果。

发达国家所输出的金融资本大体包括三种类型：

（1）借贷资本。它的输出对象主要是发展中国家，这些国家为了获得这种贷款不仅要支付高额利息，还要接受和执行借贷者规定的种种条件，如必须把资金用于国际垄断资本所中意的发展方向和项目，必须实行它们所需要的经济政策乃至社会政策等。

（2）银行资本。它是国际垄断资本直接渗入他国作为最重要经济要害的银行金融行业的强力工具，是国际垄断资本左右、操纵受资国，特别是发展中国家受资国的社会经济政策乃至经济命脉的重要手段。

（3）各种高流动性投机性游资。它们不仅是国际垄断资本攫取各种投机性利润的最方便、最迅速的途径，更是国际垄断资本在输入国特别是金融体系不完备、金融监管手段不健全又缺乏资金的发展中国家兴风作浪，破坏受资国经济秩序，乃至制造金融震荡和危机的手段。20 世纪 90 年代先后在亚洲、拉美和俄罗斯等所谓“新兴市场经济国家”连续出现的金融危机和金融震荡，就是这种被称为绝对自由化的“无国籍金融产品”大进军的杰作。

很明显，这三类资本是国际剥削和压榨的现代手段，是传统的商品输出和资本输出所望尘莫及的。形形色色的金融资本输出不仅具有传统的商业和工业资本输出所不具备的特有功能，而且还是发达资本主义国家传统的商业和工业资本输出在新条件下更好地发挥效用的一种必不可少的条件。这突出地表现为，金融资本已成为发达国家特别是金元帝国美国建立和维护国际垄断资本所需要的国际经济乃至政治秩序的最积极的推动者。

（三）鼓吹资本的自由流动

长期以来，发达国家的金融寡头们不遗余力地鼓动自由化、全球化，迫不及待地对广大发展中国家进行金融扩张。他们所控制的国际货币基金组织、世界银行等国际金融组织，更是把所谓“三个自由、一个保护”作为向发展中国家提供贷款或援助的前提条件，即诱使乃至强制发展中国家实行自由贸易、资本自由流动、金融活动自由和保护知识产权的政策。在这三个自由中，金融活动自由居核心地位，要求和迫使发展中国家开放金融市场、实行自由汇率、外币自由兑换和自由流通，是发达国家特别是美国与一些发展中国家经济交往和谈判的首要议题。现在，西方国家的金融资本和五花八门的金融机构已遍布全球的每个角落，它们不顾广大发展中国家的法律规章为所欲为。可以说，金融垄断资本已成为世界经济乃至政治生活的主宰，在帝国主义侵略扩张中的作用大大增强。

在金融垄断资本的世界统治和掠夺中，美元居于突出的地位。到目前为止，美元仍是无可争议的世界货币，是世界几乎所有国家最重要的储备手段和流通手段。美元的这种特殊的地位，是美国推行霸权主义和强权政治最有力的工具。《新美帝国主义》一书的作者瓦西利斯·福斯卡斯博士在谈到美元的作用时指出："美元霸权一直对美国的全球控制具有战略意义，在许多方面，它比美国占绝对优势的军事实力还重要。尽管军事力量更显然易见，更有利于展示实力，但美元的储备货币作用确保了美国在全球经济市场中的控制地位。这种局面不能仅仅看作是纯经济事务，而应看到，美元深深地植根于美国的地缘政治。"① 他强调，军事优势、经济实力、作为全球储备货币的美元一直是美国霸权的三大支柱，而"三者之中，美元的作用最为显著"。

除了上述国际垄断资本通用的各种国际盘剥手段和途径之外，作为金元帝国的美国还有一些特有的金融盘剥手段。例如，美元作为世界货币在每个角落流通，而美国政府却是这种货币发行权的唯一持有者。美国政府只是通过控制美元的发行量和汇率，就能影响乃至左右任何国家的经济形势。又如，各国的居民和政府手中的美元，都是用商品或其他财富换来的。这就意味着，美国只要开动印刷机，就可以换来任何商品和财富，这也是美国的外贸赤字和外债不断增加，但对美国的经济发展并不立即产生重大影响的一个重要原因。再者，如果世界各国手持大量美元而不使用，就相当于为美国经济提供

① ［英］瓦西利斯·福斯卡斯、比伦特·格卡伊著，薛颖译：《新美帝国主义》，世界知识出版社 2006 年版，第 15 页。

无息贷款或资助。美国《左翼商业观察家》杂志创办人道格·亨伍德曾说，克林顿的经济顾问劳拉·泰森将美国保持巨额外贸赤字、亚洲国家存有大量美元外汇这一现象形象地概括为“亚洲往外借钱，美国花钱”。[①]美国著名的非主流派经济学家迈克尔·赫德森指出：“美国利用自己主导的国际货币基金组织、世界银行以及世界各国在美国诱导下建立的中央银行制度推行芝加哥学派的货币主义金融规则，成功地建立了美国的金融霸权，依靠这种金融霸权美国无偿地占有全世界特别是发展中国家的资源和财富”[②]。

▶ 相关链接 2-1　1982 年的拉美债务危机

1982 年，墨西哥债务危机爆发并在拉美地区产生连锁反应，拉美多国按照国际货币基金组织要求实施应急性经济调整，其中包括大幅压缩进口、增税和削减公共开支。然而，这对经济产生了极其负面的影响，因为拉美经济的进口依存度较高，压缩进口尤其是资本货物和工业原料进口，使工业生产严重萎缩；增税和削减公共开支，导致企业成本上升，民众消费锐减，经济活力严重下降。最终，应急经济政策调整不仅没能使拉美国家摆脱危机，反而陷入债务和经济的双重危机，造就了历史上著名的“拉美失去的 10 年”。

第一种处理拉丁美洲债务问题的方法是拒绝债务重组。这种方法认为，解决债务问题的关键就在于为严厉财政调整提供所需的时间，而美国支持下的 IMF 将提供所需资金。1985 年，贝克计划阐述了这一做法，推行私营部门参与自愿性银行贷款重组，延长财政调整时期。其结果是大量债务负担影响了投资，导致了日益增多的

① 张敏、曾思玉：《美国经济的主要问题和发展趋势》，《国外理论动态》2005 年第 4 期。
② ［美］迈克尔·赫德森、刘斯福、苇杭：《21 世纪的货币帝国主义（上）》，《国外理论动态》2005 年第 11 期。

资本外逃和增长疲软，债务比例不断上升。这就是众所周知的拉丁美洲“停滞的10年”。

第二种处理——布雷迪计划。直到20世纪90年代，债务重组的参与方才认识到，失去偿债能力的国家需要真正的债务减免，即减少债务名义价值。这就是布雷迪计划，不可转换且无力偿还的银行贷款通过一定折扣变为可转换布雷迪债券，直到2003年拉美才走出债务危机的阴影。

资料来源：《从拉美债务危机看希腊问题的出路》，新华网2015年7月10日；《拉美、俄罗斯、阿根廷三大主权债务危机》，《证券日报》2011年7月19日。

国际垄断资本通过这种金融扩张和金融盘剥从全世界特别是广大发展中国家攫取了多少财富是难以计算的，是昔日一般性的垄断资本用传统的商品输出和资本输出获得的收益所不可比拟的。这已成为帝国主义生存和发展的一种必不可少的条件。二战后，国际垄断资本的巨额利润在维持发达国家经济发展、缓和阶级矛盾、维护社会稳定方面无疑起了重要作用。但正如列宁指出的，这种不义之财也是一种腐蚀资本主义机体的毒药，它会进一步加剧资本主义的内在矛盾，给资本主义国家乃至世界的发展埋下祸根。2008年全球肆虐的金融风暴更加严重，深刻地证明了这一点。

在20世纪末的全球化研究中，“民族国家终结”和“无国界合作”等观点非常流行。1992年，时任美国副国务卿斯特罗布·塔尔博特断言：“在未来一百年中……我们所熟知的国家的独立性将最终丧失，届时所有国家都将认同一个单一的全球主权。20世纪中期的流行短语‘世界公民’最终会在21世纪末具有真实的含义”[①]。威廉·罗宾逊认为，之所以会出现这种观点，是由于资本霸权已经变得跨国化，它正日益从特定的领土和民族国家原有的

① Strobe Talbot, America Abroad: The Birth of the Global Nation, *Time*, 1992, July, 20.

社会体制和政治框架中剥离出来，它不属于任何国家。

三、经济和政治手段的融合与相互促进

资本主义的兴起不仅表现在经济方面，而且表现在政治方面。从传统经济的角度来看，不少发展中国家已经取得一定的经济成果，但是资本主义在不断地通过各种手段维护其主宰的地位。这些手段主要有：科技发展、自然资源的取用权、全球金融和货币系统、信息传播以及大规模毁灭性武器。帝国主义三巨头联盟（美国、欧洲、日本）始终试图透过各种手段维系它们主宰地球的优势，并且禁止新兴国家质疑其主宰地位。①

大卫・哈维于2003年出版的《新帝国主义》一书，分析了美国的扩张逻辑、资本无限积累的空间和时间进程，以及少数发达国家为实现资本积累而在全球实行“新政”的现实；揭示了全球化进程的另一种解读是发达资本主义国家沿着干涉主义路线重新部署权力体系的过程。传统帝国主义的形式和内容在当代都发生了许多变化，一种新帝国主义正在形成之中，全球化已成为新帝国主义的代名词。“全球化就是帝国主义的最近变种”，发达资本主义国家正在利用全球化对广大的发展中国家进行新的剥削和压迫。罗伯特・比尔在其同样名为《新帝国主义》的著作中坚持认为，“帝国主义构成了资本主义发展的一个特定阶段，它表明资本主义完成了从早期阶段向成熟阶段的转变”。

▶ 相关链接 2-2　新帝国主义批判思潮

列宁的帝国主义论曾经是马克思主义的资本主义批判的代表，

---

① ［埃及］萨米尔・阿明、黄钰书：《当代资本主义体系的内爆》，《政治经济学评论》2013年第4卷第3期。

具有深远影响，一些国外的马克思主义者至今仍然强调列宁帝国主义理论的重要意义。2011 年德国马克思主义学者举办了“列宁时代与我们时代的帝国主义”的讨论会，探讨列宁帝国主义理论的意义和帝国主义的新变化。国外马克思主义理论家结合当代资本主义的发展和新的国际统治形式进行新帝国主义批判，马克思主义理论家大卫·哈维的《新帝国主义》和艾伦·伍德的《资本的帝国》，以及左翼理论家哈特和奈格里的《帝国》具有普遍的代表性。围绕着这些具有广泛影响的著作，理论界展开了热烈的讨论，力图揭示现代权力的领土逻辑与资本主义逻辑之间的关系，批判美国全球推行所谓民主政治的霸权实质。越来越多的研究者对于国家军事功能的强化和国际军事干预表示担忧，并强调新帝国主义的扩张没有真正有效促进经济增长和分配正义，而是带来了地区动荡和人道灾难。

资料来源：罗骞：《国外理论界批判资本主义的几个主题》，《光明日报》2017 年 3 月 3 日。

（一）美国的超级大国之路就是在世界建立新的霸权体系

大卫·哈维认为，美国深刻认识到，综合力量的积累是建立自身利益最大化的世界体系的唯一坚实基础。为此，美国采取了新的方式，即在强制与认同之间形成一种平衡来建立新的霸权体系。正是充分而熟练地使用了这些策略，美国才能够在全球建立新的帝国主义霸权体系，走上超级大国之路。其主要策略包括：

1. 清除国内外对手

在过去的几十年里，美国从未放弃清除对手的努力。国内主要在宪法和法治保护下，对各类反对团体进行监视和渗透，如早期的麦卡锡主义，2001 年的《爱国法案》和 2002 年的《本土安全法》都是典型的以国家利益之名进行的清除和迫害异己。这些行为通过官方系统的宣传，使人们愈来愈无法正确认识它们。“绝大多数美国民众或者对此加以否认，甚至拒绝去听诸如此类的事情，或者即使已有所耳闻，但仍然不愿承认肃清和强制作为这个肮脏世界上进行诚实交易的正常成本这早已存在的事实”。强制和肃清国内异己还仅仅是美国建立霸权的局部基础，对其他国家进行同化是其重要目标也是清除对手的主要手段。“认同和协作是美国另一个同样重要的权力基础”。实践证明，美国采取一切手段以获取国际认同与协作，它使其他国家相信，美国是为了它们的普遍利益才维持这个霸主地位的。冷战正是美国实现霸权的最好时机，削弱对手（苏联及其集团）也是美国确立霸权地位的主要策略之一。

2. 扮演资本无限积累的保护者

美国一直在向其他国家示意，自己在全世界的私有财产制度可能遭受威胁之时，有能力提供有效保护，从而吸引一些国家团结在自己的周围，建立以自己为中心的体系。“美国不但自身极力追求资本的无限积累，而且时刻准备积累更多的政治与军事力量，以保护和提升全球资本的无限积累，使其免受共产主义的威胁。”长期以来，美国非常有效地在其阵营中行使领导权以实现资本的无限积累，但是冷战的结束使美国的“保护作用”消失，其领导角色更加难以界定和维持，为此，美国所采取的新手段是在全世界推广自己的消费观、生活方式、文化形态以及政治和金融制度，以此继续促进自己在全球范围内资本的无限积累。美国等西方国家一直在宣传或暗示，只有它们才能最好地架构制度，操纵资本积累的各种力量，从而保持这一对资本主义制度而言最为有利的非对称性交换，按其设定的模式运转。

（二）超级大国的剥夺性积累

大卫·哈维认为，像传统帝国主义一样，新帝国主义的本质特征之一也是垄断，是资本、生产和流通在全球范围内的高度垄断。垄断主要通过西方国家主导的国际组织或跨国公司对国际金融市场和资本市场的操纵和控制来实现。“美国资产阶级已经重新发现了英国资产阶级在19世纪后30年所发现的东西——‘掠夺’，这种使资本原始积累成为可能的‘原罪行为’。‘最终必须不断重复，否则会使积累的动力突然停止’。”这是因为，直到今天，马克思所论述的有关原始积累的所有特征仍然强有力地存在着。只是马克思所指出的那些原始积累机制经过调整，比过去发挥了更大的作用。信贷体系、金融资本成为掠夺、诈骗和盗窃的重要手段。由通货膨胀所导致的整体资产破坏、由合并所带来的资产剥离、债务水平的提高，使得发达国家的大众都陷入无法自拔的还债境地之中。金融资本成为剥夺性积累的利刃，实施投机性掠夺，通过多年艰苦的斗争而赢得的共有财产权又回到私人的手中，这是在新自由主义名义下所推行的一项最为恶劣的剥夺政策。

这种以垄断剥夺手段同样被应用到世界范围内。由超级大国所控制的全球金融体系利用其强势影响，“在世界一些地区周期性地创造一些贬值的（在某些时候是被低估了价值的）资产，然后利用在其他地方缺乏盈利机会的资本盈余对这些资产进行盈利性使用”[①]。甚至“区域性危机和高度本地化的货币贬值成为资本主义为了生存下去而不断创造其自身的‘他者’的一种初级手段”[②]。这对于主要资本主义国家，例如美国，意味着精心安排这些进程可以有利于它们的特殊利益，与此同时，美国却声称自己正在领导这个世界前行。

（三）霸权体系构建方式的转变

由美国所主导的帝国主义体系经历了从新自由主义的帝国主义向新保守主义的帝国主义的转变。与此同时，帝国主义体系的构建由认同方式向强制

---

① ［英］大卫·哈维著，初立忠、沈晓雷译：《新帝国主义》，社会科学文献出版社2009年版，第122页。

② ［英］大卫·哈维著，初立忠、沈晓雷译：《新帝国主义》，社会科学文献出版社2009年版，第122页。

方式转变。

新自由主义的主要手段是认同与顺从。在1973—1975年危机之后，在美国和英国的领导下，许多国家采取了新自由主义政策，还有一些国家则效仿这些国家，其原因多是由于国际金融体系的压力，这些国家为了获得资金帮助，被迫进行结构调整以满足国际金融机构的要求。而新保守主义的主要手段是强制，“它的首要目标是在国内和国际舞台上建立并尊重某种秩序”。这意味着要有上层强力的领导地位和下层不可动摇的忠诚度的同时存在，还要建立一个牢固而清晰的权力等级体系。1997年出台的《新美国世纪计划》是新保守主义对外政策的明确表达。“这一计划致力于以下基本命题：美国领导既有利于美国，又有利于世界；这种领导权需要军事力量、外交能量和道德准则；当今世界只有很少的政治领袖能担负起全球领导权。”[①] 尽管这些原则只是美国的价值观，但它们却被看成是普世性的，而且美国还将所谓的自由与民主、尊重私有财产、个人主义和法律至上等捆绑打包，作为全世界的行为准则加以推广和输送。哈维认为，资本主义国家极力主导建立新帝国主义体系有其深层次原因，即解决资本循环与资本积累之间的矛盾，当前的解决方案就是在全球范围内实行某种形式的“新政”，“这意味着要将资本循环与资本积累的逻辑从新自由主义的锁链中解放出来，沿着更具干涉主义和重新分配的路线重新部署国家权力”。[②] 这使得通过强制手段推进新帝国主义体系成为当前的主要模式。

哈维从分析美国的超级大国之路入手，探讨新帝国主义的成因及其特性，以超级大国在全球重新部署权力体系为主线，研究当代全球化背景下的新帝国主义。在他看来，当代以全球化为名的新帝国主义的全球扩张，正是

---

① ［英］大卫·哈维著，初立忠、沈晓雷译：《新帝国主义》，社会科学文献出版社2009年版，第155页。

② ［英］大卫·哈维著，初立忠、沈晓雷译：《新帝国主义》，社会科学文献出版社2009年版，第167页。

在新自由主义意识主导以及新保守主义军事主张下所进行的不同以往历史时期的“剥夺性掠夺”。这种“剥夺性掠夺”体现在全球化的新时空机制下，新帝国主义以其特有的扩张逻辑在全球范围内不断掠夺各种要素，用土地资本化、固定资本投资、金融信贷等隐蔽的强制方式向不发达国家和民族进行掠夺和控制。这种观点从发达资本主义国家借助全球化在全球重新部署权力体系的角度，提示发展中国家全面看待全球化的作用和影响。

以列宁的“帝国主义”视角来看当代的资本主义，显然，五个要点中有四个仍适用于世界组织体制下的资本主义。（1）少数跨国公司控制着主要产业一半以上的市场份额，在商业种子市场，曾经的世界三强公司（美国的孟山都、杜邦和瑞士的先正达）一度几乎控制了一半的世界市场。嘉吉公司与其四个竞争者掌握着85%的世界粮食贸易。在医药业，十强公司共占世界市场54.8%的份额。在银行业，世界排名前1000名的银行中，前45家银行占将近40%的一级资本总额，占总资产的45%。更不必说，这些公司通过与政府的密切关系，通过政治捐款、游说和“旋转门”等方式大大提升它们的势力。（2）产业垄断资本和金融垄断资本通过建立政治行动集团来加速实现共同的政治目标。《服务贸易总协定》（GATS）谈判就是产业领域与金融领域主要公司的这种联合的典型范例。（3）没有战略性的对外投资，不论是组合式投资还是直接投资，垄断资本都无以存活。例如，不打开中国或印度市场，汽车公司就难以维持下去。（4）在对支配性市场份额的激烈竞争中，大型跨国公司常常联合起来组成价格卡特尔，这在《关税及贸易总协定》乌拉圭回合谈判时达到顶峰。大型企业联合起来，根据自身利益量身制定市场规则已经不是秘密，而是它们面对发展中国家惯用的手法。

（四）贸易规则主导权和国际组织的话语权

世界贸易组织体制下的现代资本主义没有出现殖民化，因此其不具备20世纪帝国主义的第五个要点。然而，这并不意味着现代资本主义没有帝国主义，垄断资本不用殖民化同样找到了对发展中国家进行政治支配的新方法。首先，大型跨国公司转包给发展中国家的公司，以吸收他们进入全球商业网。例如，大型食物零售商沃尔玛、乐购等，已经建立全球连锁经营网，转包给发展中国家，并进行集中管理。在这种模式下，产品的出厂价格由处于食物供应链顶端的垄断资本家决定。其次，垄断资本通过直接参与起草贸易政策来主宰贸易规则。例如，《世界贸易组织协定》是大型企业联盟在最大满足自己利益的情况下起草的，而《服务贸易总协定》是由跨国公司，包括花旗集团、摩根大通公司和巴克莱银行，在美国和欧盟政府授权下起草议题，继而在谈判中通过游说使这项协议生效。还有为了在《与贸易有关的知识产权协议》（TRIPS）的谈判中达成共识，协议初稿是由美国一个商业组织——知识产权委员会（USIPC）在美国贸易代表的要求下拟定的。市场贸易规则相当于与市场相对的一种基础设施，对制定贸易规则具有决定权的团体与其他股东相比拥有相当的优势。目前来看，这个团体便是大型的跨国公司，尤其是美国垄断资本的代理人，他们专门利用和美国政府的密切关系来控制贸易规则。因此，正是对贸易规则的支配区分了现代资本主义和 20 世纪的帝国主义体制。

国际货币基金组织和世界银行是垄断资本对发展中国家的第三股支配力量，其主要受制于七国集团，美国、日本、德国、法国、英国、加拿大和意大利组成的七国集团拥有对这两个组织将近 42% 的否决权。而在七国集团内部，只有美国特别是美国财政部具有否决权，而且，美国和欧盟的公司通常与国际货币基金组织和世界银行直接保持着友好关系。国际货币基金组织前副常任董事斯坦利・费希尔任职期刚满就担任了花旗银行的副总裁，世界银行前总裁詹姆斯・沃尔芬森原为所罗门兄弟公司的高级执行官，之后踏入世界银行，最终回到了华尔街担任花旗集团国际咨询董事。1995 年，世界银行总裁沃尔芬森启动成员交换项目以协助跨国公司与世界银行之间员工共享。正是在这个背景下，国际货币基金组织和世界银行通过有条件贷款，迫使发展中国家采取门户开放政策，打开市场，允许发达国家商品大量涌入。

因此，世界贸易组织并不缺少帝国主义体制，借以实现垄断资本对国内市场和世界经济的支配。列宁界定帝国主义时所列的五个要点中前四个在世界贸易组织体制下仍适用，因此，垄断资本取代了第五个要点——殖民化，获得了新的支配工具，尤其是它对市场规则的策划能力。发展中国家由于失去了保护和发展民族企业的政策空间，被迫融入由垄断资本掌管的全球网络中，由此，资本便从全球经济中较低收入者手中稳稳地流入到处于顶端的垄断资本家手中。简言之，世界贸易组织构成了帝国主义的新阶段，在这个阶段，垄断资本取代殖民化掌控着市场规则的霸权。

国际货币基金组织和世界银行在引领发展中国家融入企业全球化过程中具有重要作用。从 19 世纪 80 年代起，在国际货币基金组织“结构性调整方案（SAP）”下，100 多个发展中国家被迫采取投资和贸易的“门户开放”政策。一旦这些国家的门户被强行打开，大型跨国公司，例如主要的农业综合企业和基建公司，就会有效地采用这些政策，占领发展中国家农业和基础设施的市场。而广大发展中国家，在对外开放过程中急于融入国际市场，又缺少足够的经验和管理能力，很可能被剥夺了国家政策操作的空间，受到垄断资本的摆布，失去国家的经济独立和政策自主的能力。

第三节　资本主义世界体系面临的挑战和质疑

20 世纪八九十年代以来，经济全球化不断拓展和深化，成为不可逆转的趋势。在这个过程中，资本跨国运动给许多国家带来了机遇与挑战。国家、经济集团和私人垄断组织等行为主体以及国际组织和国际经济法等协调机制在资本主义世界体系中发挥了积极作用。我们充分肯定经济全球化和世界走向开放发展的趋势，同时也要清醒地认识到当代资本主义世界体系具有的历史局限性和它最终的前途命运。

一、当代资本主义世界体系面临的外部挑战

正如加拿大学者埃伦·伍德所指出的，“资本主义已成为一种真正的全球现象”，目前方兴未艾的全球化运动是“资本主义第一次接近成为一种世界体系”，“它的社会关系、它的运动法则、它的矛盾正在普遍化——商品经济、资本积累和追求最大限度利润的逻辑已经渗透到我们生活的各个方面”。[①] 这使得资本主义世界体系的矛盾在各个层次展现得更加清晰。

（一）新的国际分工使资本主义发展的外部空间越来越小

等级性的（而且分布在不同空间的）劳动分工是资本主义世界经济中一个永恒的要素。马克思指出，“各民族之间的相互关系取决于每一个民族的生产力、分工和内部交往的发展程度”[②]。沃勒斯坦进一步指出，追求最大化利润所产生的垄断的需求，说明了资本主义经济活动的周期性，也说明了资本主义世界经济中，在高度垄断的核心产品和高度竞争的周边产品之间会出现基本轴向分工的原因[③]。这种不合理的国际分工和不等价交换在当代主要通过两种机制表现出来：首先，跨国公司通过产业内部垂直分工加固了“中心—边缘”的不等价交换。2000 年的全球跨国并购总价值超过 1.1 万亿美元，90% 以上发生在发达国家之间。美国《财富》杂志 2001 年公布的世界 500 强排名中，前 50 名中有美国公司 16 家，德国公司 6 家，日本公司 16

---

① 罗文东:《当代西方资本主义理论流派研究》，安徽人民出版社 2008 年版，第 264 页。

② 《马克思恩格斯选集》第 1 卷，人民出版社 2012 年版，第 147 页。

③ ［美］伊曼努尔·华勒斯坦著，路爱国、丁浩金译:《历史资本主义》，社会科学文献出版社 1999 年版，第 92 页。

家。这些大跨国公司增强了西方国家的竞争优势，通过控制的大量权利和各种资源，对全球垂直化分工起了推波助澜的作用，使原有的不同产业之间的垂直分工格局进一步深化到产业内部，即发达国家从事技术、资金密集工序的生产，而发展中国家从事非熟练劳动密集工序的生产，形成同一产业内部非熟练劳动与技术交换的垂直分工形式。或者说，发达国家公司仅生产少数核心部件，使自己成为服务型色彩浓厚的企业，而发展中国家公司则充当了外部供应链的制造业企业的角色。同样，在国际贸易中形成低附加值和高附加值产品的不等价交换。跨国公司还通过技术垄断、抢占人才以及收益再投资和内部贸易等表现出的资本主义排他性，使发展中国家在摆脱边缘地位的过程中举步维艰。中国的发展在逐渐改变和动摇上述格局，2017 年发布的《财富》世界 500 强排行榜显示，美国有 132 家公司，日本有 51 家。虽然中国在上榜公司数量上远远超越排在第三位的日本，但是除了金融业，日本上榜主体是 10 家电子和通信行业公司以及 10 家汽车制造业公司，来自具备创新能力的优势行业。作为对比，中国除了金融业，最多的行业分布是 19 家能源、炼油、采矿公司和 14 家房地产、工程与建筑公司。值得一提的是，随着阿里巴巴、腾讯上榜，加上 2016 年首次上榜的京东集团，全球 6 家互联网服务大公司中国和美国各占一半。[①] 但是，这种情况随着 2018 年中美贸易战的打响和美国对中兴通讯公司的制裁变得不容乐观。

其次，利用国际经济组织，掌握国际经济规则的制定权是西方发达国家在与发展中国家打交道的过程中占据优势的另一种方法。美国经济学家斯蒂格利茨（Joseph Stiglitz）批评世界银行和国际货币基金组织是西方国家的帮凶，他说："与 19 世纪一样，欧洲人和美国人在亚洲、非洲和拉丁美洲到处冲破壁垒打开市场，阻碍第三世界的农产品进入他们的市场。鸦片战争中，西方用战争来推行他们的不平等贸易。今天，世界银行和国际货币组织使

① 《2017 年财富世界 500 强排行榜》，财富中文网 2017 年 7 月 20 日。

用的金融和财政手段几乎一样有效”。世界贸易组织同样是发达国家的代言人，发达国家不仅没有很好地执行在纺织品、农业等方面达成的协议，还使南方国家在贸易与投资、贸易与竞争规则、贸易与环境、贸易与劳工标准等新议题的谈判中，陷入更加被动的境地。资本主义的生存一直都是以高度整合的外部空间为依托的，这可以使它通过转移厂址降低劳动力成本、使污染等环保成本外部化、寻找新的买主，还可以获取世界劳动力后备军等等。然而，在现有的世界范围的分配状况下，只要生产不断扩大，迟早会出现世界范围的需求不足。

发达资本主义国家在国际分工中的这种优势有些类似马克思对资本主义发展早期状况的描述。在马克思的眼里，是资产阶级和无产阶级之间的对立，今天这种对立出现在了发达资本主义国家和广大的发展中国家之间。发达国家的全方位优势现在成为一种悖论：生产出来的产品由于无法顺利销售造成了一种普遍的过剩。20 世纪 90 年代下半期以来，这种局面益发严峻。根据美国人口普查局的“房屋库存总额”，在美国，总数 1400 多万户的住房和公寓现在整年空置着，而 1985 年只有 740 万户。这些空置的住房，足够为 4000 多万人提供栖身之处。可是，谁为这些空置的住房支付房租或是抵押贷款呢？伴随着居高不下的空置率，必然带来大量的资金损失和住房的毁坏和破坏。工业投资的价值天天在贬值，而固定费用（如租金、水电费、维修费）则在不断增加。20 世纪 90 年代美国繁荣的顶峰时期，美国已有多达 29% 的工业生产能力闲置着。各种相关损失本应会让经济陷入困境，然而，美国的国内生产总值却表现出可观的上升，主要是由于中国从资本主义世界所采购的商品正在快速增长，其次是由于企业对世界其他地区掠夺的强化，而北美自由贸易协定、世界贸易组织等则促进了这种掠夺行为。①

① ［美］瓦迪·哈拉比、周岳峰：《世界金融危机是资本主义的“生产过剩危机”》，《马克思主义研究》2009 年第 6 期。

到2001年底，随着当年那场“短暂、温和的”经济衰退的正式结束，被闲置的美国工业生产能力已剧增至36%。美国（和世界资本主义）经济本应陷入全面危机，然而，随着美国企业掠夺升级以及中国采购继续加速，美国的国内生产总值再次攀升。在2002年底时，闲置的生产能力又上升了一些，达到了37%。然而，伴随着金融投机活动蔓延和掠夺的加速，美国国内生产总值增速仍然较快。截至2003年底，有36%的生产能力仍然闲置着。事实上，自从2000年以来，美国一直无法把闲置生产能力降到低于30%。在2008年9月时，闲置的实际生产能力估计有34%。[①] 造成生产过剩的一个重要原因是，在新的分工模式下，只有发达国家居民才能真正享受现代文明成果，发展中国家由于有效需求不足而陷入消费的边缘，再加上环保运动等反全球化浪潮高涨，资本主义世界经济又无法在地理上进一步扩张，这就使得资本主义想要通过增量财富的创造来获取利润的余地越来越小，压缩了资本积累的外部空间。布罗代尔（Fernand Braudel）就如此断言，资本主义是一小部分人的特权，然而，没有社会的积极协从，其存在是不可想象的。

（二）资本主义自我调节手段的失效和体系整合功能的削弱

在世界体系论者看来，国家是不同的群体获得利益的合法杠杆，政治调整的最有效的杠杆是国家组织。历史上资本主义国家缓解社会矛盾主要是通过两条途径：实行普选权和建立福利国家。核心国家试图在世界范围内实行类似的两种制度以缓和国际矛盾，即宣称“民族自决”“人权高于主权”和实行“开发援助”计划。然而现在都遭遇了困境，使列宁提出的帝国主义阶段的三大矛盾（帝国主义国家之间、帝国主义与殖民地之间、帝国主义国家

① ［美］瓦迪·哈拉比、周岳峰：《世界金融危机是资本主义的“生产过剩危机”》，《马克思主义研究》2009年第6期。

内部无产阶级与资产阶级之间的矛盾），在当代以“核心国家之间、核心国家与边缘国家之间、核心国家内部的矛盾”三重关系重新展现出来。被视为西方民主标志的普选权在当代逐渐受到冷落，选民对选举的热情度明显降低。2000 年美国大选投票率仅为 50.7%，较 1960 年总统选举投票率低约 25%；18—29 岁的青年人中只有 55% 进行了选民登记。2016 年的美国总统大选只有 55% 的选民参与投票，大选投票率为 20 年来最低。人们越来越认识到美国民主的虚伪性：治理美国的是精英，而不是民众。选民感到自己对于目前的政治现状无能为力，逐渐丧失了参与的兴趣。

无产阶级与资产阶级之间的不等价交换导致中间阶级逐渐减少，社会两极分化加剧，福利政策也并未彻底消除贫困。近 30 年来，美国的贫富差距持续拉大，社会不平等问题一直呈加剧态势。2013 年众多经济学家在对 1913 年以来美国国税局公布的居民收入数据进行分析后发现，2012 年美国 1% 最富有人群的收入占全民年收入的 19% 以上，创下 1928 年以来最高纪录；在收入“金字塔”中位居前 10% 的美国人占有全社会总收入的 48.2%。尽管始于 2008 年的国际金融危机对美国 1% 的最富有阶层带来一定冲击，但随后的股市强劲反弹和蓝筹公司红利激增等很快促使这部分富裕人群的财务状况扭亏为盈。与此同时，“工薪阶层”以及社会底层人口的收入状况则因通货膨胀和货币贬值等因素持续缩水。数据显示，从 2009 年到 2012 年，占据美国人口仅 1% 的最富有阶层收入增长了 31.4%，其余 99% 的人口收入则增长了区区的 0.4%。①

分析报告还显示，美国最富有阶层通常是那些企业高管或者企业主，他们被称为“工作的富有者”，而不是传统上依靠继承财富而游手好闲的人群。与之相对应的是，出现了勤奋工作而仍然贫穷的“工作贫困”现象。经济学家指出，收入不平等加剧有多方面原因。在一些行业，美国工人正在与

① 《美国贫富差距创新高》，《人民日报》2013 年 9 月 13 日。

劳动力成本低廉的发展中国家展开竞争。一些工作外包到印度和菲律宾等发展中国家，技术进步还推动机器不断替代工人完成一些常规性作业。此外，工会日渐式微。有数据显示，1983 年加入工会的工人比例为 23.3%，而到 2012 年，这一数据仅为 12.5%。这一系列新变化十分有利于资本雇佣方降低生产成本，也成为经济低迷、失业率高企背景下美国公司企业利润依然能够创出历史新高的重要因素。

目前，美国贫富差距不断拉大的趋势被许多人视为社会体系不公正，“偏向”少数富人阶层的结果。分析人士指出，美国政府在 1929 年经济大危机之后曾经采取了一系列重大社会改革政策，使得社会收入分配不平等现象得到大大缓和。二战之后，美国政府实施最低工资标准和其他帮助穷人和中产阶级的政策，与此同时，工会势力增强，工人工资由此得到提高。然而，过去几十年中，美国政府出台的一系列政策越发“偏向”和袒护最富有阶层。加州大学伯克利分校经济学家伊曼纽尔·赛斯在分析报告中说，尽管近年来政府采取了一些旨在减少收入不平等的政策措施，但是，这些政策与 1929 年大危机之后的政策调整相比，力度太小。他说：“除非政府在政策上作出较大调整，否则财富继续向极少数人集中的趋势难以逆转。”

2011 年，美国爆发著名的“占领华尔街”运动，正是社会的“99%”抗议坐拥巨额财富的“1%”。这一抗议运动表明贫富两极分化加剧问题已经成为影响美国社会安定的一大因素。伊曼纽尔·赛斯强调：“我们需要思考，在这样的社会中，收入差距的日益拉大，从经济学上说到底是不是有效率的，而从社会公平角度看是否可接受？”学者格雷厄姆指出，如果收入不平等被视为对个人不同努力程度的奖赏，那这是良性的；但是如果不平等的发生是源于社会体系偏袒少数精英和特权阶层，那么这种不平等就会削弱个人奋斗的动力。从这个意义上说，美国当前的贫富分化加剧，具有广泛的社会破坏性。

格雷厄姆表示，美国的“社会流动性”几十年来一直呈下降趋势，目前已经低于其他一些工业化国家，如加拿大、芬兰、德国、日本和新西兰。一个美国人在当前收入分配中的位置，很大程度上决定了他或她将来的可能收入。例如，美国有世界上最好的高等教育体系，但这对穷人意义不大，理由是要进入顶尖大学的机会很大程度上取决于个人的家庭收入。马克思早就指出了这种两极分化的趋势，"在一极是财富的积累，同时在另一极，即在把自己的产品作为资本来生产的阶级方面，是贫困、劳动折磨、受奴役、无知、粗野和道德堕落的积累"①。

冷战结束以来，几乎大部分武装冲突与局部战争都发生在发展中国家。1990 年至 2000 年的 11 年中，共有各种规模的武装冲突与局部战争达 397 次，年均约 36 次；新发生的共有 122 次，年均约 11 次；单 1999 年共有 40 次，其中新发生 9 次；2000 年共有 45 次，其中新发生 21 次。以美国为首的西方国家的政策导向可以说是诱发或加剧这些矛盾的一个重要因素，"民族自决""人权高于主权"的口号只不过是"新干涉主义"的幌子，波黑战争是这样，科索沃战争是这样，伊拉克战争和阿富汗战争亦是如此。

发达国家主导的建立世界层次福利国家的现实是世界范围内两极分化的更加扩大。"历史资本主义创造了空前的物质产品，同时也创造了空前的报酬两极化……无休止的资本积累就是意味着实际差距持续不断的扩大。"②30 年来美国对第三世界的"发展援助"计划几乎是一场灾难。斯蒂格利茨指责国际货币基金组织筹措数百亿美元去挽救印度尼西亚的银行家，实际上是挽救向印度尼西亚银行家贷款的美国和欧洲的银行。而官方援助大多也是口惠而实不至。2001 年美国政府对外发展援助的开支仅占国内生产总值的 0.11%，为二战后最低纪录，远远达不到联合国规定的 0.7%。结果造成

① 《马克思恩格斯选集》第 2 卷，人民出版社 2012 年版，第 289—290 页。

② ［美］伊曼努尔·华勒斯坦著，路爱国、丁浩金译：《历史资本主义》，社会科学文献出版社 1999 年版，第 42 页。

发展中国家债务继续增加，到 2000 年底拉美国家积欠的外债总额已从 1974 年的 93 亿美元增加到 7508.6 亿美元，其中墨西哥、巴西和阿根廷就占了 72.6%。这样就使全球达到前所未有的两极分化。世界银行公布的 2000 年度发展报告指出：全球有 28 亿人每天的生活费不足 2 美元，当中更有 12 亿人每天的生活费不足 1 美元；世界上最富有的 20 个国家的人均收入比最贫穷的 20 个国家整整高出 37 倍，这一差距比 40 年前增加了一倍。[①] 更令人担忧的是，边缘国家内部也产生了分化。“被人们称为北部国家内部一种新的‘南部’正在逐渐形成。南部国家内部也出现了新的‘北部’。”[②] 埃及学者阿明（Samir Amin）指出，埃及 20% 的富裕阶层拥有社会财富总量的 55%，60% 的低收入阶层仅拥有 18% 的财富。而巴西贫困人口的总收入和富裕人口的总收入相差 28 倍，近 25 年来，巴西一直是世界上贫富差距最大的国家。[③]

随着资本主义世界体系全球矛盾的深化，资本主义国家调节的限度已近极限，体系渐趋分裂状态，“这个世界体系为维持民族—国家合法性的需要而进行调整的能力已呈现出强弩之末的讯号”[④]。“体系可能会通过减慢某些使之精力耗尽的活动以延长其寿命，但死亡的幽影总在地平线某处显现。”[⑤]

（三）以追求科学为象征的资本主义文明示范效应减弱

“核心—外围”概念从空间扩展到社会关系方面，“普遍主义—种族主义 /

① 《世界贫富差距继续加大》，新浪财经 2000 年 9 月 15 日。.

② 里斯本小组著，张世鹏译：《竞争的极限：经济全球化与人类未来》，中央编译出版社 2000 年版。

③ 靳辉明、罗文东：《当代资本主义新论》，四川人民出版社 2005 年版。

④ ［美］伊曼努尔·华勒斯坦著，路爱国、丁浩金译：《历史资本主义》，社会科学文献出版社 1999 年版，第 99 页。

⑤ 李慎明：《社会主义的机遇、挑战与复兴：资本主义危机与社会主义未来》，社会科学文献出版社 2013 年版，第 118 页。

性别主义”之间的对立显著追求科学是文明的象征。这一思潮伴随着英国工业革命以及资本主义世界经济的全球扩展而成为一种具有“普遍性”的文明，这是资本主义世界体系在文明上的表现。当先进的技术与先进的社会文化或意识形态和谐地匹配，并且有机地结合在一起的时候，资本主义就具备了战胜以往一切社会制度的能力。然而，由于资本主义外在的制度约束机制不断削弱，使其更加注重短期效益，弱化了进行技能、基础设施等长线社会投资的意愿。“追求利润现在成了逻辑上的必然。任何原则，当它不再受到其他考虑的调节时，就会变得更加危险”①。有学者甚至指出，“一旦科技与意识形态开始分道扬镳了，剩下的唯一问题就是‘大问题’（动摇制度的大地震）何时出现”②。资本主义文明宣扬个人主义，强调个人的首创精神，以及普罗米修斯式的吃苦耐劳、遵守规章制度的社会意识。同时，个人主义也助长了一种所有人反对所有人的特别剧烈的竞争。为遏制这种矛盾，资本主义文明又发明了“普遍主义—种族主义/性别主义”两个相反的主题，从而把“核心—边缘”概念从地理意义上扩展到了社会关系方面，即种族主义借传统之名，维护不平等的国内、国际劳动分工体系，为体系再生产底层劳动者。“种族主义已成为世界劳动力种族化的一种意识形态”，性别的区别也被制度化了。普遍主义的结论就是量才任用制，种族主义/性别主义则解释了为什么底层的人会跌到下面去，以此来维护核心国家的优势地位，并消除资本主义积累过程所必需的劳动力流动的阻碍。沃勒斯坦戳穿了这个谎言，指出中心区列强总是要支配边缘地区，涉及它们的文化时，总是把一种劣等的意识强加于人民。“所谓的普遍主义科学一直是狭隘的和排他主义的，

① ［美］乔治·索罗斯著，王宇译：《开放社会：改革全球资本主义》，商务印书馆2001年版，第202页。

② ［美］莱斯特·瑟罗著，周晓钟译：《资本主义的未来》，中国社会科学出版社1998年版，第320页。

尽管主张的是相反的东西。”[①] 同样，“量才任用制是虚假的普遍主义，它宣称机会是普遍的……从本质上来说是精英主义的”[②]。下面的数字能更清楚地解释普遍主义的虚假性。《华尔街日报》1997 年 9 月 3 日的文章说，黑人的收入比同等教育水平的白人低 19%，黑人家庭的贫困率是白人的 2 倍以上，在同等条件下，黑人被雇佣的机会只有白人的 1/3。而移民处境更差，1989 年至 1997 年，在新增贫困人口中，移民达 300 万人，占 75%。据路透社 1999 年 7 月 14 日报道，占美国劳动力 45% 左右的妇女，其平均收入仅为男子收入的 75%，其中黑人妇女只有男子的 65%，讲西班牙语的各民族妇女收入则只有男子收入的 57%，让“普遍主义—种族主义 / 性别主义”相互制约的预想远未达到，反而彼此越离越远。现在要求实现普遍主义和要求实现“种族主义 / 性别主义”的呼声同样强烈。只有在生产高度发展到消灭阶级的阶段时才能使这种对立消弭。

二、当代资本主义世界体系的内在脆弱性

发达国家在世界经济体的地位变化不仅仅是经济问题，它在很大程度上已成为政治危机的种子。随着国家垄断资本主义的国际化发展，发达国家不仅资本家的利润在越来越大的程度上来源于国际剥削，而且居民的收入也在一定程度上来源于国外，这些国家的整个社会生产乃至社会生活都在越来越大的程度上靠国际交换特别是国际剥削来维持。事实上，发达国家的高收入和高消费在很大程度上是靠国际压榨和剥削来维持的，而这一切赖以维持的基础却越来越脆弱。

---

① ［美］伊曼努尔·华勒斯坦著，路爱国、丁浩金译：《历史资本主义》，社会科学文献出版社 1999 年版，第 84 页。

② ［美］伊曼努尔·华勒斯坦著，路爱国、丁浩金译：《历史资本主义》，社会科学文献出版社 1999 年版，第 86 页。

（一）资本主义生存和发展的条件日益恶化

随着垄断资本国际化和经济全球化的发展，发达资本主义国家在世界经济体系中的地位出现了逐渐削弱的苗头。这些国家在国际交换和国际分工中虽然仍占优势和主导地位，但已显露出许多弱点。

（1）这些国家自然资源不足问题越来越严重。据统计，目前发达国家所需石油的75%、主要农产品和矿产原料的60%要依靠发展中国家供应。这些资源的大部分是不可再生的，随着资源的减少，供求矛盾的增强，加之环境保护等方面的原因，发达国家经济发展的资源约束日趋增强。与此同时，广大发展中国家的独立性和主权意识日益增强，各种原料输出组织越来越健全，在维护自己利益方面的力量不断提高，昔日帝国主义国家任意掠夺殖民地资源的时代一去不复返了。（2）发达国家的劳动力问题也越来越严重。这并不是由于这些国家劳动力缺乏，主要是因为它们的劳动力过于昂贵，同等技能的劳动力要比发展中国家贵几十倍乃至百倍。与此相联系，这些国家劳动密集的产品不仅在国际市场上，甚至在国内市场上也丧失了竞争力。（3）发达国家生产资源方面的欠缺和不足，又造成了这些国家资本和产业结构的弱点，劳动和天然资源密集的产业连同它们的资本和技术都逐渐“夕阳化”，成了“垃圾财产”和淘汰的对象。而这两类产业曾是这些国家工业化的基干和主体，构成其全部工业资本的很大一部分。因此，如何为这些资本和技术寻求出路，向发展中国家转移，使它们继续给资本家带来财富，就成了这些国家面临的重大问题。（4）发达国家的经济增长对发展中国家市场以及这些国家经济形势的依赖越来越强，发展中国家经济不景气会直接或间接地影响到发达国家的经济形势。据估计，发展中国家经济年平均增长速度每下降3%，发达国家的增长速度便要下降1%。

国际垄断资本的统治地位还能维持多久？经济全球化会永远沿着国际垄断资本所设定、所希望的轨道运行吗？美元的国际货币地位能够永远保持吗？广大发展中国家在国际分工中会永远处于受支配、受剥削的地位吗？国际垄断资本这种权势一旦丧失，发达资本主义国家政治经济形势将会发生什么样的变化？这无疑是需要深入研究和观察的重要课题。2008 年爆发于美国，之后席卷世界的金融风暴则为我们提供了一个重要的观测点。

事实上，在世界经济政治生活和国际关系中，少数发达资本主义国家虽然仍居主导地位，但其地位和影响力已在明显下降，而发展中国家的地位和发言权则在相应提高。世界金融风暴则进一步强化了这种趋势，它已给少数发达国家特别是美国金融资本的世界经济地位造成了强烈震撼。现在，发达资本主义国家的国民经济普遍出现了衰退趋向，这不能不大大削弱这些国家特别是美国推行霸权主义和强权政治的"硬实力"。此外，这次金融风暴也使世人更加清楚地看到，西方国家资本主义传教士们作为普世价值所鼓吹和兜售的社会制度、意识形态和生活方式不仅没有给世界带来什么福音，反而直接造成了前所未有的全球性灾难，因而国际垄断资本实行世界统治的所谓"软实力"也在动摇。总之，金融资本的世界统治和霸权乃至整个资本主义制度已经走上逐渐消亡的历史轨道。列宁关于"帝国主义是垂死的资本主义"的命题，不仅没有过时，而且又增加了新的佐证。

伴随全球化进程不断加快而来的资本主义基本矛盾的普遍化，造成了三重严重困境。

1. 劳动就业困境

资本对劳动的侵蚀和排斥不断加剧，形成了强资本、弱劳动的局面。生产国际化向企业提供了两种战略好处，在昂贵劳动力和便宜劳动力之间进行一种全球性竞争，让各国的纳税标准和税务监督人员相互竞争，相互拆台。于是，企业主发现了点石成金的秘诀：没有劳动的资本主义加上没有税收的资本主义。时至今日，工厂倒闭，失业的恐惧已成为各国劳动人民的家常便饭，而全球化则成为一种万能的借口！其全球扩张的过程始终是资本对劳动侵害日益加深的过程。"在过去的 25 年中，失业增长不是市场的产物，而是资本战略的结果。失业被资本主义国家视为破坏工人运动成就的必要手段。这种看法既适用于发达的西方资本主义国家，也适用于再度被征服的东方国家。”① 即使在所谓就业天堂的英国和美国，生活在劳动与失业之间的灰色区域的、经常不得不满足于一种饥饿工资的人长期以来已成为多数。只以盈利为目的的全球化资本主义，使劳动社会这碗汤变得越来越稀。伦敦骚乱和“占领华尔街”运动已经表明，它正快速失去存在合法性。现在是人们在批判中进一步澄清被称为自由市场而实际是阶级权力的基本运行方式的时候了。

2. 两极分化困境

财富分配严重失衡使社会分裂的鸿沟不断加深。全球化资本主义将世界分裂为胜利者和失败者，建立起一种“胜利者拿走一切的社会”。财富和资产日益集中在少数垄断集团阶层，而越来越多的劳动者从工资等级台阶最后一层跌入贫困。在这个社会里劳者不获，获者不劳，两极分化达到了令人无法忍受的程度，“这个剪刀一样的差距毕竟已经打开——在越来越有与越来越没有的人们之间打开”②。看看次贷危机爆发后的美国：美联储随心所欲地印钱，华尔街财富在操纵国会和白宫：美国 1% 的人拥有超过 90% 的财富；工人平均收入在持续下降，公司高管的薪水却是成倍增加。这种状况使大多数人相信，“阶级矛盾和阶级斗争的古老公式对于描述社会的与经济的现实似乎又变得非常恰当了”③。

3. 全球秩序困境

全球化“中心”和“边缘”的矛盾持续激化。马克思、恩格斯在《共产党宣言》中指出：在全球扩张并确立其世界体系的过程中，“资产阶级使农

---

① 王列、杨雪冬:《全球化与世界》，中央编译出版社 1998 年版，第 224 页。
② 张世鹏、殷叙彝:《全球化时代的资本主义》，中央编译出版社 1998 年版，第 167 页。
③ 李丹:《反全球化运动研究》，九州出版社 2007 年版。

村屈服于城市的统治。它创立了巨大的城市，使城市人口比农村人口大大增加起来，因而使很大一部分居民脱离了农村生活的愚昧状态。正像它使农村从属于城市一样，它使未开化和半开化的国家从属于文明的国家，使农民的民族从属于资产阶级的民族，使东方从属于西方”①。“中心”和“边缘”的这种矛盾，先后表现为帝国主义与殖民地的矛盾、西方发达国家与广大发展中国家的矛盾。“在资本主义体系的边缘，贫困和收入的不平等分配，不是特定环境或错误政策产生的消极后果。它们是该体系的逻辑，该体系本身内在的世界两极分化逻辑的产物。所以，尽管这些后果时强时弱，但它们是持久存在的。”②在全球化进程中居于主导地位的西方国家，凭借规则制定权和强大的经济、科技实力，顽固维持不合理的国际经济政治旧秩序，在生产、贸易、金融、投资各方面对发展中国家巧取豪夺，导致南北矛盾日益尖锐，也使整个世界日益分裂为两大对立的阵营。“现在我们所要做的就是去重新发现下列事实，即另一种不同的社会秩序——名字就叫作社会主义。它不仅具有客观必要性而且必须是世界范围的。”③资产阶级的灭亡是不可避免的，这是《共产党宣言》最重要的结论。在《共产党宣言》看来，资产阶级始终只是人格化的资本。资本是天生的国际派，资本越发展，越是力求在空间上扩大市场，力求用时间去更多地消灭空间。但空间是有边界的，因此，资本主义的时间也是有限度的。由资本主义扩张肇始的全球化进程并不是一种最终状态，资产阶级本身也只是一种暂时性和过渡性。“发展社会劳动生产力，是资本的历史任务和存在理由。资本正是以此不自觉地为一个更高级的生产形式创造物质条件。”④资本的运动规律和结果，也就是资产阶级的历史命运和归宿。“今天，资本主义已经接近顶点，是一个动脉硬化、性情乖戾的老

① 《马克思恩格斯选集》第1卷，人民出版社2012年版，第405页。
② 王列、杨雪冬：《全球化与世界》，中央编译出版社1998年版，第224页。
③ 王列、杨雪冬：《全球化与世界》，中央编译出版社1998年版，第224页。
④ 王列、杨雪冬：《全球化与世界》，中央编译出版社1998年版，第254页。

人。资本主义的生命周期正在走向衰竭，面临瓦解和迅速衰退。”①

（二）“反全球化运动”的兴起从反面表明资本主义国内矛盾的不断激化

在20世纪的最后几年，对新自由主义制度的自发抵制开始具有组织形式。这类运动被人们称为“反全球化运动”，虽然运动参与者自己起初并不接受这一标签，而更喜欢自称“争取社会公正全球运动”。新的大规模运动建立了广泛的民主联盟，并试图制定共同的议事日程。后来出现的是“世界社会论坛”，该论坛后来变成了一个全球性的联合与辩论平台；2002年又诞生了“欧洲社会论坛”；最后，在2008年国际金融危机爆发之后，登台亮相的则是诸如希腊“激进左翼联盟”、西班牙“社会民主党”等政党。

20世纪70年代以来，发达国家的“去工业化”极大地削弱了以“蓝领工人”为主体的传统产业工人的组织和力量。二战后所谓“福特主义”的经济繁荣本是以大规模制造业如汽车、钢铁、建筑、纺织、民用飞机和耐用消费品等为基础的。在这些产业中，以蓝领工人为主体的雇佣劳动者通过工会等集体力量较好地捍卫了自身的经济利益。这主要体现为这一时期形成的劳资关系体制中的“三方体制”的作用。而在经济全球化过程中，这种“三方体制”被极大地削弱了。特朗普当选美国总统在很大程度上正是回应和利用了白人蓝领工人群体对现状的不满，虽然他的竞选承诺很有吸引力，但是美国制造业的产业空心化趋势已经很难扭转，因为奥巴马时代振兴美国制造业的措施并未明显奏效。

伴随着产业转移中的迁厂和企业经营的业务外包，发达国家雇佣劳动者的状况不断恶化。业务外包对白领雇员的状况产生了极大的影响，如失业严

---

① 《资本主义在全球引发一片批评声》，《环球视野》2010年3月2日第281期，摘自2009年11月英国广播公司网站、美国《时代》周刊网站等。

重、收入降低、社会地位下降。美国经济学家爱德华·勒特韦克在1993发表的《没落美国梦》中说："20世纪50年代出现的所谓'美国梦'，自20世纪70年代起逐渐成了一个永远实现不了的幻想。"[①]美国所谓的"中产阶级梦"破灭了，大多数美国劳动者的生活水平和社会地位正在下降。福田泰雄指出："企业全球化象征着资本主义处于正在衰退的阶段。企业全球化既不能保障人们享有幸福稳定的生活，也不能保障食物和生计的安全。衰退的特征在大公司中表现非常突出。就劳资之间的权利平衡而言，世界贸易组织体制占据了民主中相反的一极。资本主义的历史是经济势力和政治势力相结合的历史，资本通过这种结合一直向越来越少的人们集中，尤其是20世纪初以来，资本集中到大企业的手中。企业全球化是企业掌握支配权，并用以影响经济事务和政治事务过程的高峰阶段。"[②]

▶ 相关链接2-3　英国"脱欧"事件回顾及分析

1.事件节点

2013年1月23日，英国首相卡梅伦首次提及"脱欧"公投。

2015年1月4日，英国首相卡梅伦表示，如果有可能，将原计划于2017年的公投提前举行。

2015年5月28日，英国政府向下议院提交并公布了有关"脱欧公投"的议案，并承诺将在2017年底之前举行投票。

2016年6月23日，英国举行全民公投，51.9%的投票者选择"脱欧"。

2017年3月16日，英国女王伊丽莎白二世批准"脱欧"法

---

① 徐崇温：《当代资本主义新变化》，重庆出版社2004年版，第168—169页。

② ［日］福田泰雄：《世界贸易组织体制：帝国主义的新阶段——衰退的资本主义及其替换方案》，《当代经济研究》2010年第8期。

案，授权英国首相特雷莎·梅正式启动脱欧程序。

2018 年 11 月 25 日，欧盟正式通过此前与英国达成的退出协议和“英欧未来关系宣言”两份政治文件，统称“脱欧”协议。

2019 年 1 月 15 日，英国议会下议院以 432 票反对、202 票支持的结果，否决了此前英国政府与欧盟花了两年达成的“脱欧”协议草案。这是英国历史上执政党在议会投票表决中遭遇的最惨重失败。议会随后要求首相与欧盟继续谈判，修改协议中涉及爱尔兰边界等问题的内容。

2019 年 3 月 13 日，英国议会下院投票决定，反对英国在任何情况下“无协议脱欧”。

2019 年 10 月 2 日，英国政府正式向欧盟递交了新“脱欧”方案，内容包括在英国“脱欧”后一定期限内，进入北爱尔兰的商品需符合欧盟标准，但同时，北爱尔兰将与英国其他地区同步退出欧盟关税同盟。

2019 年 10 月 17 日，欧盟委员会主席容克宣布，欧盟委员会与英国政府就英国“脱欧”达成协议。

2020 年 1 月 9 日，英国下议院以 330 票赞成、231 票的表决结果通过了此前由首相约翰逊与欧盟达成的“脱欧”协议法案。如果协议在上议院顺利通过，英国将于 1 月 31 日晚 11 时正式脱离欧盟。

2020 年 1 月 31 日晚 11 时，英国正式脱离欧盟。

2. 各方反应

卡梅伦的脱欧言论在英国国内引起不满。同属联合政府的英国自民党向来亲欧，副首相克莱格（Nick Clegg）已表态不认同英国脱欧，认为此举将损害英国经济。在野工党也批评他将投资者对英国的信心以及伦敦作为世界金融中心的地位置于危险位置。

德国外长希望英国能以积极的态度留在欧盟，而不是选择对其有益的方面，对欧盟通过的协议挑三拣四。欧洲需要继续加强一体化程度，而不是分裂。法国政府发言人表示，法国总统希望英国留在欧盟，他指出，作为欧盟的一分子，需要履行其成员国义务，对于所有成员国而言，团结是必需的原则，否则欧盟发展将存在问题。

3. 脱欧影响

英国退出欧盟，在短期内对英国无疑是有利的。可以省下每年缴纳给欧盟财政的80亿英镑款项。支持英国脱离欧盟的人说，90%的英国经济与对欧盟的贸易无关，但仍然受欧盟规章的掣肘，摆脱欧盟将使英国许多中小企业不受欧盟规章制度的钳制，就业机会可能增多。

但是失去欧盟成员国的资格，英国难以依托欧盟在欧洲和世界事务中发挥重要作用，其国际地位和影响将大打折扣。贸易方面，脱离欧盟令英国与欧洲贸易关系受到影响，影响到伦敦国际金融中心及资金避风港的地位，如果大量投资从英国撤出，经济前景或进一步转差。另外，失去在布鲁塞尔、柏林和巴黎的影响力，英国将更加被华盛顿冷落，并且在诸如环境、安全和贸易等众多跨国事务中被边缘化。美国和其他盟友想要英国留在欧盟内部，一旦离开欧盟，英国将有可能成为一个孤立的国家。

资料来源：根据《英国“脱欧”达成协议 英国“脱欧”事件时间表》，新华社2019年10月18日；《英国议会下院通过“脱欧”协议，“脱欧”之旅有望走向终点》，《环球时报》2020年1月11日相关资料整理。

应该指出的是，2008年国际金融危机不仅没有导致西方主要国家经济政策的变化，而且也未推动反全球化运动的高涨。情况恰恰相反，“欧洲社会论坛”在2008年之后逐渐衰落，其后则完全停止了活动；“世界社会论坛”虽然继续召集活动，但人们对它的兴趣也明显下降。各种社会运动都把精力集中于完成地区及国家任务，在法国，出现反对《初次就业法案》有关限制青年劳动权利的抗议活动，其后则是一次更不成功的抗议活动——对退休金改革；在希腊和西班牙，大规模的动员活动是对两国在欧盟及世界银行压力下实施严厉经济政策的回应；在纽约发生的“占领华尔街”运动成为这类活动的高潮，从媒体宣传效应讲，该行动如此成功，以至于变成了全世界的抗议组织者竞相模仿的样板，尽管议事日程与纽约“占领者”毫无共同之处——不论是在要求上，还是在意识形态方面。然而，很能说明问题的是，与 1999 年成功阻止世贸组织框架内决策的西雅图抗议活动不同，类似“占领华尔街”的抗议活动既未产生任何实际效果，也没有迫使掌权者改变什么。其实，正是大规模动员的无效性才迫使活动的参与者（准确点说，是其中特定的一部分）提出，必须从抗议手段转向组织策略。于是，这里实际迫切需要的就不仅是作为伟大经济学家的马克思的遗产，而且也是作为政治行动理论的马克思主义。此外，这里并不是要带着宗教般的狂热去重复几百年前马克思的“咒语”，而是要形成新的议事日程，并在马克思主义基础上制定新的政治方案。①

三、社会主义是世界体系的未来

马克思指出：“世界史不是过去一直存在的；作为世界史的历史是结果”②。而社会主义本来就是世界性的历史进程。“无产阶级只有在世界历史意义上才能存在，就像共产主义——它的事业——只有作为‘世界历史性

① ［美］鲍里斯·卡戈尔里茨基、黄登学：《后全球化时代的资本主义和马克思主义》，《国外理论动态》2016 年第 1 期。

② 《马克思恩格斯选集》第 2 卷，人民出版社 2012 年版，第 710 页。

的'存在才有可能实现一样"[①]。作为"反体系"力量的世界社会主义运动处于资本主义世界体系之内，社会主义预示了世界体系的未来。

（一）作为资本主义的对立物，社会主义同样也是世界性的

"交往的任何扩大都会消灭地域性的共产主义。共产主义只有作为占统治地位的各民族'一下子'同时发生的行动，在经验上才是可能的，而这是以生产力的普遍发展和与此相联系的世界交往为前提的"[②]。马克思在《德意志意识形态》中这样论述二者关系：其一，生产力的发展促使交往扩大。"只有随着生产力的这种普遍发展，人们的普遍交往才能建立起来；普遍交往，一方面，可以产生一切民族中同时都存在着'没有财产的'群众这一现象（普遍竞争），使每一民族都依赖于其他民族的变革"[③]。随着大工业的发展，大工业到处造成了社会各阶级间相同的关系，从而消灭了各民族的特殊性。"各个相互影响的活动范围在这个发展进程中越是扩大，各民族的原始封闭状态由于日益完善的生产方式、交往以及因交往而自然形成的不同民族之间的分工消灭得越是彻底，历史也就越是成为世界历史"[④]。其二，交往的扩大又有助于保存生产力。"只有当交往成为世界交往并且以大工业为基础的时候，只有当一切民族都卷入竞争斗争的时候，保持已创造出来的生产力才有了保障"[⑤]。在二者的基础上，是人成为真正的历史性存在。社会主义的每一个单个人的解放的程度，是与历史完全转变为世界历史的程度一致的，当地域性的个人为世界历史性的、经验上普遍的个人所代替时，他也就获得了利用全球的这种全面的生产的能力。当前，跨国公司、金融巨头、区域集

① 《马克思恩格斯选集》第 1 卷，人民出版社 2012 年版，第 166—167 页。
② 《马克思恩格斯选集》第 1 卷，人民出版社 2012 年版，第 166 页。
③ 《马克思恩格斯选集》第 1 卷，人民出版社 2012 年版，第 166 页。
④ 《马克思恩格斯选集》第 1 卷，人民出版社 2012 年版，第 168 页。
⑤ 《马克思恩格斯选集》第 1 卷，人民出版社 2012 年版，第 188 页。

团、国际政治经济组织、互联网在使世界财富更加垄断的同时，也促进了世界经济一体化、交往自由化、各民族进一步相互融合的趋势，为共产主义的实现奠定了物质基础和精神基础。

（二）资本主义世界体系矛盾的深化使人们寄希望于社会主义

世界体系内的国家是分等级的。“国际体系的准则不是由同意或一致加以实施，而是根据强国的意愿和能力，首先把限制强加于弱国，而后强加于强国之间。”① 核心国家为了实现自己的最大利益，使世界的自然生存资源、人的素质、社会资本（家庭、社会体系）、制度资本（制度的公平、有效、廉洁）均受到冲击和破坏，使社会公正和可持续发展成为全球共同关注的话题。这种现状更加清楚地体现了共产主义的合理性和必然性。“共产主义并不剥夺任何人占有社会产品的权力，它只剥夺利用这种占有去奴役他人劳动的权力。”② 也就是说共产主义剥夺的是核心国家对边缘国家、资产阶级对无产阶级剥削的权力。虽然目前社会主义运动处于低潮，但是很多有利于实现公正与和平的力量在壮大，比如生态运动、反种族歧视、女权运动、反全球化的弱势人群及劳工组织的行动等等，增强了“反体系”的力量。正如马克思、恩格斯指出的：“我们所称为共产主义的是那种消灭现存状况的现实的运动。”③

资本主义世界体系发生的严重危机，使人们更加向往社会主义。自资本主义世界体系产生以来，主要出现过的霸权国家有：荷兰、英国、美国等。霸权是有周期的，一个国家一旦成为真正的霸权，就开始衰落。美国同样面临衰落的命运。一方面，资本主义经济中潜在的巨大危险是“实物经济”和

---

① ［美］伊曼努尔·华勒斯坦著，路爱国、丁浩金译：《历史资本主义》，社会科学文献出版社 1999 年版，第 327 页。

② 《马克思恩格斯选集》第 1 卷，人民出版社 2012 年版，第 416 页。

③ 《马克思恩格斯选集》第 1 卷，人民出版社 2012 年版，第 166 页。

“虚拟经济”严重脱节。我们不要忘记，在罗马帝国最后的几个世纪，就是由于社会和政治上层建筑不断增加其支出，而社会生产资源又没有相应的增加作为补偿，社会因而陷于瘫痪的。另一方面，以“9·11”恐怖事件为高潮的反体系运动，暴露出全球权力与财富的分配极不平衡，使想建立“单边体系”的美国在本土遭到了最严重的创伤，这也可以说是体系的全球性矛盾激化的一个标志性事件。索罗斯（George Soros）在《开放社会：改革全球资本主义》导言中先验地指出：“全球资本主义体系已经造就了一个非常不公正的世界，贫富差距越来越大。这是很危险的，因为一个不能为失败者提供任何希望和援助的体系，很容易被绝望的行动所破坏。”当代世界的种种变化充分证明：“在卡尔·马克思逝世113年以后，资本主义再度驶入这位革命的经济学家为他那个时代所正确描述的那个方向上。”①

预测社会主义是世界体系的三种可能之一：“能保持一个高水平的生产力，并能改变分配制度的唯一可替代的世界体系，将引起政治和经济决策的重新整合。这将构成世界体系的第三种可能形式，即一个社会主义世界政府”。② 阿明更是旗帜鲜明地指出，21世纪的替代道路便是（比以前任何时期更是如此）“要么是社会主义，要么是野蛮状态”③。世界左派的论断有力地论证了马克思当年的预言的正确性：“资产阶级的灭亡和无产阶级的胜利是同样不可避免的”。

罗宾逊认为，资本主义全球发展中不断产生其自身无法解决的社会问题和政治问题，这使得如何加强社会控制已经成为全球资本主义面临的重大问题。

---

① ［德］汉斯－彼得·马丁、哈拉尔特·舒曼著，张世鹏等译：《全球化陷阱：对民主和福利的进攻》，中央编译出版社1998年版，第10页。

② ［美］伊曼纽尔·沃勒斯坦著，罗荣渠等译：《现代世界体系》第1卷，高等教育出版社1998年版，第462页。

③ 徐洋：《萨米尔·阿明谈帝国主义全球化条件下的民主与发展问题》，《国外理论动态》2002年第12期。

（1）全球化使全球社会再生产陷入更深的危机。全球化时代的资本主义所遭遇的危机与以下四个方面相关：过度生产或需求不足，全球社会的两极分化，国家合法性和政治权威面临的危机，可持续发展危机。资本主义制度带来了社会生产力的大幅提高，以及比以往人类熟知的任何其他制度创造了更多的物质剩余，但也产生了两极分化和社会危机，这是资本主义体制发展的固有趋势。产生两极分化和社会危机的根本原因并不是政策选择，而是资本主义制度的本性使然。因此，“全球化加速了世界范围内两极分化的进程，也使全球社会再生产陷入更深的危机”。这将导致国家的社会结构趋于瓦解，社会控制能力开始下降。

（2）社会冲突与社会控制将成为全球化时期的基本社会博弈。全球化时期最突出的矛盾并不仅仅存在于国家之间，在近些年已经扩大升级为全球普通阶层与精英阶层之间的跨国社会冲突，前者自发地或有组织地采取各种反抗形式，后者则力图控制和压制各类反抗和突破力量。因此，全球资本主义最终将演变为一个全球社会控制问题。正如“发达的福利国家正在演变为社会控制国家，通过复杂的社会控制技术、制定镇压反移民和反恐怖主义立法等举措，人类社会以新的形式继续维持着某种社会隔离”。而动用隔离和威权是统治系统出现危机的表现。当前的危机有两方面的原因：首先是全球两极分化无法得到缓解，这是资本主义制度所固有的；其次是全球资本主义霸权遭受挑战和威胁，虽然这些威胁力量并不全是进步力量。

罗宾逊在一定程度上同意马克思的观点，认为这些问题的最终和唯一的解决方案就是取缔资本主义，他也同意麦克莱伦的观点，认为这需要在国际社会开展一场斗争，以获得正式的、实质性的民主。罗宾逊认为，建立在普遍民主基础之上的民主社会主义也许是人类社会“最终、最好”和“唯一”的希望，反对跨国资本的全球反霸权斗争应该演变成争取民主社会主义的全球斗争。但是，民主社会主义真的能够解决资本主义世界体系存在的问题吗？正如马克思、恩格斯在《共产党宣言》中谈到保守的或资产阶级的社会主义时所说的，“社会主义的资产者愿意要现代社会的生存条件，但是不要由这些条件必然产生的斗争和危险”[①]。民主社会主义的想法固然不错，垄断资本真的会轻易放弃手中的权力和利益吗?

案例 2-1

“一带一路”倡议与构建人类命运共同体

从人类历史上看，大国崛起一定会提出引领世界未来的合作倡议和价值理念。“一带一路”倡议及人类命运共同体理念就承载着这一使命。“穷则变，变则通，通则久。”世界不是平的，世界是通的，唯通方能成久远。这就是“一带一路”通过构建利益共同体、责任共同体到命运共同体的逻辑。

解决世界性难题的中国方案。共建人类命运共同体，是中国对事关人类最基本问题的响亮回答。2017 年 5 月 14 日，习近平在“一带一路”国际合作高峰论坛开幕式上发表的主旨演讲中指出，我们正处在一个挑战频发的世界，“和平赤字、发展赤字、治理赤字，是摆在全人类面前的严峻挑战”。为解决这三大赤字，习近平指出：“各国之间的联系从来没有像今天这样紧密，世界人民对美好生活的向往从来没有像今天这样强烈，人类战胜困难的手段从来没有像今天这样丰富”，提出“和平之路、繁荣之路、开放之路、创新之路、文明之路”。这展示了解决世界性难题的中国方案。

一是和平之路：丝绸之路是和平的产物。“一带一路”通过倡导发展导向的全球化，树立共同、综合、合作、可持续的安全观，

① 《马克思恩格斯选集》第 1 卷，人民出版社 2012 年版，第 429 页。

标本兼治、统筹协调、综合施策，正在消除冲突、动荡的根源。二是繁荣之路：丝绸之路是繁荣的标志。古丝绸之路沿线地区曾是“流淌着牛奶和蜂蜜的地方”，“一带一路”正在再现这种繁荣景象，通过“经济大融合、发展大联动、成果大共享”，给世界经济发展带来福音。三是开放之路：丝绸之路是开放的结果。“一带一路”正在打造“开放、包容、普惠、平衡、共赢的经济全球化”，是应对保护主义的最有力方案。四是创新之路：丝绸之路是创新的宝库。“一带一路”着眼于21世纪的互联互通，创新合作模式、创新合作观念，引领国际合作方向。五是文明之路：丝绸之路是文明的象征。“一带一路”将古代四大文明——古埃及文明、古巴比伦文明、古印度文明、中华文明串在一起，通过由铁路、公路、航空、航海、油气管道、输电线路和通信网络组成的综合性立体互联互通，推动内陆文明、大河文明的复兴，推动发展中国家脱贫致富，推动新兴国家持续成功崛起。一句话，以文明复兴的逻辑超越了现代化的竞争逻辑，为21世纪国际政治定调，为中国梦正名。“一带一路”所开创的文明共同复兴的秩序可称为“文明秩序”。

开创国际合作的新纪元。针对国际社会对“一带一路”各种各样的担心，习近平主席在演讲中承诺：“中国愿同世界各国分享发展经验，但不会干涉他国内政，不会输出社会制度和发展模式，更不会强加于人。我们推进‘一带一路’建设不会重复地缘博弈的老套路，而将开创合作共赢的新模式；不会形成破坏稳定的小集团，而将建设和谐共存的大家庭。”做到这一点，就是在开创人类新文明，开创国际合作的新纪元。“一带一路”坚持“共商、共建、共享”原则，强调开放包容，超越近代殖民主义、帝国主义、霸权主义，创造没有霸权的时代，开创东西和谐、南北包容的未来。

命运共同体的核心要旨就是，世界命运应该由各国共同掌握，国际规则应该由各国共同书写，全球事务应该由各国共同治理，发展成果应该由各国共同分享。命运共同体思想是利益共同体、责任共同体思想的升华。最初着眼于周边，安身立命之所，发展繁荣之基；后来多用于发展中国家，强调南方意识；最高境界是人类命运共同体，从现实世界延伸到虚拟空间——网络空间命运共同体，从传统领域拓展到全球公域——要秉持和平、主权、普惠、共治原则，把深海、极地、外空、互联网等领域打造成各方合作的新疆域，而不是相互博弈的竞技场。人类命运共同体关键词是人类、命运、共同体——人类：超越国家身份，体现天下担当；命运：升级合作共赢，体现命运与共；共同体：超越地球村，树立大家庭意识，塑造共同身份。

“一带一路”在新时代弘扬两千年丝路文明形成的“和平合作、开放包容、互学互鉴、互利共赢”的丝路精神，将中国古代农耕文明时代的天下大同思想在工业、信息文明时代发扬光大，这就是人类命运共同体。这就告别了近代“外国的月亮比中国圆”的虚幻，回到“我们共享一个月亮”的事实。历史上，我们同是丝路人；如今，我们同是“带路”者。

新理念正成为广泛的国际共识。2017 年 3 月 17 日，联合国安理会一致通过关于阿富汗问题的第 2344 号决议，呼吁国际社会凝聚援助阿富汗共识，通过“一带一路”建设等加强区域经济合作，敦促各方为“一带一路”建设提供安全保障环境、加强发展政策战略对接、推进互联互通务实合作等。决议强调，应本着合作共赢精神推进地区合作，以有效促进阿富汗及地区安全、稳定和发展，构建人类命运共同体。

2017 年 2 月 10 日，联合国社会发展委员会第五十五届会议协商一致通过“非洲发展新伙伴关系的社会层面”决议，呼吁国际社会本着合作共赢和构建人类命运共同体的精神，加强对非洲经济社会发展的支持。这是联合国决议首次写入“构建人类命运共同体”理念。这表明，人类命运共同体理念正成为广泛的国际共识，标志中国逐渐占据人类道义制高点。

总之，命运共同体思想继承和弘扬了《联合国宪章》的宗旨和原则，是全球治理的共商、共建、共享原则的核心理念。它超越了消极意义上的“人类只有一个地球，各国共处一个世界”，形成了积极意义上的“命运相连，休戚与共”，塑造“你中有我、我中有你”的人类新身份，开创天下为公、世界大同的人类新文明。命运共同体着眼于人类文明的永续发展，推动建立文明秩序，超越狭隘的民族国家视角，树立人类整体观。这是从人类文明高度理解“命运共同体”思想应有的启示。

资料来源：王义桅：《人类命运共同体开创21世纪新文明》，《学习时报》2017年6月12日。

▶ 阅读文献

1. 王金存：《当代资本主义的演化与当前国际金融危机》，《高校理论战线》2009年第7期。

2. ［英］瓦西利斯·福斯卡斯、比伦特·格卡伊著，薛颖译：《新美帝国主义》，世界知识出版社2006年版。

3. ［美］迈克尔·赫德森、刘斯福、苇杭：《21世纪的货币帝国主义（上）》，《国外理论动态》2005年第11期。

4. ［美］斯塔夫里阿诺斯著，吴象婴、梁赤民译：《全球通史——1500年以前的世界》，上海社会科学院出版社1995年版。

5. ［埃及］萨米尔·阿明、黄钰书：《当代资本主义体系的内爆》，《政治经济学评论》2013 年第 4 卷第 3 期。

6. 杨玲玲:《对西方左翼研究资本主义全球化问题成果的分析》,《毛泽东邓小平理论研究》2013 年第 9 期。

7. 宋建丽:《全球资本主义的民主神话:新自由主义的政治伦理批判》,《高校理论战线》2013 年第 2 期。

8. [俄] В.Г. 菲多托娃、В.А. 卡尔巴柯夫、Н.Н. 菲多托娃:《全球资本主义:三次重大转型——对于经济—社会关系的社会—哲学解读》,《史学集刊》2010 年第 5 期。

9. 里斯本小组:《竞争的极限:经济全球化与人类的未来》,中央编译出版社 2000 年版。

10. [英] 约翰·格雷著,张敦敏译:《伪黎明:全球资本主义的幻象》,中国社会科学出版社 2002 年版。

11. [美] 罗伯特·特里芬著,陈尚霖等译:《黄金与美元危机——自由兑换的未来》,商务印书馆 1997 年版。

12. 吕英杰:《布雷顿森林体系崩溃的原因和对国际关系的影响》,《商业经济》2016 年第 3 期。

13. [俄] 鲍里斯·卡戈尔里茨基、黄登学:《后全球化时代的资本主义和马克思主义》,《国外理论动态》2016 年第 1 期。

14. 唐正东:《当代资本主义的全球化:一种批判性的解读》,《河海大学学报》(哲学社会科学版)2015 年第 4 期。

15. 王淼:《资本统治、异化与全球化——马克思对资本主义消费的分析与批判》,《东岳论丛》2011 年第 11 期。

16. 蒲国良:《全球化背景下社会主义与资本主义互动关系新特点》,《湖南师范大学社会科学学报》2011 年第 4 期。

17. [日] 福田泰雄:《世界贸易组织体制:帝国主义的新阶段——衰退的资本主义及其替换方案》,《当代经济研究》2010 年第 8 期。

18. 李崇富、罗文东:《西方左翼学者论全球化与当代资本主义》,《马克思主义研究》2001 年第 2 期。

▶ 相关概念

布雷顿森林体系	布雷顿森林协定	马歇尔计划
经济全球化	区域经济合作	新帝国主义
国际货币基金组织	世界贸易组织	世界银行
南北问题	南南合作	反全球化

▶ 本章思考题

1. 试分析布雷顿森林体系产生的时代背景和条件。
2. 试分析布雷顿森林体系的历史意义和影响。
3. 怎样看待二战后资本主义世界体系的构成?
4. 如何看待美国的相对衰落和资本主义与社会主义的关系?
5. 发展中国家对当代资本主义世界体系会产生什么样的冲击和影响?
6. 全球化和全球资本主义化是什么关系?
7. 经济全球化对发展中国家会产生什么样的双重影响?
8. 资本主义通过哪些方式力图确保其全球霸权和主导地位?
9. 怎样理解二战后发达资本主义国家之间关系的变化?
10. 资本主义制度与社会主义制度相互之间如何影响彼此?

第三章

当代资本主义的发展阶段

资本主义的历史演变可以分为三个阶段：自由竞争资本主义阶段、私人垄断资本主义阶段和国家垄断资本主义阶段。本章的主要内容是考察资本主义由自由竞争阶段到国家垄断阶段的过程，重在考察国家垄断资本主义的产生、发展及其基本特征，揭示国家垄断资本主义的实质，并通过对当代科技革命推动当代资本主义生产力发展的考察，掌握国家垄断资本主义在二战后的发展，以及国家垄断资本主义的各种形式及其对社会经济发展的双重作用。同时对目前国内学者对当代资本主义发展阶段的不同观点进行了梳理，从而使读者对当代资本主义的发展形成更为清晰的认识。

第一节　资本主义的发展阶段划分

资本主义的历史演变可以分为两个阶段：自由竞争资本主义阶段和垄断资本主义阶段，而垄断资本主义又经历了私人垄断资本主义阶段和国家垄断资本主义阶段。本节主要介绍从自由竞争资本主义阶段和私人垄断资本主义阶段。

一、自由竞争资本主义阶段

（一）自由竞争资本主义的特点

自由竞争资本主义阶段开始于18世纪下半叶，结束于19世纪70年代。在这一阶段，资本主义经济制度还不是很成熟，生产力和生产关系的各个方面还处于很低的水平，呈现出以下主要特点。

1. 社会生产力处于大发展的起步阶段

在自由竞争阶段，以第一次工业革命为突破口，以机器生产代替手工劳动、工厂制度取代手工工场为主要内容，从根本上改变了整个工业的面貌，极大地推动了社会生产力的发展。资本主义在这近百年中所创造的生产力，比过去一切时代创造的生产力还要多、还要大。

从手工工场到机器大工业，是人类社会生产力的一次质的飞跃，为资本主义生产力的发展打下了坚实的基础。但它毕竟是资本主义生产力发展的起步阶段，所以，这一时期的企业生产规模不大；机械化水平不高；先进技术的应用还不普遍；生产发展速度较快的是那些技术要求不高、所需资金不多的轻纺工业；生产结构以初级产品生产为主；生产的扩大以外延型为主，即主要依靠追加人力、物力和财力增加生产。

2. 市场经济处于初步发育阶段

在手工业时期，生产规模不大，市场狭小，商品交换以简单商品流通为主。资本主义工厂取代手工工场后，生产规模骤然扩大，专业化程度有所提高，客观上要求扩大市场，扩大商品交换的规模和范围，市场经济得到了初步发展。

市场经济初步发育的表现是：实现了资本、劳动力和商品在不同地区和部门间的自由流动，建立了统一的全国市场，进而建立了世界市场；随着商品流通领域的扩大，商品交易所应运而生，并出现了期货交易市场；为了加快商品流通，出现了赊销赊购的经济行为，从而形成了早期的商业信用；生产扩大和流通的拓展，要求资金融通与之相适应，这就促进了银行业和货币资本市场的兴起；城市作为经济贸易的中心，其经济职能日渐明显。但是，由于封建势力的残余尚存、交通运输条件还不发达、农村的资本主义化程度不高、国际分工尚处于很低的水平、各国实行关税保护政策等因素的影响，这一阶段市场经济发育程度还比较低。

在市场经济发育的早期，市场机制表现为完全的自由竞争，没有任何社会中心协调各部门、各企业的经济活动。社会生产的无政府状态，导致了资本主义周期性经济危机的爆发。

3. 资本主义生产关系已占统治地位但还不成熟

第一次工业革命为资本主义最终战胜封建制度奠定了物质基础，使生产资料资本家私人占有制和雇佣劳动关系占了统治地位。但这一阶段资本与雇佣劳动的关系是很不成熟的，主要表现在：为数众多的分散的中小资本实力相当，竞争激烈；资本所有权和经营权大多统一集中于资本家手中，只是到了后期，股份资本迅速增加，才使资本关系从个别资本向社会资本迈出了第一步；资本主义生产的目的和实质是获取剩余价值，但较强调短期利润的最大化；资本剥削手段是残酷的，表现为主要依靠延长工作日、提高劳动强度、克扣工资来增加剩余价值生产；机器成为扩大剥削范围和提高剥削程度的有力工具；劳资矛盾日益激化和公开化。

4. 各国的经济联系局限于单一的国际贸易形态，国际贸易体系还未最终形成

第一次工业革命以前，少数欧洲先进国家采取超经济的暴力方式，对新发现的美洲大陆进行强盗式的掠夺。各国之间经常性的较为稳定的贸易关系是在第一次工业革命之后才建立的。

第一次工业革命，使社会产品大大增加，为国际贸易的发展提供了雄厚的物质基础，同时也提供了较为先进的交通运输工具和通信设备，使国际贸易的发展成为可能。但是，真正的国际关系还没有形成，各国之间的经济往来还只局限于流通领域，资本流动和跨国经营还没有充分发展，其他形式的对外经济联系尚未出现。此外，还有相当一部分国家和地区仍处于封闭状态。因此，这一阶段的国际经济关系主要是流通领域的国际化，生产国际化和资本国际化尚未全面展开，国际分工处于初步形成阶段，表现为工业国和农业国之间的分工。

5. 自由竞争资本主义建立在私人资本所有制和雇佣劳动的基础上，资本和雇佣劳动之间存在着尖锐的矛盾

随着自由资本主义的发展，资本和雇佣劳动之间的矛盾不断激化，经济危机也频繁爆发。16 世纪至 17 世纪，随着资本主义生产方式由家庭手工业向工厂手工业的过渡，新兴的资产阶级疯狂地进行资本原始积累，他们一方面运用暴力手段使大批农民失去生产资料而沦为雇佣工人，另一方面又通过殖民地攫取巨额的货币资本，为资本主义的迅速发展创造了条件。资产阶级在资本原始积累中所暴露出来的剥削和掠夺的凶残本性，激起雇佣工人、手工业者、农民及殖民地人民的不满和反抗。从 18 世纪 60 年代开始，英国率先开始工业革命，到 18 世纪 90 年代，工业革命逐渐扩展到欧洲大陆和世界其他地区，到19世纪，英、法、德、俄、美、日等国均完成工业革命，资本主义进入大机器生产时代，随着资本主义大工业的发展，资本主义的矛盾——生产社会化和生产资料私人占有之间的矛盾日益暴露并不断激化，无产阶级反对资产阶级的斗争进入了新的阶段，也就是从自发的、分散的、破坏机器和反对个别工厂主的经济斗争，发展到有组织的、联合的、反对整个资产阶级的独立的政治斗争。1831年和1834年法国两次里昂工人起义，都是资本主义矛盾激化的结果。与此同时，资本主义基本矛盾也导致了经济危机的爆发。1825年，英国第一次爆发了资本主义的经济危机，以后每隔数年就周期性地发生一次。经济危机使得工厂停工、工人失业、社会生产力遭到极大破坏，无产阶级和劳动人民遭受不堪忍受的痛苦，这一切表明，自由竞争资本主义的发展过程是一个充满矛盾和危机的过程。

（二）自由竞争资本主义阶段的经济理论与经济政策

1. 自由竞争资本主义阶段的经济理论

18世纪末到19世纪末是自由竞争资本主义阶段，这一阶段以古典经济学的经济理论为核心，包括英国经济学家亚当·斯密、李嘉图、西尼尔、穆勒、马尔萨斯及法国经济学家萨伊等提出的理论。这里以亚当·斯密的市场自由发展理论为例加以说明。

17世纪后半期，重商主义政策达到顶峰从而走向没落，最早研究资本主义内在联系的古典经济学开始产生，它代表逐步成长起来的产业资本自由发展的客观要求，提出“自由放任”的口号，要求自由发展生产，自由开展贸易，实行自由竞争，反对国家对经济的干预。

1776年，英国经济学家亚当·斯密在《国民财富的性质和原因的研究》（《国富论》）中系统地阐述了被后人概括为“看不见的手”的市场调节机制和秩序原理，为经济自由主义奠定了理论基础。

▶ 相关链接 3-1　亚当·斯密及其经济思想

亚当·斯密（1723—1790），出生在苏格兰法夫郡（County Fife）的寇克卡迪（Kirkcaldy），他的代表作是《国富论》，该书的重点之一便是自由市场，自由市场表面看似混乱而毫无拘束，实际上却是由一双被称为“看不见的手”所指引，将会引导市场生产出正确的产品数量和种类。斯密认为人的动机都是自私而贪婪的，自由市场的竞争将能利用这样的人性来降低价格，进而造福整个社会，而提供更多产品和服务仍具有利润的刺激。不过，斯密也对商人保持戒心，并且反对垄断的形成。

资料来源：MBA 智库·百科（https：//wiki.mbalib.com/wiki/%E4%BA%9A%E5%BD%93%E6%96%AF%E5%AF%86）。

在亚当·斯密的经济体系中，资产者的理论化身是“经济人”，经济人的本性是利己主义。在他看来，在商品经济中，生产者为人们提供取之不尽、用之不竭的物品，不是基于他们对人类的同情和恩惠，而出于他们“自利的打算”[①]。正如工人出卖劳动（力）是为了挣得工资一样，资产者投资只是为了取得利润。工人为提高工资而“结合”，雇主为减低工资而“联合”，无一不是为了自身的私利。但是，人人都追求个人私利，社会公共利益如何保证？在他看来，这除了实行充分的经济自由和完全的自由竞争，别无他途。

亚当·斯密论证，资本的“唯一目的”是“牟取利润”，为此资本家必须竭尽全力使他的产品能具有“最大的价值”。而“每个社会的年收入”不外是其产业全部年产物价值的总和。“所以，由于每个个人都努力地把他的资本尽可能用来支持国内产业，都努力管理国内产业，使其生产物的价值能

---

① ［英］亚当·斯密著，郭大力、王亚南译：《国民财富的性质和原因的研究》上卷，商务印书馆 1972 年版，第 14 页。

达到最高程度，他就必然竭力使社会的年收入尽量增大起来。”当他们这样做的时候，“既不打算促进公共的利益，也不知道自己是在什么程度上促进那种利益”①，由于他们只在盘算自己的利益，努力使自己的产品具有更高的价值，他们就不自觉地实现了社会利益。

“在这场合，像在其他许多场合一样，他受着一只看不见的手的指导，去达到并非他本意想要达到的目的。”“他追求自己的利益，往往使他能比在真正出于本意的情况下更有效地促进社会的利益。”②至于实现这只“看不见的手”的作用的机制，正是自由竞争。这个任务是政府或政治家无法代劳的。“如果政治家企图指导私人如何运用他们的资本，那不仅是自寻烦恼去注意最不需要注意的问题，而且是僭越一种不能放心地委托给任何个人也不能放心地委托之于任何委员会或参议院的权利。”③这个权利交给任何一个自以为有资格行使的人去行使，都是一种危险的行为。

亚当·斯密认为，商品经济中市场力量、价值规律的作用，只有在充分的自由竞争中才能实现。竞争越是充分展开，价值规律越能充分发挥，个人利益和社会利益之间的矛盾就越有协调的可能性；而限制竞争，保护独占，这种对立必将加剧，国民财富的增长和社会福利的增进势必受到阻碍。在他看来，只要“一切特惠或限制的制度，一经完全废除，最明白最单纯的自然自由制度就会树立起来”④。每个人只要不违反“正义的法律”，都应给予“完全自由”，让他们选择“自己的方法”，“追求自己的利益”，以其“劳

---

① ［英］亚当·斯密著，郭大力、王亚南译：《国民财富的性质和原因的研究》下卷，商务印书馆1974年版，第27页。
② ［英］亚当·斯密著，郭大力、王亚南译：《国民财富的性质和原因的研究》下卷，商务印书馆1974年版，第27页。
③ ［英］亚当·斯密著，郭大力、王亚南译：《国民财富的性质和原因的研究》下卷，商务印书馆1974年版，第27—28页。
④ ［英］亚当·斯密著，郭大力、王亚南译：《国民财富的性质和原因的研究》下卷，商务印书馆1974年版，第253页。

动及资本”同任何人任何阶级进行自由竞争。这样，不需要政府监督，就可以自发地实现增进国民财富的目的。

但是，亚当·斯密反对国家干预并不是绝对的。他认为在一些情况下，国家干预是必不可少的。例如，利息率的法律限制，邮政事业的国家管理，实行强迫性的初等教育，规定钞票的最低面额等等。他对银行的自由也提出必须予以限制的主张。他说尽管这种限制似乎“侵犯天赋的自由”，但这种自由“危害社会的安宁”，任何政府都要予以“法律的约束”。

2. 自由竞争资本主义阶段的经济政策

18 世纪末到 19 世纪末是自由竞争资本主义阶段，这一阶段以古典经济学的经济理论为核心，主张自由放任的市场经济，这里以工业革命时期的英国为例来说明。

工业革命使英国开创了以近代工业为生产力基础的市场经济。产业资本和工业资产阶级成为新主角，他们关切经济政策，要求有适合工业资本发展的新制度、新理论和新政策，基本指向是能最大限度自由发展的经济制度，以及相应政策，并有新理论来论证它们，说明资本主义经济如何运行才能使财富迅速增长，经济自由主义逐渐产生。配第提出尊重经济规律：“高明的医生并不乱给病人用药；相反，他们都密切注意并遵循自然的运动，而不用他们自己的猛烈药方来反对自然的运动。同样，在政治问题及经济问题上，也必须用同样的方法。”[①]1759 年，亚当·斯密首次提出有“看不见的手”。1776 年他出版的《国富论》是经济自由主义的理论高峰，认为个人考虑的不是社会利益，但受到“看不见的手”的指导，其自身利益使他的选定有利于社会的用途。“看不见的手”自行调节经济活动，提高经济效率，这只手就是市场价格机制，可由私利通达公利，即经济自由主义的核心思想。保守主义鼻祖伯克推崇亚当·斯密的思想是“以人性为基础，恒久不变”。经济

① ［英］配第著，陈冬野等译：《配第经济著作选集》，商务印书馆 1981 年版，第 58 页。

自由主义认为国家只是保障财产和维护秩序的“守夜人”。自然秩序、理性经济人、经济个人主义、市场自动调节等思想，后由李嘉图等人丰富发展，在一定意义上反映了经济规律事实。

经济自由主义必然与重商主义冲突。《国富论》在当时就体现了现实政治冲突。英王乔治三世扩大王权，推行重商主义政策，在美国独立问题上损害资产阶级和辉格党的利益。1775 年美国独立战争爆发，次年，《国富论》出版，公开为美洲人辩护，主张经济自由主义，矛头所指，不言而喻。英国战败后，经济自由主义逐渐得势，成为主流理论，深刻影响了当时的两大政党。从此，政党和工业资本形成了“权力与资本”的第二次结盟，改政策以资本为主体，重点突出自由。

工业革命时期经济政策的一个特色是“双重政策”：对内推进经济自由主义政策，对外继续推行重商主义政策。托利党的小皮特是坚信经济自由主义的第一位首相，他以亚当·斯密学说为思想基础，实行经济改革，有利于经济发展，史称“新托利主义”。国内妨碍经济发展的旧政策法规逐渐消除，但在对外贸易中，小皮特等多届政府未革除重商主义，如对粮食等数百种进口物品征收高关税。这种双重经济政策在英国尚未完成工业革命并取得经济优势时，实际作用是发展自己，压制别人。

英国反谷物法斗争将经济自由主义推向高潮。谷物法是典型的重商主义政策，其主旨是限制甚至禁止谷物进口，抬高粮价，有利于土地利益集团而不利于工厂主、工人和百姓，经常导致食品暴动（因买不起食物而引发的暴动），成为社会动荡之源和执政难题。在各国历史上，粮价从来就不是单纯经济问题，而是敏感的社会政治问题。工业资产阶级掀起反谷物法运动，受到贵族地主集团阻拦。1845 年发生“土豆饥荒”，民生困难，自由党领袖罗素勋爵痛斥谷物法是“商业萎缩之原因，农业凋敝之祸害，阶级仇恨分裂之根源，人民贫穷、狂热、大量死亡和犯罪之缘由”，“谷物法把整个国家搅动不安”。执政的保守党就此严重分裂，信奉经济自由主义的皮尔首相主张废除谷物法，缓解社会危机；既得利益的贵族地主集团十分愤怒，其首领迪斯雷利指责皮尔首相有意摧毁自己的政党，是政治罪行，“不仅是要废除谷物法，而且还要把权力从某个阶级转给另一个阶级——明显拥有知识和财富的英国制造业阶级”。皮尔首相处境艰难，如维护贵族地主利益，拒绝废除谷物法，社会动乱则难以想象；废除谷物法则能缓解社会矛盾，维护统治阶级整体权益，但要牺牲自己。皮尔最终决定废除200年的谷物法，随后黯然辞职。此举缓解了社会危机。1848年欧洲革命时，皮尔说：“许多在1846年高声谴责那些措施（废除谷物法）的人……在1848年4月10日（第三次宪章运动大规模游行日）却公开庆幸：好在有了废除谷物法的预防措施。”不久英国又废除了《航海条例》，大多数商品取消关税。英国成为第一个自由贸易大国，确立了经济自由主义。

这次经济政策变革的背后是社会利益关系的重大调整，有利于维护资本主义的社会稳定。至此，经济政策的“钟摆”转向经济自由主义，带来了“好日子”：英国的“世界工厂”地位。

二、私人垄断资本主义阶段

19世纪末20世纪初，资本主义从自由竞争阶段发展到垄断阶段，即帝国主义阶段。

（一）私人垄断资本主义的形成

1. 资本主义的自由竞争

自由竞争是资本主义条件下商品生产者之间为争夺有利的生产和销售条件而进行的不受限制的竞争。它是以分散的私人企业为主体，在为数众多的中小资本家之间展开的竞争。竞争的主要手段，在同一部门内部是改进技术、改善管理经营、提高劳动生产率，使本企业生产的商品的个别价值降到社会价值以下，以获取超额利润并扩大销路；在不同部门之间则是资本的自由转移——资本由利润率低的部门转向利润率高的部门，其结果是形成全社会统一的平均利润率，各部门的资本家按照等量资本取得等量利润的原则瓜分剩余价值。

2. 自由竞争推动生产集中

资本主义的发展和生产规模的扩大，伴随着生产和资本的不断集中。生产集中是指在资本主义条件下，随着生产力的发展和市场竞争的加剧，社会的生产资料和劳动力日益集中于少数大企业，使它们在社会生产中所占份额日益增大。19 世纪后 30 年至 20 世纪初，主要资本主义国家工业生产技术取得巨大发展，产生了许多新的工业部门，引起了工业结构的变化，冶金、机器制造、电子、化工、汽车、石油等重工业部门，取代了以纺织工业为代表的轻工业部门在工业生产中占据的主导地位。这些新兴重工业采用大批量标准化的生产方式，经营活动呈现规模收益递增（即随着生产和销售规模的扩大，单位产品均摊的成本下降而收益提高）的经济技术特性。这种技术特性又称"规模优势"。只有在大规模生产条件下，新技术才能得到有效的运用，其固有优势才能发挥出来。这就要求集中大量生产资料和劳动力，通过内部具有发达而严密的分工和协作体系的大型组织来进行大规模的社会化生产和销售。而资本集中正是建立大型企业组织，实现大规模社会生产和销售的前提条件。

生产集中是通过单个资本扩大的两种形式，即资本积聚和资本集中进行的。资本积聚是个别资本通过把剩余价值转化为资本而增大自身总额；资本集中则是在竞争中大资本利用自己规模经济的优势吞并中小资本，或若干资本合并成新的规模更大的资本。与资本积聚相比，资本集中促进个别资本增大的速度要快得多，从而对加速生产集中具有更重要的意义。

除了竞争之外，信用是加速资本集中和生产集中的另一个有力杠杆。随着资本主义信用的发展，信用机构一方面吸收大量的社会闲散资金，另一方面把这些资金贷给那些有按期还本付息能力的大企业，从而大大增强了其竞争实力，加速了对中小资本的吞并。同时，信用机构又促使分散的中小资本联合起来组成巨大的股份企业。信用这两方面的作用都将促进资本集中和生产集中。

资本主义经济发展过程中，科学技术的发展和经济危机的爆发，在促进生产集中方面也起了重要作用。19 世纪 70 年代以后，由于第二次工业革命，钢铁工业、机器制造业、电力工业和化学工业等新兴部门得到迅速发展，重工业取代轻工业在整个工业部门占了主导地位。重工业规模大，需要集中大量生产资料和劳动力，集中大量资本，这种需要也促进了生产集中和资本集中的发展。周期性经济危机的爆发，使竞争进一步激化，使大量企业倒闭或被吞并，形成企业兼并与合并的浪潮，推动生产的集中。

3. 私人垄断的形成

19 世纪后 30 年是自由竞争向垄断资本主义过渡的时期，垄断逐步代替自由竞争成为经济生活的基础。垄断是指少数资本主义大企业为了获取高额垄断利润，通过协定或联合对若干部门的生产和流通进行控制。

垄断是自由竞争发展到一定程度的必然结果。这是因为：（1）在自由竞争条件下，生产分散于大量中小企业，这些企业为数众多，难以达成协定、形成垄断。而在生产高度集中以后，社会生产已集中在少数大企业手中，这些企业之间容易达成协定，控制某个部门的生产和流通，以夺取高额利润。（2）大企业规模巨大，资金雄厚，其他中小企业都难以与之较量，同时部门间资本的转移也受到资本量和需求量的限制，这些都使自由竞争受到限制，形成垄断趋势。（3）生产集中使大企业过度膨胀，造成生产过剩、销售困难、利润下降，于是，大企业为了保持和增加利润，就必须结成垄断组织以调节生产。（4）大企业之间的激烈竞争，会使势均力敌的对手遭到重大损失，为了避免两败俱伤，彼此就会谋求妥协或联合，达成垄断协定。

（二）垄断组织的形式和实质

垄断是通过各种垄断组织来实现的。垄断组织是指在一个或几个部门中，占据垄断地位的大企业联合。垄断组织的形式多种多样，而且在各个国家、各个时期也不相同。垄断组织的典型形式有以下几种。

1. 卡特尔

卡特尔是生产同类商品的大企业通过签订划分销售地区、规定产品产量、确定销售价格等协定所组成的垄断同盟。参加卡特尔的各个企业在生产上、商业上和法律上仍然保持独立。

2. 辛迪加

辛迪加是生产同类商品的大企业为了高价销售商品和低价购进原料，通过签订共同销售商品和采购原料的协定建立起来的垄断组织。参加辛迪加的企业在生产上和法律上仍然保持独立性，但丧失了商业上的独立性，原料采购和商业销售业务均由辛迪加总办事机构统一办理。

3. 托拉斯

托拉斯是由生产同类商品或者与该商品有密切联系的许多大企业联合组成的。参加托拉斯的各个企业在生产、商业、法律上都不再是独立的生产经营单位，而由托拉斯的董事会及其委任的总经理来统一经营全部的生产、供应、销售及财务活动。原来的企业主变成了托拉斯的股东，按其股份取得股息和红利。

4. 康采恩

康采恩是以实力雄厚的大垄断企业为核心而形成的多部门的垄断集团。参加者有工业企业、贸易公司、银行、运输公司和保险公司等等。在康采恩中，居于统治地位的是作为核心的大企业或银行。康采恩已突破生产部门的界限，垄断的广度和深度都加强了，是一种更为复杂的垄断组织。

当代垄断组织的主要形式是跨国公司，它通过实施全球战略，把分支机构渗透到全球的各个角落，控制全世界的原料来源、销售渠道、市场价格和研究开发，从而实现利润最大化目标。

垄断组织尽管有不同的形式，但实质都是为了攫取垄断利润。而制定和维持垄断价格则是攫取垄断利润的主要手段。垄断价格是垄断组织在销售商品或购买生产资料时，凭借垄断地位规定或操纵的市场价格。它包括两部分：垄断组织出售商品的垄断高价，即高于价值或生产价格的价格；垄断组织向局外企业和小生产者收购商品的垄断低价，即低于价值或生产价格的价格。

（三）私人垄断资本主义的特征

私人垄断资本主义呈现出以下特征。

1. 垄断代替自由竞争在经济生活中占统治地位

垄断代替自由竞争并在资本主义经济生活中占据统治地位，其最初表现形式是私人垄断资本的形成和发展，其关键环节是生产和资本的集中。

自由竞争必然引起生产和资本的集中。因为在资本主义的自由竞争中，少数大企业拥有雄厚的资本，易于取得银行贷款，因而能够广泛地采用新技术和新设备，在更大的范围内组织生产专业化和协作，利用廉价的原材料，节约不变资本，降低成本，在竞争中处于有利的地位。所以，竞争的结果，总是大企业战胜中小企业，大资本吞并中小资本，从而使生产和资本日益集中到少数大企业手中，这是其一。其二，随着资本主义自由竞争的发展，资本主义的信用制度和股份公司得到广泛发展，通过发行股票把许多分散的资本集中起来，形成一个巨额的资本，能够在较短时期内建立起一个大型的企业，这种个别资本向股份资本的发展，实现了资本占有形式和资本组织形式的社会化，从而极大地促进和加速了生产和资本的集中进程。其三，19 世纪 70 年代到 20 世纪初资本主义经济危机频频爆发，造成大批中小企业的破产并被大企业所吞并。而大企业为了保持竞争优势，纷纷联合和合并，从而使生产和资本的集中达到了更高程度。到 20 世纪初，各主要资本主义国家生产和资本的集中都达到了很高的程度。例如 1909 年在美国，产值在 100 万美元以上的大企业，占企业总数的 1.1%，而它们占有的工人数和产值，则分别为 30.5% 和 43.85%。亦即，仅占企业总数大约 1% 的企业，已控制了美国工业生产的将近一半。1907 年德国拥有工人 1000 人以上的企业就有 586 家。它们的工人几乎占劳动人口总数的 10%，它们的汽车和电力产值几乎占该行业总产值的 32%。因此列宁指出："几万个最大的企业就是一切，数百万个小企业算不了什么。"①

当生产和资本集中发展到一定程度就必然产生垄断。一方面，几十个大型企业彼此之间容易达成联合协议，并且它们的实力雄厚，也有力量操纵和控制该部门的生产和流通，这就为垄断的形成提供了可能性；另一方面，正是企业的规模巨大，既造成竞争的困难和新企业进入的限制，同时也造成了大企业之间在竞争中的两败俱伤的现实性，为了避免双方因势均力敌带来的竞争损失，它们就有必要暂时达成联合协议，形成垄断。

垄断资本主义最基本的经济特征是垄断代替了自由竞争，垄断在经济生活中占统治地位。但是，垄断并没有，也不可能消灭竞争，这是因为：（1）垄断没有消除产生竞争的经济条件。竞争是商品经济的一般规律。垄断产生以后，不但没有改变资本主义生产资料私有制，而且又促进商品经济继续发展，所以不可能消除竞争。（2）垄断必须通过竞争来维持。各个垄断组织通过竞争发展壮大起来。在取得了一定垄断地位之后，由于存在攫取垄断高额利润的内在动力和更加强大的竞争对手的外在压力，垄断组织必须不断增强自己的竞争实力，巩固自己的垄断地位。（3）社会生产是复杂多样的，任何垄断组织都不可能把包罗万象的社会生产都包下来。实际上，在垄断组织之外，从数量上说，中小企业占绝大多数。这些非垄断的企业之间也

---

① 《列宁选集》第 2 卷，人民出版社 2012 年版，第 584 页。

存在着竞争。即使是垄断程度极高的部门，也不可能只存在一个垄断组织。各垄断组织为了巩固自己的垄断地位，获取更多的垄断利润，它们之间也必然展开激烈的竞争。总之，在垄断组织之间，垄断组织同非垄断组织之间以及中小企业之间存在广泛而激烈的竞争。

垄断条件下的竞争同自由竞争相比，具有一些新的特点：（1）在竞争目的上，自由竞争主要是为了获得更多的利润或超额利润，不断扩大资本的积累；而垄断竞争则是为了获取垄断高额利润，并不断巩固和扩大自己的垄断地位和统治权力。（2）在竞争的手段上，自由竞争主要运用经济手段，如通过改进技术、提高劳动生产率、降低产品成本等，以战胜对手；而垄断组织的竞争，除了采取各种形式的经济手段外，还采取非经济的手段，使竞争变得更加复杂、更加激烈。（3）在竞争范围上，自由竞争时期，竞争主要在经济领域，而且主要是在国内市场上进行的；而在垄断时期，国际市场上的竞争越来越激烈，不仅经济领域的竞争多种多样，而且还扩大到经济领域以外进行竞争。总之，垄断条件下的竞争，不仅规模大、手段残酷、程度更加激烈，而且具有一定的破坏性。

所以，不能把垄断和竞争对立起来，那种认为“垄断可以消灭竞争”的观点是错误的。垄断从竞争中产生，垄断又反过来加剧了竞争。不过这种竞争已不是一般的自由竞争，而是在垄断条件下的竞争。所以列宁说：“正是竞争和垄断这两个互相矛盾的‘原则’的结合才是帝国主义的本质”[①]。

2. 金融资本和金融寡头的统治

在资本主义社会，银行作为经营货币资本的特殊企业，也在不断地进行着资本集中。银行资本的集中也是以生产集中为基础，并与之同时进行。与工业中的集中一样，银行业的高度集中也必然会导致垄断。银行垄断资本形成之后，银行的作用发生了根本的变化。这种变化最鲜明地表现在银行和工

---

① 《列宁全集》第29卷，人民出版社1985年版，第480页。

业的关系上。

在自由竞争阶段，银行只是作为支付过程的中介人，办理存款和短期贷款业务，它与工业企业的关系纯粹是贷款者和借款者的关系。银行垄断产生后，一方面，工业企业只能和少数几家大银行打交道，从而使大企业与大银行的联系日趋稳固；另一方面，大银行掌握大量的资金，可以向工业企业提供长期、稳定的巨额贷款，银行为了保证自己的利润和资金的安全，必然要关心和确切地了解甚至控制工业企业的经营范围和盈亏情况，最终决定企业的命运。

不仅如此，银行还通过购买工业企业的股票和公司债券，派董事和经理兼任工业企业董事的办法，不断渗透到工业中去；工业资本家也通过购买银行股票，派董事或经理兼任银行董事的办法，日益渗透到银行中去。在银行垄断资本和工业垄断资本紧密融合并混合成长的基础上，形成了金融资本。掌握庞大金融资本的少数大垄断资本家或垄断资本集团，就是金融寡头。金融寡头操纵着国家的经济命脉，控制着国家政权，左右着国家对内对外政策，成为政治、经济和文化的最高统治者。

金融寡头对国民经济的控制，主要是通过"参与制"来实现的。所谓"参与制"，就是垄断资本家利用掌握股票控制额的办法对企业实行控制的一种制度。金融寡头首先利用他控制的大企业，作为母亲公司，去购买一些其他公司的股票，掌握其股票控制额，使它变成自己的女儿公司。女儿公司再以相同的方法去控制一些孙女公司，如此等等。通过这种层层控制的办法，金融寡头就可以支配比自己的资本大几倍、几十倍的别人的资本，从而操纵一国乃至几国的经济命脉。

金融寡头在经济上主宰一切之后，就必然要设法控制国家政权，在整个上层建筑领域内建立自己的统治权，以保证其经济统治地位。金融寡头对国家机器的控制，主要通过人事参与即"个人联合"来实现。例如，金融寡头向自己的政党提供政治捐款和活动经费，推选代表他们自己利益的政党领袖和内阁高级官员，甚至亲自出马，担任政府要职等。

3. 资本输出成为典型的经济现象

金融资本实现了对国内的全面统治后，决不会就此止步。追求高额利润的贪欲使它必然要把触角伸向国外，以便剥削和统治整个世界。金融资本对外扩张的重要手段是资本输出。列宁指出："对自由竞争占完全统治地位的旧资本主义来说，典型的是商品输出。对垄断占统治地位的最新资本主义来说，典型的则是资本输出。"[①]资本输出的必要性在于：

（1）由于国内已经建立了金融资本的垄断统治，从而使垄断资本积累的大量货币资本开始"过剩"。这是因为垄断阻碍着新的投资，不但在垄断统治的部门里其他资本已很难挤进来开办新的企业，而且垄断资本在自己统治的部门里往往失去投资的兴趣。由于垄断资本可以攫取到高额垄断利润，再增加投资可能会使资本的利润率下降。在这种情况下，资本在国内已不易找到有利的投资场所，而资本又不能停止剥削雇佣劳动的运动，于是，垄断资本积累的大量货币资本便涌向国外，以追逐高额垄断利润。

（2）国内竞争的加剧，也迫使帝国主义国家不得不加速输出资本，以保证扩大市场和垄断原料来源。资本输出既可以带动商品输出，也可以越过对方的贸易壁垒，直接在国外生产商品，占领销售阵地。当资本输出被用于开发经济落后国家的各种资源时，垄断资本还可借此把这些资源控制在手中，进行廉价的掠夺，并加强自己在国际竞争中的地位。

（3）随着生产国际化的不断发展，国际分工也在扩大和深化。在国际垂直分工进一步发展的同时，资本主义国家之间的水平分工也发生和发展起来。这也促使着货币资本在国际的转移和流动大大增加。

在垄断资本主义阶段，也具备了大量资本输出的可能性。这时，资本主义已形成世界体系，世界上绝大部分国家卷入了资本主义的世界市场；生产

---

① 《列宁全集》第27卷，人民出版社1985年版，第376页。

和科技的进步，也为资本主义生产向世界范围扩大创造了交通运输、邮电通信等方面的物质条件。

随着垄断统治的确立和加强，资本输出不断地、迅速地增长起来。资本输出使资本主义在世界范围内形成了金融资本的剥削网。资本输出成了“帝国主义压迫和剥削世界上大多数民族和国家的坚实基础”[①]，成了垄断资本主义的一个重要经济特征。

（四）私人垄断资本主义阶段的经济理论与经济政策

1. 私人垄断资本主义阶段的经济理论

19 世纪末 20 世纪初是自由资本主义向垄断资本主义过渡的历史时期。列宁指出：“帝国主义，作为美洲和欧洲然后是亚洲的资本主义的最高阶段，截至 1898 —1914 年这一时期已完全形成。”[②] 由于这时资本主义发展暂时带有“和平”性质，各个主要资本主义国家的经济比较稳定地增长，因此这时主要的资产阶级经济学家继续信奉传统的经济自由主义，宣扬资本主义可以通过自由竞争自行调节其各种矛盾，使社会经济得到均衡和稳定的发展。英国资产阶级经济学家阿弗里德·马歇尔是这一历史时期鼓吹经济自由主义理论的集大成者。他的基本理论主张如下：

（1）局部均衡理论。19 世纪 70 年代后，由于发展的不平衡性，美国和德国工业发展迅速。19 世纪末 20 世纪初，美国在工业产值和主要工业品的生产方面超过了英国，德国也直逼英国，但英国从殖民地和国外投资场所攫取的利润远远超过了美国和德国，它的经济实力仍是最雄厚的，伦敦仍是世界金融中心，英镑仍是世界上最坚挺的“硬通货”，英国船队仍然给英国带来巨大的利润，英国银行家仍然能向外国政府和企业界提供最大数额的信

---

① 《列宁全集》第 27 卷，人民出版社 1985 年版，第 378 页。

② 《列宁选集》第 2 卷，人民出版社 2012 年版，第 705 页。

贷。尽管如此，绝对优势毕竟丧失了。在绝对优势已经丧失，相对优势仍然存在的情况下，英国是继续实行以往的自由贸易政策，还是像美国和德国那样，实现保护贸易政策？对经济是放任自由，还是加以干预？凡此种种，都需要从理论上加以阐述。1890 年，马歇尔发表《经济学原理》，对这些问题作了回答。

在《经济学原理》，尤其是在第五篇《需求、供给与价值的一般关系》中，马歇尔充分表述了作为剑桥学派核心理论的局部均衡论。马歇尔在《经济学原理》中表述的一个主要概念是“均衡”。所谓均衡，是相反的两种力量所形成的均势，它“和一条弹线所系的一块石子或一个盆中彼此相依的许多小球所保持的机械均衡大体上一致”。马歇尔通过增量分析，把均衡理论进一步运用到供求关系上，把供求关系归结为相反力量相互作用、相互制约形成的关系。市场的一方是需求，另一方是供给。如果在某一供给条件下，市场的需求价格高于供给价格，卖者就趋向于增加供给量，而供给量的增加又趋于压低需求价格，提高供给价格，缩小二者的差距以趋于一致；相反，如果在某一供给条件下，市场的需求价格低于供给价格，卖者就趋于减少供给量，而供给量的减少又趋于提高需求价格，压低供给价格，使二者趋于一致，在两者之间达到稳定的均衡。[①] 当供求处于稳定的均衡时，如有任何意外之事使得生产规模离开它的均衡位置，则将有某些力量立即发生作用，使它恢复均衡，“正如同一条线所悬着的一块石子如果离开了它的位置，地心引力将立即有使它恢复均衡位置的趋势一样，生产数量围绕着它的均衡位置发生的种种动荡，具有相同的性质”[②]。

---

① ［英］马歇尔著，陈良璧译：《经济学原理》下卷，商务印书馆 1965 年版，第 37 页。
② ［英］马歇尔著，陈良璧译：《经济学原理》下卷，商务印书馆 1965 年版，第 37 页。

▶ 相关链接 3-2 马歇尔及均衡价格理论

阿弗里德·马歇尔（1842—1924），主要经济主张是均衡价格理论，供给和需求对商品价值的作用如同一把剪刀在裁剪时上下刃所起的作用一样，共同起作用。

资料来源：[英]马歇尔著，陈良璧译：《经济学原理》下卷，商务印书馆1965年版，第32页。

马歇尔的局部均衡论成了第一次世界大战（以下简称一战）以前20多年中英语国家经济理论的基础，并且直到20世纪30年代，仍被经济学家奉为圭臬。英国在这一时期经济政策上的自由放任思想即由此推导而来：既然经济中的供求两种力量能自行调节产量和价格，使之趋于均衡，有什么必要依靠政府来进行调节呢？既然英国的相对优势还存在，能源源不断地从海外投资和海外贸易中获得巨额的收入，有什么必要限制市场机制的作用呢？无论在国内市场，还是国际市场，供求两种力量都会自行发挥作用，即使有可能造成供求的不相适应，但最终仍然会停留在某个均衡点上。

（2）需求弹性理论。马歇尔的需求理论详细考察了商品价格与需求量的关系，论证了这两者反方向变动的需求规律。但它们究竟变动多少呢？于是他借助弹性的概念作了进一步说明。现在常常讲到的"需求弹性"，就是马歇尔第一个予以明确定义，并置于自己体系的重要地位。这对资产阶级经济学的影响相当大。按照这个定义，可用弹性系数（价格变动的百分数去除需求量变动的百分数所得的值）具体指明商品价格下跌或上涨会增加或减少多少需求量。

马歇尔对需求弹性的有关规律作了详尽的分析。在他看来，各种商品的需求弹性虽然呈现错综复杂的情况，依然有若干规律可循。他主张，依据收入和实际消费水平的不同，把社会上的消费者大略地分为富人、中等阶级和穷人三类，分别考察他们对商品价格变动的反应，这"就会得到关于需求弹性规律的最清楚的概念”。[①]很显然，一种商品的价格，对富人来说是相对低的，在穷人眼里也许是昂贵的，要他们对其降价做出同样的反应（即增加对它的需求量）并不符合实际。马歇尔又强调，不同价格的商品本身具有不同的需求弹性。总的说来，价格高的东西，需求弹性大，中等价格的东西，需求弹性也相当大；需求弹性随着价格的低落而下降，而且如果价格的下跌趋于顶点，需求弹性会逐渐消失。这条规律几乎适用于一切商品与一切阶级的需求，只是不同阶级关于高价与低价的标准大不相同。为此他具体分析了一些商品类型的需求弹性。如食盐一类商品，在穷人看来也是低价，它再跌价很难引起消费大量增加。肉类、牛奶这些商品的跌价，能大量增加穷人对它们的需求，但不会引起富人的很大兴趣。由于工人阶级人数如此之多，该类商品的总需求富于弹性。某些对中等阶级很有需求弹性的商品（如上等水果、鱼类等），它的价格变动却对富人和穷人没有多大影响。因为前者的需求几乎饱和，而对后者来说它的价格太高。至于那些相当高档的物品和劳务，除了富人是无人问津的。于是，在分析影响需求弹性的原因时，他实际上把商品划分为必需品、舒适品和奢侈品三类，并且指出绝对的必需品和花费富人不多收入的那部分奢侈品都是非常无弹性的。他还认为具有广泛用途的商品的需求弹性最大，反之则小。此外，他还注意到风尚、爱好、习惯的变动带给商品需求与需求弹性的重要影响。

（3）工资理论。马歇尔的分配理论最充分地体现了他的阶级调和论和社会改良主义，其辩护性质不说自明。不过，他的某些具体论点对我们的经济建设依然有启迪作用。

马歇尔的工资理论提出了独特的见解。在论及工资的决定时，马歇尔特别提出了“效率工资”说。他看到现实生活中劳动者的工资差距悬殊，从而感到人们普遍信奉的竞争能使同一行业或类似的其他行业的工人工资趋于相

---

① ［英］马歇尔著，陈良璧译：《经济学原理》下卷，商务印书馆1965年版，第122页。

等的说法，需要作谨慎的解释。实际上竞争总是促使效率不同的两个人在一定时间内所得的工资（如周工资）趋于不相等。他明确指出，像计时工资那样按工作的时间来计量，或者像计件工资那样按产品的数量来计量，都无法正确说明这种趋势。因此，“我们需要使用一个新名词，亦即效率工资，或从广义上说，效率报酬”。[①] 这就是说，工资要按工人的效率和能力的运用来计算。这样，确切地说，竞争一般有使同一地区的效率工资相等的趋势。那么，什么是衡量“效率”的尺度呢？马歇尔没有明确回答。他只是说最有效率的工人与效率低的其他工人使用着同样的固定资本量，但前者每部分工作所承担的固定费用较少，从而总成本较低，可以给资本家带来更大利润。这样看来，他实际上是从产出与投入的比例来衡量效率的。

马歇尔反对无差别的一般工资率，不满足于计时或计件的工资形式，主张按劳动者的效率和贡献来决定工资水平，宣扬通过增加工资以提高劳动者的素质和能力，这自然是着眼于资本家根本利益的。但这些见解对于我们打破工资制度中普遍吃“大锅饭”现象，奖勤罚懒，重赏重大贡献者，以及在分配制度上切实保障提高职工队伍的思想素质和知识才能，都有很大的参考意义。

（4）地租理论。马歇尔在地租理论中的标新立异之处是提出了准租理论。有人就认为，他区分地租与准租的做法，几乎同发现了地租规律一样重要。

“准租”一词，马歇尔用来概指各种长期投资在短期的收益。这种收入之所以称作“准租”，主要在于这类生产工具与土地一样，在短期内供给弹性等于零，也不易损坏，其使用的报酬完全以需求状况为转移，是由物价决定的剩余。但准租毕竟不是完全的地租。在长时期中，机器、厂房等设备可以按照需求状况的变动，不断地相应增减。此时只有它们的报酬能补偿生产成本，资本家才愿意重新投资。于是这种长期报酬又成为决定商品价格的重

---

① ［英］马歇尔著，陈良璧译：《经济学原理》下卷，商务印书馆 1965 年版，第 219 页。

要因素。可见，准租仅仅是短期内的现象。这与土地的供给始终固定不变和地租只能由市场需求所决定的情况，又有区别。

准租与利息也存在着异同点。相同的是，两者都是资本进行投资的结果。区别在于准租是原有投资的报酬，而利率是新投资的报酬。或者可分别叫作长期投资的报酬与短期投资的报酬。这就是说，原有投资的收益在短期内对产品的供给价格没有直接影响，就成为准租，在长期中则与新投资的一样，具有利息的性质，成为决定价格的重要部分。马歇尔指出，“利率”术语应严格地运用于新投资方面，“我们不能不反复申述，‘利率’一词，用在旧有资本投资品上，意义非常受限制”。[①] 在他看来，资本一经投于耐久的固定设备，它的价值就等于预期的准租折成现值的总和，万一它在未来产生收入的能力减少，它的价值也就相应减少。所以“未来准租的预期是对机器投资和对一般补充成本支出的一个必要条件”。[②] 简言之，“准租”现象的存在，是资本家决定是否继续生产或更新这类耐久资本物品的指示器，可以调节自己的生产方向以适应市场需求，从而赚取更大利润或免受更大亏损。

还要一提的是，马歇尔又进一步把工资劳动者和企业家中某些来自天赋与特异才能的收入，也看成具有准租的性质。技术高超的熟练工人和才能卓越的企业家，一定时期里总是数量有限或缺乏供给弹性，远不能满足社会的需求。所以应给予这些人丰厚的薪金，并且把他们的大部分收入列为“稀有天才的租金”。[③] 他特别强调，成功的企业家所得的报酬往往和他们给予社会的利益不相称。

2. 私人垄断资本主义阶段的经济政策

19 世纪末，资本主义进入私人垄断阶段，这一时期西方主要资本主义

① ［英］马歇尔著，陈良璧译:《经济学原理》下卷，商务印书馆 1965 年版，第 257 页。
② ［英］马歇尔著，陈良璧译:《经济学原理》下卷，商务印书馆 1965 年版，第 108—109 页。
③ ［英］马歇尔著，陈良璧译:《经济学原理》下卷，商务印书馆 1965 年版，第 283 页。

国家继续奉行自由主义的经济理论，推行自由放任的经济政策，这里仍以英国为例说明。

根据马歇尔的均衡理论，由于经济均衡总是自行确定的，政府完全可以采取自由放任的经济政策。政府在经济方面只要执行自由贸易和平衡预算政策，实行金本位制，并听任市场力量的自由活动去建立均衡，那么事事都遂从人愿，进入理想境界。同样，根据马歇尔的局部均衡论以及由此推导出来的自由放任思想，对经济危机主要依靠资本主义自身内部的力量，通过市场的自动调节来解决。经济危机是局部或偶然失调导致的均衡破坏，是从均衡破坏到恢复之间的过渡性衰退。因此，经济危机既不会十分严重，也不会持续很长时间，政府无须加以干涉。如果加以干涉，不仅徒劳无益，而且必然有损于均衡的正常恢复。由于经济危机是局部的、暂时的、偶然的过渡性失调，因此，失业人数不会太多，并且在性质上是摩擦性失业或自愿失业，只要通过市场机制，特别是工资的调节，失业问题即可以得到解决。总的说来，马歇尔的局部均衡学说是建立在一战前英国"极盛时期"的基础之上。它与英国当时还拥有的经济优势和实力是相适应的，同时也是英国对自身经济力量和经济前景的乐观展望的反映，是英国竭力想维持现状，而且自以为能够维持现状的信念的一种必然表露。英国在20世纪初到一战爆发时，始终主张自由贸易、平衡财政和实行金本位制就不难理解了。

到19世纪末期，经济自由主义登上巅峰，也开始走向极限，国内有市场失灵和社会问题，国外自由贸易政策难以为继，于20世纪初期形成重重危机。

在理论方面，自由放任是经济自由主义的极端表现。凯恩斯认为自由放任在斯密、李嘉图和马尔萨斯那里是找不到的；英国是在边沁的作品中才发现了自由放任："一般的原则是政府不应做也不应试图做任何事，在这些情况中，政府的箴言或口号应是保持沉默"，工农商业对政府的要求是"别挡了我的太阳”。[①] 自由放任符合资本利润最大化和限制最小化的要求，认为管事最少的政府才是最好的政府。穆勒提出：“除非有某种巨大的益处，对自由放任的任何背离都必定是一种邪恶。”[②] 然而，经济自由主义弊病逐渐突显。就在 1823 年“看不见的手”步入佳境时，一位议员发现：“许多存钱加贷款买地的农民，完全被投机买卖毁掉了。许多家庭坠入赤贫，却对那个把他们打翻在地的‘看不见的手’毫无所知。”[③]1825 年英国发生首次周期性经济危机。从此，生产急降、企业破产、投机泡沫、经济混乱等经济现象，加上失业贫困严重和阶级矛盾等社会现象，成为常见的危机景象。

19 世纪末到 1929 年经济大危机，英国社会经济进入不稳定时期。“随着资本积累的规模增大，维持经济增长的条件变得日益艰巨，所遇抵抗也更加组织化……要维持资本积累和阻止利润下降，还要应付来自国家内部工人阶级、被压迫民族的政治压力，它们威胁着国家的生存和资本的活力。”[④] 社会经济日益复杂，市场失灵和社会问题突出，需要公共权力化解。但是，经济自由主义反对国家干预，同样偏重财富创造而忽视分配。阿克顿一针见血地指出：“亚当·斯密只为财富的积累提供了办法，没有为财富的分配找出办法，因此，他的理论对民主无多大助益。”[⑤] 这一批评直击经济自由主义的政治要害。

自由放任限制了国家的社会经济管理职能发展，更不能创造出市场经济稳定发展所需的新型国家干预。一方面，“看不见的手”高度发展，却难以实现自我调节，自由放任变成放任自流，激化矛盾；另一方面，“看得见的

---

① 谢晓迎等译：《凯恩斯文集》下卷，改革出版社 2000 年版，第 317—318 页。

② A. J. Tylor, *Laissez-Faire and State Intervention in the 19 Century Britain*, Macmillan, 1977: 13.

③ 英国议会议事录 HC Deb 11 June 1823 vol. 9 cc899.

④ A. M. Gamble, *Britain in Decline: economic policy*, political strategy and the British state, London, 1990: 83.

⑤ ［英］阿克顿著，侯健、范亚峰译：《自由与权力》，商务印书馆 2001 年版，第 383 页。

手”软弱无力，难以控制矛盾。“两只手”严重失衡，社会代价高昂。同时，经济自由主义依赖自由贸易，其基础是世界工厂地位。然而这一实力基础开始瓦解。1896年，一位英国记者在其发表的《德国制造》一文中指出：“看看你们的周围……各位的衣服的布料是德国织的……甚至各位喜欢看的报纸的纸张也是同一个地方产的。”即使烧掉德国制造的包装纸，手拿的拨火棍也是“德国制造”。[①]“德国制造”使自由贸易成为党争激烈的政策难题。经济自由主义的坏日子接连到来，反向的“钟摆运动”又开始了。

第二节　当代资本主义处于国家垄断资本主义阶段

国家垄断资本主义是资产阶级国家政权同私人垄断资本相结合而形成的垄断资本主义。其实质是垄断资本直接控制和利用国家政权，并通过国家政权干预和调节社会经济生活，以保证垄断资本获得高额垄断利润及社会经济生活的正常运转，当资产阶级国家直接参与了社会资本的再生产过程，它就成为经济上的总的垄断资本家，或称为“理想的总资本家”。

一、国家垄断资本主义的发展过程及发展原因

（一）国家垄断资本主义的发展过程

随着自由资本主义向垄断资本主义的过渡，国家垄断资本主义已经出现，它的发展经历了三个阶段。

---

① ［日］宫崎犀一等编，陈小洪等译：《近代国际经济要览（16世纪以来）》，中国财政经济出版社1990年版，第155页。

1. 国家垄断资本主义的萌芽

19 世纪 70 年代到一战，是国家垄断资本主义的萌芽阶段。这一时期，国家垄断资本主义主要表现为国家通过直接投资和将私人企业国有化建立国有经济以及对整个国民经济实行集中统制。在一战前夕，德、俄、日等帝国主义国家为了准备战争，大大增加了国家军事预算和军事采购，特别是通过直接投资和将私人企业国有化的方式建立钢铁企业和军工企业。在战争期间，各交战国为了动员全国的人力、物力和财力投入战争，普遍增强了国家对社会经济和人民生活的统制和管理，对全部生产实行最严格的统计和监督。资产阶级政府推行国民经济军事化的结果是使国家垄断资本主义得以形成，正如列宁所说："在战争期间，世界资本主义不仅向一般集中前进了一步"[①]，"以自由竞争为基础的旧资本主义已被这场战争彻底摧毁，它已经让位于国家垄断资本主义"[②]。

2. 国家垄断资本主义的形成

一战到二战期间，国家垄断资本主义主要表现为国家对整个国民经济进行干预和调节。1929 —1933 年，资本主义世界经济大危机，是有史以来资本主义世界最严重的经济危机，这场经济危机是资本主义基本矛盾及其表现形式作用的结果，它动摇了旧的资本主义经济体制的根基，危及资本主义的生存。经济危机造成的严峻形势打破了罩在"看不见的手"上的神秘光环，要求国家进一步加强对经济的干预和调节，社会各阶层亦不再迷信市场自发力量，转而向政府寻求庇护。在实践上，作为国家垄断资本主义之体现的美国总统罗斯福的"新政"于 1933 年开始实施，"新政"包括改革银行业和控制投资业、恢复工商业和农业、救济贫民和失业者、改善劳资关系等内容。在理论上，英国经济学家凯恩斯于 1936 年出版《就业、利息和货币通

---

① 《列宁全集》第 28 卷，人民出版社 1985 年版，第 263 页。
② 《列宁全集》第 34 卷，人民出版社 1985 年版，第 330 页。

论》一书，该书将资本主义经济危机的原因归结为“有效需求不足”，主张国家通过财政政策和货币政策创造需求，以实现总供给和总需求的平衡，保证整个宏观经济的稳定运行。该书的出版标志着作为国家垄断资本主义的凯恩斯主义的产生。二战期间，帝国主义各国都建立战时经营管理体制，特别是德、意、日法西斯国家更是把全国经济纳入军事管制轨道，完全服从战争侵略的需要。这时战时发展起来的国家垄断资本主义，带有浓厚的军事国家垄断资本主义的色彩。

3. 国家垄断资本主义的发展

二战后，在所有发达资本主义国家，国家垄断资本主义无论在广度还是在深度上都有了更迅速、更普遍的发展，这时的国家垄断资本主义是在和平时期、在各国经济相对稳定的条件下发展起来的，已经成为涉及资本主义的生产、流通、分配和消费各环节的生产关系体系。

（二）国家垄断资本主义的发展原因

国家垄断资本主义的形成与发展不是偶然的，它是科技进步和生产社会程度进一步提高的产物，是资本主义基本矛盾进一步尖锐化的必然结果。具体来讲，国家垄断资本主义产生和发展的主要原因如下。

（1）社会生产力的发展，要求资本主义生产资料占有形式发生变化，这是国家垄断资本主义产生的物质基础。垄断的形成使资本关系的社会化程度提高了，但是，一般垄断资本生产关系，即个别的或集团的垄断资本的生产资料占有，仍然是少数人的占有。随着生产力的发展，生产社会化程度的提高，这种资本关系和生产力之间的矛盾也将日趋发展和尖锐。二战后，由于科学技术的巨大发展和社会分工的扩大与加深，生产高度社会化，由此也带来了一系列生产上需要解决的新问题。例如，重大科技项目的突破，不仅需要巨额资本，而且又是一项系统工程，需要许多专业科技人员和科研单位进行广泛协作；传统工业部门有待于进行新的技术改进，新兴工业部门和现代化的基础设施需要开发和建立；部门结构和地区结构需要调整；企业与企业、部门与部门、地区与地区之间的联系和协作在广度和深度上需要加强；科技和现代化生产的发展要求大力发展各类教育和培训事业；环境保护和生态平衡的保持；等等。这些往往不是私人垄断资本能够和愿意解决的，这就不能不突破私人垄断的局限，由作为“总资本家”的国家直接投资或与私人垄断资本合资来解决。

（2）二战后经济恢复，要求建立国家垄断资本主义。英、法、德、日等资本主义国家，在二战后都面临着恢复经济和发展经济的迫切任务。这一艰巨任务只靠私人垄断资本是无能为力的，不得不借助国家的力量。并且，西欧国家还以政府出面的形式，结成了经济共同体，借助一体化的力量来发展各国的经济。这个区域性的国际垄断联盟标志着国家垄断资本主义发展到一个更高的水平。至于美国，虽然在战争中大发横财，私人垄断资本实力雄厚，但也亟须扩大社会总需求，以适应由于科技和社会生产的发展而急剧膨胀起来的社会总供给；同时，还由于倚仗其经济和军事实力而推行霸权主义的全球战略，以及作为资本主义世界的盟主而奉行抑制社会主义力量的军事备战的冷战政策，这些均促使美国加速国家垄断资本主义的发展。

（3）为克服经济危机，实现经济的稳定发展，需要发展国家垄断资本主义。在资本主义社会，生产和消费的矛盾首先集中体现在经济危机的爆发上。由资本主义基本矛盾所决定，生产的巨大膨胀和有支付能力的需求相对缩小之间的矛盾，使资本主义社会不断爆发周期性经济危机。危机的发展和加深，要求借助国家的力量，借助政府的各种“反危机”措施，来消除危机所造成的影响。

（4）国际市场竞争日趋激烈，要求发展国家垄断资本主义。二战前，帝国主义国家在国际市场的矛盾，主要是通过帝国主义之间争夺殖民地的战争形式表现出来的，这一时期，国际垄断资本主义的军事性质最为突出。如国家围绕着战争的需要，发展军火生产，对生产和分配实行社会调节。二战后，国际环境发生了很大的变化，旧的殖民体系瓦解了，发展中国家的革命风暴动摇着帝国主义的统治基础。在这种情况下，单靠私人垄断资本的力量已很难继续维持对经济落后国家的剥削和统治。主要资本主义国家的发展不平衡加剧了垄断资本争夺投资场所、原料产地和商品销售市场的斗争，这也要求各国垄断资本进一步动员国家政权的力量来为自己的利益服务。国家垄断资本主义作为对外扩张的依靠力量和工具，因之有了空前广泛的发展。

由于上述种种原因，国家垄断资本主义在二战后迅速而普遍地发展起来，形成了当代资本主义的一个重要特点。这是生产关系在资本主义范围内所做的又一次较大的、带有阶段性的调整。国家垄断资本主义的影响和作用渗透到了一切经济领域，使二战后资本主义国家发生的各种经济现象和问题，无不深深地打上了国家垄断资本主义的印记。

二、国家垄断资本主义的实质、特点及基本形式

（一）国家垄断资本主义的实质

国家垄断资本主义的实质可以概括为：垄断资本与国家政权相结合，对经济生活进行调节和干预，以保证资本主义再生产的顺利进行，保证垄断资本获取高额垄断利润，维护资本主义制度的生存和发展，巩固垄断资产阶级的统治地位。

对于国家垄断资本主义的实质的理解，必须强调以下两点。

（1）垄断资本与国家政权的结合是以私人垄断为基础的。随着垄断资本实力的增强，垄断资本必然要把其影响渗透到社会生活的各个领域，这就为垄断资本与国家政权的结合提供了客观的必然性。垄断资本与国家政权相结合形成的国家垄断资本主义作为“总资本家”，是为整个垄断资本的利益服务的，国家并不完全服务于某个垄断财团，有时候为了整个垄断资本的利

益，甚至牺牲某个垄断组织的利益。因此，各大垄断集团都力图通过各种渠道，采取多种手段，对政府施加影响，以便从政府决策中捞取更大利益。各个垄断集团往往直接选出自己的代表进入政府，控制政权。正如列宁指出的，在垄断资本主义时代，“除银行同工业的‘人事结合’以外，还有这些或那些公司同政府的‘人事结合’”①。

（2）国家调节与市场调节相结合是国家垄断资本主义经济运行的基本模式。资本主义经济是依靠市场调节来运转的，但市场机制本身是有缺陷的。市场经济具有自发性和盲目性，不可避免地会导致经济频繁波动和资源浪费；市场竞争必然会形成垄断，垄断则会导致不公平竞争和市场信号扭曲，降低资源的配置效率；在市场机制运行中，企业以自身利益最大化为目标，竭力降低微观成本，忽视污染治理，其结果是虽然企业经济较好，但从整个社会来看，容易导致环境污染、生态失衡等“外部不经济”问题，危及社会稳定和人类生存问题；市场经济中公共产品供给不足，市场调节无法有效提供某些公共产品和服务，例如国防、社会治安、公共基础设施、卫生保健、文化教育等部门，而这些部门是社会再生产得以维持的必要条件；市场调节也不能解决收入分配的公平性问题，导致社会分配贫富悬殊扩大和两极分化，引起社会不稳定，最后降低经济发展的效率。可见，国家对经济生活的干预和调节，是对市场调节不可缺少的补充，它是社会化大生产和生产力发展的客观要求，任何市场经济国家都将把这两种调节方式有机地结合起来，这是经济内在发展的客观规律。

国家垄断资本主义仍然是资本主义。国家垄断资本主义是资本主义生产关系适应社会生产力的高度发展所做的自我完善、自我调整。这表明资本主义生产关系不是一成不变的，而是随着生产力的发展和生产社会化程度提高而不断变化和进行局部调整的。但这些调整和变革都是在资本主义私有制范

① 《列宁全集》第27卷，人民出版社1985年版，第357页。

围内进行的，没有从根本上改变资本主义生产资料的私人占有形式，因而也没有从根本上改变资本主义的剥削关系和资本主义生产方式的固有矛盾。这种局部变革和调整可以在一定程度上缓和或者转化这些矛盾，但不能最终消灭这些矛盾。

（二）国家垄断资本主义的特点

二战后，国家垄断资本主义得到迅速发展，同时也产生了一系列新特点，主要是：

（1）资本主义国家的社会经济职能空前地扩大和发展起来，资产阶级国家成了真正意义上的“总资本家”，对国民经济实行全面的控制、干预和调节，在一定程度上为社会生产力的发展提供了余地。

（2）在国家垄断资本主义的参与和推动下，资本本身已高度社会化。不仅国家垄断资本主义是资本最高程度社会化的表现，而且私人垄断资本也日益社会化，这突出表现在家族垄断资本的不断剥削和各种社会、集团资本形式上的不断发展上。垄断资本对社会资本的依赖已达到前所未有的高度。

（3）在国家垄断资本主义的参与和推动下，资本已全面地国际化。商品资本、货币资本和生产资本的国际化都已达到空前的高度，出现了跨国公司这样的国际垄断资本的组织形式。跨国公司在世界范围内组织和利用资源进行生产和销售，大大地推动了经济的全球化。

（4）各资本主义国家对国际经济生活进行的干预，产生了国际经济协调的必要性与可能性。既出现了各种国际经济组织，也形成了一些地区性经济集团，这对世界经济的发展具有重要的影响。

（5）资产阶级国家直接参与国际经济剥削，对落后国家的国际剥削已从过去的抢占殖民地进行超经济剥削转向了更符合资本主义本质的经济剥削。各类国家都被卷入国际分工的体系中来，国际分工无论在广度和深度上都大大向前推进了一步。

国家垄断资本主义和私人垄断一样，其内容和形式在各个国家、各个时期也不完全一样，各具特色，并在不断地发展变化。

（三）国家垄断资本主义的基本形式

国家垄断资本主义是垄断资本与国家政权相结合，对经济生活进行调节和干预，以保证垄断资本获取高额垄断利润的经济形式，因而垄断资本与国家政权的结合程度以及与之相应的对经济生活干预调节方式的不同，形成了国家垄断资本主义的各种形式，这些形式中最基本的有如下四种类型。

1. 国家所有并直接经营的企业

资本主义国有企业是国家垄断资本主义的一种重要形式，也是当前各发达资本主义国家调节经济的物质基础。国有企业的形成主要有两条途径。

一是国家用高价收购或其他补偿损失的办法，把某些私人企业转化为国有企业。二战刚结束，西欧各国由于受到战争的严重破坏，经济实力大为削弱，垄断资产阶级迫切需要利用国家的力量使经济尽快恢复和发展起来。国有化浪潮曾经一度席卷西欧许多国家。国家利用高价收归国有的主要是那些技术设备陈旧落后、赢利少但又需大量投资的部门和企业；遭受战争严重破坏、资本家无力恢复的部门和企业；实现国有化后能为垄断资本提供廉价原料和动力的部门和企业；一些军事的及同军事直接有关的企业。对这些部门或企业实行国有化，或是为了帮助原来的企业丢掉包袱，或是为了整个垄断资产阶级的利益，垄断资本家可以从这种国有化中得到比原来资本大得多的补偿，得到比原来多的稳定收入。

二是国家财政拨款，直接投资建立企业。国家投资大部分集中于这几个方面：首先是国营银行和其他各种国营金融机构；其次是那些投资数量大、资本周转时间长和利润率低的基础工业部门，如钢铁、煤炭、电力、铁路、公路、港口、机场和邮电等；最后是现代军工企业。此外，国家也对科技、教育以及国内经济落后地区进行投资。按照其发挥作用的领域不同，国有企业可分为以下几种类型。

（1）满足国家机构自身需要的国有企业。这类企业只生产国家消费的产品，是直接为国家机关和军队服务的，它们不追求高额利润，通常在政府财政的支持下进行再生产。（2）提供公共产品的国有企业。这类企业主要存在于铁路、公路、通信、供水、供气、供电等部门。其主要特点是常常无赢利或亏损，需要依靠国家的财政补贴，但它们在国民经济中的地位却很重要，是以提供能源、交通和其他公共事业服务来保证私人垄断企业盈利和整个社会生产的正常运转。这类企业一般不与私人垄断企业竞争。（3）高科技、高风险新兴工业部门中的国有企业。那些技术含量高、研究与开发费用巨大、投资风险也很大的新兴工业部门，如核能工业、航天工业等等，私人垄断企业通常无力经营或不愿经营，但它们又是科学技术革命的先行部门，对于产业结构的升级、先进技术的掌握和国民经济的发展具有重大意义。因此，这类部门的企业也大多由国家投资兴办，从而形成国有企业的一个重要组成部分。（4）一般工业部门中的国有企业。这类国有企业往往是在特定经济条件下，由于国内外各种矛盾的压力而形成的，这类企业大都以追求利润为经营目标，并与相应部门的私人企业发生竞争关系。它们在国有化高潮期间数量较多，一定时期又往往成为私有化的对象。

2. 国私共有合营企业

这类企业是由国家垄断资本和私人垄断资本混合组成的，股份所有权分别属于国家和垄断组织。这类企业早在二战前就已经出现。战后，随着国家垄断资本主义的发展，国私合营企业获得了较大发展。

国私合营企业主要通过以下途径形成：（1）国有企业将一部分股份出售给私人；（2）国家和私人垄断资本共同投资创立新的企业；（3）国有企业和私人企业合并而成；（4）国有企业对私人企业进行参股；（5）国有企业转由私人租赁或承包经营。通过这些途径形成的企业可称为“国家参与制企业”。国私合营企业大致可分为两类：一类是国家掌握控股权的企业，另一类是国家不掌握控股权的企业。前者实际是国有企业的延伸，国有垄断资本在企业中可以起监督和控制作用，特别是起调节经济的作用；对于后者国有垄断资本的作用并不大，它的投入实际上是国家对私人垄断资本的支持或资助。

国私合营企业仍然是资本主义性质的，但同私人垄断企业相比，它又有一些特点。（1）国私合营企业可以利用国有资本来增强自己的经济实力，可以更方便地从国家得到各种优惠，如在补贴、信贷、订货等方面的优惠。但它在资本运动上更多地受到国家的调节和控制。（2）国私合营企业的经营目标主要是利润的最大化，如果得不到适当的利润，私人股份就会撤出。但由于存在国家股份和国家委任的董事，它们又或多或少地使企业经营考虑到国家的宏观经济和社会发展目标。（3）国私合营企业中，国家股份和私人股份的比重，可以灵活地适应经济条件的变化而变化。比如，在国家财政压力增大的情况下，可以通过减少国有股份相应增加私人股份而减轻财政负担。由于存在上述特点，国私合营企业总的来说还呈现发展趋势。

3. 国家通过多种形式参与私人垄断资本的再生产过程

这种形式虽然保留着私人资本的性质，但已和国家发生了密切联系，同国家资本在再生产过程的各个环节中内在地结合起来了，因此也属于国家垄断资本主义的范畴。这种形式具有以下几种类型：（1）国家作为商品和劳务的采购者，向私人垄断企业大量订购，为私人垄断企业提供了有保证的国家市场，加速了私人垄断资本在循环中由商品资本向货币资本的转化。（2）国家通过各种形式的津贴和补助，直接、间接地资助私人垄断企业。例如，对某些产品的价格补贴，对某些急需发展的、经营困难的、需要国家支持的部门的补贴，以及纳税和贷款利息方面给私人垄断企业以优惠，等等。（3）国家通过社会福利开支，提高社会购买力，扩大消费需求，为私人垄断创造市场条件。

4. 宏观调节和微观规制

宏观调节主要是由国家运用财政政策、货币信用政策等经济手段，对社会总供给和总需求进行调节以实现经济快速增长、充分就业、物价稳定和国际收支平衡的基本目标。国家通过财政预算进行直接投资，建立企业，去干预私人垄断资本的再生产；宏观的货币信用政策是指由国家银行以扩大和缩小货币供应量或信贷为手段，影响利息率，从而影响投资、就业等，来调节社会经济，使经济得以稳定增长，从而摆脱或缓和经济危机。

微观规制则主要是国家运用法律手段规范市场秩序，限制垄断，保护竞争，维护公众的合法权益。微观规制主要有三种：（1）反托拉斯。所谓反托拉斯，就是政府通过立法的方式，确立一整套规范性的法令，以禁止竞争性行业的垄断，反对和限制不合理商业行为，促进和维护市场竞争。（2）公共事业规制。这类管制主要针对具有自然垄断性质的产业。自然垄断产业是指由于规模经济，一家企业就能以较低成本生产整个市场需要的产品。这种企业包括电力、天然气、电话、自来水、交通运输等一些公共事业。居于自然垄断地位的公共事业同任何垄断企业一样，也会凭借垄断地位获取垄断利润，损害公共利益。因此，资本主义国家要运用立法手段对公共事业进行管制，常采取的手段有服务成本管制、收益率管制和价格管制等。（3）社会经济规制。这类规制涉及社会生活的各个方面。其主要内容有：保护自然资源和环境、保护消费者权益、保护私人企业、保护知识产权、保护劳工权益、保护投资者利益，等等。

三、国家垄断资本主义的作用及局限性

（一）国家垄断资本主义对社会经济发展的推动作用

二战后，资本主义国家的社会生产力得到了空前的发展，不仅发展速度

超过了自资本主义制度确立以来的任何时期，而且社会生产力也发生了新的质的飞跃。国家垄断资本主义在这一过程中发挥了极其重要的作用。

国家垄断资本主义的发展，不仅加强了国家运用各种财政手段对社会经济发展过程从外部进行干预，而且还以大量的国家投资和国家消费使国家直接介入生产、分配、消费等各个领域。国家垄断资本主义因之成为社会经济基础的一个重要组成部分。国家对整个社会经济发展过程的介入、调控和干预，在一定程度上适应了社会生产力高度发展的要求，从而为社会生产力的进一步发展开拓了较大的空间。

国家垄断资本主义对当代资本主义国家经济发展所起的推动作用，主要表现在以下几个方面。

（1）满足了社会生产力发展对现代化基础设施的需要；（2）推动了科学技术的迅速发展与进步；（3）在资本主义制度范围内对生产关系进行的局部调整，在一定程度上缓和了阶级矛盾，从而为国民经济较为顺利地发展提供了社会条件；（4）对社会经济运行采取必要的宏观调节措施，有利于社会生产力较为平衡和迅速发展；（5）国家垄断资本主义的对外关系政策调整，既保持了对广大发展中国家的剥削，也在某种程度上缓解了发达国家之间以及发达国家与发展中国家之间的矛盾。

（二）国家垄断资本主义的局限性

国家垄断资本主义由于是在资本主义生产方式范围内对资本主义生产关系进行的重大调整，因而它在一定程度上适应了资本主义生产力发展的要求，所以它在一定时期、一定程度上推动了资本主义生产力的发展。但是国家垄断资本主义终究只是在资本主义生产方式范围内对生产关系的部分调整，它丝毫没有改变资本主义的经济基础，没有改变垄断资本主义的性质，因而不可能从根本上解决资本主义制度所固有的各种矛盾，仍然受着资本主义经济规律的支配。国家垄断资本主义的产生只是使某些矛盾暂时缓和，使矛盾掩盖起来或者向深处潜伏，因而这些矛盾随着资本主义生产社会化的发展而进一步尖锐化和复杂化。具体从以下几个方面体现出来。

（1）国家垄断资本主义一方面通过扩大国家财政开支来刺激经济、扩大投资、扩大市场，但另一方面又是以扩大税收，加重对广大人民群众的剥削，从而使有支付能力的需求缩小为代价的。

（2）国家垄断资本主义通过国家干预经济和实行“经济计划化”，企图实现社会资本再生产的正常运行，从而谋求克服经济危机，但国家垄断资本主义没有改变资本主义私有制这一经济基础，不能改变追求高额垄断利润这一经济运行的根本目标，因而不可能真正从根本上解决整个社会经济运行的无政府状态，更克服不了由资本主义基本矛盾所引起的经济危机。

（3）国家垄断资本主义企图通过国家扩大开支，刺激经济发展，实现社会的充分就业，但资本主义的发展必然造成资本有机构成的不断提高和产生大量相对过剩人口，不可能实现充分就业。这一切都表明，国家垄断资本主义并没有、也不可能克服资本主义制度内在的固有矛盾和历史局限性。

四、国家垄断资本主义的经济理论与经济政策

（一）国家垄断资本主义阶段的经济理论

1. 凯恩斯革命

20 世纪 30 年代，资本主义世界的大萧条给了经济自由主义致命一击，市场万能的“斯密神话”破灭。面对大萧条，新古典经济学既在理论上难以解释，又提不出有效的应对机制。经济形势的变化使得新古典经济学逐渐失去了支配地位，经济自由主义政策被搁置一旁。经济理论和政策转向各种形式的国家干预主义。凯恩斯在 1936 年出版的《就业、利息和货币通论》一书中，就彻底否定了“自由放任”的经济思想，并提出国家干预经济的主

张。这在西方经济思潮中被称为“凯恩斯革命”，具有划时代影响。

凯恩斯主义产生以前，在西方经济理论中，一直占主导地位的是亚当·斯密理想化的“看不见的手”，也即市场机制可以自发调节社会经济使之达到均衡，以及“供给创造自身需求”，从而供给和需求不会脱节的“萨伊定律”。而凯恩斯面对资本主义经济大危机的现实，不得不承认资本主义国家有非自愿失业的存在。凯恩斯指出：“新古典经济学的假设条件只适用于特殊情况，而不适用于一般情况，它所假设的情况只是所有可能的均衡状态中有限的一点。”① 由于有效需求不足，扩大政府职能、对经济实施干预是必要和有效的。他否定了传统的新古典经济学关于充分就业的假定，否定了“萨伊定律”，认为单纯由市场机制调节不能达到充分就业，不能保证社会经济的均衡发展，而必须由国家进行经济干预和调节。

凯恩斯认为，资本主义国家之所以有非自愿失业而未达到充分就业，是因为有效需求不足，社会总需求低于社会总供给。总需求不足，主要是因为投资需求不足和消费需求不足。凯恩斯认为，投资决定于资本边际效率即投资的预期利润率，它有递减的趋势；同时，投资与利息有关，利息率取决于货币的供给和需求，货币的需求是因为对货币的灵活性有一种偏好，愿意持有货币以应付日常交易、预防发生意外情况和满足投机的需要。如果货币供给量为一定的，由于灵活偏好的作用可以使利息率提高。如果货币供应量过多，利息率就降低。但凯恩斯认为，利息率低到一定程度就不会再降了，即所谓“凯恩斯陷阱”。这样，一方面是资本边际效率递减，另一方面利息率的变化又有个最低限度，因而造成投资不足。消费不足是因为消费增量一般低于收入增量，即人们收入增长后消费不按同比例增长，使一部分社会产品不能实现。正是由于总需求不足，影响了国民收入的增长，不能达到充分就业。如何解决这个问题呢？凯恩斯认为，只靠市场机制作用无法解决，必须

① ［英］凯恩斯著，宋韵声译：《就业、利息和货币通论》，华夏出版社2005年版，第5页。

实行国家调节。按照凯恩斯的政策主张，主要是由国家进行需求管理，即国家设法扩大和刺激社会总需求。其中，重点是刺激和扩大投资需求。因为按照他的乘数原理，投资增加可以使国民收入成倍增长。收入增长，消费需求就增加，投资也会增加，而投资增加又会引起国民收入的进一步增长，这样，就可以达到社会经济的稳定发展。

凯恩斯主义在承认市场经济系统不完善性的同时没有抛弃市场和市场机制，而是主张向市场系统输入政府干预这一关键参数，对市场系统进行扰动，使市场运行趋于充分就业均衡。正是以这一理论创新为基础和出发点，发达资本主义国家在大萧条演变、蔓延期间以及二战后调节干预经济的实践中，在吸取苏联计划经济经验的基础上，对垄断资本主义生产关系进行大范围的调整与变革，实现了政府调节和市场调节的有机结合，为科学技术和社会生产力的发展提供了较为广阔的空间，缓和了资本主义基本矛盾，推动了资本主义经济的发展，国家垄断资本主义生产关系最终得以形成，资本主义经济最终发展为混合经济。如果没有市场或者没有政府，现代经济运行就会孤掌难鸣。

2. 新自由主义理论

20 世纪 70 年代以后，面对资本主义社会严重的经济“滞胀”危机，凯恩斯主义关于政府干预经济生活的主张和政策显得于事无补。于是，主张修复“看不见的手”、反对政府经济干预的呼声日益高涨。在这样的社会背景下，产生于 20 世纪 30 年代的新自由主义经济学获得了较大的发展。

新自由主义经济学有广义和狭义之分。广义的新自由主义包括新货币主义在内，狭义的新自由主义特指德国的新自由主义和哈耶克的新自由主义。从理论观点、分析方法和政策主张来考察，三者异同兼有。相同之处是：三者都认为资本主义市场经济是完善的，私人企业经营制度有很大优点，政府对经济的干预政策有害无益。区别在于：新货币主义以现代货币数量理论为基础，主张实行货币供应稳定增长的政策；德国的新自由主义宣扬“社会市场经济理论”，提出以自由市场为主、国家的调节措施为辅的方针；哈耶克的新自由主义则是最彻底的经济自由主义，它反对一切形式的政府干预，倡导实行竞争性私人货币制度下的自由市场经济。[①]

美国经济学家弗里德曼是新货币主义的著名代表。他主张建立这样一种社会："它主要依靠自愿的合作来组织经济活动和其他活动，它维护并扩大人类的自由，把政府活动限制在应有的范围之内，使政府成为我们的仆人而不让它变成我们的主人。"[②]他在亚当·斯密关于政府职能的三点主张的基础上，增加了一项政府职能。他说："政府的第四项义务，是保护那些被认为不能'负责的'社会成员。亚当·斯密没有明确提到这些义务。""我们不能断然拒绝照管那些我们认为不负责的人们"，如"疯子"或"孩子"。政府除了执行上述职能外，其作用将大大减少，它仅能为自由市场比较无妨碍地运作提供一个"稳定的支架"。[③]至于"货币当局"，即中央银行，除力求使货币适度稳定地增长外，应听任经济自由调节，恢复亚当·斯密"看不见的手"——价格机制的作用。在新货币主义看来，私人经济具有内在的稳定性，政府的各种干预政策破坏了这种稳定性，不仅不能稳定经济，反而加剧了经济的不稳定性。无论是财政政策还是金融政策，对经济的刺激作用都是短期的。也就是说，政府干预政策在短期内也许可以降低失业率，但从长期看将引起灾难性后果。基于此，新货币主义认为，政府在经济中的作用并不是通过经济政策来干预经济活动和市场机制，而是为市场经济的运行提供一个良好的环境。不过，他们又认为，这个良好的环境除了法制秩序、基础设施和社会保障外，还包括稳定物价。所以，新货币主义最终没有彻底否认政

---

① 胡代光、厉以宁：《当代资产阶级经济学主要流派》，商务印书馆 1982 年版，第 238—243 页。

② ［美］米尔顿·弗里德曼、罗斯·弗里德曼著，胡骑、席学媛、安强译：《自由选择——个人声明》，商务印书馆 1982 年版，第 41 页。

③ ［美］米尔顿·弗里德曼、罗斯·弗里德曼著，胡骑、席学媛、安强译：《自由选择——个人声明》，商务印书馆 1982 年版，第 31—37 页。

府的经济职能和作用。

德国的新自由主义，也称弗莱堡学派，其奠基人是W.欧根，主要代表是缪勒·阿尔玛克、罗普克、艾哈德等。他们提出“社会市场经济”的体制模式，并认为这是一种既非资本主义又非社会主义的特定形式的经济，力图在自由放任和政府干预之间寻求“第三条道路”。他们认为在“社会市场经济”中，政府既不应该像计划经济中那样配置资源，调节经济，也不应该像凯恩斯主义所主张的运用经济政策干预经济，而是应该仅仅维护市场经济的秩序，就像足球比赛中那样，政府仅仅作为裁判员维护比赛秩序，绝不是作为运动员参加比赛。[①]具体地说，这种体制的政府职能主要是：（1）维护通货的稳定，因而货币调节政策是必不可少的；（2）发展交通、运输、人才培训和服务部门，因为私人企业家不便或不愿经营这些事业；（3）实行某种程度的收入再分配，使社会上的贫富差距不致过大；（4）采取某些福利措施，使人们的生活得到保障，而不至于重走资本主义的“不人道”的老路；（5）制订某种计划来指导、安排长期的经济活动，以弥补私人企业家和自由市场经济的考虑不周或力量不足。[②]显然，德国的新自由主义有其独特之处，但就其经济自由主义的主张而言，它与其他新自由主义是一致的。

在西方经济学流派中，最彻底的经济自由主义是哈耶克的新自由主义。他不像其他经济学派那样多多少少承认自由市场经济有缺陷，而是高唱“自由胜于一切”的调子，因而反对任何形式的政府干预。哈耶克认为，私人自由企业经济是最合理的，市场机制是完善的，因而用不着国家去实行收入再分配或“福利国家”措施，“混合经济”也是不必要的，甚至是有害的，他提倡货币非国有化，主张取消政府对货币的垄断和国家货币制度，而用私营

---

① ［日］长谷川启之、梁小民、刘甦朝：《经济政策的理论基础》，中国计划出版社1995年版，第304页。

② 胡代光、厉以宁：《当代资产阶级经济学主要流派》，商务印书馆1982年版，第157—158页。

银行之间的竞争来代替，实行自由货币。而且，在哈耶克的新自由主义那里，对于国内问题的分析和对于国际问题的分析是一致的：对国内，它鼓吹自由竞争，反对垄断，反对政府干预；对国际，它同样鼓吹自由竞争，反对垄断，反对各国政府插手。这种极端的反对政府干预的主张，即使在发达资本主义国家也难以被采纳。

（二）国家垄断资本主义阶段的经济政策

二战以后，各发达资本主义国家以凯恩斯主义经济学为依据，通过采取各种经济政策，对宏观经济进行广泛的调节。主要的政策措施有：

1. 财政政策

财政政策的调节，是通过财政收入（主要是税收）政策和财政支出（主要是政府对公共工程、对商品和劳务的采购以及对社会成员的转移支付等支出）政策，来影响社会消费总量和投资总量，以求得社会经济的稳定增长。根据财政政策对于经济运行的不同影响，可以把财政政策区分为扩张性财政政策和紧缩性财政政策。在不同的情况下，政府可以采取不同的财政政策，在多数情况下采取“逆经济风向行事”的调节方式。例如，在萧条时期，一方面采取减免、减税政策，增加社会成员的可支配收入，增加企业的可支配利润，以刺激消费，促进投资；另一方面，又采取扩大政府开支政策，以增加社会成员的收入，从而增加消费，促进投资。而在生产急剧扩大造成通货膨胀时期，一方面，采取增加财政税收政策，减少社会成员的可支配收入，从而限制消费，减少投资；另一方面，又采取缩减政府开支的政策，以压缩社会成员的可支配收入，从而减少消费，限制投资。

2. 货币政策

货币政策的调节，是指由国家银行即中央银行增加或减少货币供应量，扩大或紧缩信贷，以影响利息率，进而通过利息率的升降来减少或增加投资，促进社会经济的稳定发展。在市场经济条件下，实施货币政策的工具主要有：利率、法定存款准备金比率、再贴现率、公开市场业务等。

（1）利率，是指一定时期内利息额同存入或贷出本金的比率。它是资金的价格，是调节资金供求的重要手段，是货币和信贷政策的重要杠杆。利率作用的发挥必须具备以下条件：一是名义利率不低于通货膨胀率，二是微观行为对利率的变动要能做出灵敏的反应。

（2）法定存款准备金比率，是指由法律所规定的商业银行存入中央银行的存款在商业银行存款总额中所占的比例。实行存款准备金比率的本来目的，在于保证商业银行在遭遇突发性大量挤兑时，具有足够的流动性资产和偿付力量，以备存款人提取，同时也有利于中央银行在全国范围内统筹调拨，防止挤兑引起银行倒闭，导致信用危机。随着现代市场经济的发展，对存款准备金比率的调整，成了中央银行贯彻货币政策、控制全社会货币与信用供给的一种手段。按照现代货币理论，在市场货币供应量中，一部分称作基础货币，包括居民持有的现金、商业银行自己保有的存款准备金及其在中央银行的准备金存款；另一部分称为商业银行的派生存款所创造的货币。在市场经济条件下，商业银行在吸收居民的存款后，除一部分要作为储备金外，大部分作为贷款放出，这些贷款或者被贷款人存入银行备用，或者由贷款人用于支付购买商品的款项，转入售者手中，由售者存入银行，这就形成与贷款额大体相等的存款。这种存款就是居民的派生存款。同样道理，这些派生存款还可以形成二级派生存款，二级派生存款又会形成三级派生存款……如此循环往复，最终形成数倍于初始存款的存款总量。初始存款总量、派生存款总量、法定存款准备金比率三者的关系是：派生存款总量 = 初始存款总量 ÷ 法定存款准备金比率。从上式中可知，派生存款总量与初始存款总量成正比，与存款准备金比率成反比。根据这样的关系，若提高存款准备金比率，必然引起派生存款总量的减少；若降低存款准备金比率，则会扩大派生存款总量。据此，中央银行可以通过改变准备金的数量，或改变法定存款准备金比率，有效地控制派生存款的总量，从而控制货币供应总量的变化。

（3）再贴现率，是指商业银行向中央银行借款时支付的利息率。在信用关系发达的情况下，各专业银行主要通过两种方式向中央银行贷款：一是各种票据，如国库券、国债等向中央银行进行再贴现；二是利用自己所拥有的政府债券、其他财产作担保向中央银行贷款，这两种贷款方式都叫再贴现。由于进行再贴现而向中央银行支付的利息率称为再贴现率。再贴现率的调节功能主要有两个方面：第一，通过提高或降低再贴现率调节各专业银行向中央银行的贷款数量，从而起到调节货币供应量的作用。第二，再贴现率可以体现国家货币政策的松紧程度和变动方向，因而起到指导各专业银行存款行为的作用。运用再贴现率进行宏观经济调控的操作方式是：在经济衰退时期，中央银行降低再贴现率，将导致商业银行贷款数量的增加。这不仅可以增加商业银行发放贷款的数量，而且可以增加派生存款的数量，由此使市场上货币供应量增加，投资来源扩大。反之，在经济高涨时期，中央银行提高再贴现率，则会引起相反的效果。

（4）公开市场业务，是指在公开市场上中央银行卖出或买进政府债券，以调节货币供应量。一般原则是，当经济处于过热时期，中央银行卖出政府债券回笼货币，使货币流通量减少，导致利息率上升，从而促进投资减少，最终达到压缩社会总需求的目的。当然，卖出政府债券的结果，同时也会导致政府债券下跌，并由此引起利息率上升，这同样可以使投资减少，最终达到压缩社会总需求的目的。当经济处于增长速度过慢、投资锐减的不景气状态时，中央银行又可以通过买进政府债券，把投资投放市场，使流通中的货币量增大，促进利息率下降，从而刺激投资增加，使总需求扩大。中央银行在买进政府债券的同时，还将导致债券价格上涨，利息率下降，这同样可以使投资增多，达到总需求扩大的目的。

3. 产业政策

产业政策即国家通过确定支持、鼓励哪些产业，限制哪些产业，以促进经济结构合理化和组织合理化的政策。它通过规划经济目标政策，完善要素流动市场政策、产业标准和技术进步政策、企业规模结构政策和企业集团政策等一系列具体政策，在宏观上有重点地推动和协调国民经济发展，并通过市场机制的作用引导企业的发展方向，使之符合经济社会发展的目标。产业政策的作用是：引导并保证产业结构合理化，通过结构合理化进而促进国民经济总量平衡的实现。产业政策一般包括两方面的内容：一是政策目标，即国家根据经济社会发展的要求、趋势及某些特定的目的而确定的发展目标。二是政策手段，即为了实现政策目标，从实际出发所采取的各种措施。这两方面的内容是相辅相成、缺一不可的。目标不合理或不科学，导致政策失误，将把经济引入歧途，使之发生超常波动；只有正确的目标而缺少有效的政策手段，目标也难以实现。

4. 收入政策

收入政策的调节，是指通过确定工资水平来控制通货膨胀，进而抑制失业上升和经济衰退。收入政策的主要形式有：（1）工资—物价“指导线”，即由政府根据长期劳动生产率增长趋势来确定工资和物价的增长，要求把工资—物价增长率限制在全社会劳动生产率平均增长幅度以内；（2）实现工资—物价管制，即由政府颁布法令对工资和物价实行管制，甚至暂时加以冻结；（3）以税收为基础的政策，即政府以税收作为惩罚或奖励手段来限制工资增长。如果工资增长保持在政府规定的界限以下，则以减少个人所得税作为奖励；如果工资增长超过政府所规定的界限，则以增加个人所得税作为惩罚。

▶ 专栏 3-1　国家垄断资本主义阶段美国经济政策的演变

从 1929 年开始的经济大危机，使各资本主义国家的生产水平普遍倒退了 20 年以上，使资本主义社会陷入极度的动荡之中。美国经济一泻千里，1933 年 3 月美国完全失业的工人达 1700 万人，在业工人的工资削减 35%—40%，有 100 多万户农场主破产。在这种历史条件下，罗斯福就任美国第 32 届总统后推行“新政”，用增加政府支出（特别是公共事业支出）来医治失业。作为反危机的工具，还建立了联邦紧急救济署，公共事业振兴署、农产品信贷公司以及其他创造就业的规划。对整个经济运行进行全面的国家干预，通过国家对经济的全面干预，促进了生产力的发展。二战前，美国经济开始恢复元气。二战期间，美国经济被纳入政府的全面管制之中，并通过军火生意大发战争之财。1939—1944年，美国总产值增长77%，平均每年增长12%，政府对经济的管理，全面的价格管制、配给和物质调拨达到了前所未有的程度。二战结束后，世界大部分财富都集中到美国，仅黄金储备就达资本主义国家储备总和的71.3%。因此，一些人认为实行广泛的经济计划与国家干预是切实可行的、必要的。所以，二战后，美国经济开始进入所谓"凯恩斯时代"，凯恩斯的国家干预宏观经济理论也流行于整个资本主义世界。罗斯福的成就，使其经济政策无可非议地为后几任总统所效仿。杜鲁门和艾森豪威尔都力图巩固罗斯福秩序。肯尼迪的经济政策是用传统凯恩斯主义方法探索经济政策，其经济政策的主要目标是充分就业和更加迅速的经济增长。肯尼迪政府热心于财政扩张主义政策，但其政府并没有立即转向大幅度减税政策，大幅度减税计划是在肯尼迪遇刺后约翰逊政府最终得以实施的。

20世纪70年代，资本主义的"滞胀"动摇了凯恩斯主义的理论宝座。与此同时，货币主义和供给学派却主张自由放任，发挥市场机制的作用，反对国家干预。其理论旨在摆脱凯恩斯主义，矫正凯恩斯经济学过激地强调经济均衡中需求方面的作用。1981年里根当选美国总统后，一反传统的凯恩斯主义理论，奉行供给学派和货币主义的理论主张。实施了"经济复兴计划"四条纲领：一是减税，二是放松管制，三是紧缩通货，四是削减政府开支。大幅度减税是"里根主义"的突出经济特征。同时，里根政府还比前几届政府更注重货币政策。里根政府的经济政策，使美国经济从 1983 年 10 月开始复苏，到 1985 年第三季度，其间 8 个季度的国民生产总值实际增长率为 6%，严重困扰美国经济的通货膨胀得到抑制，失业率 1988 年 12 月降至 5.3%，带来了美国经济持续六七年的稳定增长。然而，到 20 世纪 80 年代末，美国经济又开始衰退，联邦赤字也在年年增加。继承里根经济政策的布什政府，又使美国经济陷入了困境。1992 年美国联邦财政赤字高达 2900 亿美元，国债高达 4000 亿美元。1993 年克林顿上台时，仍面临着巨额赤字、经济"滞胀"等问题。克林顿政府在总结二战后凯恩斯主义和里根经济学两方经验和教训的基础上，采取的经济政策体现了混合、复合药方，提出美国经济脆弱波动的症结在于忽视经济政策。并从 20 世纪 90 年代以后加强了美国政府对经济的调控功能，并由过去主要限于克服市场机制缺陷的功能，进一步扩展到为未来创造发展机会的功能。克林顿政府提出了使美国经济"走向新道路"的全面计划。其经济政策是：削减预算赤字，降低长期利率，减少政府干预，紧缩政府开支，以更多投资于教育和技术改造来实现经济稳步增长，而不是高速增长。

资料来源：周秀英：《评美国经济发展的"自由放任"和"国家干预"政策》，《长春师范学院学报》2003 年第 3 期。

第三节 对当代资本主义所处阶段的理论观点评析

目前，我国学术界关于当代资本主义发展阶段的观点众说纷纭，其中主要观点有"国家垄断资本主义说""社会资本主义说"和"国际垄断资本主义说"。

一、国家垄断资本主义说

一些学者认为，当代资本主义仍然处于国家垄断资本主义阶段。徐崇温、李琼、胡振良等学者认为，资本主义的历史发展，是一个从初级到高级的运动过程。19世纪末20世纪初，资本主义从自由竞争阶段进入垄断阶段；自20世纪30年代大危机和40年代二战结束以后，又从一般垄断阶段转变到国家垄断资本主义阶段。[①]所谓国家垄断资本主义，就是垄断资本同国家政权相结合，运用国家政权的力量去实行对生产和分配的社会调节，以维护资本主义生存，促进经济和社会的发展，保证垄断资本获取最大利润。现实资本主义仍处在国家垄断资本主义阶段，又表现出其向国际垄断、全球垄断资本主义过渡的端倪。[②]

徐崇温特别指出，20世纪70年代以来，跨国公司和经济全球化的迅速发展，无疑在某些方面削弱和侵蚀了国家权利。例如超国家组织对国内政治生活影响的增大，就超越了主权国家的传统边界等。但这些因素并不削弱国家这个概念，跨国公司依然依赖于在民族基础上运作的国家。这种依赖关系具体地表现在，大多数跨国公司的资产和雇员大都集中在母国，日本本田汽车公司在日本拥有其63%的资产和雇员；大多数跨国公司把其大部分生产集中在一国及其近邻国家中，日本本田、丰田的全球产量中有70%—90%是在日本国内生产的。因此，当代资本主义仍然是国家垄断资本主义。

▶ 相关链接3-3　徐崇温及其代表作简介

徐崇温（1930—），江苏省无锡市人。毕业于上海东吴大学法学院，现为中国社会科学院荣誉学部委员，中国中共文献研究会名誉理事，中国科学社会主义学会顾问，北京市中国特色社会主义

---

① 徐崇温：《当代资本主义新变化》，重庆出版社2004年版，第2—9页。

② 严书翰、胡振良：《当代资本主义研究》，中共中央党校出版社2004年版，第283页。

理论体系研究中心学术顾问，中国社会科学院哲学研究所研究员。享受国务院颁发的政府特殊津贴。主要代表作有《当代资本主义新变化》《西方马克思主义》《西方马克思主义理论研究》《法兰克福学派述评》等。

资料来源：徐崇温—中国社会科学网（http：//www.cssn.cn/mkszy/mkszy_zmzj/201803/t20180323_3885739.shtml？COLLCC=3945027627&）。

对此，一些学者从以下几个方面提出质疑。

首先，持国家垄断资本主义观点的学者，承认资本主义从私人垄断到国家垄断的变化，但否认了资本主义在当代的新变化，在理论逻辑上是不周严的，事实上仍然停留在列宁当年的论断上。列宁在 1917 年就曾讲："战争异常地加速了垄断资本主义向国家垄断资本主义的转变"，"国家垄断资本主义是社会主义的最充分的物质准备，是社会主义的前阶，是历史阶梯上的一级，在这一级和叫做社会主义的那一级之间，没有任何中间级"。[①] 虽然国家垄断资本主义在社会中占据统治地位是在二战后，但不可否认的是它是与以战争和革命为主题的时代联系在一起的。随着 20 世纪 70 年代以后时代主题转向和平与发展，国家垄断资本主义阶段自然也就结束了。

其次，国家垄断资本主义的经济基础是国家垄断资本占统治地位。但实际情况是，20 世纪 70 年代末 80 年代初，以英国首相撒切尔夫人和美国总统里根为代表，为克服滞胀，宣称放弃凯恩斯主义，转向新自由主义，减少国家对经济的干预，放松国家对许多部门的管制，实施减税，实行国有企业的私有化（或民营化），国家垄断资本已大为减少，西方发达国家对经济的干预程度已大为减弱。随着新科技革命和经济全球化的发展，跨国公司已成为世界经济的主导力量。据联合国贸易和发展会议公布的《2003 年世界投资报

① 《列宁选集》第 3 卷，人民出版社 2012 年版，第 266 页。

告》的数据，全球有 6.4 万家跨国公司，其海外子公司达 87 万家，2002 年跨国公司的全球销售额达 18 万亿美元，在海外雇用了 5300 多万员工；跨国公司在相当程度上左右着民族国家的国内经济和政治，其全球活动冲击着国家领土主权的束缚。事实与徐崇温先生说的（见案例 3–1《罗斯福的“新政”》）是不一致的，2001 年按海外资产排序的世界最大 25 家跨国公司中，根据国外资产额、销售额、雇员人数三个比率的平均数计算的跨国指数超过 50% 的就达 19 家。日本本田汽车公司的资产总额为 520.56 亿美元，其中国外资产额为 352.57 亿美元；销售总额为 559.55 亿美元，其中国外销售额为 400.88 亿美元；雇员总数为 120600 人，其中国外为 59000 人，平均跨国指数为 62.8。日本丰田汽车公司的资产总额为 1447.93 亿美元，其中国外资产额为 684 亿美元；销售总额为 1088.08 亿美元，其中国外销售额为 598.8 亿美元；雇员总数为 246702 人，其中国外为 186911 人，平均跨国指数为 59.3。因此，徐崇温先生引以为据的数字可能不够准确，其以“大多数跨国公司的资产和雇员大都集中在母国”为依据，断言当代资本主义仍然是国家垄断资本主义是缺乏说服力的。

最后，把市场经济体制国家的经济职能与国家垄断资本主义混为一谈是不妥的。“国家垄断资本主义说”把现代西方国家对宏观经济的调控和对微观经济的管制，当作国家垄断资本主义的表现形式。事实上，国家对宏观经济的调控和对微观经济的管制，是一切现代国家共有的经济职能。如果把这些都说成是国家垄断资本主义的表现形式，那么，一切市场经济国家岂不都成了国家垄断资本主义了吗？这种说法显然是不能成立的。

二、社会资本主义说

一些学者从当下资本主义的现实特征出发，他们注意到当下资本主义世界的社会主义因素日渐增加，进而提出当代资本主义处于社会资本主义发展阶段，持这一主张的代表人物有高放、鲁从明、成保良、董崇山等。

高放教授认为，资本主义发展经历了四个阶段，即16世纪初至18世纪末的封建资本主义（那时资本主义在欧洲封建社会内部孕育成长），18世纪末至19世纪末的自由资本主义，19世纪末至20世纪70年代大体上为垄断资本主义，20世纪80年代以来可称之为社会资本主义，即社会化程度更高、社会主义因素在逐步增长的资本主义。当代社会资本主义具有六个基本特征：一是社会生产力的社会化程度更高了；二是资本主义生产关系社会化的程度更高了，出现了社会资本股份化，股份资本职工化、大众化、分散化、全球化；三是资本主义社会的结构发生大变化，中间阶级扩大化，工人阶级出现白领化、多领化、知识化、有产化趋势；四是国家政府的社会职能大为增强；五是全球各国之间的竞争与协作大为增强；六是社会主义因素在逐步增长，有越来越多的工农大众集资自办企业与合作社，职工参与企业管理，政府实行社会保障与福利政策，等等。

▶ 相关链接3-4　高放及其代表作简介

高放（1927—2018），原名高元浤，1927年2月生于福建省福州市。著名学者，政治学家、共运史学家、马克思主义学家、社会主义学家，中国人民大学国际关系学院教授，博士生导师。2009年，被中国人民大学授予荣誉一级教授称号，成为我国人文社会科学领域首批受聘或受颁一级教授的23名学者之一，在学术界被誉为“思想高度解放”的学者。主要代表作有《社会主义的过去、现在和未来》《社会主义思想史》《“科学社会主义的理论与实践”教学要点》等。

资料来源：高放专栏—理论—中国共产党新闻—人民网（http：//theory.people.com.cn/GB/40764/127620/199507/index.html）。

总之，当代资本主义从生产力到生产关系，从经济基础到上层建筑，从社会结构到社会生活，从内部关系到国际关系，社会化的程度都越来越高，范围都越来越广，层次都越来越多，社会主义的因素在逐步增长。当代资本主义已超越了列宁所讲的垄断资本主义，即帝国主义阶段，进入社会资本主义（即含有社会主义因素的资本主义）阶段。

一些学者不完全认同这一观点，高放教授跳出竞争与垄断关系的框架，以现代蒸汽化、电气化、信息化三次科技革命为坐标，从整个资本主义社会发展的内外部条件和整体社会结构的变化来考察资本主义社会形态发展的阶段性，具有一定合理性，但其认为当代资本主义处于社会资本主义阶段是值得商榷的。一是社会发展阶段的划分应使用统一的依据，不能既使用竞争与垄断关系做依据，又使用社会化的程度做依据，垄断资本主义与社会资本主义反映的不是同一层面的问题。二是按照高放教授的逻辑推理，可以因势利导，顺水推舟，逐步把社会资本主义发展到未来完全的社会主义，这难免有趋同论之嫌，而按照马克思主义的观点，两种本质不同的社会制度是不可能也不会趋同的。另外，当今发达资本主义国家，尽管社会化程度日益提高，但资本与劳动的矛盾仍然存在，阶级剥削仍然存在，虽面目全非，但本质依旧，因而说当资本主义已发生某种质变为时尚早。

三、国际垄断资本主义说

20 世纪 70 年代以来，随着新科技革命的兴起和国际经济的一体化，资本加速向国际化发展，呈现明显的全球化倾向，国家垄断与私人垄断结合在一起向全球拓展，跨国公司成为世界经济的主导力量，我国一些学者以这一现状为依据，认为当代资本主义处于国际垄断资本主义阶段，该主张的主要代表人物有刘昀献、靳辉明、黄素庵、顾海良、柳瑟青、李长久、赵汇等。他们认为，国际垄断资本主义是国际垄断资本控制国际生产、国际投资、国际市场，对发展中国家进行政治压迫和经济剥削的资本主义。

刘昀献指出，资本主义的历史是一部跌宕起伏、不断发展变化的社会运动史。作为一种社会制度，从 1640 年英国资产阶级革命以来已经走过了 380 年的历程。从资本主义制度诞生至 19 世纪末，是自由竞争的资本主义；19 世纪末 20 世纪初，资本主义从自由竞争发展到私人垄断阶段；20 世纪 40 年代中期私人垄断资本主义发展到了国家垄断资本主义阶段。

刘昀献进一步指出，自从资本主义诞生以来，资本主义的经济运行体制先后实现了从自由竞争到私人垄断到国家垄断再到国际垄断的发展；与此相适应，资本作为经济运动的主体，也完成了由个人资本（包括股份资本）到私人垄断资本到国家垄断资本再到国际垄断资本的转化过程。把当代资本主义定位在国际垄断资本主义阶段不仅符合唯物史观，而且与当代现实相吻合。

具体来说，20 世纪 70 年代中期以来，以信息技术为代表的新的科技革命，使发达资本主义国家开始了从传统的工业社会向信息社会的转变，计算机的不断普及，全球互联网的出现，通信和计算机技术的“数字化”，以及信息产业的迅猛发展，促进了经济的全球化，资本的社会化由国内扩展到全球，当代资本主义已由国家垄断资本主义发展到国际垄断资本主义的新阶段。

国际垄断资本主义的基本特征是：（1）跨国公司成为世界经济的主导力量；（2）国际直接投资成为国际投资的主要形式；（3）生产和资本的集中正在形成全球寡头垄断市场；（4）资本家国际垄断同盟的形式更加高级化；（5）以美国为首的西方发达资本主义国家建立了以综合国力为后盾的全球霸权。

▶ 相关链接 3–5　刘昀献及其代表作简介

刘昀献（1956—），河南汝州人，教授、哲学博士、博士生导师，长期从事高校、党校教学和科研工作。研究方向为马克思主义、科学社会主义和党的建设。现任《中国浦东干部学院学报》执行主编、中国特色社会主义研究院副院长、中国浦东干部学院学术委员会委员、国家社会科学基金课题评审专家、国家社科基金重大招标项目《中国共产党应对执政风险和考验研究》首席专家。主编出版《国际垄断资本主义论》等专著、教材6部。

资料来源：刘昀献专栏—理论—人民网（http：//theory.people.com.cn/GB/40764/127619/180706/index.html）。

靳辉明同样主张当代资本主义处于国际垄断资本主义阶段，他认为，在资本主义产生至今的几百年间，它经历了自由资本主义阶段、私人垄断资本主义阶段、国家垄断资本主义阶段，今天它已经发展到国际垄断资本主义阶段。国际垄断资本主义是当代资本主义的主要特征。国际垄断资本主义是垄断资本主义或帝国主义发展的新阶段，其实质是资本国际化或资本国际社会化，使资本在国际化运动中实现不断增值。

综上所述，学者们从不同的角度对当代资本主义所处阶段持有不同的观点，都有一定的合理成分，但“横看成岭侧成峰”，仅以某一根据难以客观反映当代资本主义的真实面貌。根据马克思的唯物史观，划分社会发展阶段的基本依据是生产力和生产关系的状况。对于人类社会历史发展大阶段的划分是这样，对于一种社会经济制度再划分为若干阶段也应是这样。遵循唯物史观这一根本方法，以科学技术进步和生产力发展状况为出发点，以资本主义基本矛盾运动即生产社会化与生产资料私人占有这一矛盾的演变进程，划分资本主义发展阶段，应该是主要依据。

案例　3-1

罗斯福的“新政”

罗斯福新政被称为国家干预经济的最典型的案例。在1929—

1933年的资本主义经济危机中，首先爆发危机的美国，其工业生产下降了46.3%，在危机最严重时，美国钢铁工业的开工率为15%，汽车工业开工率为5%；失业人数在1933年达1283万，占全国劳动人口的1/4；农业中的货币收入减少58%；5000家银行倒闭；美国的国民收入由850亿美元下降为370亿美元。随后，危机迅速波及德国等其他资本主义国家，使资本主义世界的工业生产下降40%，失业工人达3000万人，世界贸易缩减2/3，在危机中资本主义世界遭受的损失2500亿美元，比一战期间所遭到的1700亿美元的损失还要多一半左右。危机爆发时，美国总统胡佛遵循西方新古典学派经济理论，认为通过市场机制，市场供求会自动达到充分就业的均衡状态，国家对经济的干预是不必要的。他反对由联邦政府对失业工人实施救济的政策，主张仅由地方机构、私人团体进行救济。结果，引发了社会动荡：在很多失业工人被饿死的情况下，美国工人在“我们不愿饿死，必须战斗”的口号下，在各地举行大规模示威游行；农民抵制政府强迫拍卖农场的措施；数十万退伍军人为要求生活津贴，组织起来向政府请愿游行。在经济危机、社会动荡的关头，新当选的美国总统罗斯福在1933年3月4日的就职演说中说：“只要国家仍处在危急存亡的关头，我就要求国会授予我应付危机的那种唯一的最后手段——广泛的行政权，使我可以向紧急状态宣战。”对于众多的美国企业家，罗斯福则经常援引英国历史学家麦考莱的著名格言说：“如果你们渴望保全自己，那你们就得实行改革！”从此，罗斯福就展开了其以“救济、复兴、改革”为基调，被称为“新政”对经济生活的干预与调节。其具体措施包括五个方面。

一是为防止美国财政信贷体系崩溃，出台“整顿金融法案”，清理银行，政府保障存款，给金融界发放巨额贷款，使投资银行和商业银行分开，实行货币贬值，等等。

二是提出“全国产业复兴法”，实行国家对工业的调节，其主要内容是由内政部举办各种公共工程（1933—1937年国家为此拨款120亿美元），以增加就业；制定公平竞争法典，规定各企业的生产规模、价值、销售范围，消灭生产过剩；在政府监督下实行劳资合作、经济民主，协调国家、企业主和劳工之间的相互关系，明确规定工人有权组织起来，选派代表与雇主进行谈判、签订集体合同，雇主不得以工人参加何种工会作为雇佣条件，并宣布雇主搞的工会不合法；还规定雇主必须遵守最高工时和最低工资限额，不得雇用童工；等等。

三是推出“农业调整法”，一退耕，二平价，减少小麦、棉花、玉米种植面积，销毁部分谷物，宰杀、抛弃部分大牲畜和猪羊，规定在一定负债额以下的农场可获低息贷款，拍卖部分农场。

四是推出公共工程和保护自然资源法，成立民间资源保护队，组织青年种树、建水坝，举办各种小型工程，开发河流，等等。

五是推出社会安全法，包括通过社会保障法，保障失业者和残废者；通过对大公司征收超额累进税的法案，适当缩小财富分配差距，维持社会稳定。

罗斯福实施“新政”的结果，是为千百万人提供了就业和生活的保障，使经济不平衡状况有所改善，在保证垄断资产阶级更安全地享有高额利润的同时，也保证贫困者、失业者的最低生活水准。

资料来源：徐崇温：《资本主义国家干预经济生活的两个典型实例》，《中国经贸导刊》2000年第23期。

▶ 阅读文献

1. 列宁:《帝国主义是资本主义的最高阶段》，人民出版社 2015 年版。

2. [英]亚当·斯密著，郭大力、王亚南译:《国民财富的性质和原因的研究》，商务印书馆 2008 年版。

3. 逄锦聚:《政治经济学》，高等教育出版社 2014 年版。

4. 靳辉明:《当代资本主义新论》，四川人民出版社 2005 年版。

5. 徐崇温:《当代资本主义新变化》，重庆出版社 2004 年版。

6. 王志伟:《西方经济思想史》，东北财经大学出版社 2013 年版。

7. 厉以宁:《西方经济学》，高等教育出版社 2010 年版。

8. 缪一德:《当代西方经济学流派》，西南财经大学出版社 2007 年版。

9. 李惠斌、李朝晖:《后资本主义》，中央编译出版社 2007 年版。

10. 曹义恒、曹荣湘:《后帝国主义》，中央编译出版社 2007 年版。

11. 董崇山:《社会资本主义论》，中国经济出版社 2004 年版。

12. 刘昀献:《国际垄断资本主义论》，河南人民出版社 2004 年版。

13. 靳辉明、谷源洋:《当代资本主义与世界社会主义——当代资本主义新变化及其未来走向》，海南出版社 2004 年版。

14. 严书翰、胡振良:《当代资本主义研究》，中共中央党校出版社 2004 年版。

15. 刘儒:《国际金融危机与国家垄断资本主义新发展》，《红旗文稿》2016 年第 5 期。

16. 王洪波、梁凡:《当代资本主义发展的最新动向及趋势》，《海南师范大学学报》(社会科学版) 2016 年第 2 期。

17. 张正明、张赟:《关于当代资本主义发展阶段的再思考》，《价值工程》2016 年第 2 期。

18. 成保良:《现代资本所有制形式和资本主义发展阶段》，《当代经济研究》2005 年第 9 期。

19. 徐崇温:《当代资本主义处于什么发展阶段——是国家垄断资本主义还是国际垄断资本主义》,《红旗文稿》2005 年第 9 期。

20. 高放:《马克思主义面临当代发达资本主义的挑战》,《马克思主义与现实》2003 年第 3 期。

21. 鲁从明:《是国家垄断资本主义还是社会资本主义?——对现代资本主义阶段概定的探讨》,《经济研究》1989 年第 4 期。

▶ 相关概念

垄断	国家垄断资本主义	垄断利润	垄断价格
生产集中	金融寡头	古典经济学	新古典经济学
凯恩斯主义			

▶ 本章思考题

1. 自由竞争阶段的资本主义有什么特征?

2. 资本主义垄断是如何形成的?

3. 垄断条件下的竞争具有哪些特征?

4. 什么是国家垄断资本主义?它是如何产生的?

5. 国家垄断资本主义的实质是什么?它有哪些形式?

6. 资本主义国家宏观调控有哪些手段?

7. 自由竞争和垄断阶段的经济理论与政策有什么不同?

8. 如何认识政府与市场的关系?

9. 按照马克思历史唯物主义的基本观点,划分社会历史发展阶段的标准和依据是什么?

10. 你认为当代资本主义处于什么发展阶段?

第四章

当代资本主义的发展模式

世界上各种不同的资本主义国家有其共同的本质，这就是实行生产资料的资本主义私有制，剥削雇佣工人的剩余价值获取利润。但资本主义国家之间具有不同的历史传统与具体国情，因而具有不同的模式。冷战结束以后，学者福山提出“历史的终结”，认为美国制度将被全世界所采纳的时候，有学者指出资本主义不同模式之间的竞争早已展开。本章主要介绍当代资本主义发展模式的争论，对不同模式进行分析比较。

第一节　当代资本主义发展的不平衡性与多样性

“经济和政治发展的不平衡是资本主义的绝对规律。”[1]列宁明确并深刻论证的这一规律，适用于资本主义发展的各个历史时期，并已得到资本主义数百年发展的不断验证。二战以后，资本主义发展的不平衡性呈现出了一系列新的特点，并对当代世界经济政治格局的演变产生了重要影响。资本主义发展不平衡规律，使资本主义国家分化成为发达国家和发展中国家两大类型，两大类型各自又包含许多不同的发展模式，即便是属于同一种模式，由于经济、政治和文化传统的差异，加之政治制定的发展战略和方针政策不同，各国在发展模式的具体内容上亦存在一些差别，从而使资本主义发展呈现出多样性的特点。

一、经济和政治发展的不平衡是资本主义的绝对规律

发展不平衡性是资本主义“与生俱来”的一个重要特征。自资本主义生产关系和资本主义制度确立以来，西班牙、荷兰、法国、英国以及当代的美国等，都先后确立过自己至高无上的霸权地位，充当过世界经济的霸主。在资本主义原始积累时期，这些国家通过殖民掠夺与扩张手段，聚敛财富、盘剥人民；而在资本主义殖民体系瓦解，亚、非、拉各国相继独立后，它们通过资本输出等方式对落后国家进行侵略和剥削。发展中国家的兴起可以说是资本主义经济政治发展不平衡规律作用的结果。经济政治发展的不平衡作为资本主义的绝对规律，为资本主义各个阶段所固有，并充分体现在资本主义

① 《列宁选集》第2卷，人民出版社2012年版，第554页。

企业之间、部门之间以及国家和地区之间。资本主义经济政治发展不平衡的加剧，必然引发帝国主义冲突并最终使资本主义走向瓦解。

（一）资本主义发展不平衡理论的提出

资本主义发展不平衡规律被揭示出来之前，早已存在并发挥一定的作用。马克思、恩格斯就曾敏锐地发现了资本主义发展的不平衡性，并在分析资本主义产生和发展的同时，论述了他们所处时代，即自由竞争时期的资本主义在企业之间、部门之间以及国家之间的发展不平衡问题，指出“在资本家和资本家之间，在工业部门和工业部门之间以及国家和国家之间，生死存亡都取决于天然的或人为的生产条件的优劣。失败者被无情地淘汰掉”[①]。

在马克思、恩格斯看来，资本主义生产的目的，就是通过剥削雇佣劳动追逐最大利益，在这一目标驱动下的资本主义各企业，由于在竞争中所处的地位不同，其发展必然是不平衡的。企业和企业之间是这样，部门和部门之间、国家和国家之间亦是如此，其平衡也都只是相对的和暂时的。恩格斯在1892年《英国工人阶级状况》德文第二版序言中和1893年《致尼·弗·丹尼尔逊》中就深刻地论述了资本主义国家与国家之间发展的不平衡性。

马克思、恩格斯关于资本主义各企业、部门以及国家之间发展不平衡的论述，构成了他们关于资本主义发展不平衡的思想，并为列宁发现和论证资本主义发展不平衡规律奠定了基础。

19世纪末20世纪初，由于技术的发展、生产的集中和垄断组织的形成，资本主义发展到了最高阶段，即帝国主义阶段。这一时期资本主义发展的不平衡性更加突出，主要表现为一些后起的资本主义国家（美国、德国等）利用先进的科学技术，实现了跳跃式发展，经济实力迅速赶上并超过了一些老牌资本主义国家（英国、法国等），帝国主义大国之间围绕重新瓜分

---

① 《马克思恩格斯选集》第3卷，人民出版社2012年版，第804页。

世界、争夺世界霸权的矛盾空前尖锐。

列宁正是在这一历史背景下，发现并全面阐述了资本主义经济政治发展不平衡规律，包括该规律形成的原因与条件，在帝国主义阶段的主要表现和新特点及其巨大作用和后果等。列宁关于资本主义发展不平衡规律的分析和论述，集中体现在其《论欧洲联邦口号》《社会主义与战争》《帝国主义是资本主义的最高阶段》以及《无产阶级革命的军事纲领》等著作中。

在上述著述中，列宁不仅全面分析了资本主义企业之间、部门之间发展的不平衡，而且还针对帝国主义时代资本主义不平衡发展的新特点，重点阐述了资本主义国家之间发展的不平衡。列宁不仅深入论证了资本主义不平衡发展的必然性，明确指出："在资本主义制度下，各个经济部门和各个国家在经济上是不可能平衡发展的"①，而且还科学预见了资本主义不平衡发展的后果，得出了资本主义发展的不平衡必然导致重新瓜分世界的帝国主义战争、"社会主义可能首先在少数甚至在单独一个资本主义国家内获得胜利"②等著名论断，进而指出，在俄国这样一个资本主义和工业发展比较落后的帝国主义国家，只要具备革命形势和革命的主观力量，也可以首先爆发革命并获得胜利。

历史的发展，尤其20世纪上半叶两次世界大战的爆发以及一系列社会主义革命的胜利，雄辩地向世人表明了资本主义发展不平衡理论的科学性。列宁之后，斯大林在同机会主义的斗争中，对资本主义经济政治发展的不平衡理论，尤其是对政治不平衡和经济不平衡的关系作了科学阐述和重要补充。

斯大林认为，发展不平衡包括经济和政治两个方面，前者是因，后者是果，经济发展的不平衡必然会导致政治发展的不平衡。对于列宁"一国胜利"的科学论断，斯大林作了进一步阐释，他指出，在垄断资本主义阶段，社会主义能够在一国首先建成，其基础就是发展不平衡。"帝国主义时期发

---

① 《列宁选集》第2卷，人民出版社2012年版，第553页。

② 《列宁选集》第2卷，人民出版社2012年版，第554页。

展不平衡的规律就是：一些国家通过跳跃式的发展超过另一些国家，一些国家很快地被另一些国家从世界市场上排挤出去，以军事冲突和战争灾祸的方式周期性地重新瓜分已被瓜分的世界，帝国主义阵营内部的冲突加深和加剧起来，世界资本主义战线削弱，个别国家的无产阶级可能突破这条战线，社会主义可能在个别国家内获得胜利。”①

（二）资本主义发展不平衡理论的基本内容

马克思主义关于资本主义发展不平衡理论的内容十分丰富，既包括资本主义发展不平衡规律形成并充分发挥作用的原因和条件，又包括资本主义发展不平衡的范围和特点，还包括经济发展不平衡与政治发展不平衡的关系以及经济政治发展不平衡规律的作用方式等，概括说来，主要有以下几个方面的内容：

（1）资本主义发展不平衡规律是由资本主义制度的本质决定的；

（2）垄断是资本主义发展不平衡规律充分发挥作用的重要条件；

（3）资本主义发展不平衡表现在各个方面并呈现出发展跳跃性等特点；

（4）经济不平衡决定政治不平衡，政治不平衡有其相对独立性并反作用于经济不平衡；

（5）发展不平衡规律发生作用的起点是经济不平衡，结果是政治地位和经济实力暂时相称。

（三）资本主义发展不平衡规律充分发挥作用的后果

资本主义发展不平衡规律充分地发挥作用，其结果主要体现在以下相互联系的两个方面：

（1）资本主义国家之间不平衡的加剧，会引发重新瓜分世界的战争，直至爆发世界大战。如前所述，垄断是资本主义发展不平衡规律充分发挥作用

---

① 《斯大林选集》上卷，人民出版社 1979 年版，第 576 页。

的重要条件，随着资本主义垄断阶段的到来，资本主义发展的不平衡性呈现出了“跳跃式”特点，从而使资本主义国家之间发展的不平衡问题更加突出。资本主义的跳跃式不平衡发展，必然引发和激发各个资本主义国家瓜分世界，已经被资本主义列强“瓜分完毕”，且“殖民地的扩张是非常不平衡的”[①]，如下所示。

▶ 相关链接 4–1　1914 年大国殖民地和宗主国面积

（单位：万平方公里）

国名	殖民地	宗主国	共计
英国	3350	30	3380
俄国	1740	540	2280
法国	1060	50	1110
德国	290	50	340
美国	30	940	970
日本	30	40	70

资料来源：《帝国主义是资本主义的最高阶段》，《列宁选集》第 2 卷，人民出版社 2012 年版，第 643 页。

对当时工业生产已经赶超英、法两个老牌资本主义国家，跃居世界工业生产前两位的美国和德国来说，它们所占领的殖民地面积同它们所具有的实力极不相称。在世界已经被帝国主义国家瓜分完毕，不再有“空闲的”未被占据的土地供列强瓜分的情况下，后来居上的帝国主义国家为了获得新的投资、销售场所以及原料来源，只有一种方法可供选择，那就是：通过战争重新瓜分世界、重新划分势力范围。

① 《列宁全集》第 27 卷，人民出版社 1985 年版，第 394 页。

发生在20世纪的两次世界大战，都是资本主义各国经济发展不平衡导致各国矛盾加深和激化的必然结果，这不可辩驳地证实了，资本主义发展不平衡规律必然引发帝国主义战争。正如列宁所反复强调的："只要生产资料私有制还存在，在上述这样的经济基础上，帝国主义战争是绝对不可避免的。"①

（2）资本主义发展不平衡，必然导致资本主义体系薄弱环节的出现，并最终使资本主义走向瓦解，社会主义取得胜利。我们都知道，19世纪中叶，马克思、恩格斯从他们所处时代资本主义的发展状况出发，认为社会主义革命将在西欧、北美的几个主要资本主义发达国家同时发动并同时取得胜利。列宁并没有拘泥于马克思主义的这一论断，而是根据资本主义发展到垄断阶段的新特征，尤其是依据资本主义经济政治发展不平衡规律，得出新的科学论断。列宁在《社会主义与战争》一文中对帝国主义的基本经济特征及其发展前景作了精彩分析。随后在《论欧洲联邦口号》一文中指出："经济和政治发展的不平衡是资本主义的绝对规律。由此就应得出结论：社会主义可能首先在少数甚至在单独一个资本主义国家内获得胜利。"② 在《无产阶级革命的军事纲领》一文中，列宁进一步指出："社会主义不能在所有国家内同时获得胜利。它将首先在一个或者几个国家内获得胜利，而其余的国家在一段时间内将仍然是资产阶级的或资产阶级以前的国家。"③

列宁关于资本主义可能在一国或数国首先取得胜利的科学论断并非凭空产生，而是有其理论依据和现实条件。其理论前提与依据就是列宁发现并反复论证的资本主义经济政治发展不平衡理论，其现实基础和条件则是主要体现在两个方面：（1）帝国主义国家在资本主义经济政治发展不平衡规律作用下，力

---

① 《列宁全集》第27卷，人民出版社1985年版，第326页。
② 《列宁选集》第2卷，人民出版社2012年版，第554页。
③ 《列宁选集》第2卷，人民出版社2012年版，第722页。

量对比不断变化，殖民地不均衡而矛盾突出，由此引发的帝国主义瓜分殖民地的战争会削弱帝国主义力量，使工人阶级有可能突破帝国主义体系中的薄弱环节，在一国或者数国取得社会主义革命的胜利。（2）帝国主义国家对殖民地的剥削和压迫，加剧两者之间的矛盾对立，激发了占人口大多数的殖民地、半殖民地和被压迫国家的民族解放运动。十月革命的胜利和第一个社会主义国家的诞生，二战后一系列社会主义国家的成立以及在其影响下民族解放运动的蓬勃发展、帝国主义殖民体系的解体，可以说都是资本主义发展不平衡规律在帝国主义之间以及在帝国主义与殖民地国家之间充分发挥作用的结果。

综上所述，马克思主义经典作家关于资本主义经济政治发展不平衡的论述，以及他们所创立的资本主义发展不平衡理论的体系和方法，对于我们正确分析当代资本主义发展的不平衡问题、科学把握资本主义的产生、发展和必然灭亡的历史趋势，提供了科学的指导。

二、当代资本主义发展的不平衡性

二战后，在新科技革命的推动下，资本主义在总体上获得持续快速的增长，但是，这种增长是极不平衡的。资本主义世界体系内部，许多国家和地区的社会经济面貌依然非常落后。不平衡性不仅突出表现在资本主义各国和地区之间，而且还表现在资本主义经济各主要领域之中。

（一）当代资本主义发展不平衡的主要表现

二战以后，资本主义发展不平衡规律起作用的范围更加广泛，也更为复杂。当代资本主义发展的不平衡性主要表现在以下几个方面：

（1）当代发达资本主义国家和地区之间发展的不平衡；

（2）当代资本主义发达国家和发展中国家发展的不平衡；

（3）当代发展中资本主义国家之间发展的不平衡；

（4）当代资本主义各主要经济领域发展的不平衡性。

（二）当代资本主义发展不平衡的原因

造成当代资本主义发展不平衡的原因是多方面和错综复杂的。我国著名经济学家钱俊瑞教授将影响当代资本主义不平衡发展的因素归结为：科学技术发展的不平衡、不同的积累率和剥削率、劳动生产率增长速度的不平衡、经济部分结构变化的不同影响、军费开支的悬殊、经济危机的不平衡性、国家垄断调节效果的差异等等。这些因素无疑都对当代资本主义不平衡发展产生了程度不同的影响，但是，影响当代资本主义经济政治发展不平衡的更为重要的因素包括：

（1）垄断的进一步发展是当代资本主义发展不平衡规律充分发挥作用的根本前提和基础；

（2）科技发展速度和水平方面的不平衡是影响当代资本主义不平衡发展的一个重要因素；

（3）全球化的迅猛发展是当代资本主义发展不平衡进一步加剧的一个关键原因。

（三）当代资本主义发展不平衡对世界经济政治格局的影响

政治是经济的集中表现。二战后资本主义国家和地区之间在经济发展方面的不平衡，必然导致资本主义政治发展的不平衡并进而引发资本主义各个国家和地区之间矛盾的尖锐化。二战以后，美国霸权的衰落和世界多极化经济政治格局的形成，全球范围内区域经济一体化的迅猛发展，可以说都是资本主义发展不平衡规律充分发挥作用的结果。

（1）从美国霸权地位的确立到世界经济政治多元化格局的形成；

（2）美国经济优势的再度加强改变不了世界经济政治多极化的趋势；

（3）资本主义发展不平衡的加剧推动了区域经济一体化的迅猛发展。

三、当代资本主义发展的多样性

通过对资本主义经济政治发展不平衡规律的考察，以及二战后资本主义发展不平衡性的分析，可以看到资本主义世界体系并非一个“均衡的”“同质的”整体，而是极不平衡的、异质的、多元的，从而使当代资本主义的发展呈现出多样性的特征。这种多样性既是资本主义发展不平衡的必然结果，也与各国具体的经济、政治、文化条件以及历史传统有着直接关系。当代资本主义发展的多样性，突出体现在两个方面：一是“发达与后发”或“中心与外围”资本主义发展的差异性，二是资本主义发展模式的多样性。

（一）“发达与后发”或“中心与外围”资本主义发展水平的差异

在资本主义的世界体系中，处于“中心”的少数发达资本主义国家和处于“外围”的广大后发资本主义国家，虽然都是资本主义制度，且共同存在于世界范围的资本循环过程中，但由于它们的国内基础和历史条件大不相同，加之在资本主义国际循环中所处的地位不同，其发展程度也不同。

1. 发达与后发、中心与外围资本主义发展水平的差异，是伴随着殖民主义体系的形成而产生的

19 世纪后半期，为了追逐全世界的原料产地，寻求投资场所和商品市场，各资本主义强国加紧了对外扩张，纷纷占领殖民地，掀起瓜分殖民地的狂潮。到一战时，世界领土已经被垄断资本主义列强瓜分完毕。历史的事实证明，发达与后发、中心与外围资本主义世界体系的形成，是资本主义制度本身造成的，是以殖民掠夺为现实基础的。

2. 旧殖民体系的瓦解并未使后发或外围资本主义摆脱落后局面

二战结束后，开始了一个世界范围内的民族解放运动的新高潮，其结果是，绝大多数过去殖民地附属国获得了独立，帝国主义的旧殖民体系土崩瓦解了。然而，旧殖民主义体系的瓦解并没有触动旧的国际经济秩序，没有结束发达资本主义国家对后发资本主义国家的盘剥，相应地，后发或外围资本主义贫穷落后的局面就不可能从根本上扭转。

3. 全球化发展将进一步拉大发达与后发、中心与外围资本主义发展水平的差异

经济全球化并没有使当代世界经济体系成为以西方为样板的一元的统一模式；相反，随着全球化的推进，发达国家利用其对全球化的主导地位，集中积聚全球资本，掠夺世界原材料和劳动力，实现其对世界市场的控制，大批后发资本主义国家被进一步边缘化。

（二）当代发达资本主义发展的多样性

1. 各类发达资本主义国家在发展水平上存在差异

老牌发达资本主义国家同新兴发达资本主义国家（如加拿大、澳大利亚、新西兰等）之间经济发展的差距，是二战后资本主义发达国家之间呈现出多样性特点的原因，也是经济发展不平衡的一个重要表现。

▶ 相关链接 4-2　20 世纪 90 年代以来部分发达国家的 GDP

（单位：亿美元）

国家 \ 年份		1990	1995	2000	2004	2009	2013	2016
老牌发达国家	美国	58030	74010	98250	122749	144187	166915	185619
	德国	15470	24610	18750	28192	34180	37525	34939
	日本	30520	53020	47665	48151	52313	51557	47303
新兴发达国家	加拿大	5830	5910	7240	10231	13711	18374	15323
	澳大利亚	3080	3610	3790	6126	9265	15639	12566
	新西兰	440	600	510	1039	1213	1906	1793

资料来源：世界银行数据库（http：//data.worldbank.org）。

2. 发达资本主义国家特征鲜明而又形式多样的发展模式

发达资本主义国家之间不仅在发展水平上存在一定的差异，而且在经济发展模式、治理国家的具体方式、文化传统和价值观念等诸多方面，也都存在着明显区别。这种在长期历史发展中形成的多样性，是根深蒂固的。

二战以后，资本主义社会生产力的长期持续稳定增长，为资本主义各国寻求合适国情的发展模式提供了机会。在这一历史背景下，发达资本主义出现了形式多样又具有鲜明特征的发展模式，资本主义发展模式的多元性得到了广泛认同。“不同国家中存在的真实的各种资本主义，对重大社会问题不会提供单一的答案，不会提供‘一条最美好的道路’。与此相反，资本主义像生活一样，是多种多样的。”①

3. 发达资本主义发展多样性在矛盾与竞争中进一步显现

追逐利润的内在动力、资本竞争的外在压力以及维护资本主义世界“中心—外围”体系的共同目的，促使发达资本主义各国联合成为一个整体。但发达资本主义并非没有矛盾、处处和谐的统一体，各种模式和各个国家之间充满了对立和斗争，这从另一侧面体现了当代发达资本主义国家发展多样性的特点。

发达资本主义国家之间的矛盾和竞争，主要围绕如何维护本国垄断资本的私利，怎样最大限度地获取资本利润最大化展开的。矛盾和竞争的内容包括经济、政治和军事三个方面，其中经济领域的矛盾和竞争是焦点，这些矛盾和竞争，体现了发达资本主义国家之间的严重分歧和矛盾，也表现出了发达资本主义国家发展的多样性。发达资本主义模式之间的矛盾和竞争，突出表现在各个模式在不同阶段优势地位的此消彼长方面。

---

① ［法］米歇尔·阿尔贝尔著，杨祖功、杨齐、海鹰译：《资本主义反对资本主义》，社会科学文献出版社1999年版，第13页。

（三）当代后发资本主义发展的复杂性

1. 后发资本主义国家复杂多样的社会背景和经济结构

美国著名经济学家托达罗在《第三世界的经济发展》一书中，列举了发展中国家存在的一些共同或相似特点，包括生活水平低、劳动生产率低、人口增长率高、失业和不充分就业水平高、在国家关系中处于劣势地位、对发达国家具有依附性等等。但同时，他也特别强调了发展中国家在社会背景和经济结构方面的差异。

从社会背景来看：后发资本主义国家是在原殖民地基础上，经过民族独立斗争建立起来的。在获得独立之前，大多数后发国家都曾是西方发达国家的殖民地属国，不同殖民传统和当地民族多种多样的文化传统结合起来，使各国形成了不同的制度和社会模式。

从经济结构来看：在产业结构方面，后发资本主义国家的产业结构虽然都处于较低水平，第一产业即农业在国家经济中仍占有较大比重，但不同国家在产业结构上具有惊人的悬殊，具体数据如下。

▶ 相关链接 4–3　2013 年第一产业在后发资本主义国家国内生产总值中所占比重

缅甸	尼日利亚	巴基斯坦	菲律宾	巴西	阿根廷
36.4	22.0	25.3	11.8	5.7	6.7

资料来源：世界银行 WDI 数据库（World Bank WDI Database）。

在经济成分方面，后发资本主义国家的经济成分非常复杂，有原始的自给自足、部落经济、封建经济、小商品经济、中小资本、国家垄断资本以及外国资本。

2. 后发资本主义水平不一的发展状况

后发资本主义国家之间存在的差异，决定了它们在发展中不可能是同步的，必然会在经济发展水平上具有很大的差距。后发资本主义水平不一的发展状况，主要表现在：第一，所处的发展阶段不同；第二，发展速度和发展水平不同。

3. 后发资本主义国家形式多样的发展模式

发展中国家中的资本主义，由于各国国情有很大差异，其具体形态也必然各有特色，形成不同的模式。不仅如此，而且发展中国家在民族性质、历史传统文化特征、经济社会结构等方面，都存在着显著的区别。此外，与发达国家不同的是，它们在经济发展中，受外部的特别是来自西方的影响较大，而不同地区的发展中国家所受的影响也不同，如拉丁美洲受美国影响较大，东亚受日本影响更多，而非洲受欧洲影响较深。这样，本民族文化和外来文化的交汇、冲撞，就会产生各种不同的效应，形成多种多样的经济模式。

第二节　西方国家关于资本主义发展模式的讨论

自从资本主义制度产生以来，世界上各种不同的资本主义国家有其共同的本质，这就是实行生产资料的资本主义私有制，雇佣工人剥削其剩余价值而获得利润。但是，不同的资本主义国家有着千差万别的历史传统和具体国情、各不相同的国内阶级关系的状况、阶级力量的对比，使得资本主义又具有不同的模式。不同模式早就存在，只是因为在冷战结束以前，人们的关注往往集中在社会主义与资本主义的经济竞赛上面，冷战结束以后，当代资本主义不同模式之间的竞争迅速凸显出来。

一、米歇尔·阿尔贝尔的“二模式论”

随着东欧剧变、苏联解体，有些西方学者据此认为，社会主义已经成为历史，今后不再有社会主义与资本主义的抗争。有些学者认为，苏联解体使资本主义内部的对立凸显出来。他们认为，目前急需研究的应是如何完善和引导资本主义的问题。20 世纪 90 年代西方学界中相继出现了一大批研究资本主义的权威著作，其中法国著名学者米歇尔·阿尔贝尔的《资本主义反对资本主义》是最具代表性的著作之一。

▶ 相关链接 4-4　米歇尔·阿尔贝尔

米歇尔·阿尔贝尔，现任法兰西银行货币政策委员会委员、法国伦理和政治科学院院士，曾任法国计划总署署长、法国保险总公司董事长。著有《资本主义反对资本主义》。书中列举了许多典型事例，对“新美国模式”和“莱茵模式”资本主义进行了深入而有趣的比较研究。作者把日本和跨国公司也包括在莱茵模式资本主义的范畴内，却把法国看作介乎两种模式之间的一种特殊的资本主义模式。

资料来源：[法] 米歇尔·阿尔贝尔著，杨祖功、杨齐、海鹰译：《资本主义反对资本主义》，社会科学文献出版社 1999 年版，第 260 页。

《资本主义反对资本主义》一书，把当代资本主义划分为两种模式：一种是新美国模式（一般也叫“盎格鲁—撒克逊模式”），即在美、英、加、澳等国实行的资本主义；一种是莱茵模式，即在德国、瑞典、荷兰、瑞士实行的资本主义，日本也实行这种模式，但略有差异。

米歇尔·阿尔贝尔认为，“新美国模式”和“莱茵模式”的差别，可以从宏观经济、中观经济和微观经济三个方面分析。从宏观经济看，美国赋税水平低，欧洲赋税水平高（两者的税收收入大约各占国民生产总值的 30%

和40%）；从中观经济看，两种模式对企业的投资方式不同，美国企业主要是金融市场融资（约占80%），欧洲企业主要是通过银行贷款融资（占60%—65%）；从微观经济看，企业的领导方式不同，美国是股东领导企业，欧洲则是合作管理制。“新美国模式”体现了新保守主义所倡导的放弃管制、削弱国家作用的所谓“国家最小化，市场最大化”原则；“莱茵模式”则是社会民主主义思潮的产物，德国奉行的社会市场经济是“莱茵模式”的典型表现。

根据以上差别，阿尔贝尔总结出两种模式的分歧的基点在于：新美国模式的基础是个人成功、短期金融利益和金融媒体化；莱茵模式则追求的是促进集体成功、共同管理和长期利益。

将这两类模式进行比较后，阿尔贝尔明显地对莱茵模式更加欣赏，他认为，莱茵模式比英美模式更优越，更具有经济效益，也更长远。因为莱茵模式奉行的“社会市场经济”体制，是一种高于企业自由与竞争之上的经济模式。“市场在这种经济中只是一个繁荣经济的工具，目标却带有社会性质，即在社会各阶层之间公平分配这种繁荣。”① 也就是说，无论在经济方面还是在社会方面，这种模式都更具有保障性。阿尔贝尔在书中详细介绍了莱茵模式的经济优越性和社会优越性后认为，它既有北美自由放任模式的优点，又在相当程度上克服了自由放任的缺点，它重视生产效率，重视企业开发，重视职业培训和企业文化。此外，在社会方面，它注重社会保障和社会平等，因而莱茵国家的公民具有更大的安全系数。

阿尔贝尔认为，莱茵模式的资本主义比较亲切、柔和却更有效率，它在公司的权利和责任之间提供适当的平衡，并为工人提供了较大的安全。反之，新美国模式的资本主义则是明显劣等的资本主义，迷恋利润，薪金至

① ［法］米歇尔·阿尔贝尔著，杨祖功、杨齐、海鹰译：《资本主义反对资本主义》，社会科学文献出版社1999年版，第3页。

上，由于金融市场使经理得不到实施长期战略所必需的各种时间长、见效慢的资源和资金，因而他们就把精力从经营企业转到应对竞争对手以突然袭击的方式对公司进行的敌意收购上面以保护自己，更严重的是这种模式对利润的盲目追求。但遗憾的是，贪婪正在把全世界大部分国家推向这种模式的资本主义。

美国哈佛大学商学院教授乔治·洛奇在其新书《重建美国》中说：共产主义与资本主义的经济竞争刚告一段落，两种不同模式的资本主义的竞争正在开始，这就是以美国和英国为代表的强调个人价值的个人资本主义，与以德国和日本为代表的强调社会价值的社团资本主义（或译为“集体资本主义”）之间的竞争。

1992 年美国麻省理工学院经济学教授莱斯特·瑟罗在《头对头——行将到来的日欧美经济战》一书中，对日、美、欧三种模式的资本主义进行了比较研究。他用个人主义和集体主义来划分这几种不同模式：盎格鲁—撒克逊式的英美资本主义鼓吹个人主义价值观，德国和日本模式的资本主义则鼓吹集体主义价值观。

二、罗贝尔·博维的“四模式论”

1995 年法国社会科学高等研究院研究员罗贝尔·博维在接受采访时提出，目前有四种模式的资本主义并存。

1. 市场引导型资本主义，即英国和美国的资本主义

在这种模式下，经济活动由市场机制来决定。它具有完善的金融市场，也有活跃的劳务市场。市场解决各种问题，政府介入的领域非常有限。

博维认为，这种模式极其适合革新的资本主义，弊病表现在工资等方面的不平等扩大。美国的资本主义造就了比尔·盖茨，而德国和日本就很难出现这种人才。这种资本主义在短期内会产生很高效率，但从长期看它会扩大贫富差距，引起社会混乱。

2. 以法国为典型的资本主义

这种模式是国家官僚发挥作用的资本主义。在这种模式下，政府控制着强有力的财政部门和中央银行，铁路、通信和水电等部门都由国营公司负责。这种资本主义由于国家的介入，在消除贫困和失业方面有长处，在竞争、经济增长和革新方面存在弊病。

3. 斯堪的纳维亚式资本主义

即瑞典、丹麦、挪威、芬兰和奥地利等国家的资本主义。这种资本主义具有社会民主性质，工人有很大的发言权，关于工资和职业训练，工人站在差不多平等的立场上同经营者进行谈判。以瑞典为例，社会不平等现象虽然很少，但难以提高人们的工作热情，因此，出现了优秀人才外流到可以获得更高收入的国家的问题。

4. 日本的资本主义

其特点之一是“合作体制”。政府也与企业形成一体，就工资和生产问题交换想法，这是适合赶超别人的类型。在企业内部，以长期就业制度为前提，工人的流动性不大，工人的生存以企业为中心。日本在技术革新和经济不景气时也能利用公司的机制，顺利地解决问题。

三、英国《经济学家》周刊的“七模式论”

1999 年 4 月英国《经济学家》周刊发表文章评述七种模式资本主义的优劣。

1. 美国模式的资本主义

美国模式的资本主义优点是：有弹性很强的劳动力市场，低税，激烈的竞争，股东资本主义。它对管理者施压，要求他们使利润最大化。而其缺点是：收入差距悬殊；低福利救济；公共服务如初等、中等教育质量差；低投资率和很低的储蓄率。

2. 日本模式的资本主义

日本模式的资本主义优点是：终身雇佣制促进了忠诚和高熟练程度；公共服务（特别是教育）质量高；银行和其他工商企业关系密切；公司交叉持股使管理者受到保护，免遭失去耐心的股东的影响，从而使之得以对投资采取长期观点。而其缺点是：由于受到保护，使得没有完全暴露在市场力量之下的公司所受到的促使其高效率利用资本主义的压力很小。

3. 东亚模式的资本主义

一些经济学家把东亚快速经济增长，看成是对于低税、弹性很强的劳动力市场、开放贸易等政策的优越性的证明。另一些经济学家则争辩说，韩国的产业政策证明有选择的政策干预带来了可观收益。实际情况是不存在单一的东亚模式，在这里，经济政策的差别很大，既有较为开放自由的中国香港，又有严加干预的韩国；既有印尼政府部门腐败，也有极为廉洁的新加坡。东亚的共同点是对外贸易的开放和储蓄率超过其他新兴经济体。

4. 德国社会市场模式的资本主义

德国社会市场模式的资本主义优点是：出色的教育和培训，慷慨的福利国家政策和较小的工资差异促进了社会和谐，公司和银行之间的密切关系助长了高投资。而其缺点是：权力过大的工会、高税收、过分慷慨的失业救济和对劳动力市场及产品市场的广泛限制导致失业率居高不下。

5. 瑞典模式的资本主义

瑞典模式的资本主义是曾被当作资本主义、社会主义之间的“第三条道路”而广为宣传的资本主义模式。其优点是：较为开放的市场；全面的福利国家、很小的工资差别、使失业者重新工作的就业计划。而其缺点是：不断上涨的通胀率和经济衰退使预算赤字增大；随着失业率上升，政府对耗资巨大的就业计划不堪重负；个人所得税过高，打击了人们的工作积极性。

6. 新西兰模式的资本主义

新西兰模式的资本主义是20世纪80年代彻底的改革把在富裕国家中这个管制最严、最为封闭的经济体，改造成最积极奉行自由市场政策的国家之一，其税率最低，私有化很普及，其缺点是贫富差距急剧拉大。

7. 荷兰模式的资本主义

荷兰模式的资本主义曾一度被视为“欧洲僵化症”的一个极端实例，现在却被看作欧洲其他国家学习的一种模式。在这种模式下，工人以工资增长较低去换取工作岗位的增加；放宽了对兼职和临时工作的规章制度；降低了社会保险税，结果是失业率明显地下降到3.6%。荷兰资本主义成为一种减少失业而又不大幅削弱福利、也不造成报酬巨大差异的模式。

第三节　当代资本主义几种主要发展模式及其比较

一、自由放任资本主义模式——以美国为例

西方资本主义国家有着不同的发展模式，其中自由放任资本主义模式在全球化浪潮中几乎影响了世界各国，而美国是自由放任资本主义模式最典型的国家。美国模式也被称作“新美国模式”“盎格鲁—撒克逊模式”“市场引导型资本主义”“股票资本主义”。

法国学者米歇尔·阿尔贝尔认为，应当准确地称当今的美国发展模式为“新美国模式”，因为1980年里根当选总统标志着自大萧条结束以来国家全面干预经济的旧模式的终结，一个全新的发展模式从此形成。

（一）美国模式的形成

要了解美国模式的全貌，还必须从英国开始，因为该模式首先是在英国形成和发展起来的。

1. 大萧条：曼彻斯特模式的终结

在资本主义发展史上，并不是每一个国家的发展模式都能成为其所处时代具有代表性的模式，只有那些在经济发展上取得巨大成就，综合国力处于强国地位乃至霸主地位的国家，其经济、政治、社会体制才能形成一种范式。如果这种范式能够在较长的时间内影响其他国家（不论这种影响是强制进行的，还是主动效仿的），那么它就能成为那个时代具有代表意义的发展模式。

从这个标准来看，英国创立了第一个资本主义发展模式——曼彻斯特模式（与英国有着特殊历史、政治关系的美国亦是这个模式的主要代表），它以无可抗衡的优势贯穿了整个 19 世纪，并在 20 世纪 20 年代达到了辉煌的顶点。这个模式的典型特征是自由放任的市场经济，它以古典经济自由主义奠基人亚当·斯密的“自然秩序”思想为指导，反对政府干涉经济活动。亚当·斯密赞扬市场这“一只无须人为控制和有意为之的‘看不见的手’能自动地促进社会效益的增长”，是使社会处于自然、健康状态的保证。政府的职能仅限于三个方面：一是保护国家免受外来侵犯，二是保护公民免受不公正的压迫，三是建立和维持公共机构。

在自由放任的思想推动下，摆脱束缚的资本主义经济获得了前所未有的发展，资本利润率空前高涨。在经济飞速增长中，曼彻斯特模式以自由、平等、民主为政治价值目标的议会体制逐渐走向成熟。同时，由于资本利润渠道在国内饱和，为资本服务的政权必然凭借强大的实力向海外寻求发展空间，由此，曼彻斯特模式以武力拓展殖民地的对外关系特征便相应形成。因此，曼彻斯特模式可以简单地概括为如下几点：（1）自由放任的市场经济体制；（2）以自由、平等、民主为政治价值目标的议会体制（政治体制）；

（3）以武力拓展殖民地的对外关系（旧殖民主义）。然而，1929—1933年的大萧条宣告了曼彻斯特模式的终结。这场资本主义历史上前所未有的大危机造成了大批企业倒闭和大规模的工人失业，在资本主义世界造成了严重的社会动荡，这就意味着曼彻斯特模式的指导理论古典经济自由主义的破产。对此，著名史学家霍布斯鲍姆的评价是："传统自由主义口口声声主张一个运作得当的自由市场社会，绝不可能发生大萧条，可是1933年的经济上的现实，实在很难令人继续相信这种理论。"

卡尔·波兰尼在《当代政治与经济的起源》一书中写道，19世纪的文明已经崩溃。19世纪的文明建立在四个制度之上。第一个是均衡制，它在整整一个世纪内防止了霸权之间长久而毁灭性的战争；第二是国际金本位制，它象征着一个独特的世界经济组织；第三是自律性市场制，它造就了前所未有的物质繁荣；第四是自由主义国家制。在这些制度中，金本位制最具关键性，它的崩溃是这个大变动的近因。当它要崩溃时，其他制度也在各种徒劳无功的挽救过程中牺牲了。但是金本位制的源泉和母体是自律性市场制度。正是这个新制度配置了一个特殊的文明。金本位制其实不过是企图将国内的市场制扩展到国际领域上的一种制度；均衡制则是金本位制的上层建筑，且局部通过金本位制来运作；自由主义国家制度本身则是这种自律性市场制的产物。19世纪各种制度的系统的关键乃是支配市场的一些规律。资本主义从此进入了"罗斯福秩序时代"。

2. 滞胀："罗斯福秩序时代"的终结

"罗斯福秩序时代"模式强调对曼彻斯特模式中放任不羁的市场加以政府干预和管束，其指导理论是凯恩斯主义。凯恩斯反对古典学派的"萨伊定律"，主张通过刺激有效需求实现充分就业。凯恩斯认为，资本主义市场并不先天具备自动调节供给与需求的机制，一定程度的、以需求为导向的、积极财政政策的政府干预行为是解决问题的方法。①凯恩斯反对古典自由主义的“自然失业率”理论，主张充分就业。

大萧条虽然未能使罗斯福改变对私人企业制度的推崇，但大萧条的严酷现实使其接受了凯恩斯主义理论，他相信：“联邦政府应该在市场无所作为时采取行动，某种程度的政府计划对于刺激经济增长是必要的”②。同时，他也敏锐地意识到就业是经济的基本问题，大规模的失业会造成灾难性的社会动荡，由此得出“政府必须介入劳工就业市场”的结论。

▶ 相关链接 4-5　富兰克林·德拉诺·罗斯福

富兰克林·德拉诺·罗斯福（1882—1945），美国第32任总统，美国历史上唯一连任超过两届（连任四届，病逝于第四届任期中）的总统，美国迄今为止在任时间最长的总统。罗斯福新政（The New Deal）是指1933年富兰克林·罗斯福就任美国总统后所实行的一系列经济政策，其核心是三个R：救济（Relief）、复兴（Recovery）和改革（Reform），因此有时也被称为“三R”新政。新政以增加政府对经济直接或间接干预的方式大大缓解了大萧条所带来的经济危机与社会矛盾。

资料来源：[美]大卫·C.惠特尼著，何东辉等译：《美国总统列传》，天津人民出版社1986年版，第341页。

在凯恩斯主义理论和罗斯福“新政”实践的共同作用下，一个以政府全面干预经济、主张充分就业和刺激有效需求为特点的“罗斯福秩序时代”模式终于形成。这一模式在美国持续了近半个世纪，并在二战后深刻而广泛地影响了西欧资本主义国家。社会保障体系的普遍建立是这一模式实践的鲜明

---

① Derek Grabtree, *Keynes and the Role of the State*, Martins Press, 1993: 81.

② Daniel Preston, *20th century United State History*, Harpercdllins Publisher, 2001: 43.

特点。1935 年 8 月，罗斯福签署了《社会保险法》，英、德、瑞典等国在二战后相继宣布建成福利国家。这一模式另一大特点是劳工运动获得了很大发展，在劳工运动并不发达的美国，工人在“新政”期间的入会率从 9% 跃至 34%；在西欧，德国、瑞典、荷兰等国的工会成为社会政治生活的重要角色，实行了工人与资本家共同参与企业管理的劳资共决制度。

罗斯福秩序时代是资本主义历史上经济发展最为快速、劳资关系相对和谐、社会相对稳定的时期，史学家称之为资本主义历史上的“黄金时代”。因此，罗斯福秩序时代可以简单地概括为如下几点：尊重市场，政府干预，社会保障，劳资合作。然而，1973—1975 年资本主义世界发生的“滞胀”危机宣告了凯恩斯主义的破产，资本主义发展开始转入里根—撒切尔时代。

3. 里根—撒切尔革命：“新美国模式”的形成

面对 20 世纪 70 年代的“滞胀”危机，凯恩斯主义成了众矢之的，西方世界充斥着一片“古典经济自由主义”的复古氛围。为了反对政府干预，20 世纪 70 年代末 80 年代初，英国首相撒切尔夫人和美国总统里根在经济政策领域，共同发起了一场新保守主义革命，即国家最小化革命。其理论依据来自货币学派①和供给学派②。

▶ 相关链接 4-6　玛格丽特 · 希尔达 · 撒切尔

玛格丽特 · 希尔达 · 撒切尔（1925—2013），英国右翼政治家，第 49 任英国首相，1979 年至 1990 年在任，她是英国第一位女首相，也是自 19 世纪初利物浦伯爵以来连

---

① 货币学派是 20 世纪 50—60 年代，在美国出现的一个经济学流派，亦称货币主义。该学派强调货币供应量的变动是引起经济活动和物价水平发生变动的根本的和起支配作用的原因。——编著者注

② 供给学派是 20 世纪 70 年代在美国兴起的一个经济学流派。该学派强调经济的供给方面，认为需求会自动适应供给的变化，因而得名。——编著者注

任时间最长的英国首相。玛格丽特·撒切尔一直被誉为英国历史上的一个奇迹，她的出现给死气沉沉的政治经济注入了活力。由其主导的“撒切尔革命”以私有化、改革税制、削减文职官员、削减国家福利为主要内容。具体涉及国有企业私有化、削减企业税收和社会福利政策、放松政府对公共行业的管制等，强调政府执行传统的平衡财政政策。

资料来源：郑建邦主编：《国际关系辞典》，中国广播电视出版社 1992 年版，第 294 页。

撒切尔夫人认为“大政府”是“滞胀”产生的罪魁祸首，并在执政后竭力扭转政府职能扩大和社团主义蔓延的势头，颂扬“小政府”的优点，减少政府在一系列领域的干涉行为。她信奉货币主义理论，上台后就进行大刀阔斧的改革。她主要采取如下措施：（1）缩减公共企业和公共服务的规模，削减公共开支；（2）鼓励发展私有企业，出售公共企业的国有股份；（3）削减福利开支；（4）打击工会力量；（5）控制货币。

而在大洋彼岸的美国则进行了一场“里根革命”。对于“滞胀”产生的原因，里根经济学的主要派别——供给学派认为，“滞胀”的根本因素源于凯恩斯主义三项基本政策产生的后果：（1）政府赤字政策产生了与供给不对称的需求；（2）高额税收抑制了生产的增长；（3）政府干预经济的规则和计划抑制了企业的创新。据此，政府的主要经济政策应该是：“以供应为导向，削减税收，鼓励私人企业，减少政府干预。”① 里根经济学另一理论支柱——以哈耶克为代表的新自由主义学派，强调市场的自发调节作用，认为政府干预市场经济是一条走向“奴役的道路”，因为哈耶克崇尚私有制。

① William Graebner, *The American Record*, The McGraw-Hill companies, 1997：280.

▶ 相关链接 4–7　经济学家关于私有制的论述

“在情况如此复杂的现代社会，对于中央政府去处理一个涉及如此规模的资本价值信息并达到竞争性的资本应有的效果是不可能的事情。”①

“私有制永远是最合适的，它将保证最畅捷和最有效的竞争机制，可悲的是，这个极其重要的原则常常被一些经济学家忽略。”②

▶ 相关链接 4–8　罗纳德·威尔逊·里根

罗纳德·威尔逊·里根（1911—2016），美国杰出的右翼政治家，第 40 任（第 49—50 届）美国总统（1981—1989）。里根是保守主义的政治代表人物，在他领导美国期间，保守主义思潮在自罗斯福“新政”起长期处于美国政治边缘之后，一跃成为美国政治的主流。他们主张政府减少对经济和社会生活的干预，降低公共开支和福利支出，给予企业和个人更大的经济自由。里根政府时期所实行的供给学派的经济政策，同在此之前在西方国家经济政策中占据主流地位的凯恩斯主义背道而驰，并与同一时期英国撒切尔首相所采取的货币主义经济政策遥相呼应。

资料来源：MBA 智库·百科（https：//wiki.mbalib.com/wiki/%E7%BD%97%E7%BA%B3%E5%BE%B7%C2%B7%E5%A8%81%E5%B0%94%E9%80%8A%C2%B7%E9%87%8C%E6%A0%B9）。

在供给学派和新自由主义理论指导下，里根在美国实行了以“大幅度减税、部分私有化、减少政府管制、削减中等收入阶层的福利待遇”为主要内

① Bruce Caldwell，*The Collected Works of F .A .HAYEK*（*vol .10*），The University of Chicago Press，1989：62.

② Bruce Caldwell，*The Collected Works of F. A .HAYEK*（*vol .10*），The University of Chicago Press，1989：66.

容的里根革命，这场革命使美国走向一条全面修正“罗斯福秩序时代”的经济社会政策的道路。同时，里根时代的政治文化价值观也出现了回归资本主义传统和秩序的势头，宗教、伦理、家庭等观念得到提升。在对外关系上，里根扭转了“苏攻美守”的战略态势，转而实行“进攻性推回”战略。

这样，在 20 世纪 80 年代，经过里根—撒切尔革命，西方资本主义的一个全新的发展模式——“新美国模式”产生了，这一模式在随后的布什政府时期得到进一步的巩固。在民主党的克林顿执政时期，虽有迂回反复，但总体走势未变，小布什政府则全面实行新美国模式的全部内容，并利用其控制的国际金融、贸易等组织在全球范围内推行这一模式。

（二）美国模式的基本特征

通过追溯“新美国模式”产生的过程，可以看出，“新美国模式”的“新”仅仅是相对于罗斯福秩序时代而言，而相对于曼彻斯特模式，它只是古典经济自由主义的复归而已，美国学者阿兰·G. 纳塞尔将其喻为“新瓶装旧酒”。因此，厘清这一本质后，就能准确把握新美国模式的基本特征。

1. 经济政策倾向“利润至上”原则

资本的本性是追逐利润，古典自由主义倡导的自由放任的市场机制，根本目的在于确保资本获利最大化。里根—撒切尔革命的目标就是重建资本利润至上的原则和架构，认为罗斯福秩序时代对资本课以重税后的再分配策略严重地损害了资本的创造性。对此，供应学派认为，“对拥有资本的富人征以过多的税赋势必影响资本再投资的积极性，同样，对于用这种税收给穷人以过多的补偿势必削弱他们的工作动力，二者都将导致生产效率的低下”[①]。在里根执政期间，富人的纳税额在总税收中的比例从 70% 减至 50%。对

---

① Michel Albert，*Capitalism against capitalism*（*English edition*），Whurr Publishers Ltd. 1993：155.

此，罗纳德·多尔的评价是，这种模式的目的就是“从假资本主义变成真正的资本主义，即从原先主要为雇员谋利益的公司改革成主要甚至专门为股东谋利润的公司”。[①]同样，英国也实施各种有利于资本逐利的改革措施，撒切尔革命后，英国经济确有较快的增长，然而从增长中获利的是拥有资本的富人，“最低收入群体不再从经济增长中受益”。

2. 社会政策的社会达尔文主义

撒切尔主义者认为，竞争是普适性标准，“优胜劣汰”的丛林法则适用于社会各个领域。对于社会福利主义者试图用社会保障等救济和补偿手段拉平差距以达到结果平等的观念，撒切尔主义者认为，这实际是以一种更大的不平等作为代价的，是对社会“能者”和“智者”的不公。“每个人彼此之间存在不容否认的差别，这包括天赋、能力、容貌、体魄、意志力等方面的差异，高收入者的丰厚报酬是挣来的，我们生活在一个论功行赏的社会里。”[②]因此，撒切尔主义者的观点是，社会不平等是合理的，只要竞争的机会平等就是公平，人为的结果平等的代价必然是自由的丧失。执行社会达尔文主义的后果也是明显的，在英、美社会，贫富差距进一步拉大，越来越多的人跌入贫困阶层的队伍中。

3. 政治文化的保守主义

政治保守主义与政治自由主义在民主、平等等观念上有着不同的理解和观点，保守主义者主张“等级优于平等，秩序强于自由”。二者在英、美社会不同的历史时期交替占据着政治文化价值观的主导地位。在里根—撒切尔时代，以哈耶克为代表的新自由主义的经济理论战胜了凯恩斯主义，政治保守主义也战胜了自由主义。以罗伯特·博克为代表的政治保守主义对罗斯福

---

① ［英］罗纳德·多尔著，李岩、李晓桦译：《股票资本主义：福利资本主义——英美模式 VS 日德模式》，社会科学文献出版社 2002 年版，第 9 页。

② 张世鹏：《二十世纪末西欧资本主义研究》，中国国际广播出版社 2003 年版，第 71 页。

秩序时代的平等观大加鞭挞，他们认为，现在充斥社会中的暴力，毁坏财产以及仇视法律、权威和传统的行为和观点都来源于对平等的追求，现在的福利制度和类似“肯定性行动”这样对某些群体的照顾法律都是罪恶的根源，它唤起人的最坏的感情——嫉妒和懒惰，平等的要求也必然导向中央集权的大政府，从而导向专制。

与此同时，保守主义者对充斥罗斯福秩序时代的个人主义也进行了攻击。他们认为，个性解放是个人主义泛滥的结果，极端的个性解放必然导致秩序混乱和权威丧失，20 世纪 60 年代出现的“色情泛滥、街头混乱、道德沦丧”等反主流文化正是自由派倡导个人主义的结果。里根竞选总统时，借助当时因越战失利和社会混乱形成的沉沦氛围，对政治自由派的价值观念加以严厉抨击，赢得了美国民众的共鸣。找回“秩序、传统、权威”的呼声日益高涨，各种派别的政治保守主义乘机抬头，尤其是宗教保守主义更是势头猛进，其倡导的“家庭、生命、尊严”的观念在美国社会大行其道。此后，一系列加强国家对社会控制以及诸如限制堕胎、反对同性恋等带有保守主义性质的法令、法规在一些地方州政府相继出台。在这一背景下，保守主义逐渐成为当今美国政府主导的政治文化价值观。

4. 外交政策的“单边主义”

单边主义是里根进攻型对外军事战略的延续和发展，其根本宗旨在于为资本和美国国家利益服务，这与曼彻斯特模式时代大英帝国用强大的海军为其资本开辟殖民地的做法如出一辙。在全球化浪潮中，资本以跨国公司为载体在世界范围内流动，“无边界国家”成为资本的必然要求，这无疑会遭到民族国家的抵制。对于那些不遵从由美国等西方国家制定的全球化游戏规则的国家，美国的做法是：

（1）利用其控制的国际组织迫使对方加入“华盛顿俱乐部”。有学者指出，世界贸易组织是出口美国价值观念的“新武器”，“公开的秘密是国际组织要保持运作的正常就必须满足大国，特别是美国的要求。那么，在现实世界中，该‘新武器’就允许美国深入地干预别国的内政，迫使它们改变其法律条文和事实上的做法”。[①]

（2）一旦上述“新武器”不能奏效，真实的武器便是理所当然的选择。这种选择的随意性与当今美国的霸主实力是相吻合的，单边主义外交政策是这种态势的结果。

▶ 相关链接 4–9　靳辉明关于美国模式基本框架和根本特征的论述

靳辉明把美国模式的基本框架和根本特征概括为以下三个方面：

（1）资源配置和经济活动主要靠市场机制自动调节；

（2）强调个人主义、注重自由创新；

（3）股票和证券市场的波动对经济影响较大，股东的利益至高无上。

资料来源：靳辉明、罗文东：《当代资本主义新论》，四川人民出版社 2005 年版，第 198—200 页。

（三）美国模式的扩张

20 世纪 80 年代末 90 年代初新一轮经济全球化重新启动、加速发展。在此轮全球化浪潮中，“美国模式”在经济方面显示出了巨大优势，得到了不断扩展。该模式的典型代表美国也获得了长达 10 年以上的经济持续快速发展。

1991 年 4 月开始的美国经济增长，一直持续到 2000 年 4 月，创造了二战以来美国经济增长新纪录。自此，美国经济增长表现出如下几个特点：

（1）经济增长快速稳健。自率先走出 20 世纪 90 年代初期的世界性经济危机以来，美国经济的年增长率均在 4% 左右，扭转了美国经济增长速度在

---

① ［美］诺姆·乔姆斯基著，徐海铭、季海宏译：《新自由主义和全球秩序》，江苏人民出版社 2000 年版，第 51 页。

20 世纪 80 年代落后于日本和德国的局面。（2）低失业率与低通货膨胀率并存。美国失业率从 1992 年的 7.5% 高峰回落至 2000 年的 4%，通货膨胀也一直保持在 3% 以下的低水平。（3）联邦政府的财政赤字得到比较有效的控制。历史上美国的经济增长大都是靠财政赤字政策维持的，因此巨额的联邦财政赤字长期以来一直困扰着美国政府。1992 年开始，美国财政赤字状况有所好转，并在 1997 年出现了自 1943 年以来首次连续 5 年的财政赤字下降。（4）股票价格指数长期居高不下。美国此轮历史上历时最长的经济增长，引起了人们的广泛关注，有人甚至用“新经济”一词描述该模式的优势，认为美国经济由此进入了一个“长期繁荣”的新时代。

（四）美国模式的缺陷

美国模式也存在一些内在的难以克服的缺陷。正如有学者所指出的：“美国过去的优势和现在的弱点是一个事物的两个方面，他们是陈陈相因的。”对于该模式的缺陷，我们可以从自由市场本身的弊端以及该模式造成的不良后果两大方面分析。

一是自由市场本身存在的弊端：（1）市场竞争的不完全性；（2）市场机制无力调节公共物品；（3）市场机制的功能性紊乱；（4）难以保证基础设施的建设；（5）市场经济活动引起的外部不经济。

二是该模式本身引起的一些不利经济社会后果：（1）过分强调个人利益，忽视了社会整体利益；（2）不平等现象突出，社会贫富分化问题严重；（3）工业薄弱、物质生产萎缩，种种金融衍生品交易和股市交易恶性膨胀，使经济沦为一种“赌场经济”；（4）盲目性和无政府状态加强；（5）负债累累。

二、社会市场经济模式——以德国为例

社会市场经济模式最具代表性的是莱茵模式。莱茵模式是由法国经济学家、曾任法国保险公司总裁的米歇尔·阿尔贝尔提出来的。他在《资本主义反对资本主义》一书中，将莱茵河流域的西欧国家，主要是德国（还有瑞士、挪威、瑞典等国）所奉行的市场经济模式，称为“莱茵模式”。与美国模式相比，莱茵模式具有深厚的社会基础和悠久的历史与文化传统，强调社会保障体系的建立，利用税收和福利政策来实现社会的和谐与公正。米歇尔·阿尔贝尔断言，在强势的美国模式面前，莱茵模式所包含的“人文价值”和其社会和谐平等的内涵，仍将具有顽强的生命力。

（一）莱茵模式的形成背景与发展

二战结束后，欧洲大陆主要国家深受战争浩劫和创伤，面临着重建国家政权、恢复经济和社会发展的多重任务。在重建的过程中，一些国家根据本国国情，总结和吸取以前发展过程中的经验和教训，开始探索新的经济社会发展模式，莱茵模式正是在这种背景下产生的。

1. 莱茵模式产生的背景

（1）莱茵模式产生的政治环境。二战结束后，为了彻底肃清法西斯势力，美国、英国、法国、苏联对德国实行了分区占领和分区管理，并先后成立了联邦德国（西德）和民主德国（东德）。随着时间的推移，美、英等国出于自身利益和欧洲重建等多方面考虑，对二战后德国的政策由彻底消灭转向扶持，并在一定程度上把德国的命运交给德国人自己去安排（如路德维希·艾哈德担任联合经济区经济管理局局长），这为德国人自己探索新的经济社会发展模式提供了政治前提。而且，民主德国的社会主义制度对联邦德国造成了巨大的影响和压力，联邦德国垄断资产阶级和统治集团，迫切需要一种经济理论和发展模式与东边的制度分庭抗礼，以稳定人心。在这种情况

下，一种新的经济社会发展模式呼之欲出。

▶ 相关链接 4-10　路德维希·艾哈德

路德维希·艾哈德（1897—1977），联邦德国政治家、经济学家、“社会市场经济之父”。他领导了二战后联邦德国的经济体制改革和经济重建，是弗莱堡学派理论的最主要实践者。他 1957 年出版的《大众的福利》根据联邦德国二战后经济改革的经验，系统地阐述了联邦德国新自由主义学派奠基人瓦尔特·欧根创立的社会市场经济理论，并提出社会市场经济的自由原则、社会平衡、个人对社会负责和中庸原则不是简单的相加，而是一个不可分割的整体。

资料来源：姚开建、梁小民主编：《西方经济学名著导读》，中国经济出版社 2005 年版，第 190 页。

（2）莱茵模式产生的理论渊源。在希特勒纳粹统治期间及二战后，德国有大批社会学家和经济学家对纳粹政权的统制经济进行了批判，对德国未来的经济社会制度进行了深入研究并建立了比较系统的理论。主要代表有新自由主义理论和流亡学派的理论，但对以社会市场经济为基础的莱茵模式来说，具有德国特色的新自由主义理论贡献最大。新自由主义主要有两派代表：一派是以瓦特尔·欧根和伯姆为代表的弗莱堡学派，自由和秩序是此派思想的两个核心概念，认为理想社会发展的第三条道路就是“社会市场经济模式”；另外一派以米勒·阿玛克和艾哈德为代表的“实用主义”的新自由主义，他们不仅在理论上对社会市场经济有重大贡献，而且作为政治家对德国发展模式做出了重要原则性规定和贡献。两派理论的共同点是：既不主张完全继承传统的资本主义市场经济，也不赞成实行由中央控制的计划经济，基本上都主张走第三条道路。具有德国特色的新自由主义从而构成了以社会市场经济为基础的莱茵模式的主要理论基础。

▶ 专栏 4-1　弗莱堡学派

弗莱堡学派又名联邦德国新自由主义。二战后以联邦德国弗莱堡大学为中心形成的主张“社会市场经济”的经济学流派。是在 20 世纪 20—30 年代以后逐渐形成的一个重要的新自由主义学派。弗莱堡学派在欧根提出的“理想类型概念”基础上，创立了社会市场经济理论，认为社会市场经济要以实现“全民福利”为基本目标；强调社会市场经济秩序要以自由市场机制的调节为主；反对在社会市场经济中有任何垄断形式存在，提出自由原则和国家有限干预原则。

弗莱堡学派试图超越社会主义经济和资本主义经济之外的“第三条道路”，提出了一系列旨在调和工人与资本家之间的矛盾的政策主张：颁布“防止限制竞争法”，实行“劳资共同决策”制，稳定物价水平，保持财政预算平衡，工人非无产阶级化，推行社会保障制度等。此学派反对传统的自由放任主义，反对实行社会主义、实行生产资料公有制。主张国家采取措施，实行自由竞争和价格自动恢复均衡的机制，政府的职能限于为企业创造自由竞争的环境。认为社会市场经济体制是保障生产效率、自由和人类文明生活的理想体制。因其反对国家干预或过多干预经济，一般被视为西方经济学中的“右派”。

代表人物有：瓦尔特·欧根、弗兰茨·伯姆、汉斯·格罗斯曼、卢茨、艾哈德、罗布凯等。

（3）莱茵模式形成的经济基础。二战后初期，西德经济处于瘫痪状态，占领当局沿袭了战时的中央统制经济体制，实行紧急状态下的配给型经济体制，这种体制严重束缚西德经济的恢复和发展。为了打破和改革过去的统制经济体制，1948 年 6 月 18 日，西占区在法兰克福召开“经济会议”，德国人艾哈德作为双战区经济管理局局长，参与制定了《货币改革后的管理和价格政策指导原则法》。该法否定了计划经济、统制经济和战争经济体制，成为社会市场经济的奠基石、雏形和胚胎。[①] 同年，艾哈德又进行了以冻结银行存款、新马克替换旧马克和严格控制货币供应量为主要内容的货币改革和以减少经济管理规定、放开物价为主要内容的经济改革。这两项改革标志着德国社会市场经济的诞生，在很大程度上改变了德国未来的命运和发展方向，后来又逐渐发展完善，形成以社会市场经济为基础的莱茵发展模式。总的说来，这种模式的形成和产生，是在总结了自由资本主义的弊端，特别是1929年至1933年的世界经济危机和希特勒纳粹政权统治时期实行统制经济体制的经验教训的结果。因此该模式既摒弃了对经济的完全自由放任主义，也反对国家对经济社会的全面干预，试图在继承传统资本主义市场自由竞争的优点和吸收社会主义的公正平等先进理念的基础上来纠正资本主义的经济和社会弊病。在这一系列改革过程中，艾哈德对于建立社会市场经济的贡献最大，他本身掌握的权力加上美、英两国有逐渐向联邦德国政治机构移交工作的趋势，有力地推动了改革进程和对新的经济社会发展模式的探索。

2. 莱茵模式的发展变化过程

以社会市场经济为基础的莱茵模式在每个发展阶段中都有侧重点，并根据形势的变化对经济社会政策进行了不断的调整和革新。以德国为例，社会市场经济自1948年诞生以来，已经历了70年的历史。在这期间，保守的基督教联盟党和德国社会民主党轮流上台执政，虽然政策的侧重点各有不同，但社会市场经济的基本原则和最高目标没有改变，只是根据经济和社会发展形势的变化不断调整发展模式中的具体措施。纵观莱茵模式的发展，依次经历了从自由主义、凯恩斯主义，再到新自由主义思潮的主导，大致经历了以下四个发展阶段。

---

① ［法］米歇尔·阿尔贝尔著，杨祖功、杨齐、海鹰译：《资本主义反对资本主义》，社会科学文献出版社1999年版，第21页。

（1）第一阶段（1948—1966）

这个时期是德国社会市场经济的初步形成阶段，主要以自由主义思潮作为理论指导。艾哈德作为第一任联邦德国经济部长和第二任联邦政府总理，对社会市场经济模式的形成做了极为重要的奠基性的贡献。首先，逐步确立了经济秩序，以保障更有效地自由竞争。这一时期先后制定了《原则指导法》《基本法》《反对限制竞争法》《德意志联邦银行法》和《信贷法》等重要法律，建立起竞争秩序和货币信贷秩序，通过财政改革和积极参与欧洲一些重要经济组织，建立起了财政秩序和对外经济秩序，而这些秩序的建立基本上形成了德国经济的“游戏规则”和“框架”。其次，逐步建立了社会秩序。德国在俾斯麦时期以来就有社会保障的传统，联邦德国成立后不仅继承了这一传统，而且建立和扩大了疾病、工伤、养老和残废保险，并在社会保障和社会福利方面先后通过了《照料法》《赡养费法》《均衡负担法》《住宅建设法》和《雇员保护法》等法律，有利于实现社会目标。经济秩序和社会秩序的逐步建立及一系列措施的实行，社会市场经济目标已经初步实现，经济取得快速发展，政治有所进步，社会基本稳定，尤其是社会民主党对社会市场经济态度发生了变化，经过 1959 年的“哥德斯堡纲领”之后，社会民主党在经济和社会方面的政策同其他党派更加接近了，德国政局更加稳定。总之，在这一阶段，重点强调自由竞争，国家干预的成分很少，德国社会市场经济模式初步形成，基本实现了社会市场经济的理论所要达到的目标。

（2）第二阶段（1966—1982）

这一阶段社会市场经济的内涵和外延发生了变化，国家加强了对经济的干预，指导思想上吸纳了凯恩斯主义。艾哈德于 1966 年下台后，继续执行社会市场经济模式的是号称“超级经济部长”的席勒和他的继承者们。席勒承认艾哈德经济政策的基本原则，但在一些具体问题上，两个人存在分歧。艾哈德反对任何形式的国家计划和干预，尽管席勒认为竞争是第一位的，但他认为必要时要使用国家计划，如果没有宏观调控，经济适度增长、物价稳定、充分就业和国际收支平衡就不可能实现，再加上这段时期出现了几次全面性的生产过剩危机，也促使联邦德国吸纳了凯恩斯主义关于宏观调控、需求管理和国家对经济干预的思想，并把它运用到经济政策中，进而使“有限条件的社会市场经济”转到了“全面调节的社会市场经济”。①

（3）第三阶段（1982—1990）

这是政府由全面干预经济转向减少干预的阶段。1982年基督教联盟党和自由民主党联合执政后，在科尔担任联邦政府总理的十几年中，采取了一系列措施，核心内容是尽可能地减少国家干预，通过减少税收，缩减社会福利和政府财政赤字，让个人和企业拥有更大的经济自由活动空间，充分发挥市场竞争的作用，努力进行结构性改革，逐步推进私有化。但这种经济自由主义政策未收到预期成效，国民经济虽有温和增长，但始终未能出现繁荣。

（4）第四阶段（1990年至今）

1990年，德国实现了统一。除统一初期德国东部地区经济有较快发展之外，大多数时候德国经济处于低迷和乏力状态。出现这一状况主要是由于在经济全球化和信息化影响下莱茵模式本身社会经济结构的问题更加凸显，需要进一步调整和改革。1998年施罗德出任德国政府总理以来，基本上延续了科尔时代的政策，尽管在推进改革方面做了许多工作，如2000年正式启动的“新社会市场经济倡议”运动和2003年初提出关于改革现行社会福利保障体制的“2010改革计划”，也主要是为了减少国家对经济的干预，使社会保障制度和市场经济的自由竞争相协调，但总体来说，效果并不明显。2005年默克尔出任德国政府总理以来，还未能完全兑现选举时进行比较激进的全面放松市场管制的改革和税制改革的承诺，只是实施了一些回避

① 刘光耀：《德国社会市场经济：理论、发展与比较》，中共中央党校出版社2006年版，第19页。

风险的政策，改革成就乏善可陈，前任留下来的经济社会问题依然存在。要想解决这些问题，还需进一步的行动和更为积极有效的改革。除了德国，其他莱茵模式国家如法国、荷兰也遇到了同样的困难，究其根本原因，是社会市场经济模式本身出了问题。

（二）莱茵模式的基本框架和根本特征

从自由主义思潮在社会市场经济模式中占主导地位，到凯恩斯主义在德国的制度化和普遍化，再到新自由主义的回潮乃至第三条道路的确立，以德国社会市场经济为典型代表的莱茵模式尽管自产生之日起，经济社会政策一直处于不断的变动之中，但其“既严格遵守市场经济自由竞争的原则，又注重从社会政策的角度对经济加以指导”的指导思想并没有变化，相应地，其基本框架和根本特征也保持了下来。

（1）坚持自由竞争原则，实行国家优先调控和干预；

（2）在公平和效率的关系方面，更加注重公平（完善的社会保障制度）；

（3）银行的地位和作用非常突出。

（三）莱茵模式的优势及其影响

莱茵模式既强调竞争的优势，又注重效率和公平的有机结合，是一种将市场自由原则和社会平衡原则相结合的经济制度。这一特点为实行莱茵模式的各国，尤其是为20世纪50年代以后的德国创造了举世瞩目的经济奇迹，使这个昔日的战败国用了“不到两代人的时间”就变成了一个世界经济巨人。概括起来，该模式具有以下几大优势：

（1）注重经济效率与社会公平的有机和谐发展；

（2）出色的教育和训练，造就了高素质的劳动力；

（3）比较完善的社会福利和保障制度，形成了社会的和谐稳定与公正平等。

（四）莱茵模式的困境

任何事物的发展都具有其两面性，莱茵模式的发展也不例外。该模式在经济发展与社会整合方面起到积极作用的同时，也积累了许多负面效应。随着20世纪70年代世界石油危机的爆发，莱茵模式的一些弊端逐步暴露出来，并陷入了无法自拔的困境之中。经济全球化进一步动摇了其“竞争秩序政策”框架，随着全球化进程的不断加快，该模式的困境也日渐突出地显现出来。主要表现在以下几个方面：

（1）福利国家难以为继；

（2）“共决制”面临威胁；

（3）“竞争秩序政策”框架遭到动摇；

（4）银行体制受到冲击。

三、政府导向型资本主义模式——以日本为例

“日本模式”又称“政府导向型资本主义”，亦有人称之为“国家集权下经济统治或开发资本主义类型”[①]。顾名思义，“日本模式”的典型、核心代表是日本，在日本经济社会迅速发展的驱动下，韩国、新加坡等亚洲一些国家和地区，也纷纷采纳了这一颇具东方特色的经济社会发展模式。下面主要以日本为例考察该模式的发展过程、理论特征以及优势弊端。

---

① ［英］戴维·柯茨著，耿修林、宗兆昌译：《资本主义的模式》，江苏人民出版社2001年版，第12—13页。

（一）日本模式的形成背景与发展阶段

1. 日本模式的形成背景

日本模式的形成背景有一些是和以德国为代表的莱茵模式相同或相似的，如因发动侵略战争失败后导致本国经济崩溃，生产萎缩，被战胜国所占领，以及战后初期盟军占领当局所采取的解除武装、经济民主化等方针政策。不同的地方在于战后的日本并没有德国民主党那样的社会民主主义传统，相反却有着深厚的儒教传统和日本传统中强烈的家族意识与集团意识。正因这些特点才形成了不同于美国模式、德国模式的日本模式。

儒家文化的“忠孝”思想，同日本的“家”文化相结合，使日本社会文化体现出日本模式深刻的东方文化底蕴，并呈现出如下特征。（1）国家和家长中心主义，它是“政府导向型”市场经济以及“官产复合体”管理方式存在的依据；（2）权威主义和等级意识，它是“年功序列制”等企业制度被日本社会广泛认可的基础；（3）集团主义民族文化传统和共同体意识，它们对“终身雇佣制”和“交叉持股制”的形成起了很大作用。

2. 日本模式的发展阶段

（1）第一阶段，从二战结束到20世纪50年代中期，是日本从统制经济向政府主导型市场经济的过渡阶段。自明治维新后，为了适应天皇专制制度和军事扩张需要，日本资本主义经济始终是在政府直接扶植、保护和控制下发展的。所以，早期的市场经济体制兼有国家性、垄断性、封建性和军事性的特征。1940年前后，日本在德国统制经济和苏联计划经济影响下，形成战时经济体制，将整个国民经济完全置于政府控制之下，这就是所谓的统制经济体制。二战后初期，日本经济状况严重恶化，处于极度衰败和混乱之中。面对这种情况，为了抑制通货膨胀，恢复经济，日本政府曾一度延续了战争期间的统制经济体制，并起到了一定积极作用。但随着经济的恢复，其消极作用日益明显。1949年后，随着经济状况的好转和经济环境的恢复，开始逐步放弃统制政策。1949—1955年，日本进行了一场主要以美国模式为蓝本的内容广泛的体制改革，目的是铲除旧有的政权基础和经济体制，确立一种民主、和平的新型体制，即从以行政手段为主转变为以经济手段为主，从直接控制转变为间接控制，从统制经济体制转变为政府主导的市场经济体制。

（2）第二阶段，20世纪50年代中期到90年代初是其迅速发展时期。在这一阶段，日本模式的诸多重要特征得以形成和发展，并促成了经济奇迹的产生。这期间，在自民党一党长期执政体制下，自民党采取种种行政、立法措施，发展以大企业为中心的日本经济，收到了成效。自民党重视国家对经济活动的干预，推行经济增长主义，即把经济增长的高速化和极大化作为二战后日本国家发展战略的基本指导思想和理念，渗透到日本的经济、社会、文化、教育乃至政治和外交各个领域及其政策实践全过程。在这一阶段，日本经济取得了迅猛发展，投资迅速高涨，先后出现了四次经济持续高涨的局面。这一阶段的日本经济增长速度，即使在发达资本主义国家中，也是最快的。这点从主要工业化国家年均增长率就可清楚地看出：1960—1973年，美国为2.1%，日本为8.5%，联邦德国为4.4%，法国为4.7%，英国为2.9%；1974—1982年，美国为0.4%，日本为3.4%，联邦德国为2.3%，法国为2.4%，英国为1.6%。

（3）第三阶段，从20世纪90年代至今，在不断的声讨和改革呼声中，日本模式开始沿着缓和规制、限制政府主导经济的思路进行改革。从1991年下半年起，随着“泡沫经济”的瓦解，日本经济呈大幅下滑之势。1992年度的经济增长率仅1.6%，只是20世纪80年代平均增长率的1/3。1992—2002年，日本国内生产总值年均增长率仅为1%，其中，1993年和1994年连续接近零增长，1997年和1998年连续出现负增长，这是日本经济发展史上罕见的，受到广泛赞誉的日本模式开始陷入危机。1993年自民党下台，在不断的声讨和改革呼声中，日本政府于1996年推出“六大改革”

措施，包括金融体制改革、财政体制改革、行政改革、经济结构改革、社会保障制度改革和教育改革。其目的和实质是放松规制，限制政府对经济的主导作用，创造自由而富有活力的经济社会，以使日本经济恢复生机与活力。

（二）日本模式的基本特征

二战以来，日本市场经济从统制型转到政府主导型，在政府规制的调控作用下创造了经济奇迹。之后，随着“泡沫经济”的破灭，又开始放松规制，限制政府对经济的主导作用。但不论如何发展变化，日本模式的基本框架和基本特征基本不变。作为东方国家，日本模式显示出不同于西方发达国家的一些重要特征。

1. 坚持自由竞争原则，强调政府的“主导”或“导向”作用

日本经过明治维新走上资本主义发展道路，国际上面临西方列强殖民主义的威胁，国内的封建生产关系在城市和农村中具有很大势力，私人资本尤其是产业资本力量薄弱，单纯依靠自由竞争不可能加快经济发展。因此，日本政府当然地成为经济生活的主导者。二战后日本建立的经济模式就是一种充分体现政府与市场机制有机结合的、协调统一的政府主导型市场经济模式。如果说大多数西方资本主义国家的经济是靠“看不见的手”调节的话，那么，日本经济则是靠“看得见的手”来调节的，并且政府制定的宏观经济计划、产业政策以及财政金融政策和其他经济行政措施，都有较强的经济约束力和指导作用。强调政府的“主导”作用或“导向”作用是日本模式不同于西方资本主义国家的一个显著特征，日本模式的其他一些特点都是在这一基础上派生的。

2. 职工持股，股份分散，法人成为股东且各法人相互持股

日本的大多数公司经过二战后改革，其所有制结构采取了股份制形式。但这种股份制既不同于以往财阀统治时期的形式，也不同于欧美企业的股份制，而是一种独特的股份制。其独特性体现在：（1）职工持股，股份十分分散；（2）广泛的法人持股。法人成为股东包括两种情况：一种是相互持股，也称交叉持股；另一种是单向持股，即公司与子公司的关系。以法人相互持股为基础的产权结构是日本企业制度的最基本特征。法人持股率由二战前的30% 上升为今天的 70%，金融机构和企业法人是法人持股中的主要力量。

3. 强调劳资协调，实行终身雇佣制、年功序列制和企业工会制

在东方国家集团主义、家族主义和平均主义文化传统基础上建立起来的日本模式，在企业管理方面有着不同于其他资本主义经济发展模式的重要特点。该模式强调劳资协调，在企业中实行终身雇佣制、年功序列制和企业工会制，这是日本企业管理体制中的三大法宝。所谓终身雇佣制，是指一个劳动者从学校毕业参加工作直到退休长期在一个企业工作，与企业是一种长期雇佣关系，中途雇员一般不跳槽，企业也很少解雇职员。即使在经济萧条、雇员过剩时，也通常运用轮休、培训等方式将过剩人员留在企业。与终身雇佣制相配套的是年功序列制，它是指保证职工工资随着年龄增长和在一个企业里连续工龄的增加而逐年增加。该制度是日本企业人事制度的基础和核心。所谓企业工会制，就是按企业组织工会的制度。在日本不像在西方国家那样按产业部门和职业系统组织工会，按企业组织工会可以更好地代表企业内员工的共同利益。日本模式正是以这“三大法宝”把职工利益与企业利益结合在一起，将企业变为“劳资命运共同体”。

4. 企业主要依靠储蓄和银行筹集资金，主银行在公司治理中起主导作用

在金融方面，日本长期实行低利率政策，且货币供给的增长率也远高于西方各国。通过固定利率结构和货币供给的高增长率，并利用国民的高储蓄倾向，日本的金融机构为企业提供了充足资金，以致日本企业的筹资方式一直以间接金融为主，出现企业“超借”、银行“超贷”现象，而二战后日本居民家计支出结构中的“低消费—高储蓄”模式又恰恰适应了这一要求。这种金融政策在助长通货膨胀的同时，也确实对经济的高速增长产生了显著的刺激作用。日本大企业都有自己的主办银行，即“主银行”。所谓“主银行”，就是与企业保持长期而密切联系的银行，或者说，就是在一个企业的全部贷款中所占份额最大的一家银行。主银行制度是日本间接金融的一项核心制度。在对企业经营的监督中真正起决定作用的是企业的主银行。当经营良好时，控制权在企业内部，主银行不加干预；一旦经营不良，财务状况恶化，主银行就作为股东采取行动，行使对企业的控制权。有资料显示，二战后日本企业资金筹措有 60% 以上是商业银行提供，25% 产生于利润留存及资产折旧，只有 10%—12% 来自股票和债券的发行。

（三）日本模式的优势

二战后，日本经济从废墟上站立起来，经过不到 30 年时间，出现了被称为“世界奇迹”的高速经济增长，从一个战败国一跃成为仅次于美国的第二大经济强国。虽然 20 世纪 90 年代以来日本经济陷入长时期衰退之中，但其总体经济实力仍不容忽视，国民生活仍维持在较高水平。现结合这一模式的基本特征对其可取之处分析归纳如下。

（1）日本成功的经验证明，政府主导型市场经济能从主观上自觉克服市场运行中出现的盲目性，弥补市场机制的缺陷和不足，使经济发展的各个方面，从总体上达到高度的衔接与默契，为企业决策提供前景性预测，协助和激励企业的运作与发展，也使整个社会组织更有效率和活力，从而最终实现其追赶欧美发达国家的战略目标。

（2）企业法人相互持股形成了稳定的股东。股东队伍的稳定有利于企业技术创新和稳定发展，还能有效避免企业被恶意收购，也有利于企业间的团结，增强企业的生存能力。可以说，“相互持股是一种相互保险的机制，因而，日本几乎没有大企业破产的纪录，这是终身雇佣最基本的条件”[①]。职工持股能激发职工主人翁责任感，与企业结成风险共担、利益均沾的“命运共

① 张杰、郑欣：《日本——融东西方为一体的市场经济》，武汉出版社 1994 年版，第 96 页。

同体”。

（3）无论是终身雇佣制、年功序列制还是企业工会制，都体现出一种以企业为中心的人际管理和协调，这就可以增强职工的归属感，保持职工队伍稳定，有利于企业凝聚力形成，同时减少劳资冲突。另外，终身雇佣制和年功序列制能够实施的前提条件是：在企业内部对职工进行教育，不断提高其素质，增强其对企业的归属意识，造就一支集团精神强、技术水平高的职工队伍。因此，日本十分重视职工的在职培训和终身教育。

（4）在企业和银行的关系上，通过主银行融资，能使产业资本与银行资本得到很好结合。从战争废墟中起步的日本企业面对资金严重不足的局面，通过主银行向其提供的大量低成本资金，成功实现了负债经营，并保持了资本成本在发达资本主义国家中最低的水平。主银行持股能保证贷款的安全性，并使主银行对企业的监督管理具有一般市场经济模式所难以具有的作用。

（四）日本模式的危机

随着全球化进程的不断加快，以“追赶战略”为目标、“后发效益”为基础的“日本模式”也逐渐暴露出了一系列弊端，显示出了巨大的不适应性。

（1）政府对经济规制过多，使企业难以自由开展经营活动，弱化了企业的自立能力以及在日趋激烈的国际竞争中的应变能力。政府对经济的过分干预，尤其是大藏省[①]对金融机构的过分控制和过分保护，是泡沫经济形成和崩溃的根源，同时造成了日本市场的封闭性并阻碍了日本经济的国际化。政府主导经济必然导致金融机构缺乏竞争活力，缺乏金融业必备的风险意识。

---

① 日本自明治维新后直到2000年期间存在的中央政府财政机关，主管日本财政、金融、税收。——编著者注

所以有学者指出，“泡沫经济的崩溃和创纪录的持续衰退，宣告了追赶型‘日本模式’的终结”[①]。

（2）主银行制度面临困境与挑战，并成为制约日本经济发展的一个主要障碍。由于日本政府为银行提供不倒闭的挽救政策，而主银行为企业提供不破产的保障，在这双重“保险”机制的刺激下，银行和企业的过度借贷行为使金融风险加剧，由此导致泡沫经济膨胀。泡沫经济崩溃后，银行出现了巨额不良债权，大量不良债权制约了日本经济复苏，而长期低迷的经济又使不良债权越积越多，形成恶性循环。同时，泡沫经济的崩溃对银行业造成了极大冲击，北海道拓殖银行、东洋证券、山一证券等一批金融机构纷纷倒闭，这就是我们所说的银行危机的日本模式。

（3）终身雇佣制、年功序列制是导致“大企业病”的制度因素。这些制度抑制了劳动力特别是年轻人的自由流动，导致日本劳动力市场缺乏灵活性，严重削弱劳动者的创造力和竞争力。

四、出口导向型模式——以“亚洲四小龙”为例

（一）东亚模式不同于日本模式

20 世纪 60 年代以来“亚洲四小龙”等东亚国家和地区独创了一种有别于西方的现代化发展途径，引起世界各方的瞩目，人们纷纷研究它们的经验，即东亚模式开始出现。

1993 年，世界银行在《东亚奇迹经济增长与公共政策》报告中首次正式提出“东亚模式”的概念，把“东亚模式”概括为日本、“亚洲四小龙”（新加坡、韩国、中国台湾和中国香港）以及东盟国家（主要指马来西亚、泰国、

① 孔凡静：《“日本模式”的终结与“东亚模式”的危机》，《宏观经济研究》1999 年第 10 期。

印度尼西亚）在现代化的进程中所形成的一种不同于西方的发展战略与体制的选择。[①]本小节主要论述后发国家的东亚模式，即不包括日本。但由于日本在东亚的特殊地位以及它与其他国家的关系，在一些论述中也会涉及日本的发展经验和理论。"东亚模式"基本上是沿着"日本模式"的道路前进的，但是有很大的差异。这一根本差异决定东亚模式有不同于日本模式的许多特点：第一是出口创汇方面比日本更加艰难；第二是日本主要依靠自身积累资金，而东亚其他国家和地区由于自身积累资金力量薄弱而主要依靠利用外资；第三是把本国（地区）经济明确定位为"出口导向型经济"[②]。

与世界其他地区相比，东亚是唯一实现了经济的高速增长和相对平均的收入分配的经济体，因此说创造了近代世界经济发展史上的奇迹。1965—1995年人均国内生产总值的增长率，新加坡是7.2%，印尼是4.7%，马来西亚和泰国是4.8%，大大高于撒哈拉以南非洲国家和拉美国家的0.2%和1.9%。

▶ 相关链接 4-11　世界银行关于东亚奇迹基本要素的概括

世界银行认为，东亚奇迹的基本要素有：

（1）良好的宏观经济管理和稳定的宏观经济业绩；

（2）政府有选择的干预和推行出口主导型战略；

（3）以人力资本的投资促进生产力的发展；

（4）培育广泛的金融机构和金融市场；

（5）开发基础设施；

（6）增加高比率的储蓄和私人投资的吸引力；

---

① Word Bank, *The East Asian Miracle: Economic Growthand Public Policy*, Oxford University Press, 1993.

② 孔凡静：《日本、东亚和中国模式比较》，《招商周刊》2004年第6期。

（7）开发基础设施；

（8）重视积累、有效率的分配和技术赶超。

资料来源：靳辉明、罗文东：《当代资本主义新论》，四川人民出版社2005年版，第248页。

（二）东亚模式的特征

东亚国家和地区的经济介入程度、发展阶段都有所不同，但是除中国香港以外东亚开发战略与发展类型有其共同点：（1）儒家文化的精神；（2）政府的强领导才能；（3）政府导向的开发政策与产业政策；（4）先经济发展后政治发展的顺序。

1. 社会文化因素：儒家文化

东亚社会文化因素指称东亚经济的概念语，有东亚资本主义（East Asian Capitalism）、儒家资本主义、群体资本主义（Community Capitalism）等，这些概念跟儒家有关系。东亚国家和地区属于儒家文化圈，所以它们具有共同的东方的儒家文化传统。比如说，它们重视靠人缘关系，重和谐，倡秩序，重视教育、劳动，群体主义的价值观，等等。这种儒家文化的因素促进经济社会的发展。

2. 政治因素：权威政府体制

东亚国家的发展主体是权威政府。东亚国家的经济发展的主要特征就是在东亚国家的权威政府主导下进行的经济发展。权威政府主导下的经济发展是东亚发展中国家初期为了经济发展而实行的有效的体制。强国家、强政府、强官僚是东亚政治发展的特征，也是东亚经济发展的重要原因。三方面的配合或重叠，推动了东亚经济的发展和危机后的复苏。[①]

① 周建勇：《东亚发展模式的再思考——政府干预的反思》，《珠江经济》2006年第11期。

▶ **相关链接 4-12　20 世纪东亚地区代表性的权威政权**

国家	执政者	执政期间
韩国	朴正熙	1961—1979（18年）
泰国	沙立	1958—1963（5年）
菲律宾	马科斯	1965—1986（21年）
印度尼西亚	苏哈托	1967—1998（31年）
新加坡	李光耀	1959—1990（31年）

资料来源：黄泰渊：《关于东亚模式的再思考——东亚发展模式的分化分析》，《陕西行政学院学报》2016 年第 2 期。

3. 经济因素：国家主导性出口导向的产业化战略

东亚发展中国家为实现战略目标发挥了有效政府干预政策，实行了出口导向的进口替代战略，如高教育水平、控制劳动组织、廉价和高效的劳动力。通过开放与封闭的双重战略保护国内产业，集中投资战略性产业。产业政策以出口导向为主，保护国内经济。东亚国家有自身历史、政治、经济发展的特点，形成政府主导下的市场经济，在东亚崛起过程中发挥了重要作用。但在金融危机中也的确暴露了一些国家在政府与市场之间不恰当的关系。[①]

4. 社会发展的顺序："先经济发展，后政治民主化"

所有的学者对经济发展与民主化的相关关系及优先顺序很关注。问题的焦点集中在经济发展与民主化之间存在因果关系与相互作用，或者在经济发展与民主化中什么部门先进行的问题。东亚国家明确追求产业化发展战略，这是国家精英的计划性选择，所以这些政治精英首先掌握政权，其次控制政治民主化，然后发展经济，在经济发展中集中投入国家资源。因此居民的权利与受到国家较多的限制与监管，到工业化后期再逐步转向民主化进程。比

① 陈峰君：《东亚模式的争议与我见》，《教学与研究》2001 年第 2 期。

较西方国家与东亚国家的现代化革命时期，可以看出西方国家大部分是先进行民主革命后进行产业革命，但是在东亚国家，特别是韩国先发生产业革命后发生民主革命。

▶ 相关链接 4-13　西方国家现代革命时期比较

国家	民主（市民）革命时期	产业革命时期
英国	1642—1689年	1760—1830年
美国	1776—1781年	1790—1860年
法国	1789—1830年	1820—1860年
德国	1830—1848年	1830—1860年

资料来源：黄泰渊：《关于东亚模式的再思考——东亚发展模式的分化分析》，《陕西行政学院学报》2016年第2期。

（三）东亚模式发展不同阶段主要理论

新古典经济学把价格机制、市场调节、刺激与反馈、要素的流动和替代作为经济发展的主要条件，据此，新古典经济发展理论对经济发展形成了三种基本的看法："第一，经济发展是一个渐进的、连续的过程，从而政策效果依靠边际调节。第二，经济发展是一个和谐的、积累的过程，它的进行依靠自动的均衡机制。第三，持续经济是可能的，其前景是令人乐观的。"①但是，发展中国家需要的是大规模的经济变化和重大的经济结构改革，而不是边际的增量调节。这样，就不能指望市场价格机制对经济过程进行自动调节，而需要借助于国家干预或政府计划，来进行经济结构和经济关系的重大调整。因此，西方主流经济学在东亚并不完全适用，除了这些流行的经济学理论以外，东亚还有着自己特殊的经验。纵观二战后东亚经济发展的历程，

① 谭崇台：《十年来我国对发展经济学的研究和应用》，《中国社会科学》1990年第2期。

可以发现，对该地区经济发展影响最大的有以下几种理论。

（1）二战后至20世纪50年代，亚当·斯密的“国际分工理论”、李嘉图的“比较优势理论”、“赫克歇尔—俄林理论”模式及“要素禀赋学说”占主导地位。经过战争创伤的东亚国家和地区普遍落后，人口和劳动力主要集中在农村，经济结构单一，地区发展极度失衡，分配两极分化严重，依据上述理论，东亚发展中国家应该向发达国家出口初级产品和劳动密集型产品，而发达国家则向发展中国家出口资本密集型产品。在这一理论指导下，东亚国家更多地从事低附加值产品的生产，比如，韩国在1963年的生产结构中，食品加工业占到27.8%，在出口结构中占到20.7%，这与1985年的10.5%和1.5%形成鲜明对比。

（2）1966年由钱纳里和斯特劳特提出的“两缺口”理论。这一理论的核心在于：发展中国家或地区在储蓄、外汇、吸收能力等方面的内部有效供给与实现经济发展目标所必需的资源需求量之间存在着缺口，即储蓄缺口和外汇缺口，而弥补这两个“缺口”的主要方法就是引进外资。外资作为一种外部追加资源，可以填补国内储蓄缺口，维持适度的投资规模；同时，外资还能弥补外汇缺口，保持国际收支基本平衡，使全社会的总供给和总需求在一个较高水平上达到动态平衡。刘易斯的二元经济理论认为工业部门增长的动力来自资本积累，而农业部门隐蔽的失业劳动可用来支持现代化部门的资本积累；纳克斯的“恶性循环论”认为，不发达国家的贫困与落后是因为发展中国家存在着供给和需求两个有着因果联系的恶性循环圈；罗斯托的经济起飞论将人类社会发展分为五个阶段：传统社会、起飞准备阶段、起飞阶段、成熟阶段和高额群众消费阶段等。这些理论都不同程度地影响了东亚地区的经济战略选择。

（3）20世纪60年代后期尤其是70年代以来，“雁型模式”发展在东亚逐渐成了主导模式。这一理论最早是1932年由日本学者赤松要在《我国经济发展的综合原理》一文中提出的，即在一个国家的工业化过程中，首先要开发劳动密集型轻工业并出口这些产品进行创汇，以此作为资本进口初级、高级生产设备，然后再进行耐用消费品和重工业的生产，但这主要是指在单一国家之内。后来经过日本经济学家小岛清不断探索，这一理论得到进一步发展。20 世纪 70 年代以来，大来佐武郎等日本经济学家扩大了雁型发展模式的适用范围，把东南亚作为一个整体，强调东亚经济发展中各国和各地区之间产业转移和产业结构的依次传递和逐步提高。

东亚后发国家在日本“头雁”的带领下，经历了产业结构由“初级产品—劳动密集型—资本密集型—技术密集型”的从低到高的发展，不过每个国家和地区又都有着不同的侧重点，比如韩国的产业链比较全面，而中国香港和新加坡则银行、金融业较发达。

▶ 相关链接 4-14　东亚主要国家（地区）主要产业的引入成长期及先后顺序

主要产业 \ 国家（地区）	日本	韩国	中国台湾	中国香港	新加坡	马来西亚
纤维	1900年—1930年，1950年恢复	20世纪60—70年代	20世纪60—70年代	20世纪50年代初期	20世纪60年代初期；20世纪70年代恢复	20世纪70年代后期
服装及饰物	20世纪50年代	20世纪60—70年代	20世纪60—70年代	20世纪50—60年代		
玩具、钟表、鞋类	20世纪50年代			20世纪60—70年代		
钢铁	20世纪50—60年代	20世纪60年代后期；20世纪70年代初期				
化学	20世纪60—70年代	20世纪60年代后期	20世纪70年代			
造船	20世纪60—70年代	20世纪70年代后期				

续表

主要产业 \ 国家（地区）	日本	韩国	中国台湾	中国香港	新加坡	马来西亚
电子	20世纪70年代	20世纪70年代后期	20世纪80年代			20世纪80年代中期
汽车	20世纪70—80年代	20世纪80年代				20世纪90年代初期
电脑、半导体	20世纪80年代	20世纪80年代后期				20世纪90年代初期
银行、金融				20世纪70年代后期	20世纪80年代	

资料来源：安忠荣：《现代东亚经济论》，北京大学出版社2004年版，第29页。

经过30年的赶超，东亚经济取得了令世人瞩目的发展，但是由于内外因素，也埋下了严重的隐患。20世纪80年代中期特别是90年代之后，在主要国际经济组织——世界银行与国际货币基金组织的推动下，西方新自由主义经济理论在东亚地区得到更为广泛的认同，并开始积极推进投资、贸易自由化，促进资本自由化。而在没有完善的金融监管制度的条件下，东亚国家和地区吸引了大量国际游资，这些脱离了监管的热钱成了危机的导火索，从泰国引发的1997年金融危机，很快波及韩国、印尼等东亚国家，而韩国受到的损失尤其惨重，新加坡和中国台湾、中国香港的经济则受金融危机打击较小。

20世纪末，金融危机的爆发和之前东亚经济发展的逆向转变，使亚洲国家开始怀疑西方经济学的普世主义教义，新宏观经济学、新古典综合、驾驭市场论等都遇到了挑战，在这一时期，新制度经济学受到了重视，引发了人们重新认识和反思政府与市场、改革与开放的关系。

（四）东亚模式面临的挑战

1. 政府失灵

东亚各国采取的是政府主导经济发展模式，但是随着国民经济的不断发展，政府理性、政府效率与政府自律方面的水平都与较高层次的经济发展水平不相适应。长期以来强人政治使得政治对经济的干预过大，影响了市场的效率，加上滞后的政治体制改革，最终导致重大决策失误。同时，政府的频繁变动，也影响了政府对长期问题的关注，金融体制、劳动力素质的提高以及工业结构的转型问题一直没有得到很好的解决，使得产业结构升级滞后，虚拟资本膨胀，经济泡沫加大，金融风险增大，政府经济战略逐渐陷入困境，经济增长缺乏内生动力。东亚的出口导向型经济发展战略，在资金、技术方面过分依赖于发达国家，使得国内生产成本增高，国际竞争力下降，出口受到抑制。随着发达国家经济转入低速增长和区域经济集团化的发展，美国对东亚产品的贸易保护主义日益抬头，出口导向的市场空间更加狭窄，依赖于出口的东亚诸国面临严重挑战。

2. 裙带主义与腐败滋生

集权式的政治体制，一方面有效地降低了交易成本，使经济在政府的推动下快速发展；另一方面，权力也为寻租提供了“空间”。韩国的卢泰愚执政五年期间，从 30 多家国内财阀那里收取了多达 5000 亿韩元的“政治资金”；堪称菲律宾头号腐败者的马科斯在长达 10 多年的独裁统治中，凭借其绝对权力，肆无忌惮地聚敛财富达 300 亿美元；印尼的苏哈托在长达 30 多年的执政生涯中，同样把权力当作“聚宝盆”。长期的集权政治为政治腐败提供了温床，而腐败所带来的行政机构的低效率，不但造成了政府的合法性危机，还有可能在金融危机等重要外部威胁出现时成为经济不稳定的触发因素。

五、当代资本主义主要发展模式比较分析

（一）各种发展模式的相同之处

发达资本主义国家各模式间存在一些共同特点：私人企业占有生产资料的生产资料私有制；经济利润作为生产和投资决策的指导力量处于支配地位；主要依靠市场和价格配置资源、分配产品等。具体来讲，表现在以下三个方面。

1. 都属于私有制基础上的市场经济

作为资本主义国家的模式，“盎格鲁—撒克逊模式”“莱茵模式”以及“日本模式”均是以私有制为基础的。尽管它们都经历了几个阶段的演进，在诸多体制方面都发生了一些微调甚至较大变动，但其生产资料的私人占有制度并没有发生改变，私人经济在国民经济中占据主导地位，垄断资本在私有经济中起着支配作用。

“盎格鲁—撒克逊模式”是典型的建立在私人所有制基础上的自由市场经济制度。美国宪法明确规定了私有财产神圣不可侵犯的原则，其私有制具有两个明显特点：（1）私人部门在美国经济中占有主要地位，国有经济的比重小。据统计，在美国国民生产总值的生产中，私人部门产值占 3/4 以上。（2）私人资本集中程度高。尽管二战以来美国股份公司股权分散化的趋势不断加强，股票持有现象十分普遍，但企业的控制权仍然集中在少数大股东和高级管理人员手中。

“莱茵模式”虽强调财产权的分散和社会平衡，主张实行多种所有制并存的经济制度，但仍属以私人占有制为基础的体制。该模式的倡导者认为，生产资料“私有制是竞争制度的前提之一”[①]。因此，尽管德国在历史上有国

① ［德］瓦尔特·欧根著，李道斌译：《经济政策的原则》，上海人民出版社 2001 年版。

有制的传统，但依然实行以私有制为基础的多种所有制并存的基本经济制度。联邦德国以立法的形式提出保护私人所有权利，在 20 世纪 80 年代的私有化浪潮中，又有部分国企实行了私有化。1982 —1990 年，在政府持股的公有企业中，政府的股份明显下降，已基本完成“从工业撤出”的计划。

“日本模式”也以私有制为基础，私人所有制是日本市场经济的主体，并在国民经济中占有很大比重。虽然日本也存在一定的国有经济，但国有企业是在二战后初期私有化浪潮之后的低起点上重新形成并发展起来的，其在整个国民经济中所占比重并不大，且主要集中在金融业等非生产领域。“据统计，在日本 116 个主要国有企业中，77% 都是非生产领域的企业。”[①] 从 20 世纪 80 年代中期开始，日本的国有企业也掀起了民营化改革，将部分国有企业股权出售给私人。

2. 都属于现代市场经济

正如瑞典经济学家克拉斯·埃克隆德所指出的：“我们在实际中永远也看不到一种完全纯正的市场经济。市场始终在不同程度上受到干预或者调节的补充和限制，这些干预和调节有的来自相互合作的企业或垄断集团，有的来自政权机关和各个不同的团体。”[②] 尽管发达资本主义国家三种模式有的更加强调市场作用，有的更为推崇政府干预，但它们的一个共同特征是：都实行有计划调节的“现代市场经济”，“这种‘现代的市场经济’，在基本维护市场经济机制作用的基础上，融合了许多新的因素，将政府干预与市场调节相结合，将适度垄断与竞争相协调，将国内市场与国际市场相统一”。[③]

暂且不论以“政府为导向”、重视政府权威和政府计划指导的“日本模

---

① 丁冰：《资本主义国家市场经济研究》，山东人民出版社 2000 年版，第 260 页。

② ［瑞典］克拉斯·埃克隆德著，刘国来译：《现代市场经济理论与实践——“瑞典模式”的经验与教训》，北京经济学院出版社 1995 年版，第 76 页。

③ 徐小杰：《现代市场经济——变革时代的挑战》，社会科学文献出版社 1993 年版，第 15—16 页。

式”，也不论既遵守市场自由竞争原则又注重从社会政策角度对经济加以指导的“莱茵模式”，即便是自由主义色彩最浓厚、对“自由放任”经济理论最推崇、对个人主义和自由创新最强调的“盎格鲁—撒克逊模式”，也存在一定程度和范围的政府干预。尤其是罗斯福新政以后，政府干预市场的力度和范围不断扩大。

3. 都存在劳资矛盾和对立现象

虽然发达资本主义国家在多年的劳资对立和斗争中不断调整政策，并探索出了一套比较健全的劳资关系调整体系，劳资矛盾也逐步由激烈对抗趋于缓和。尤其是二战后，各国政府加强了对劳资关系和劳动力再生产的干预，制定并形成了一套规范化、制度化的法律体系和调整机制（如劳资协议制、集体谈判制、三方协商制等），有效缓和了劳资之间大规模的对抗冲突。但是，劳资矛盾并未从根本上消除，在以私有制为基础的发达资本主义国家三种典型模式中，都不同程度地存在着劳资对立、对抗现象。

在“盎格鲁—撒克逊模式”中，劳资关系调整是在法律规范下劳资双方的自我调整，通过立法来约束劳资关系双方的行为，避免出现影响社会和经济发展的矛盾，并通过多种渠道和形式处理争议体制，缓解劳资之间的对立。美国工会力量在 20 世纪 30 年代以后的壮大，使劳资谈判的力量由企业和政府双方变成了企业、政府和劳工三方，在一定程度上缓和了劳资对立的现象，但该模式中的劳资利益冲突现象依然比较严重，“企业中存在着资方同劳方的对立和利益冲突，资方关心最大利润，劳方则关心增加工资”。[①]

相对于“盎格鲁—撒克逊模式”而言，“莱茵模式”和“日本模式”比较注重工人参与企业管理，并采取了一系列行之有效的措施（比如，在处理劳资关系方面，德国采取了劳资双方通过协商对话结成社会合作伙伴关系、

---

① 王跃生：《变化世界中的经济体制——90 年代的比较经济体制学》，北京大学出版社 1995 年版，第 92 页。

“劳资共同决策制”等形式，日本则实行了企业内的“劳资协议制”等）在一定程度上缓解了劳资矛盾，减少了工人罢工。但由于企业内部等级分明，决策的主动权大都掌握在管理高层，经理与工人收入差别仍然很大，因而在实行这两种模式的国家中，各种形式的劳资对立和矛盾冲突仍然时常直接或间接地表现出来。

（二）各种发展模式的不同之处

发达资本主义国家三种模式在经济理论基础、社会历史背景、经济运行机制、企业组织和经营管理形式以及财政、金融、社会保障等具体经济体制方面均存在一定的差异：“盎格鲁—撒克逊模式”主张小政府、大市场，崇尚个人主义和自由竞争；“日本模式”崇尚集团主义和有控制的竞争，强调国家在社会中的权威地位以及在经济发展中的主导作用；“莱茵模式”推崇社会优先性和社会和谐，注重社会公平和有序竞争，主张必要的政府干预和社会限制。概括起来，它们之间的主要区别表现如下。

1. 国家调控和干预的程度和方式不同

三种模式均属有政府干预的现代市场经济，其差别就在于国家对经济调控和干预的范围、程度和方式不同。

（1）“盎格鲁—撒克逊模式”是公认的自由市场经济。尽管二战后实行该模式的各国都加强了国家在经济生活和资源配置方面的作用，但相对于其他国家，其政府干预的程度较低、范围较小。国家的调控和干预主要是以间接手段，通过财政和货币政策等方式来完成的。政府的作用极其有限，被限定在市场失灵情况下微观、短期、被动的干预，限定在私人不能做或做不好的事情上。另外，该模式下的国家调控和干预是一种不得已的被动选择，“是在经济危机愈演愈烈，市场问题越来越严重，国家不得不出面干预经济生活的情况下出台的”[①]。

（2）“莱茵模式”寻求的是国家有限干预的“社会的”自由市场经济，包括“自由原则”和“国家有限干预原则”两方面：一方面，经济活动以市场为基础，市场机制在经济运行中起主导作用；另一方面，国家通过法律和经济手段，对市场进行有限的干预和监督，以便为个人和企业创造一个平等自由竞争的秩序，使社会经济活动有秩序地发展。该模式实质是国家调节下的市场经济模式，在政府与市场的关系上，尽可能地通过市场调节经济运行，政府主要扮演创造和维护“竞争秩序”的角色，采取直接干预（控制价格形成、制定政策和参与企业投资等）和间接干预两种手段调节市场运行中的偏差。

（3）“日本模式”在二战后采用了凯恩斯主义的理论主张，在充分发挥市场机制调节作用的前提下，加强了政府对经济生活的干预，形成了“政府主导型市场经济体制”。在该体制下，政府的作用相当重要和独特，政府主要通过计划工作、产业政策、规制和行政指导等多种手段，指导和干预企业、产业活动，并在经济运行中形成了同欧美各国政府与企业关系大不相同的“官民协调体制”。该体制分为三个层次：①政府，包括各主管省（通产省、大藏省、厚生省、运输省、农林省等）；②各经济团体（也称财界四团体，包括经团联、日经联、同友会、商工会议所等）；③政府所设立的征求民间意见的各种审议会等咨询机构，它们都在制定和推行国家政策中发挥着一定的作用。

2. 企业组织结构、企业经营和管理制度不同

三种模式都实行私有制基础上的自由企业制度，但在企业组织结构和企业经营管理制度等方面，却各有特点且显示出了明显差异，下面分别以其典型代表（美国、德国和日本）为例进行考察和分析。

---

① 陈秀山：《政府调控模式比较研究》，北京出版社1999年版，第101页。

美国尽管拥有世界上最大的垄断公司，但绝大多数美国企业都是几十人到上百人不等、资产不足50万美元的中小企业，“美国小企业所创造的产品和劳务的价值在GDP中的比重，二战后一直长期保持在50%左右，80年代以后虽稍有下降，但仍约占40%以上”①。美国在公司治理亦即企业经营和管理方面有三个特征：(1)强调“股东至上”；(2)实行“高度自由的雇佣劳动制度”；(3)采取发行股票和债券的方式筹措资金。②

德国在法律上规定了多种企业组织的形式(包括个体、合伙制、股份制以及合作企业等)，实现了产权多元化。在经营管理方面也具有自己鲜明的特色：(1)实行“双重委员会”(即监事会与执委会)的分权制度，执委会由监事会任命，负责领导公司日常生产经营和制定公司重大决策，监事会则拥有任免执委会、批准公司重大决策和监督执委会工作等权利。这实际上是将“盎格鲁—撒克逊模式”中公司董事会的权利一分为二，分别赋予了两个机构。(2)实行“共同决策制度”，吸收工人参与经营管理，赋予工人更大的权利和责任，有效地提高了职工与企业目标的一致性，降低了雇员的机会主义行为倾向。(3)企业筹集资金主要依靠银行，而在股票、债券市场、社会集资方面比较薄弱。在欧洲，来自金融市场的投资仅占35%—40%，来自银行的投资却占60%—65%。③

日本企业组织结构是以几家大的企业集团为顶点，一批中小企业为基础的“垂直型”企业群体结构。每家企业集团或以融资、相互控股为纽带，或以生产联系为渠道，集结了一批企业，实行系列化经营，追求规模经济效应。在经营管理制度方面：(1)实行“法人相互持股制”，在上市公司中，

---

① 丁冰：《资本主义国家市场经济研究》，山东人民出版社2000年版，第15页。

② [法]米歇尔·阿尔贝尔、薛晓源：《两种资本主义模式的分析与比较》，《马克思主义与现实》1999年第6期。

③ [法]米歇尔·阿尔贝尔、薛晓源：《两种资本主义模式的分析与比较》，《马克思主义与现实》1999年第6期。

法人持股比率从1950年的50%一直上升到1989年的75%以上，在这种稳定的股东体制下，股东权利被大大削弱，股东红利实际上成为一种固定利益，利润的大部分被再投资，用于企业追求市场份额的竞争；（2）实行终身雇佣制和年功序列工资制，将企业变为“劳资命运共同体”，激发了劳动者的主人翁意识和劳动积极性；（3）主银行在公司治理方面起着主导作用，它们深深涉足于其关联公司的经营事务中，对公司拥有互惠的股本所有权，并提供债务资本。“主银行体制融合了银行与企业、企业之间以及银行与监管机构之间的相互关系。”[①] 日本企业主要依靠储蓄和银行筹集资金，有资料显示，二战后日本企业资金筹措有60%以上是商业银行提供，25%产生于利润留存及资产折旧，只有10%—12%来自股票和债券的发行。[②]

3. 对公平与效率的侧重点有所不同

同为发达资本主义国家的模式，由于各国的经济、政治背景和价值观不尽相同，它们对效率和公平的侧重也各不相同。相应地，各国收入状况也就不同。据世界银行数据库中各国基尼系数（GINI系数）的统计，实行“盎格鲁—撒克逊模式”的各国较实行“莱茵模式”和“日本模式”的国家，不平等程度要大得多。

▶ 相关链接 4-15　各国收入不平等程度比较（部分国家基尼系数）

模式	国家	基尼系数
盎格鲁—撒克逊模式	美国	41.06%（2013）
	英国	32.57%（2012）

① ［日］青木昌彦、钱颖一主编：《转轨经济中的公司治理结构——内部人控制和银行的作用》，中国经济出版社1995年版，第95页。

② 邱询旻：《美国、德国、日本经济模式比较研究与择优借鉴》，《财经问题研究》2003年第3期。

续表

模式	国家	基尼系数
莱茵模式	德国	30.13%（2012）
	瑞典	27.32%（2012）
日本模式	日本	24.90%（2007）
	韩国	31.60%（2007）

资料来源：世界银行数据库；CEIC 数据库（https：//cas.ceicdata.com）。

“盎格鲁—撒克逊模式”强调经济自由和政治民主，虽然该模式也注重平等，但主要侧重于机会和程序平等，而把结果不平等看作个人奋斗和经济增长的动力。因而，实行该模式的多数国家尤其是美国，两极分化、分配不公现象非常严重。在当前的美国，两极分化严重，被公认为世界上最发达而又最不公正的国家。“劳工和商务部在 1994 年合作研究的结论表明，美国的收入分配（现在是）发达国家中最不公正的。”

“莱茵模式”重视经济平等和社会统一，强调将“市场自由原则同社会公平原则结合起来”奉为其经济社会发展的基本理念。从艾哈德提出“要竞争，不要自私”①，到施罗德提出“要市场经济，不要市场社会”，德国在实践中始终遵循“尽可能自助，必要时他助”的原则，在大力提倡每个社会成员通过自身努力实现“自助”的基础上，要求社会在个人力所不能及的时候，适当提供“他助”。正是因为该模式注重效率和公平的有机结合，且强调结果的平等，善于运用各种社会安全保障措施（包括社会保险、社会照顾、社会救济等）扶持弱者、救济贫者，实行该模式的各国相对较为平等，收入差别也明显要小得多。

① ［德］路德维希·艾哈德著，丁安新译：《大众的福利》，武汉大学出版社 1995 年版，第 4 页。

在对待效率与公平的问题上，“日本模式”同“莱茵模式”较为接近，而与“盎格鲁—撒克逊模式”有着显著区别。日本模式也强调效率优先，但同时该模式非常注重民族团结和社会公正，为确保经济系统的安全和社会秩序的稳定，日本政府通过各种产业调整政策救助衰退产业，通过金融业中的“搭救”体制、“大店法”等反垄断法规，并通过实行收入高累进税制、终身雇佣政策等，保证了日本收入分配上的相对平等。“日本经济模式是以内部团结一致为前提的。社会各阶层之间的收入差距比较小，捐献来自社会各个阶层，从经理阶层获得的部分要比从下层职员获得的部分更多……日本模式从内部的公正性来讲要优于美国模式，它的强大首先是基于民族团结实现的。”

案例　4-1

“麦克与马丁”——“盎格鲁—撒克逊模式”与“莱茵模式”

美国人麦克和德国人马丁是薛勇《市场到哪里投胎：三种资本主义模式的得失》一书中两个漫画式人物，薛勇以两人的处事方式来介绍“盎格鲁—撒克逊模式”与“莱茵模式”，较为通俗易懂。麦克与马丁都是已婚中年人，各有两个青少年孩子。他们都是资本主义的市场体制中爬到了管理层，过着中产的生活。可是两个人的生活信仰不同。麦克信仰的是盎格鲁—撒克逊资本主义，强调个人奋斗、个人责任、效率优先；马丁信仰的是莱茵资本主义，强调家庭的稳定、家庭成员之间彼此的责任、同舟共济的精神。两人这次都赶上了全球经济的大衰退，失去了工作。假定把他们所在国家中失业人员的待遇等外在条件忽略掉，面对的是同样的挑战，他们根据自己的信仰会采取什么样不同的应对策略？

麦克采取的是，14 岁和 16 岁的孩子出去自谋生路（看看卡耐基，还不到14岁就在美国当童工，后来成了钢铁大王，以此来鼓励孩子），夫妻把房子卖掉，用这笔钱来重新创业，这样有成功机会。“你们年纪轻轻，面对这样的挑战，也会受到锻炼，培养出高度的个人责任感。”

而马丁的应对是：告诉孩子们面临的困境，决定卖掉房子，全家租个最小的房子住，两个孩子共用一个房间，父母的房间更小，并告诉孩子：“家里没有固定收入，大家都省吃俭用。这样，靠积蓄坚持的时间才能长一些。而坚持的时间越长，父母在积蓄用完之前找到工作的可能性越大。更重要的是，你们都在上中学，是一生的关键时期。首要目标还是保证你们的学业不受打扰。有些额外的补习班，该上还是要上，这种钱不能省。要知道，钱不是世界上最重要的东西。”这样，一家人同舟共济，共渡难关。

几年以后的镜头是：经济反弹，情况好转，两家人谁更成功呢？很难评说。麦克一家东奔西走，夫妻小店经营有方，买卖做大成为百万富翁；两个孩子通过打拼也有了自己的小店，大家聚到一起后无比自豪。这一切似乎都证明了麦克对盎格鲁—撒克逊资本主义的信仰：个人是自由的，艰苦奋斗，摆脱依赖别人、吃“免费午餐”的心态，就能无往而不胜。

而马丁一家呢？大概发不了财。精打细算过日子，不可能创立自己的公司，而是最多回到原来公司上班，还挣原来的工资。但孩子发奋学习，全是优等生，他们有更大的机会到名校去读书，接受比父母更好的教育。实际上，美国的盎格鲁—撒克逊资本主义企业就是麦克的做法，到了经济危机的时候，就是把雇员这些“孩子”解雇；而德国的莱茵模式则是大家同舟共济。

资料来源：薛涌：《市场到哪里投胎：三种资本主义模式的得失》，商务印书馆2013年版。

▶ 阅读文献

1. [法] 米歇尔·阿尔贝尔著，杨祖功、杨齐等译：《资本主义反对资本主义》，社会科学文献出版社 1999 年版。

2. [美] 乔治·洛奇著，马宗师等译：《轮到美国改革了》，企业管理出版社 1994 年版。

3. [美] 莱斯特·瑟罗著，周晓钟等译：《二十一世纪的角逐：行将到来的日欧美经济战》，社会科学文献出版社 1999 年版。

4. [美] 斯蒂夫·G. 梅德玛著，启蒙编译所译：《捆住市场的手：如何驯服利己主义》，中央编译出版社 2014 年版。

5. [美] 托达罗著，于同申等译：《第三世界的经济发展》（上、下），中国人民大学出版社 1988 年版。

6. [美] 罗斯托著，郭熙保、王松茂译：《经济增长的阶段：非共产党宣言》，中国社会科学出版社 2001 年版。

7. [英] 罗纳德·多尔著，李岩、李晓桦译：《股票资本主义：福利资本主义——英美模式 VS 日德模式》，社会科学文献出版社 2002 年版。

8. [英] 戴维·柯茨著，耿修林、宗兆昌译：《资本主义的模式》，江苏人民出版社 2001 年版。

9. [德] 格罗·詹纳著，宋玮等译：《资本主义的未来——一种经济制度的胜利还是失败？》，社会科学文献出版社 2004 年版。

10. 徐崇温：《当代资本主义新变化》，重庆出版社 2004 年版。

11. 靳辉明、罗文东：《当代资本主义新论》，四川人民出版社 2005 年版。

12. 饶锋、裴蕾：《马克思主义经济学原理与当代资本主义》，中国政法大学出版社 1998 年版。

13. 陈昭方：《战后世界经济发展不平衡研究》，武汉大学出版社 2000

年版。

14. 郑北雁、陈勇：《当代世界经济与政治》，东北财经大学出版社2002年版。

15. 李琮：《当代资本主义的新发展》，经济科学出版社1998年版。

16. 钱俊瑞：《世界经济概论》，人民出版社1983年版。

17. [墨]伊兰·比兹伯格著，赖继、蔡万焕译：《拉丁美洲资本主义的几种模式》，《国外理论动态》2015年第8期。

18. 王亚玄：《新技术革命能改变资本主义经济模式吗？——评杰里米·里夫金的〈零边际成本社会〉》，《政治经济学评论》2015年第3期。

19. 王永钦：《发展的政治经济学：一个东亚模式的理论框架》，《学术月刊》2015年第4期。

20. 邱海平、吴俊：《资本主义多样性：马克思主义的解释》，《当代经济研究》2014年第6期。

21. 徐崇温：《世界范围内"模式"问题的四次论争及其启示》，《毛泽东邓小平理论研究》2011年第1期。

22. 孔凡静：《"日本模式"的核心与政府干预》，《日本学刊》2009年第2期。

23. 吕薇洲：《发达资本主义国家的模式：共同特征、主要区别与矛盾对立》，《当代世界与社会主义》2005年第4期。

24. 徐崇温：《当代资本主义研究中的几个界限》，《中国特色社会主义研究》2005年第4期。

25. 杨玲、胡连生：《论当代资本主义发展的不平衡性》，《学习与探索》2004年第5期。

26. 邱询旻：《美国、德国、日本经济模式比较研究与择优借鉴》，《财经问题研究》2003年第3期。

▶ 相关概念

盎格鲁—撒克逊模式	货币学派	供给学派	日本模式
新自由主义	华盛顿共识	北京共识	弗莱堡学派

▶ 本章思考题

1. 马克思主义对资本主义多样性是如何论述的？

2. 当前学界对资本主义发展模式的划分有什么变化？

3. 研究资本主义不同模式对认识当代资本主义有什么意义？

4. 研究莱茵模式对建立和完善社会主义市场经济体制有什么启示？

5. 目前国外对于中国发展问题研究火热，是否存在中国发展模式？

6. 亚洲资本主义国家与老牌欧美国家发展模式存在哪些差别？

7. 如何看待当代世界经济体系中的“不发达”与资本主义发展模式？

8. 如何正确认识当代资本主义发展模式内在矛盾及其演变？

9. 中国特色社会主义发展模式对化解金融风险有何优势？

10. 面对后金融危机时代的国际背景，在新一轮深化经济体制改革过程中，如何正确处理市场与政府的关系？

第五章

当代资本主义的社会保障制度

社会保障制度最早产生于工业革命后的西欧，在过去的一个多世纪里，几乎所有国家都建立了社会保障制度。社会保障制度的建立与完善，是社会化大生产、市场经济运行的客观要求，是现代文明的重要标志。二战以后，社会保障制度成为西方发达国家和新独立的民族国家普遍追求的制度。战后当代资本主义国家社会环境比较稳定，经济有较大的发展，一个极其重要的原因在于其广泛实行了社会保障制度。

第一节 资本主义社会保障制度的理论基础

任何经济的、政治的、社会的活动，背后都有某种意识和观念在发挥作用，在支配着各种活动的形成、发展和成熟。这种意识和观念即人们通常所说的理论基础。作为一项宏大的公益性事业和重要的社会安全工程，当代资本主义社会保障制度是社会生产力发展到一定阶段的产物，更是资本主义意识、思想和观念的内在要求。

一、费边社会主义社会保障思想

社会民主主义社会保障思想兴起于19世纪末，并对当时西欧各国社会保险制度的出现产生了直接影响。早期费边社会主义社会保障思想成为英国社会民主主义社会福利思想出现的标志。“费边社”成立于1884年，其基本理论被称为“费边社会主义”。

▶ 相关链接5–1 费边社会主义

费边主义（Fabianism）是19世纪后期流行于英国的一种主张采取渐进措施对资本主义实行点滴改良的资产阶级社会主义思潮。它是英国费边社的思想体系和机会主义路线。1884年，一部分知识分子创立了费边社（Fabian Society），该社成员认为社会改革应循序渐进，故以公元前3世纪古罗马一位因主张等待时机、避免决战的战略而著名的将军费边的名字命名该社。其学说故称为“费边社会主义”（Fabian Socialism），简称“费边主义”。费边社的主要代表人物有乔治·萧伯纳（又译“肖伯纳”）和悉尼·韦伯，其成员几乎全是知识分子。代表作有《费边宣言》（1884年）、《费边社纲领》（1889年），1889年出版的《费边论丛》一书，为费边社会主义奠定了基础。该社还出版过几百种小册子和论著，并编有《费边新闻》和《费边季刊》等定期刊物，在中产阶级和知识分子中广泛传播费边社会主义。费边社会主义的主要观点是：鼓吹阶级合作、社会和平，反对无产阶级革命和无产阶级专政；主张通过民主选举建立地方自治市政机关，逐步掌握煤气、电力、自来水等公共事业所有权，运用温和渐进的方法和一点一滴的改良，实现社会主义。它实际上是一种典型的资产阶级社会主义思潮，即资产阶级改良主义思潮，它的传播给工人运动造成很大危害。在一战期间，他们鼓吹社会沙文主义。

资料来源：廖盖隆、孙连成等：《马克思主义百科要览》上卷，人民日报出版社1993年版，第1179页。

早期费边社会主义是一个庞杂的思想体系。在政治思想方面，费边社主张走向社会民主主义，实现这一目的的手段不是通过暴力革命，而是通过渐进与渗透；在经济思想方面，费边社主张为了所有人的利益实现生产资料与交换资料的公有；在社会思想方面，费边社认为，社会是一个有机的整体，个体的活动与有机体内任何其他个体的活动紧密联系在一起，共同构成社会有机体的组成部分。在此基础上，费边社会主义者提出了解决一些社会问题的具体主张，成为其社会保障思想的重要组成部分。

关于贫困问题。费边社会主义者认为，贫困问题是资本的少数人所有所造成的，也是社会不平等和剥削制度带来的。他们指出：“只要是资本掌握在一小撮人的手中，贫困就必然是多数人的命运。”土地的不平等所有也是造成贫困的主要原因。萧伯纳指出：“土地的私人占有乃是社会主义所反对的各种不平等的特权的根源。”[①] 费边社会主义者认为，贫困与造成贫困的原因都是可以消除的，消除贫困的主要办法，是把土地所产生的地租以及资本所带来的利润当作公共的或社会的财富用到公共事业上，“在这些事业中，社会主义将要把社会保险及对重大事故的预防放到第一位”[②]。“真正趋向社会改革的政府，应该转而注意工业和农业租金，并应该一方面利用赋税，一方面利用私有化和国有化把这种租金用来增进整个社会福利。”[③]

关于失业问题。费边社会主义者认为，失业是由社会原因引起的，社会应该采取措施解决失业问题。他们将失业分为农村和城市两个方面，分别提出不同的解决途径。解决农村失业有两种办法：第一种是把失业者组织起来从事生产劳动，这是一种明智的办法；第二种是仅给失业者提供一些救济性的工作，这是一种不明智的办法。为减少农村人口向城市的盲目流动，应该把城市中的那些失业的农村人口重新安排到农场去劳动。城市中那些有技术的失业者应该按照他们自己所属的行业就雇于市营工厂，这些工厂应该实行八小时工作日制度，工资不应少于工会能够接受的最低工资。失业者必须成为自己所需消费品的生产者，而不应该因失业而消费他人所创造的财富。对于那些一方面失业另一方面又随便拒绝政府机构为其提供的工作机会者，没有必要给他以任何救济。

关于工厂法和最低工资。费边社会主义者认为，工厂法的适应范围应该扩大到所有的企业和工厂，增加工厂视察员的数量，在一切企业和部门实行八小时工作日制度，防止出现各类血汗劳动制度。必须由国家制定一个最低

---

① ［爱尔兰］肖伯纳主编，袁绩藩、朱应庚、赵宗煜译：《费边论丛》，生活·读书·新知三联书店1958年版，第77页。

② ［爱尔兰］肖伯纳主编，袁绩藩、朱应庚、赵宗煜译：《费边论丛》，生活·读书·新知三联书店1958年版，第78页。

③ ［爱尔兰］肖伯纳主编，袁绩藩、朱应庚、赵宗煜译：《费边论丛》，生活·读书·新知三联书店1958年版，第78页。

工资标准，这是维持国民最低生活标准的基本前提。这一最低工资标准必须与工时挂钩，但不能通过工时的延长来实现最低工资，国家应该保证公民的生活水平不低于最低生存标准。

关于老弱病残和儿童问题。费边社会主义者认为，老弱病残者的一切需要都应该由公共福利来承担，应该把对老年人与病人的救济与对普通成年贫民的救济区别进行。为使所有儿童特别是最贫困的儿童都受到充分的教育，国家必须采取措施帮助他们顺利接受教育。

费边社会主义者还深刻地认识到社会保障对提高公民的道德水平、促进社会文明、健康发展的影响。他们指出，应该让每一个人都感到生活绝对有保障，应该让每一个人关于他未来物质需要的所有忧虑都一扫而空，这样一来，人们对财富的那种渴望才会失去它的杠杆作用。当人们每天的生活有了保证的时候，金钱利益的专横就会被打破，人们的生命将开始用来生活而不是用来为得到生活的机会而斗争。于是，那些能够促进社会健康发展的精神因素就会得到发展，进取的精神、创造的快乐、仁慈的本能等都会立即活跃起来并影响社会的进步。[①]

▶ 相关链接 5-2　费边社会主义福利理论体系与分析架构

项目	主要内容
理论层面	费边社会主义福利理论体系
代表人物	托尼、蒂特马斯、克罗斯兰、唐森、米彻和英国费边社
理论渊源	欧文的合作观点、基督教的伦理和平等主义、边沁的功利主义
核心价值	平等、自由、博爱、民主参与、人文主义
国家角色	积极和社会预防角色，完全赞成国家干预和国家福利提供
市场作用	市场既扮演重要角色，又要限制和规管；负面与破坏性作用

① ［爱尔兰］肖伯纳主编，袁绩藩、朱应庚、赵宗煜译：《费边论丛》，生活·读书·新知三联书店1958年版，第238—239页。

续表

项目	主要内容
社会的观念	集体主义文化、社会责任与社会利益、博爱世人和利他主义
福利国家态度与功能	赞成福利国家；社会福利在政治、经济、社会领域发挥积极作用
影响福利发展的因素	经济政治因素为基础、社会文化和价值观念举足轻重

资料来源：刘继同：《“蒂特马斯典范”与费边社会主义福利理论综介》，《人文杂志》2004 年第 1 期。

二、德国新历史学派的社会保障思想

19 世纪末，德国新历史学派的国家干预理论开始出现，并成为推动社会保障制度出现的重要理论基础。19 世纪前期，德国出现以李斯特为代表的经济国家主义和以罗歇尔为代表的旧历史学派。他们都反对自由放任主义，主张国家对经济进行强有力的干预，这些思想主张对德国 19 世纪前期资本主义社会经济的发展产生了直接的影响。19 世纪末 20 世纪初，以施穆勒（G. Schmoller，1838—1917）和桑巴特（W. Sombart，1863—1941）为代表的新历史学派开始出现。新历史学派思想家大部分是大学教授，他们利用大学讲坛宣传社会改良，主张通过社会改良过渡到社会主义。因此，新历史学派往往又被称为“讲坛社会主义学派”。

▶ 相关链接 5-3　古斯塔夫·冯·施穆勒

古斯塔夫·冯·施穆勒（1838—1917），德国历史学派创始人，施穆勒早年属于自由主义思想。在 1870 年出版的《19 世纪德国中小企业发展史：统计调查和国民经济调查》中，他提出保护中产阶级，对自耕农和手工业者采取保护和救济，对新的中等阶层和工人阶级采取社会改良政策，这样可以维持资本主义秩序的稳定。他既排斥古典经济学的抽象的逻辑的方法，又反对旧历史学派急于寻求普遍性规律。他提倡国民经济学的道德理念，主张历史的伦理主义的经济学体系。他把自己的方法称为“历史的统计方法”。他强调史料即使不带有思想，仍有一种相对的价值；而思想如不根据史料，则将是一种“妄想”。他认为国民经济学是介乎应用自然科学和比它更重要的精神科学之间的科学，经济现象既属于自然的技术的关系，又属于伦理的心理的关系，经济结构不外是由这种经济法规和伦理所规定的生活秩序。他把生产、交换、分工、劳动、工资等经济范畴，既看作经济技术范畴又看作伦理心理的范畴。由于施穆勒强调了历史的经济学是以伦理主义为基础，所以新历史学派又被称为“历史的伦理学派”。

1873年施穆勒在主持成立“社会政策学会”的大会上，公开接受德国曼彻斯特学派讽刺新历史学派的称号“讲坛社会主义”。他反对工会，反对工人罢工，宣扬一种“合法的强权君主制”，赞同俾斯麦颁布的“反社会党人法”。

资料来源：中国大百科全书总编辑委员会：《中国大百科全书·经济学2》，中国大百科全书出版社1988年版，第911页。

新历史学派的主要经济主张包括以下几个方面。

（1）强调精神和伦理在社会经济与生活中的重要地位。新历史学派把经济社会生活中的许多问题同精神、道德和伦理联系在一起，希望通过对民族精神和道德伦理的强调，通过协调劳资关系，消除社会主义的影响，促进资本主义的发展。施穆勒认为，经济问题只有和伦理问题联系起来才能得以解决。劳资矛盾是由于工人缺乏道德造成的，其解决应该依靠工人道德水平的提高。桑巴特甚至认为：“资本主义是由欧洲精神的深处发生出来的”，企业家精神和市民精神结合起来形成了资本主义精神，“这种精神创造了资本主义”。[①]

（2）强调国家在经济发展和社会进步中的重要作用，主张实行强有力的国家干预。施穆勒提倡实行“国家经济”，他指出：“没有一个坚强组织的国家权力并具备充分的经济功用，没有一个‘国家经济’构成其余一切经济的中心，那就很难设想有一个高度发展的国民经济”[②]。桑巴特指出，国家对资本主义经济发展具有重要影响，它帮助资本主义开拓市场，获得劳动力，推行新技术，国家通过对社会政策实行有意识的干涉，可以保护并推进资本主义的利益。

（3）资本主义经济组织形式的变化可以避免其经济发展中的某些弊端。新历史学派认为，德国卡特尔经济组织形式的出现，有利于德国资本主义经济计划性的实现，这也是实现德国经济走向社会主义计划经济的有效途径。俾斯麦开启了一个在企业转化为国家财产的基础上逐步向社会主义过渡的新时代。卡特尔不仅可以消除经济危机，实现经济计划性，而且可以促进完善工人阶级的社会福利。资本主义经济将通过内部自我调节更具稳定性和计划性，从而为过渡到社会主义做好准备。

（4）提倡社会改良，主张实施社会立法，促进社会福利事业的发展。施穆勒指出，现代的个人自由和私有制将永远保存下来，但同时应该促进经济的社会化，改变分配制和所有制形式，以满足所有社会成员的权利和要求。社会中存在过度的阶级分化和阶级对立的现象，会对社会稳定带来极大的危害，只有进行大规模的社会改良，才会促进社会的稳定发展。新历史学派思想家主张制定社会立法，推行社会保险制度，建立工厂监督员制度和劳资纠纷仲裁制度，加强劳动保护，对贫穷者提供社会救济，同时，推进一些经济

① ［德］桑巴特著，季子译：《现代资本主义》第 1 卷第 1 分册，商务印书馆 1936 年版，第 248—251 页。

② 季陶达：《资产阶级庸俗政治经济学选辑》，商务印书馆 1963 年版，第 344 页。

领域的国家化，并改革财政制度。

为了推行社会改良，德国新历史学派于 1872 年建立了一个“社会政策协会”。其宣言指出，现有各种社会制度、立法、阶级意识等是人们社会生活的基础，但是，我们还应该毫不犹豫地对它们进行改良。新历史学派的经济社会主张对 19 世纪末德国政府及其社会经济政策产生了直接影响。德国著名历史学家博恩曾明确指出：“讲坛社会主义者的思想给德国的社会政策以最强有力的推动。”[①] 新历史学派社会保障思想促使德国成为最早通过社会立法建立社会保险制度的西方国家。

三、福利经济学的社会保障思想

福利经济学是研究社会经济福利的一种经济学理论体系，形成于 20 世纪初期的英国。1920 年庇古《福利经济学》一书的出版是福利经济学产生的标志。一战爆发和俄国十月革命的胜利，使资本主义陷入了经济和政治的全面危机。英国十分严重的贫富悬殊问题由于一战变得更为尖锐，因而出现以建立社会福利为对象的理论研究趋势，福利经济学应运而生。

1929 — 1933 年资本主义世界经济危机以后，英、美等国的一些资产阶级经济学家在新的历史条件下对福利经济学进行了修改和补充。庇古的福利经济学被称作旧福利经济学（以基数效用论为基础），自庇古以后的福利经济学则被称为新福利经济学（以序数效用论为基础）。二战以来，福利经济学又提出了许多新的问题，正在经历着新的发展和变化。

---

① ［德］博恩、布劳巴赫等著，张载扬、张才尧等译：《德意志史》第 3 卷，商务印书馆 1991 年版，第 389 页。

▶ 相关链接 5-4　阿瑟·塞西尔·庇古

阿瑟·塞西尔·庇古（1877—1959），英国著名经济学家，剑桥学派的主要代表之一。青年时代入剑桥大学学习，最初的专业是历史，后来受当时美国著名经济学家马歇尔的影响，并在其鼓励下转学经济学。毕业后投身于教书生涯，成为宣传他的老师马歇尔的经济学说的一位学者。他先后担任过英国伦敦大学杰文斯纪念讲座讲师和剑桥大学经济学讲座教授。他被认为是剑桥学派领袖马歇尔的继承人，当时他年仅 31 岁，是剑桥大学历来担任这个职务最年轻的人。他任期长达 35 年，一直到 1943 年退休为止。退休后，他仍留在剑桥大学从事著述研究工作。他的著作有：《财富与福利》《福利经济学》《失业论》《社会主义和资本主义的比较》等。

资料来源：李永锋：《世界上卓越的 20 位经济学家》，远方出版社 2008 年版，第 31—32 页。

庇古将福利经济学的对象规定为对增进世界或一个国家经济福利的研究。他把福利规定为个人获得的效用或满足，把一个人的福利规定为这个人所获得的满足的总和，把社会的福利规定为个人福利的总和，并认为要使社会的福利增加，应当是社会上较多的人得到较大限度的满足，而社会福利的最大化也就是社会上最大多数人的最大满足。

庇古将福利分为两类：一是广义福利，即社会福利；另一个是狭义福利，即经济福利。经济福利对于社会福利具有决定意义的影响，福利经济学主要研究经济福利。庇古认为，广义福利是难以计量的，因此也是难以研究的，而狭义福利可以用货币来计量。在庇古看来，经济福利是由效用构成的，效用意味着满足，人们追求的是最大限度的满足，亦即最大限度的效用，而效用则可以用货币来计算。这样，经济福利就可以通过对效用的计量而被计算出来，即：经济效用→满足→效用→货币。

庇古的福利经济学在理论上主要归结为以下两个基本命题：第一，一国的经济福利总量可以用国民收入的多少来表示，因此，国民收入总量愈大，社会经济福利就愈大；第二，国民收入分配愈是均等化，社会经济福利也就愈大。他认为，经济福利在相当大的程度上取决于国民收入的数量和国民收入在社会成员之间的分配情况。因此，要增加经济福利，在生产方面必须增大国民收入总量，在分配方面必须消除国民收入分配的不均等。

庇古从第一个基本福利命题出发，提出社会生产资源最优配置的问题。他认为，要增加国民收入，就必须增加社会产量。而要增加社会产量，就必须实现社会生产资源的最优配置。庇古认为，增加一个单位生产要素所获得的纯产品，从社会角度衡量和从个人角度衡量并不经常相等。当边际社会纯产品大于边际私人纯产品时，国家应当通过补贴扩大生产。当小于时，国家应当通过征税缩小生产。只有每一生产要素在各种用途中的边际社会纯产品都相等时，才达到社会生产资源的最优配置。庇古的福利经济学以自由竞争为前提，他认为自由竞争可以使边际社会纯产品等于边际私人纯产品，从而使社会经济福利极大化。

庇古从第二个基本福利命题出发，提出收入分配均等化的问题。他认为，要增大社会经济福利，必须实现收入均等化。他把边际效用递减规律推广到货币上来，断言高收入者的货币边际效用小于低收入者的货币边际效用。他所说的收入均等化，就是国家通过累进所得税政策把向富人征得的税款用来兴办社会福利设施，让低收入者享用。庇古认为，通过这一途径实现“把富人的一部分钱转移给穷人”的“收入均等化”，就可以使社会经济福利极大化。

四、凯恩斯经济学的社会保障思想

20 世纪前期，凯恩斯学派的出现标志着国家干预理论的形成。凯恩斯是20世纪前期英国著名经济学家，作为宏观经济学的主要代表，凯恩斯关心的是资本主义宏观经济发展问题，他对西方社会保障理论的贡献不是通过其对社会保障问题的直接关注与论述，而是通过其经济理论影响社会保障理论。

充分就业理论是凯恩斯宏观经济学理论体系的核心内容。20世纪30年代以前，大多数经济学家不把失业看作重要的经济问题。他们虽然承认存在失业，但却认为主要是摩擦性失业或者自愿性失业，否认非自愿性失业的存在，并且认为，供给本身会自动创造需求，从而促进生产的扩大，推动充分就业的实现，这就是新古典学派著名的"萨伊定律"。凯恩斯指出，两次世界大战之间的经济危机实际上是对萨伊定律的驳斥，新古典经济学派把失业问题仅仅归因为摩擦性失业和自愿性失业是不充分的，在20世纪30年代，除了摩擦性失业与自愿失业以外，更重要的是存在一种非自愿性失业。

凯恩斯认为，充分就业包含两种情况，第一种情况是不存在非自愿性失业，第二种情况是指社会就业量达到一种饱和状态，资本主义社会难以实现充分就业的根本原因，不是新古典学派所指出的供给不足，而是社会需求与新投资量的不足。因此，扩大社会需求并增加新投资量就成为凯恩斯解决就业问题的主要建议。凯恩斯认为，要实现扩大社会需求与增加新投资总量的目标，必须采取下列措施：（1）应该通过收入再分配政策措施提高消费倾向。他指出，我们生存在其中的经济与社会的主要缺点在于不能提供充分就业以及财富与所得分配方面的不公平。"故若现在采取步骤，重新分配所得，以提高消费倾向，则对于资本之生长大概是有利无弊。"①（2）应该降低利率，刺激消费。他说："有效储蓄之数量乃定于投资数量，而在充分就业限度以内，鼓励投资者乃是低利率。故我们最好参照资本之边际效率表，把

① ［英］凯恩斯著，徐毓枬译：《就业利息和货币通论》，商务印书馆1963年版，第317—318页。

利率降低到一点，可以达到充分就业。”[①]（3）必须放弃自由放任主义的传统政策，实行和依靠政府干预。他指出：“我要放弃自由放任主义，因为，不管我们喜欢与否，它的成功的条件已经不再存在。”[②]自由放任主义必然被国家干涉所代替，必须对资本主义内部进行一定的干预与限制，没有限制的资本主义内部是不稳定的，这种不稳定在民主社会中会影响资本主义的继续发展。

凯恩斯认为，在当时消费倾向下，无论用什么方法来操纵投资，恐怕充分就业都很难维持，因此，有两种政策可以同时并用：增加投资的同时提高消费。国家必须用改变租税体系、限定利率以及其他方法指导消费倾向。要达到充分就业，唯一办法是投资这件事情由社会总揽。他指出，国家干预是实现消费倾向增强与投资增加的唯一途径，也是避免资本主义经济毁灭的必要条件。“消费倾向与投资引诱二者，必须由中央统制，以便二者互相配合相互适应”[③]，这是避免线性经济形态全部毁灭的唯一切实办法，也是充分发挥个人责任与动力的必要条件。

凯恩斯所提出的国家干预的主张也是有限度的。他指出：“似乎没有强烈理由要求实行国家社会主义，把社会上大部分经济生活包罗在政府权限以内。要紧的倒不是生产工具国有，只要国家能够决定（a）资源之用于增加生产工具者，其总额应为若干；（b）持有此种资源者，其基本报酬应为若干，则国家已尽其职责。”[④]凯恩斯认为，国家干预的目的是促进资本主义更好发展，而不是推翻资本主义制度。因为，资本主义是“尊敬和提高个人包括个人选择、信仰、思想、言论、经营企业以及财产自由的最理想的或至少

① ［英］凯恩斯著，徐毓枬译：《就业利息和货币通论》，商务印书馆 1963 年版，第 319 页。

② Vic George，*Modern Thinkers on Welfare*，*Prentice Hall*，1995：75-76.

③ ［英］凯恩斯著，徐毓枬译：《就业利息和货币通论》，商务印书馆 1963 年版，第 322 页。

④ ［英］凯恩斯著，徐毓枬译：《就业利息和货币通论》，商务印书馆 1963 年版，第 321—322 页。

是最可行的社会组织形式”[①]。

凯恩斯的上述经济社会主张常常被称为“凯恩斯主义”。凯恩斯主义在以往各种国家干预主张的基础上，进一步系统、具体地论述了国家宏观干预的范围、内容、途径与限度，从而为20世纪30年代后资本主义国家干预政策的广泛实施提供了理论基础。凯恩斯在其《自由放任的终极》中写道：“对政府来说重要的不是仅仅去做那些私人已经正在做的事情，把它做得更好一些或者更坏一些；而是去做那些根本没有人做的事情”[②]。由此，凯恩斯的理论扩大了社会保障政策应该涵盖的范围。“社会政策的出发点终于从伦理角度转到了维护整个现存制度的生存方面来，从‘救人’变成了‘自救’。至此，最初只是为不幸者设置的福利体制已不仅是给穷人撒下的一张安全网，而且也是给现存制度撒下的最后一张安全网”[③]。二战以后，西方资本主义国家社会保障制度的发展，尤其是西欧福利国家的建立和发展，正是凯恩斯主义与国家干预政策的直接结果。

第二节　资本主义社会保障制度的发展演变

一般认为国家对福利的最早干预为17世纪英国推行《济贫法》。随后，德国对社会保险条例的干预，成为现代国家社会保障制度的伊始。而自美国《社会保障法》中首次使用以后，“社会保障”一词迅速传遍全球，被有关国

① Vic George, *Modern Thinkers on Welfare*, *Prentice Hall*, 1995: 75.

② V. George and P. Wilding, *Ideology and Social Welfare*, Routledge & Kegan Paul, 1985: 54.

③ 陈晓律：《从亚当·斯密到凯恩斯——简评英国福利思想的发展》，《世界历史》1990年第5期。

际组织和大多数国家接受，社会保障制度也逐渐走向成熟。

一、社会保障制度的萌芽

（一）1601年《济贫法》

14—15世纪的英国，由于圈地运动，大量失地农民沦为乞丐或流浪汉。最初，修道院和医院给流浪的乞丐提供衣服、食物和住所。在15世纪，英国有1000多家教会修道院和医院做这样的救济工作。随着越来越多的流浪乞丐涌入城镇，打破了贵族资产阶级的生活，在后者要求下，地方政府采取措施处理社会问题。16世纪，英国政府开始出面干预，这些干预构成了社会管理的雏形。1536年制定了英国政府帮助下的第一个公共援助计划，宗教开始让位给国家。[①]1530—1597年，英国议会至少通过了13个有关解决此类问题的法案。

1601年英王室通过了一个新法案——《济贫法》。该法案不仅规定家庭成员彼此要承担社会和法律责任，而且认为国家有责任保证贫困者维持基本生活，是国家干预的初始。其主要内容是：各教区负责向居民和房地产所有者征收济贫税，以此为来源为无力谋生的贫民发放救济。通过各教会的教区组织失业者从事劳动，安排未成年的孤儿学工。

《济贫法》的历史进步性体现在：政府以积极作为的方式，介入福利领域，干预贫困问题，从而部分地承担了相应的社会责任；社会福利和济贫活动摆脱狭隘的地域性，开始走向社会化、国家化。

---

① 陈良瑾、夏学銮：《中国社会工作总论》，《中国社会工作百科全书》，中国社会出版社1994年版，第3页。

（二）1834年《新济贫法》

进入18世纪末19世纪初，随着英国资本主义经济的进一步发展，《济贫法》越来越多地受到主张自由放任的古典学派经济学家的批评。其代表人物是马尔萨斯，他在《人口原理》第一版中说，英国的《济贫法》有压低贫民一般状况的趋势，因为它"是不增加维持人口的食物，而增加人口"[①]。在《人口论》第二版中，他更加强调了这个观点，并坚决否认穷人有获得救济和生存的权利。他写道："一个出生在已被占有了的世界的人，如果他不能从他的具有正当要求的父母那里得到衣食，如果社会又不需要他的劳动，那么他就没有权利要求最小量的食物，事实上他没有权利活在那里。在大自然的盛大的筵席上，是没有他的座位的。大自然叫他离开，并且将很快地执行她的命令。"[②]他又指出穷人的贫困，"和任何其他人无关，他们所生活的社会及统治这个社会的政府对于这个问题都没有直接的力量；社会和政府不管怎样热心要救济他们，或试图要这样去做，它们的这种仁慈的愿望，只不过是不合理的许诺，是无法实现的"。[③]

1832年英国议会以和平方式实施民主改革之后，1834年通过了《济贫法（修正案）》，这是1601年以后最重要的《济贫法》，史称《新济贫法》。《新济贫法》规定，社会救助是公民的合法权利，政府实行救助是其应尽的义务，也就是说人人都有生存的权利，政府负有保障公民生存的责任，这样一种新的社会保障理念，把社会救助以立法的形式确定下来，从而使社会救助成为一种制度。

最早的国家干预社会福利在英国出现，体现并逐步形成了一些特征：（1）国家的干预最初由贵族资产阶级提出；（2）在一定程度上，提出国家

① ［英］马尔萨斯著，郭大力译：《人口论》，商务印书馆1959年版，第25页。
② ［英］马尔萨斯著，子箕等译：《人口原理》，商务印书馆1961年版，第531页。
③ ［英］马尔萨斯著，子箕等译：《人口原理》，商务印书馆1961年版，第468页。

干预不是出于对人民慈善的目的，而是出于对贵族资产阶级的保护和对于社会的治理；（3）最初国家仅仅救助贫困的乞丐；（4）国家政府支持了民间慈善活动，由国家的行为慢慢地替代了由基督教等慈善组织倡导的慈善事业，逐步发展或者转化为干预贫困问题、承担福利的功能；（5）政府对国民福利的责任逐渐发展成为社会管理的组成部分。

《新济贫法》对贫民实行社会救助，稳定了社会秩序，对 19 世纪中叶英国经济的高速发展起到很大的作用，也为欧洲其他工业化国家建立社会保障制度提供立法基础和制度借鉴。随后，瑞士于 1847 年制定《济贫法》，丹麦于 1853 年出台《济贫法》，挪威于 1845 年颁布《济贫法》，荷兰于 1854 年实施《济贫法》。这样社会保障最低纲领的社会救助在西欧、北欧国家通过立法的形式固定下来。

但是，《新济贫法》也存在一些缺陷，它取消一切货币的或实物的救济，改为受救济者必须是被收容在习艺所中从事苦役的贫民。把惩罚作为救济，所内的生活条件极为恶劣，劳动极其繁重，贫民望而却步，被称为劳动者的“巴士底狱”。20 世纪以来，《济贫法》的重要性逐渐降低。待到 1946 年的《国民保险法》和 1948 年的《国民救助法》颁布后，卫生部主管的社会保险已完全代替济贫，《济贫法》失去作用。

二、社会保障制度的建立

英国在 1601 年实施的《济贫法》，把历史上自发的民间济贫活动改变为由政府直接干预贫穷问题的社会对策，为现代强制性的社会保险提供了借鉴，因而被看作现代国家社会保障的前身。然而，德国在俾斯麦任首相期间，策划和实施的疾病、工伤和老年三项社会保险立法，却被认为是人类历史上第一个正规的社会保障制度，标志着现代社会保障制度的开始。

（一）德国社会保险的发端及内容

19 世纪中叶，德国正处于“铁血首相”俾斯麦时期。当时的德意志帝国经历了丹麦战争、奥普战争、普法战争、王朝战争等国内外一系列战争，民众备受战争和贫穷之苦，社会矛盾十分尖锐，工人运动普遍高涨。为了取得对内对外改革的成功，继续加快国内经济建设，并扩大殖民势力，取得在欧洲的霸主地位，俾斯麦采取“胡萝卜加大棒”政策，于 1878 年颁布《反社会党人非常法》，对社会民主党和工人运动进行血腥镇压，同时，也希望通过社会保险立法来安抚工人以缓和劳资矛盾。在“社会改革”的旗号下，经首相俾斯麦倡议，德国威廉一世颁布了皇帝诏书，即著名的《黄金诏书》，这一诏书被视为德国社会保障的“大宪章”。其中声明：工人在患病、发生事故伤残和老年经济困难时应该受到保障，他们有权要求救济，工人保障应由工人自行管理，由此引发了德国社会保险法的立法。1883 —1889 年，德国颁布和实施了三部社会保险法。

（1）1883 年通过、1884 年生效的《疾病保险立法》，规定经费由雇主负担 1/3，雇员负担 2/3，从患病第四天起支付补助金，最多补助六周，补助金额约为每周基本工资的 50%。

▶ 相关链接 5–5　1884 —1900 年德国参加疾病保险人数和比重

年份 项目	1884 年	1890 年	1895 年	1900 年
参加疾病保险人数	429 万人	660 万人	750 万人	950 万人
占总人口的比重	10%	13.4%	14.3%	16.9%

资料来源：赵星铁：《社会立法的风风雨雨——略论俾斯麦社会立法》，《历史教学问题》2004 年第 2 期。

（2）1884 年通过、1885 年生效的《工伤保险立法》，规定根据“雇主责任制”原则，保险费用全由雇主承担，保险费数额根据事故发生频率和预防措施每年一次进行评估和调整，这样有利于责成雇主重视工人生命安全和劳动条件改善。

（3）1889年通过、1891年生效的《老年保险立法》，规定享受养老金的年龄为70岁，经费一是由雇主、雇员通过缴纳保险费平均分担，二是由帝国财政部按年金类别提供资助。

俾斯麦曾用“福利国家”一词来命名这三项社会保险制度。德国的社会保险的基本特点表现在：并不是国家对全体国民提供基本福利，仅仅是为劳工而设，由雇主和雇员共同负担。第一，只是给予那些有工作的人提供保险，属于谁付出谁拥有；第二，国家干预的目的，主观上是为了维护资本主义的再生产体系。因此，德国建设社会保障的手段是“胡萝卜加大棒”的。正如俾斯麦所说的，渴望得到一笔养老金的人是最容易满足的人，也是最容易管理的人。这一语道破了福利国家的实质：与其说是慈善性的，不如说是政治性的国家干预经济的措施。

▶ 相关链接 5-6　1919—1939年主要资本主义国家社会保障制度建立年份比较

项目 国家	养老金制度	医疗保险制度	失业保险制度	生育保险制度	家庭补贴
西班牙	1919		1919	1929	1938
瑞典			1934		
荷兰	1919	1931		1931	1939
意大利	1919		1919		1937
葡萄牙	1935	1935		1935	
法国		1928		1928	1932
奥地利			1920		
比利时			1920		1930
瑞士			1924		
德国			1927		

续表

国家\项目	养老金制度	医疗保险制度	失业保险制度	生育保险制度	家庭补贴
希腊	1934	1922		1922	
美国	1935		1935		
新西兰			1930		1936
日本		1922		1922	
加拿大	1927				

资料来源：丁建定：《西方国家社会保障制度史》，高等教育出版社2010年版，第42页。

（二）德国社会保险及社会保障制度的发展

进入20世纪以后，德国从各方面又开始对社会保险制度进行完善。1911年7月颁布《帝国保险法》，由此前颁布的六项法规组成，1911年12月制定并颁布《雇员保险法》，1912年7月还制定并颁布了《职业保险法》和《失业保险法》。自此，德国构建了当时世界上较为完备的社会保险制度。德国通过社会保险制度创新，使社会保险在全社会范围内推行，使社会保险第一次确立为正式的公共社会保障计划。一方面，它可以有效地矫正市场缺陷所引致的社会贫困化问题；另一方面，也可以为产业工人提供稳定的抵御风险的潜在收入，缓解劳资冲突，真正发挥社会安全网的作用。同时，它也为以后各工业国家建立和发展社会保险制度提供了范例。

从英国《济贫法》救助穷人，到德国社会保险保障有工作的人，福利制度体现了以下变化：范围从小到大，作用从“地方到中央”，行为从随意性到强制性以及从分散碎片化的国家行为逐步发展到相对复杂和相互关联的国家福利体系。国家对福利的干预是一个历史的进步：第一是行政管理的进步，从教会等慈善机构接管下来福利的功能；第二是社会保障制度的进步，有了专业的商业保险，进而转化为国家的社会保障制度。随着历史的发展，二战后，英、德、美等西方国家都建立了具有自身特点的现代社会保障制度。

三、社会保障制度的成熟

20 世纪 30 年代至 60 年代是当代资本主义社会保障制度逐渐成熟的阶段。1935 年，美国颁布《社会保障法》，成为世界上第一部社会保障法，是其社会保障制度成熟的标志。

（一）美国社会保障制度的建立

经过 20 世纪最初 20 多年的发展，美国经济走向繁荣，建立老年、失业、工伤保险以缓和社会矛盾的要求已被提出，同时建立社会保障制度的氛围业已形成，推进社会福利事业的物质条件也已具备。20 世纪 30 年代以大衰退、大萧条为特征的世界资本主义危机成为美国社会保障制度建立的催生剂。面对危机的沉重打击，失业者、老年人、残疾人、孤立无援的人及无依无靠的儿童都处于极端困境之中，成千上万兢兢业业工作的人，一夜之间成了需要接受救济的穷人。不仅如此，危机还改变了长期以来左右社会舆论的传统看法，即认为贫困出自懒惰。人们逐渐意识到，贫困不只是个人问题，还有社会的责任。最重要的是，大萧条还打破了廉价政府、自由放任和无为而治的政治观念，人们强烈要求政府承担起社会责任。

1932 年罗斯福当选为美国第 32 任总统，当时全国正处于一片混乱之中。这位受命于危难之际的残疾人总统，采取了一系列大刀阔斧的“新政”措施，其中主要内容之一就是救济措施。1933 年 5 月，国会通过《联邦紧急救济法》，在此基础上成立了联邦紧急救济署，实行“以工代赈”的救济措施，逐渐使国家渡过了工人大面积失业、老人生活无保障、许多人缺衣少食、无家可归的经济难关。在罗斯福签署的若干重要法案中，对美国社会经济发展影响最为深远的立法，当数 1935 年 8 月 14 日生效的《社会保障法》，又称《社会安全法》。《社会保障法》为人民生存所必需的经济权利提供保障，其主要观点有：（1）社会保障是大机器生产的客观要求；（2）以

“普遍福利”为核心的社会保障制度应作为建国的基本方略；（3）初期的社会保障项目应包括失业、养老、家庭保险；（4）实行“以工代赈”的现代社会救助，反对消极的救济行为；（5）实行以地方为主的失业社会保险和强制性多层次的养老保险；（6）社会保障必须促进自我保障意识的确立；（7）社会保障项目必须逐步展开。根据这个法案，联邦政府向各州提供财政拨款，用以解决老人、残疾人、失业者、儿童等所面临的经济困难。

尽管该法案并未建立一个全国性的社会保障体系，但其实施在一定程度上缓解了危机过程中的劳资冲突，保障了社会劳动生产力的恢复，并通过政府福利开支，借助有效需求的扩张，干预和调整国民经济，促进了全面复苏。同时，《社会保障法》放弃了长期主导美国社会的自由主义主张，改变了过去那种由地方政府扶助援救，或由民间团体自助自救，或由团体提供救助的济贫传统，确立了联邦政府在社会保障工作中的领导地位，建立起以解决养老问题和失业问题等社会保险为主体、辅之以公共帮助的保障模式，初步奠定了美国社会保障体系的框架和基础。这是美国政府实行社会保障制度的开端，也是资本主义社会保障制度走向成熟的标志。

（二）美国、欧洲社会保障制度的发展与繁荣

罗斯福之后，美国政府又相继建立医疗保障、教育保障、住宅保障等社会保障制度。虽然这些社会保障的建立经过了一系列的争论与反复，不过，其保障深度和密度均呈现出持续增强的趋势。

二战后，美国经济的不断发展为社会保障制度的发展和完善提供了物质基础，为政府增加社会保险种类、扩大保障范围及提高给付标准提供了可靠的资金来源。1950 年国会修正的《社会保障法》为不具有独立能力的儿童的母亲提供“保养者”资助，并增加了“为永久性和完全残疾者援助”公共援助计划。1951 年，在社会保障制度中增加“残疾人保险项目”，之后又将原法案保障范围扩大，在援助儿童项目中增加社会服务部

分，扩大儿童福利项目的保障对象，提升制度的公平性。但这一社会保障制度远未能使人们避免由于保障不足所带来的社会问题，其集中表现就是社会贫困现象依然严重。美国社会保障总署的报告显示：1959 年美国 65 岁以上公民中有超过 1/3 的人没有保障性收入。经济繁荣中出现的贫困使决策者认识到，靠市场力量和私人机构无法解决贫困特别是老年贫困问题，只有通过加大政府对经济生活的干预程度，强化再分配力度，才能保障普通民众维持适度的生活水平。

肯尼迪在 1961 年的总统就职演说中，呼吁全国人民，承担起与人类共同的敌人——专制、贫困、疾病和战争……开展一场持久性战争的责任，并通过扩展社会保障措施达到这一目标。1962 年通过了关于《社会保障法》的公共福利修正案，提高并扩展了联邦政府对地方政府社会工作的支持力度和范围，内容包括案例调查、职业培训、职业转换及其他为公共援助受益人所提供的直接服务，力图使贫困者在经济上能够独立，成为不再依赖政府救济的社会劳动者，从而减少救济金和公共福利开支。

肯尼迪的继任者约翰逊继续推进了这项改革，并提出在美国建立一个有“舒适住房、优质保健、充分就业、良好教育和充分满足人民物质生活与心理需要”的“伟大社会”。为了实现“伟大社会”目标，美国政府除了扩大保险，增加保险项目和提高保险给付标准外，重点强化了以下措施：（1）1963 —1968 年，美国政府连续数次修改人力发展和培训法案，增加教育与职业培训拨款，以提高劳动者的适应能力与素质，从而改善了就业环境，增加了就业人数；（2）约翰逊签署了医疗照顾方案，使老年、残障、遗属保险的受益人及联邦铁路退休计划的被保险人的健康服务和保险治疗得到了保证，解决了老年人的基本医疗服务问题；（3）扩大社会福利性补助，减少贫穷人口数量。在“伟大社会”目标下，政府相继放宽了社会福利性补助的条件，提高了相应的给付标准，老年援助、盲人补助、永久性残疾和全残疾救助等均有不同程度的提高。

经过20世纪50年代和60年代的不断发展，美国社会保障程度与范围均有很大程度的进步，几乎所有劳动者及其家庭成员都可以享受来自不同方面的保障给付，这使每一个家庭不会因为保险事件的发生而失去生活来源。因此，社会保障制度也被誉为“美国政府最成功、最有历史和现实意义的公共项目”。

1948年，英国率先宣布建成了公民“从摇篮到坟墓”都有保障的“福利国家”。随后，西欧、北欧、北美和大洋洲等许多发达国家纷纷宣布实施“普遍福利”政策。接着，许多发展中国家也先后建立了社会保障制度。这样，社会保障也就成为全世界公认并为各国采用的经济社会政策。

▶ 专栏5-1　瑞典社会保障制度的建立

二战后传统的劳资集体协议制度在瑞典得到进一步发展，劳资之间达成许多新的集体协议。其中最重要的协议为1946年的“工作咨询委员会协议”，该协议由工会联合会、白领雇员工会和雇主联合会三方共同达成，规定每个企业都成立一个工作咨询委员会，委员会成员由雇员与雇主代表共同组成，有责任为雇员提供学习技术的机会，保障工人的就业与工作安全，从而企业的工作效率得到提高，进一步推动社保制度发展。

1946年是瑞典健康保险发展重要的一年，议会通过了《新健康保险法》(《强制性保险法》)，五年后该法案正式生效。该项法律规定瑞典公民（年满16岁以上）必须参加强制性健康保险，参保公民只需支付1/4的医疗费用，同时可获得因疾病而不能工作的现金补贴。因其在公民患病期间按天发放，即称为日现金补贴。此外，公民还可缴纳额外自愿健康保险费，即可领取额外自愿健康保险津贴。1962年，瑞典又颁布了《国民保险法》，将其他社会保险法与健康保险法合并，覆盖范围更加广泛。该项法律规定，除了瑞典公民，凡在瑞典生活一定时间并进入瑞典人口统计的外国公民都可参保，并且实行和其收入相关的强制性缴费，缴费包括医疗、基本日现金补贴与补充日现金补贴，国家提供多种健康保险津贴，包括住院治疗补贴、就医旅费补贴、牙病治疗补贴、产妇补贴等。1946年议会通过了《新养老金法》，规定参加养老金制度的个人需缴纳1%的个人收入，年满67岁以后即可领取统一标准养老金。1956年为了更好地完善养老金制度，瑞典政府成立了养老金问题委员会，委员会提出了三种改革方案，三年后议会下院通过（强制性与收入相联系的）补充养老金法案。

此外，儿童福利、残疾人福利、劳工福利等方面，瑞典政府也相应出台了一系列规定，直至20世纪60年代，瑞典福利型社会保障制度基本建立，被国际社会高度评价为"瑞典模式"。

资料来源：粟芳、魏陆等：《瑞典社会保障制度》，上海人民出版社2010年版，第22—27页。

▶ 相关链接5-7　1960—1995年主要西方国家社会保障水平百分比变化表

年代 国家	1960	1965	1970	1975	1980	1985	1990	1995
英国	13.9%	14.4%	15.9%	19.5%	23.5%	24.9%	27.1%	29.8%
德国	20.5%	19.0%	25.6%	27.2%	30.7%	31.5%	32.1%	33.9%
法国	13.4%	15.8%	15.3%	24.1%	23.9%	28.8%	26.5%	32.9%
瑞典	12.8%	17.5%	21.1%	26.7%	33.0%	33.5%	34.2%	35.8%
芬兰	12.7%	13.1%	13.4%	16.2%	21.0%	23.9%	25.5%	32.7%
丹麦	12.5%	12.5%	19.5%	25.8%	28.7%	29.3%	30.0%	32.2%
美国	10.3%	11.2%	14.7%	18.6%	26.5%	28.0%	31.5%	33.2%
日本	8.0%	11.0%	14.0%	17.7%	23.0%	26.6%	26.7%	26.8%

资料来源：穆怀中：《社会保障国际比较》，中国劳动社会保障出版社2002年版，第113页。

四、当代资本主义社会保障制度迅速发展的原因及其实质

虽然社会福利的萌芽形式带有临时救济性质的社会福利的个别因素在人类历史上，特别是在西方国家历史上早就诞生，但作为一个比较全面而完整的机制和体系的社会保障制度，特别是所谓“福利国家”，却广泛流行于二战以后。

（一）当代资本主义社会保障制度迅速发展的原因

1. 根本动力——资本主义基本矛盾

为什么社会保障制度会在二战以后的西方国家广泛流行起来？从根本上说，这是由资本主义生产方式的矛盾所决定的。资本主义基本矛盾的一个表现是生产无限制扩大的趋势和有效需求相对缩小之间的矛盾。

对于这一矛盾，马克思在《资本论》第二卷中指出：“资本主义生产方式中的矛盾：工人作为商品的买者，对于市场来说是重要的。但是作为他们的商品——劳动力——的卖者，资本主义社会的趋势是把它的价格限制在最低限度。”[①]

▶ 相关链接 5-8　马克思关于资本主义基本矛盾的论述

“以广大生产者群众的被剥夺和贫穷化为基础的资本价值的保存和增殖，只能在一定的限制以内运动，这些限制不断与资本为它自身的目的而必须使用的并旨在无限制地增加生产，为生产而生产，无条件地发展劳动社会生产力的生产方法相矛盾。手段——社会生产力的无条件的发展——不断地和现有资本的增殖这个有限的目的发生冲突。”“一切现实的危机的最终原因始终是：群众贫穷和群众

① 《马克思恩格斯全集》第 24 卷，人民出版社 1972 年版，第 351 页。

的消费受到限制，而与此相对立，资本主义生产却竭力发展生产力，好像只有社会的绝对的消费能力才是生产力发展的界限。”①

资本主义生产方式所包含的这个矛盾，通过危机的爆发，从三个方面要求资本主义国家政权出面干预，以便资本主义生产方式能够持续地维持下去。

（1）要求国家出面保证劳动力再生产和供给正常进行所必需的条件。这里所说的条件包括维持在劳动者新陈代谢过程中退出生产的老工人的生存，给那些处于失业、生病、工伤状态的工人和“贫困线”以下的工人及其家庭提供必要的生存条件，教育和培训出适合现代化生产所要求的劳动力，等等。

（2）要求由国家调节社会资本扩大再生产的实现过程。二战以后，由于工人工资的增长落后于生产的迅速增长，个人消费品的实现遇到越来越大的困难，这就使社会资本扩大再生产的实现条件越来越频繁地遭到破坏，于是就要求国家通过增加社会福利开支来加强对社会总产品实现过程的调节，以扩大群众对个人消费品的需求，缓和资本主义生产同消费之间的矛盾，并影响社会资本再生产的周期，减轻其周期波动的剧烈程度。

（3）要求由国家出面维持社会资本再生产所必需的共同的外部条件。这是因为生产越是社会化，阶级冲突给资本家造成的损失也就越大。于是在二战以后，垄断资产阶级及其国家政权就力图通过推行福利国家制度，使工人阶级贫困状况趋于“分散化”，防止和控制许多劳动者因无法生活下去而酿成社会动乱。在这里，社会福利制度就作为垄断资产阶级缓和阶级对抗的工具，用来削弱工人运动以维持社会资本再生产所要求的共同的外部条件。在当时的一些东欧国家成为同资本主义制度相对峙的社会主义阵营的成员以后，这样一种需要在西欧资本主义国家内尤其迫切。

正是出于解决资本主义生产方式的矛盾，以便让资本主义得以持续发展

---

① 《马克思恩格斯选集》第2卷，人民出版社2012年版，第509、586页。

的迫切需要，西方发达资本主义国家把它们在 1929—1933 年大危机中实施的总的来说范围狭窄、项目不多、未成体系的社会福利措施，在二战以后，发展成普及化、全民化的社会福利制度。其特点是项目日益增多、范围涉及生老病死、伤残、孤寡、失业、教育等各个方面，开支越来越大。有些国家甚至达到占本国政府总开支的 1/2 至 2/3，占本国国内生产总值 1/5 以上。

2. 直接动力——第三次科技革命

纵观资本主义发展的历史进程，资本主义每一次重大的历史进步，都是在科技革命的作用下取得的。第三次科技革命在原子能、计算机、航天技术等领域取得重大突破，人类社会进入信息化时代，进而推动人类社会生活的现代化，对社会保障制度的发展也起到一定的促进作用。

第一，以电子计算机和原子能的利用为标志的第三次科技革命极大地推动了生产社会化的发展和提高，而生产社会化的高速发展又要求分配的社会化。只有相应地实现了分配的社会化，才能解决在生产社会化高速发展的条件下，工人失业可能性增加和劳动者对基本生活资料需求提高的问题，也才能解决生产社会化的高速发展要求国家承担起培训、教育劳动者的责任问题，解决工人工资增长落后于劳动生产率的增长，从而造成“有效需求”不足的问题。

第二，第三次科技革命是一次涉及范围十分广泛的科技革命，是前两次科技革命无法比拟的。此次科技革命在自然科学中各个学科和生产技术各个领域都出现了重大发明和发现，是科学革命和技术革命统一的过程，这极大地促进了生产力发展。20 世纪 70 年代以降，涌现出一系列科技成果，信息技术、生物技术、新型材料技术、空间技术、海洋开发技术的研究和应用是这个时期的主要发展方面；形成了信息产业（含电子计算机业等）、原子能工业、航天工业、高分子化学工业为核心的主导产业群；出现了美国西南部的斯坦福工业区（硅谷）、日本九州岛、英国苏格兰电子工业基地、德国慕尼黑工业中心。信息产业等的兴起，对传统产业结构造成极大冲击，第一、第二产业的比重下降，第三产业的比重逐渐上升。经济结构和产业结构的激烈震荡、调整和升级使得劳动力的需求结构发生变化，对人力资本的要求相应提高，为了适应这一变化，资本主义国家主动承担教育、培训等方面的社会责任，进而发展了社会保障制度。

3. 物质基础——二战后资本主义经济的迅速发展

当代资本主义社会保障制度的基本内容大体上包括社会保障和社会服务两大类。社会保障以保证劳动者维持最低生活水平为目标，而社会服务旨在提高劳动者享受和发展资料、改善劳动者生活状况。同时，在社会保障项目下，国家通过转移支付直接为劳动者提供现金津贴，而在社会服务项目下，国家则提供种种服务，如由国家进行的教育、医疗保健，以及为体弱者、精神障碍者、身体残废者、需要保护的儿童举办的公益事业，等等。其特点是这种服务的提供不以接受服务者的经济状况为转移，其经济来源主要是国家的财政拨款，这就对一国的经济增长和财富储备提出了要求。

二战后资本主义进入经济迅速增长的“黄金时期”，这为社会保障制度的广泛实施奠定了物质基础。20 世纪前期资本主义国家国民生产总值增长率均居高不下。1954—1967 年，日本、德国、法国、澳大利亚和加拿大等国国民生产总值每 10 年增长率均高于 50%，其中，日本经济增长竟高达约 150%，如此迅猛的经济增长无疑为各资本主义国家社会保障制度的繁荣和发展提供雄厚的财政支撑。1951—1975 年欧洲各国的转移支付增长率也有大幅度的正向变化，而且其占国民生产总值的比例也在不断上升。由此，资本主义各国制定立法确立社会福利的实施原则，建立一整套专门机构负责各项福利的实施，对社会福利机制进行宏观调控。

▶ 相关链接 5-9　20 世纪前期资本主义国家国民生产总值增长率

国家	时间	国民生产总值每 10 年增长率（%）
英国	1925—1954	16.3
	1954—1967	34.9
	1925—1967	22.3

续表

国家	时间	国民生产总值每10年增长率（%）
法国	1925—1954	11.5
	1954—1967	61.0
	1925—1967	26.9
德国	1925—1954	26.5
	1954—1967	83.2
	1925—1967	43.6
日本	1925—1954	25.6
	1954—1967	152.8
	1925—1967	56.7
美国	1925—1954	33.2
	1954—1967	42.1
	1925—1967	36.2
加拿大	1925—1954	39.9
	1954—1967	52.7
	1925—1967	44.1
澳大利亚	1925—1954	29.6
	1954—1967	52.8
	1925—1967	37.1

资料来源：[美]库兹涅茨著，常勋等译：《各国的经济增长》，商务印书馆1999年版，第45—47页。

▶ 相关链接5-10　1951—1975年欧洲国家平均国民生产总值与转移支付增长情况（单位：%）

年份＼项目	转移支付增长率	国民生产总值年增长率	转移支付占国民生产总值的比例
1951	17.3	17.9	7.2
1953	9.9	5.8	8.1
1955	10.5	8.6	8.3
1957	14.6	7.3	8.9
1959	8.5	6.7	9.3
1961	11.1	9.1	8.8

续表

年份 \ 项目	转移支付增长率	国民生产总值年增长率	转移支付占国民生产总值的比例
1963	13.7	8.6	9.7
1965	17.4	9.4	10.4
1967	13.3	7.6	11.3
1969	13.8	11.2	12.0
1971	15.5	11.0	13.0
1973	17.0	14.7	13.7
1975	23.7	12.5	16.1

资料来源：W.J. Mommsen，*The Emergence of the Welfare State in British and Germany*，Crom Helm Ltd，1981：360.

4. 现实要求——工人阶级改善劳动条件和生活状况的要求

二战以后，严重的社会问题使得劳资关系呈现出一种尖锐对抗的局面，劳工阶级强烈要求改善自己工作和生活状况的斗争以各种形式频繁展开，不仅导致资本主义社会的政治动荡，而且直接导致经济损失。例如，在20世纪60年代末期，在法、意两国爆发了多达1000万至1800万名工人参加的大罢工；20世纪70年代，又有瑞典、英国、联邦德国等国家爆发自20世纪20年代以来从未有过的大规模罢工。为缓和劳资矛盾，维护社会稳定，提供稳定的经济发展环境，这些工人阶级的斗争使得国家和政府不得不进一步完善社会保障制度，满足工人的诉求。

另外，工人阶级的斗争促使劳资协商机制得以建立。这首先推动了当代资本主义社会保障制度的快速发展，其次在一定程度上缓和了劳资矛盾。20世纪西方劳资关系的基本趋势是从原来的对抗状态逐渐转变为协调状态，大规模劳资冲突明显减少，因罢工而导致的工作日损失明显下降，主要西方国家纷纷建立劳资协商机制，对劳动环境、劳动时间、工资、雇佣和辞退甚至与生产和企业发展相关的事宜达成协议。劳资协商机制的建立和发展使得当代资本主义社会保障制度的发展不再体现为劳资对抗的被动性结果，而是体现为劳资协商的主动性行为。特别是在20世纪中期，劳资协商机制的建立和发展对促进西方国家以企业为主体的社会保障制度的建立和发展更是产生了重要影响。

5. 制度较量——资本主义和社会主义的争夺与斗争

二战以后，社会主义制度在欧、亚、拉的一系列国家建立起来，并对西方发达国家的工人阶级产生重大的思想影响。这促使西方发达国家把社会保障制度的广泛建立和发展不仅当作缓和国内阶级矛盾的工具，而且当作抵消社会主义制度扩展影响进而对社会主义国家进行“和平演变”，对它们进行“西化”和“分化”的工具。正是在这个意义上，意大利前副总统马尔泰利说“社会福利国家应被认为是我们时代最伟大的成就”①。美国前国家安全事务助理布热津斯基指出：“民主社会主义和福利国家常常是同共产主义学说的吸引力进行斗争和为共产主义模式提供另一种民主选择的最有效办法。”②英国学者吉登斯在《第三条道路》一书中指出：“实际上，创立福利国家的目的之一，就是要驱散社会主义的威胁。”③

（二）当代资本主义社会保障制度的实质

当代资本主义国家的社会保障制度无疑是资本主义发展到国家垄断资本主义阶段对于其分配关系的新调整。在这种新调整中，资本主义国家工人阶

① ［俄］戈尔巴乔夫、［德］勃兰特等著，中央编译局国际发展与合作研究所译：《未来的社会主义》，中央编译出版社1994年版，第281页。

② ［美］布热津斯基著，军事科学院外国军事研究部译：《大失败——二十世纪共产主义的兴亡》，军事科学出版社1989年版，第11页。

③ ［英］吉登斯著，郑戈译：《第三条道路——社会民主主义的复兴》，北京大学出版社、生活·读书·新知三联书店2000年版，第116页。

级的生活情况显然得到了改善，但与此同时，资本主义私有制和工人的被雇佣地位并没有改变。所以，这种调整又只是在资本主义生产关系所允许的范围内采取的一种改良措施。但由于社会保障制度给资本家剥削工人剩余价值的实质披上了迷人的外衣，因此在资本主义社会中就不时流传出种种有关美化社会保障制度的舆论来混淆视听，需要予以澄清。

舆论一，认为社会保障制度通过对不同收入阶层实行有差别的税收政策，特别是累进所得税，使之成为“满足人类需要”的“公平分配”。

由于发达资本主义国家的社会保障制度，是在坚持生产资料私有制这一根本前提下实行的，因而，把它说成是一种能满足包括所有人在内的“人类需要”的“公平分配”，是没有根据的。这是因为在产品、消费资料的分配之前，它首先是生产工具的分配；产品、消费资料的分配，是生产工具分配的进一步规定。所以，产品、消费资料分配的结构，不论在对象上还是形式上，都完全取决于生产的结构，人们参与生产的一定形式决定了他们参与分配的特定形式。“个人以雇佣劳动的形式参与生产，就以工资形式参与产品、生产成果的分配。”[①] 在严格执行的条件下，征收“累进所得税”是可以在一定程度上缩小收入差距的，但这并没有改变工人从社会保障制度那里得到的收入，其绝大部分是社会劳动力总价值的转化形式。社会保障制度所包含的再分配，主要是在工人阶级内部的再分配，是同一成员在不同时期收入的再分配、同一时期内不同成员之间的再分配，以及隔代人之间的再分配。而且，二战后，福利国家之所以比较普遍地在体力劳动阶级中拥有稳固的基础，也不是因为它变成了满足人类需要的公平分配，而是因为它是当时条件下一种阶级妥协的方式。

舆论二，认为社会保障制度是一种“社会主义的人权”。

这种说法是没有根据的，因为工人的社会福利收入实际上是资本家为获

---

① 《马克思恩格斯选集》第 2 卷，人民出版社 2012 年版，第 695 页。

得劳动力商品所不得不支付的维持和再生产劳动力所必需的劳动力价值的一部分，是一种间接工资或工资的转化形式，是资本家付给工人的劳动力价值的新形式。这从社会保障经费的来源中可以清楚地看出：首先是来自投保职工缴纳的保险费或社会保险税，这种保险费以社会保险税的形式直接从劳动工人的工资中扣除，而且这种社会保险税率还在不断提高。其次是来自雇主缴纳的保险费，这一部分费用形式上是由资本家支付，实际上却被加到生产费用之中，通过提高产品价格的办法转嫁于劳动人民。再次是政府预算拨付的经费，在西方发达资本主义国家，社会保障经费除雇员、雇主缴纳的保险费之外，不足的部分一般由国库拨付，特别是低收入阶层和贫困阶层的保障补助金和救济金完全由国库支付。这一部分经费从表面上来看似乎是由统治阶级给予的经费，实际上是由资本主义国家通过赋税筹措得来，它绝大部分来自劳动人民，所以说到底还是由劳动人民自己承担，而且福利越高，劳动人民缴纳的赋税也越重。所以，归根到底，发达国家的社会保障金就主要之点来说，只不过是把原来由工人自己安排和支配的劳动力价值的一部分，改为由资产阶级以社会保障金的形式支付，并由国家机器来统一安排和支付。因而，工人的社会保障收入只是雇佣工人出卖劳动力价值的转化形式，同“社会主义人权”是毫不相干的。

舆论三，认为社会保障制度是消灭剥削和贫困、导致社会普遍福利、导致阶级同化的“收入革命”。

这种说法更是毫无根据，正因为工人的社会保障收入是工人劳动力价值的一部分，因而尽管社会保障收入的提高可以在一定程度上改善工人的生活状况，却无法改变工人被剥削受奴役的阶级地位，更不会因此而和剥削、压迫他们的阶级相“同化”。马克思在《资本论》第一卷中谈到资本主义积累的一般规律时就指出：“吃穿好一些，待遇高一些，特有财产多一些，不会消除奴隶的从属关系和对他们的剥削，同样，也不会消除雇佣工人的从属关系和对他们的剥削。由于资本积累而提高的劳动价格，实际上不过表明，雇佣工人为自己铸造的金锁链已经够长够重，容许把它略微放松一点。”① 实际上，资本主义社会保障制度，虽然在一定程度上改善了工人生活，但由于它是在生产资料资本主义私有制、在资本主义剥削的前提下实行的，因而不仅没有消灭剥削和贫困，没有导致阶级同化，相反地，还进一步加剧了两极分化。

第三节　当代资本主义社会保障制度的多样化安排

尽管当代资本主义国家社会保障制度形成发展的原因和实质大体相同，但由于这些国家的历史发展、具体国情和现实条件有所差别，因而其推行的社会保障制度的具体模式和内容也有所不同。本节以英国、德国、瑞典和美国为例进行具体说明。

一、英国的社会保障制度

英国的福利国家模式，其社会保障项目十分全面，覆盖范围十分广泛，保障水平亦十分高。世人将其视为实行“福利国家型”社会保障模式的典范。

（一）英国社会保障制度的基本内容

英国的社会保障制度主要包括以下内容。

（1）老年、残疾和遗属保险。英国国家养老保险制度涵盖全体公民的养

---

① 《马克思恩格斯选集》第 2 卷，人民出版社 2012 年版，第 276 页。

老、残疾和遗属年金，包括基本养老金和补充养老金两种。国家养老保险制度的资金筹集采取现收现付模式，除来源于雇主和雇员缴费以外，英国政府还提供了大量的资金。凡是年满 65 岁（女 60 岁）的英国公民，按照收入总额不低于最低收入限额 52 倍的相关等级进行缴费，且缴费记录达到合格年限的受保人可领取全额国家基本养老金。若没有缴纳足够合格年限的费用，基本养老金按合格年限的相应比例进行支付，被保险人有权推迟领取养老金 5 年，每推迟一周退休，基本养老金相应增加 1/7 的 1%（相当于每推迟一年退休，养老金增加 7.5%）。在足额缴纳基本养老费用之后，又缴纳了第一类国民保险税的人才有资格领取和收入关联的国家补充养老金。历年“剩余收入”之和的 1/80 为国家补充养老金计划年支付数额，再除以 52 为每周支付数额。雇员可选择退出国家补充养老金计划，参加职业养老金计划和私人养老金计划，雇员和雇主仅需缴纳国民保险税的最低限额。在英国，伤残者在享受 52 周病假工资后，就可以长期领取残疾年金。按照受保人的缴费记录，其遗孀可以享受终身遗属年金，子女也相应获得津贴。

（2）医疗保险。英国的国民保健服务是政府通过税收筹措经费，按区域人口结合其他因素给公立医疗机构直接拨款，向全国所有居民提供免费或者是价格较为低廉的医疗预防保健服务。门诊、住院以及妇女分娩基本上都是免费的。公立医疗机构的经费 95% 来自政府拨款，只有 5% 来自服务收费。英国医疗保险还提供疾病津贴，雇员连续生病 4 天就可以从雇主处获得病期津贴；其他被保险人必须受保 26 周以上，才能从国民保险中得到病期津贴。津贴标准取决于被保险人的工资收入，领取医疗保险津贴的最长期限为 28 周，在领取医疗保险津贴期间，受益人还可以从事有收入的工作。

（3）失业保险。英国失业保险是国民保险的一部分，实行国家强制保险，费用由雇主和雇员共同负担，但是，对被保险人的收入有一定规定。如 1997 年规定，每周收入 62 英镑以上的雇员才能参加保险。失业者只要在最近 2 个纳税年度中的 1 年足额缴纳国民保险费，或者最近 2 个纳税年度中每年的社会保障缴费的收入基数不低于每周应税收入下限的 50 倍，就可领取最长期限为 52 周的失业保险津贴。没有资格获得或者超过领取缴费型失业保险待遇期限的失业者，还可享受收入调查型失业保险待遇，但最长享受期限为 26 周。

（4）工伤保险。工伤保险也是英国国民保险的一部分，除独立劳动者被排除在外，所有雇员均享受工伤保险。工伤保险基金来源于雇主和被保险人缴纳的保费，工伤保险津贴分为暂时伤残待遇和永久伤残待遇。在享受暂时伤残待遇 28 周后仍未恢复劳动能力的，转入永久伤残待遇。

（5）社会救助。英国社会救助主要包括儿童津贴、求职者津贴、住房补贴、财产税补贴和社会基金。儿童津贴是一项免税、非缴费型、不需要财产状况调查的补贴，任何在英国居住半年以上的居民（包括外国人），如果家中有 16 岁以下的孩子，就可以得到国家补贴。求职者津贴是在 1996 年 10 月 6 日开始实施的，是支付给那些失业者或者每周工作时间少于 16 个小时并且正在寻找工作的人的津贴。住房补贴和财产税补贴都是免税、无须缴费的补贴，但要进行财产状况调查。社会基金提供给那些申请求职者津贴的人，以满足被认为超过日常生活的正常开支的“一次性”需要。

由上述内容构成的英国社会保障制度，犹如一个庞大的系统工程，其全面、复杂和精致的程度，无不令人叹为观止。它覆盖了社会的各个阶层、各个家庭，保障了人生的各个阶段，儿童福利—免费教育—职业培训—失业保险—免费医疗—疾病津贴—住房补贴—贫困救济—养老保险—丧葬补贴，真可谓是“从摇篮到坟墓”。

▶ 专栏 5-2 《贝弗里奇报告》与福利国家

1941 年，英国成立社会保险和相关服务部际协调委员会，着手制订战后社会保障计划。经济学家贝弗里奇爵士出任社会保险和相关服务部际协调委员会主席，负责对现行的国家社会保险方案及相关服务（包括工伤赔偿）进行调查，并就战后重建社会保障计划进行构思设计，提出具体方案和建议。第二年，贝弗里奇爵士根据部际协调委员会的工作成果提交了题为《社会保险和相关服务》的报告，这就是著名的《贝弗里奇报告》。

《贝弗里奇报告》可以说影响了整个世界社会保障，它是制度发展的经典著作，它是社会保障发展史上具有划时代意义的著作。曾影响欧洲乃至整个世界的社会保障制度建设和发展进程，被业内人士视为福利国家的奠基石和现代社会保障制度建设的里程碑，为无数的经济学家和社会保障工作者所推崇、研究和学习借鉴。

《贝弗里奇报告》分析了英国社会保障制度现状、问题，对以往提供的各种福利进行了反思，并系统勾画了战后社会保障计划的宏伟蓝图，提出把消除贫困作为战后的基本目标，即社会保障计划的目标是：确保每个公民只要尽其所能，在任何时候都有足够的收入尽自己的抚养责任，满足基本的生活需要。这个报告主张的社会福利可以被概括为“3U”思想：普享性原则（Universality），即所有公民不论其职业为何，都应被覆盖以预防社会风险；统一性原则（Unity），即建立大一统的福利行政管理机构；均一性原则（Uniformity），即每一个受益人根据其需要，而不是收入状况，获得资助。

《贝弗里奇报告》得到了英国战时联合内阁和1944年执政的工党政府的批准后，工党政府在此基础上通过了1944年的为建立社会保障主管部门的国民保险法、教育法，1945年的家庭补助法，1946年的社会保险法、国民健康服务法、国民保险（工业受伤）法，1948年的国民救济法，这些立法和其他相关法律构成了战后英国福利制度新法典，1948年英国工党首相艾德礼宣布英国建成了“福利国家”。福利国家在20世纪下半叶成了西欧社会的时代精神和基本制度。此后，这一福利国家理念被推广到欧洲其他国家。其中，最典型的是北欧国家，它们后来甚至成了西方福利国家的“橱窗”。

资料来源：张长伟、周义顺：《从传统到现代：西方社会福利观的演变与转型》，中国社会出版社 2013 年版，第 180—183 页；何勤华：《法律文明史（第 13 卷）：现代公法的变革》上卷，商务印书馆 2017 年版，第 357 页。

（二）英国社会保障制度的主要特点

英国福利国家型社会保障制度具有如下特点。

（1）社会保障项目的完整性。英国的社会保障制度涉及老年、疾病、生育、工伤、失业、残疾、贫困等各项社会问题，完整的社会保障项目使英国发展起“从摇篮到坟墓”的社会福利，人们在整个生命中都可以从社会保障制度中受益，尤其是老年人、残疾人和儿童。

（2）社会保障的普遍性。英国的社会保障待遇更多地与公民权利联系在一起，体现着国家与公民之间的直接关系。国民保险待遇与收入无关，无论被保险人缴费多少，都同样享受定额待遇，在被保险人之间存在着明显的再分配。由于国民保险还提供受赡养人待遇，几乎覆盖了全体公民，其再分配性进一步延续到全社会。

（3）社会保障承担家庭赡养责任。英国国民保险在待遇设计上的指导原则不是工资丧失的补偿，不是按照工资的一定比例支付待遇，而是考虑到劳动者的家庭赡养情况。国民保险待遇为受保人承担了赡养家庭的责任，支付的保险待遇一部分是维持受保人本人的生活，另一部分是维持受赡养人的生活。在英国，无论家长的收入如何，未成年的子女都可以享受各种福利待遇。

（4）政府发挥明显主体作用。英国的国民保险比较强调政府的责任，政府为社会保险提供了一定的补贴，国民保健服务、社会服务以及非缴费型收入支持保障项目的经费，基本都是由国家通过一般税收承担的。国民保险直接由政府管理，成为政府一个庞大的部门。不仅国民保健服务在行政上由政府管理，医院也由政府兴办，医务人员属公共雇员。

二、德国的社会保障制度

德国实施社会保障制度的基本原则，一是要有利于发挥社会市场机制的作用；二是社会保障要保持在收入分配的合理范围内，维护效率与公正的内在统一，不减弱人们的进取精神，不对效率和市场机制的功能产生消极影响，不能使富人变穷，而是要让穷人变富；三是要将国家负担的社会保障任务与每个人自主决定命运的天然义务严格区别开来。

（一）德国社会保障制度的基本内容

在具体内容方面，在德国实行的 100 多种社会保障项目中，主要的有：

（1）养老、残疾和遗属保险。德国的养老社会保险制度包括法定养老保险制度和特殊养老保险制度。法定养老保险制度强制要求所有雇员参保，独立经营者自愿参保。法定养老保险的基金主要来源于社会保险费。2007 年，德国法定养老保险的缴费率为雇员的 19.9%，雇主和雇员各付一半，并且缴费有上、下限限制，低于下限的保险费完全由雇主承担。另外，政府还对养老保险基金进行适当补贴，2006 年国家补贴占养老保险总支出的 24.3%。公务员养老金列入财政预算，由国家提供养老保障。法定养老保险制度参加者只要缴费满 5 年，达到退休年龄，就可领取养老金，残疾人年龄可适当缩短。根据《社会法典》的规定，到 2029 年正常退休领取养老金的年龄将达到 67 岁，严重残疾人员则为 65 岁。养老保险待遇还发放遗属养老金，配偶可获得 60% 的养老金，孤儿可得 20% 的养老金，失去父母一方的子女可得 10% 的养老金。退休雇员领取的法定养老金占工资的比例平均为 53%，最高限额为退休时工资的 75%。农场主养老保险也实行强制性，未参加法定养老保险的农民必须投保，凡年满 65 岁、缴费 15 年的农民就可以领取正常退休金。自由职业者可自愿选择是否参加养老保险。

（2）医疗保险。德国是世界第一个建立医疗保险制度的国家，法定医疗保险覆盖了德国约 88% 的人口，独立经营者、自由职业者、国家官员和高收入者可自愿参加法定医疗保险，医疗保险基金主要来源于投保者缴纳的保险费。1949 —2004 年，法定医疗保险费用一直是雇主与雇员各分担 50%；2005 年 7 月开始，雇员分摊比例提高到 54%，雇主分摊比例下降至 46%。与养老保险一样，医疗保险也有缴费上、下限限制，低于下限的保险费完全由雇主负担。医疗保险按照一人投保、全家受惠的原则，只要被保险人月收入未超过收入上限，其配偶和子女可以作为连带参保人，无须再另外支付保险费就被纳入家庭联保。被保险人生病或者是残疾，雇主支付前 6 周工资，此后医疗保险机构按被保险人工资收入的 80% 支付病期津贴，医疗保险津贴领取的最长期限为 78 周。政府对生育补助和残疾补助实行补贴，对矿工、农民和学生提供保健补助金。1995 年，德国开始实行社会护理保险，这是一项专门为老年人、病人和残疾人提供护理的强制保险，所有参加社会医疗保险的人都必须参加社会护理保险，社会护理保险的费用也由雇主和雇员各承担一半。

（3）失业保险。德国失业保险对雇员来说，属强制性保险（包括农民在内），但每周工作时间不足 18 小时的雇员以及月收入低于平均收入的 1/7 的养老者除外。失业保险基金主要来源于失业保险费，一般情况下，德国失业保险费为被保险人工资收入的 3.3%，雇主和雇员各承担一半。失业者必须在失业前 2 年内缴纳了 1 年以上的失业保险费才有资格领取失业金。失业保险金给付水平为被保险人失业前净工资收入的 60%，抚养有 18 岁以下孩子的为 79%。

（4）工伤保险。德国工伤保险按行业划分为工业、农业和公共事业部门保险，由各行业保险协会承担保险。工伤保险费完全由雇主承担，采取差别费率和浮动费率相结合的缴费制度，根据被保险人的工资收入和企业工伤事故风险的级别决定企业缴费率的高低。工伤事故后的前 6 周由雇主支付全部工资，随后由工伤保险联合会发给伤残者事故之前个人净收入的 80%，直至身体康复或领取养老金为止，领取最长期限为 78 周。

（5）社会救助。德国还为特殊困难的人群提供社会救助。社会救助标准由各州自行确定，社会救助资金完全由政府财政提供，其中，75% 来自市、县，25% 来自州政府。失业者领取失业金期限满后仍未就业，可领取失业救济金。2008 年，单身和单亲者每月可领取失业救济金 347 欧元，配偶领取全额 80% 的失业救济金，不超过 14 周岁的子女领取 60% 的失业救济金，15 —17 岁的子女领取 80% 的失业救济金。超过 18 周岁的子女领取 90% 的失业救济金。同时，德国还为有小孩的家庭提供家庭补贴，前 3 个孩子，每个人每月补贴 154 欧元，再增加的孩子，每个人每月补贴 179 欧元。从 2007 年开始，孩子年龄不超过 14 个月的父母还可以领取联邦父母津贴，额度为申请时个人税后收入的 67%。

（二）德国社会保障制度的主要特点

德国社会保障制度具有以下特点。

（1）社会保险资金自助原则。德国的社会保障项目除工伤保险费由雇主单方面负担外，养老保险、医疗保险、失业保险的费用均由雇主和雇员共同负担，政府只对各种社会保险项目的亏空给予部分补贴，并承担社会救助的资金。德国社会保险制度完全体现了权利与义务对等的原则，这有助于培养投保人的责任心与积极性。

（2）社会保障水平较高。德国虽然实行的是社会保险型社会保障制度，社会保险资金自助，但是它却为公民提供了一个较高的社会保障水平。德国公共社会保障支出大约占国内生产总值的 30%，占中央财政支出的 50%，这种高水平的保障支出甚至高于某些实行福利国家型社会保障模式的国家的保障水平，如此高的保障支出水平是在投保人自助的原则下提供的，德国政府并没有像英国、瑞典等国那样背上沉重的财政负担。

（3）兼顾公平与效率。德国社会保障资金自助的原则很好地调动了人们投保的积极性，社会保障权利与义务的对等，使每个人的福利待遇水平与缴费的多少密切相关，在法律的约束下，人们积极投保。同时，政府将高水平的社会保障与市场效率联系在一起，实行“社会市场经济”，公民无论由于什么原因陷入困境，都会得到国家的关照和社会的帮助，国家为特殊贫困人口提供了一定的社会救助和社会补贴。因此，德国社会的贫富差距较小，社会分配较为公平。

（4）社会保障管理高度自治。德国社会保障总监督部门为联邦劳工与社会事务部，政府只对社会保障相关个人与机构是否守法、经营管理和会计工作等方面进行监督，德国一切社会保险事务（除失业保险外）均由劳资双方共同参与管理与决策，实行高度自治管理。

三、瑞典的社会保障制度

瑞典的社会保障制度比英国的“从摇篮到坟墓”更胜一筹，被称作“从娘胎到坟墓”的福利国家。这种社会福利制度是由汉森 1925 年接替布兰特出任瑞典社会民主党第二任主席以后，用建立“人民之家”“福利社会主义”去取代传统的社会主义政策中逐步发展起来的。瑞典社会保障制度的建立完全遵循普遍原则和平等原则，不仅为贫困者提供社会保障，而且为每位公民提供与收入、职业、阶层关联不大的，包含生、老、病、死在内的各种社会保障项目。

（一）瑞典社会保障制度的基本内容

瑞典福利国家社会保障制度主要包括以下内容。

（1）养老、残疾和遗属保险。瑞典的国家公共养老保险包括基本养老保险、附加养老保险和部分养老金三部分。首先，凡是 16—65 岁在瑞典居住满 3 年的居民（无论其国籍），65 岁后都可领取基本养老保险，提前或推迟退休，基本养老金相应增减（每月减少 0.5% 或增加 0.7%）。在瑞典居住 40 年以上的居民可获得全额基本养老金，其余每居住 1 年获得全额基本养老金的 1/40。单身老人可领取基本养老金额的 96%，夫妇两人共同领取基本养老金的 157%。基本养老金待遇除退休养老金以外，还有丧失能力养老金、遗属养老金等多项。基本养老基金主要来源于基本养老保险缴费、国家财政补贴和地方财政拨款补贴。基本养老保险缴费为职工工资的 13.35%，其中雇主缴纳 6.4%，雇员缴纳 6.95%。其次，至少有 3 年的收入超过一个基本养老金额的雇员有权领取附加养老金，工作 30 年以上者，可领取全额附加养老金，其余每工作 1 年领取全额附加养老金的 1/30。附加养老基金全部来自雇主和独立经营者按职工工资总额的 13% 缴纳的社会保险费。另外，瑞典的投保职工由于工作时间的减少（每周减少 5—10 小时，但仍工作 17—35 小时）导致收入减少，可向社会保障机构申请部分养老金。部分养老金基金来源于雇主和独立经营者的缴款。16—64 岁的投保人、丧失劳动能力在 25% 以上者，可享受永久或暂时丧失能力养老金。投保人去世后，其已婚 5 年的遗孀和 12 岁以下子女可享受遗属抚恤金。

（2）医疗保险。瑞典法律规定，一家人只要有正式收入的家庭成员缴纳医疗保险税，全家均可在被指定的公立医院享受免费或者补贴性的医疗保险待遇，包括医生为门诊病人所开的药品和住院费用两种。瑞典医疗保障制度还提供病假补贴、生育补助、子女病期津贴等多种津贴。瑞典医疗保障基金主要来自地方政府，中央政府只制定规则，不提供资金。地方政府的资金主要来自当地居民缴纳的地方税。2007 年，雇主按照工薪总额的 8.78% 缴纳医疗保险费，雇员和独立经营者按工资收入的 2.95% 缴纳保险费。

（3）失业保险。瑞典有特种失业保险和国家失业保险两种失业保险，由各行业公会组织建立的特种失业保险属自愿性失业保险。国家对未参加特种失业保险的劳动者提供“劳动力市场援助”性的国家失业保险，该种失业保险制度建立于1974年，大部分是由国家财政资助的。

（4）工伤保险。瑞典的工伤保险是补充性保险，发生工伤事故后，首先享受养老保险待遇，不足部分再从工伤保险中得到补偿。工伤保险费仅由雇主和独立经营者按企业工资总额的1.38%缴纳。缴纳保险费和享受伤残补助的最高金额不得超过国家基本工伤保险金额的7.5倍。工伤保险津贴领取者达到退休年龄后改为领取养老金。

（5）社会救济。瑞典的社会救济主要包括家庭津贴、残疾补贴、住房补贴等项目。在瑞典，国家对有16岁以下子女的家庭给予定期的家庭津贴补助；残疾人的就业工资由政府负担75%，雇主负担25%；低收入者还享受与收入和抚养孩子多少有关的住房补贴。

（二）瑞典社会保障制度的主要特点

瑞典社会保障制度的最大特点在于它考虑了全民利益，社会财富分配较为公平。

（1）享受社会保障是公民的普遍权利。瑞典的社会保障制度侧重于公民福利分配、全民一律享受。年满65岁的公民，不论其经济地位和职业状况，都可以获得相同金额的基本养老金和与退休前收入相关的附加养老金。如果退休前收入较低或者工龄较短，影响附加养老金的数额，政府给予补贴。所以，雇员退休以后的退休金收入与他退休前相差不大。

（2）个人一般不需要直接缴纳社会保险费用。作为福利国家的典范，瑞典人一般不需要直接缴纳较多的社会保险费用，就可以享受比较全面的各项社会保障。社会保险费用部分由政府承担，个人缴纳费用很少，最大缴费者是雇主，他们大约需要将雇员工资总额的33%作为社会保险费上缴。

（3）失业保险具有非强制性。瑞典的失业保险不是由政府直接管理，而是由工会和劳动力市场委员会两个部门负责。各个行业工会负责的特种失业保险采取雇员自愿参加的原则，政府给予大量补贴，这是瑞典失业保险制度的主要内容；国家失业保险制度专门为未参加特种失业保险制度者设计，由各地劳动委员会或就业办事机构管理和具体实施。

（4）高税收维持了高福利。瑞典政府以高税收作为支撑，将国民生产总值的 70% 以上用于公共开支，来实现各种社会福利。瑞典社会保障基金的主要来源为累进所得税和其他税收。这一方面使得财富在社会家庭间的分配以及个人在整个生命周期中的消费大体趋于平等；另一方面，维持了较为广泛和优厚的公共补贴制度和标准较高的社会保险制度，即维持了瑞典的高福利支出。

四、美国的社会保障制度

美国实行社会保障比西方其他国家晚，是在 20 世纪 30 年代发生了毁灭性的经济危机以后，才由罗斯福推行“新政”时实行的。美国是实行社会保险型社会保障制度模式的一个典型国家。

（一）美国社会保障制度的基本内容

（1）养老、残疾和遗属保险。美国的养老、残疾和遗属社会保险制度一般涵盖雇员和独立劳动者，政府雇员、矿工有专门的养老保险制度，农民和其他人可自愿选择加入私营养老保险制度。公共养老保险基金的筹资采取现收现付制模式，资金来源于社会保障税，实行全国统筹。社会保障税由雇员和雇主共同缴纳，以雇员工资为纳税基数，应税工薪设有上限，2012 年为 11.01 万美元。2010 年法定税率为 12.4%，由雇员和雇主分别缴纳 6.2%，2011 年雇员税率下降至 4.2%，而雇主税率仍维持在 6.2%。个体经营者税率为 10.4%，全部由个人承担。领取基本养老金的资格包括年龄条件和纳税贡献条件。领取基本养老金的最低年龄为 62 岁，1937 年以前出生的职工领取全额基本养老金的退休年龄为 65 岁，1960 年及以后出生的职工领取全额基本养老金的退休年龄为 67 岁。纳税贡献条件采取计点方式计算。每年最多计 4 个点，领取基本养老金的最少点数为 40，即至少要有 10 年的缴费才能够在达到退休年龄后领取基本养老金。基本养老金的给付水平，2008 年的最高档为每人每月 1536 美元，最低档为每人每月 636 美元，从替代率情况看，最低档为 56%，最高档为 26%，平均约为 30%。

（2）医疗保险。迄今为止美国没有建立普遍性的社会医疗保险制度，政府仅负担老人和穷人等特殊群体的医疗保障，官方提供的公共医疗保险很少，绝大多数为私人团体提供的各种私营商业医疗保险。美国医疗社会保险制度分为两类：一类是专门为老年人提供的医疗照顾，分为“住院保险”和“辅助医疗保险”两种。“住院保险”属于强制保险，所有养老金领取者都必须参加；“辅助医疗保险”属于自愿保险，65 岁以上的公民都可以参加。“住院保险”和“辅助医疗保险”，均实行定额缴费制，联邦政府不对住院保险提供任何财政援助，仅对辅助医疗保险提供财政补助。另一类是专门向穷人提供的医疗补助，该制度由联邦政府和州政府联合建立，经费主要来自各州政府，因此，贫困患者得到的医疗补助差异较大。

（3）失业保险。美国失业保险制度实行强制性原则，绝大多数劳动者（包括国家公务员）都能够受到失业保险的保障。失业保险费由国家和企业分担。联邦法律规定，各州都应建立失业保险制度，否则，该州必须按雇员工资的 6.2% 向联邦政府缴纳失业保险费。联邦政府通过征收联邦失业保险税，为各州政府举办的失业保险提供补助财源。失业保险税全部由雇主缴纳，雇主支付给州政府的失业保险税可以从向联邦缴纳的失业保险税中抵免，最高抵扣率为 5.4%，因而联邦失业保险税的实际税率只有 0.8%。

（4）工伤保险。美国没有全国统一的工伤保险法，联邦政府只负责造船工人、港口工人、公务员和矽肺病人的工伤补偿，各州对工伤补偿自行立法，实行强制保险制度。目前美国 50 个州中有 30 个州采用社会保险模式，

4个州采用社会保险与商业保险并存的模式，其余都采用商业保险模式。

（5）社会救助。美国社会救助方案较为复杂。公共救助体系，包括补充保障收入、家庭临时援助、医疗补助、一般公共救助、食品券、住房补助等。社会救助项目资金来源于联邦政府与州政府，但是州政府有较大的自主权，能够自行决定补助金额的多少，各州社会补助的标准相差较大。

（二）美国社会保障制度的主要特点

美国社会保障制度具有如下特点。

（1）社会保障制度充分强调自助。美国社会保障制度十分强调财务自理原则，其社会保障资金主要来源于个人在职期间的缴费，实行专款专用，社会保障税全部进入社会养老保险信托基金（OASDI），基金收支与政府其他方面的税收和预算完全分离。个人社会保障待遇的高低与个人缴费贡献大小的关联度较高，具有商业保险下的权利与义务对等的特性。

（2）社会保障基金来源多样化。美国社会保障基金由各级政府（联邦政府、州和地方政府）、企业和个人共同提供，养老金制度的资金主要来源于雇主和雇员缴纳的社会保障税，联邦政府主要提供退伍军人津贴和低收入家庭的补充保障收入以及食品券，州和地方政府主要支付一般公共救助、医疗保险、家庭临时援助，企业主要支付失业救济金和补充养老金。

（3）社会保障管理多层次。美国社会保障制度实行以州政府管理为主、联邦政府支持的管理方式，管理权限尽可能下放到州和地方。一方面，权力下放提高了社会保障管理效率；但另一方面，多层次管理带来了庞大的管理机构和高额的管理费用。

（4）社会保障水平差异较大。美国社会保障管理权力的下放，使州和地方政府拥有更多的自主权。但是，自主权使各州和地方政府负责提供经费的保障项目的待遇水平与该地区经济发展水平和税收水平相关，因此，美国各州公民所享有的社会保障待遇相差甚远。另外，美国社会保障制度的重点是老人和儿童，而对劳动力人口的某些需求没有考虑或者考虑很少。美国的社会保障制度与其他发达国家最大的差别在于它没有社会医疗保险这种制度安排，不可避免地拉大了人们之间的保障水平差距，成为造成贫富差距较大的原因之一。

▶ 相关链接 5-11　主要资本主义国家社会保障制度类型比较

制度项目＼国家	英国	德国	瑞典	美国
老年保障	社会保险与社会救助双重制度	社会保险	普遍养老金待遇与社会保险双重制度	社会保险
医疗保障	普遍医疗	社会保险	普遍医疗	社会保险
工伤保障	社会保险	强制性向半私营保险公司投保	强制性向公营保险公司投保	强制性向公营或私营保险公司投保
失业保障	强制失业保险	强制失业保险	国家补贴的自愿失业保险	强制失业保险
家庭补贴	普遍性福利	普遍性福利	普遍性福利	贫困救助

资料来源：和春雷：《社会保障制度的国际比较》，法律出版社 2001 年版，第 163 页。

▶ 相关链接 5-12　主要资本主义国家社会保障制度安排和模式类型

国家	制度安排	模式类型
英国	覆盖范围：全体公民 政策目标：阶级妥协与社会和谐 责任主体：政府 资金来源：政府、雇主和雇员 账户管理：以支定收、国家统筹、现收现付 基金管理：非市场化运营 受益资格：基本保障与身份贡献不关联补充保障关联 保障水平：均等待遇和代替率 经办机构：政府执行机构	福利国家 福利社会

续表

国家	制度安排	模式类型
德国	覆盖范围：雇员及家庭成员 政策目标：劳资认同与社会团结 责任主体：自治公共基金会 资金来源：政府、雇主和雇员 账户管理：以支定收、公共账户、现收现付 基金管理：非市场化运营 受益资格：与身份和贡献关联 保障水平：收入代替率 经办机构：公共基金和自治代理机构	家庭连带型 社会保险
瑞典	覆盖范围：全体公民 政策目标：促进就业、公共服务和公共福利 责任主体：政府和公民自治组织 资金来源：社会保障税 账户管理：社会统筹 基金管理：现收现付和非市场化 受益资格：法定和收入关联 保障水平：维持生活水平 经办机构：政府和社会自治组织	社会服务和 社会福利
美国	覆盖范围：全体公民 政策目标：再分配补缺和社会安全 责任主体：政府 资金来源：社会保障税 账户管理：国家统筹和地方统筹 基金管理：准市场化托管基金 受益资格：基本保障与身份贡献不关联补充保障关联 保障水平：均等待遇和代替率 经办机构：政府执行机构和代理机构	补缺型社会保障 雇主责任 自储公助

资料来源：杨燕绥：《社会保障》，清华大学出版社 2001 年版，第 85 页。

第四节　当代资本主义社会保障制度面临的危机与应对的战略

社会保障制度在经济发展与社会稳定方面起到积极作用的同时，也积累了许多负面效应，引发了一系列危机。当代资本主义社会保障制度自 20 世纪 70 年代以来所遭遇的危机，大体上表现在以下三个方面：一是国家财政压力的危机，二是在职劳动力经济负担增大的危机，三是由西方社会保障制度本身缺陷而引发的危机。

一、当代资本主义社会保障制度面临的危机

（一）庞大的社会福利支出造成政府财政压力

社会保障制度的顺利运行不仅需要以较低的失业率为前提，更需要国民经济保持持续稳定增长势头，以便使国家有大规模的资金注入福利支出和使福利制度顺利运行的行政费用上来。但是在 20 世纪 70 年代中期以后，由于经济周期和其他多方面因素的影响，资本主义国家的经济增长失去了往日的强劲势头，这对于福利国家的顺利运行可谓釜底抽薪。而由同样原因所致，二战后的福利支出却不断增加。这就导致庞大的社会福利支出，造成政府财政的巨额赤字，出现了巨大的“财政黑洞”。

美国的社会福利开支从 1967 年的 422 亿美元增长到 1972 年的 867 亿美元、1977 年的 1880 亿美元、1982 年的 3411 亿美元，平均每 5 年增长 1 倍，美国社会福利支出在政府财政支出中所占的比重也相应地从 1967 年的 26.7% 上升到 1972 年的 37.8%、1977 年的 46.7% 和 1982 年的 49.1%。如果加上各州和地方的福利支出，那么，美国的社会福利支出占各级政府总支出的 60%，占国民生产总值的 1/5 左右。

和美国相比，其他发达资本主义国家的情况更为严重，1976 —1980 年，社会福利开支在政府总开支中所占比重，美国为 48.7%，联邦德国为 58.1%，瑞典为 56.8%，日本为 50.9%；到了 1981 —1985 年，这个比重美国为 52.4%，联邦德国为 58.8%，瑞典为 58.7%，日本为 51.1%；与此相适

应，西方发达资本主义国家的财政赤字也急剧增长，在 20 世纪 50 —60 年代，其财政赤字增长 1 倍，60 —70 年代，增长 4 倍，70 —80 年代增长 12 倍，财政赤字与国民生产总值之比在 1970 年为 7%，1980 年为 12%。此外，1950 年，英国用于社会保障方面的支出为 6.571 亿英镑，1960 年增至 14.989 亿英镑，1970 年增加到 39.27 亿英镑，1980 年猛增到 235.08 亿英镑，1983 年增至 339.91 亿英镑。整个 20 世纪 70 年代，英国五大社会支出项目中，只有社会保障支出一直保持在 3% 以上的增长率，而其他四大社会支出项目的年增长率都有明显下降，有的项目甚至出现负增长。与此同时，西方国家的货币供给量的增长也大大快于国民生产总值的增长，这就加剧了通货膨胀，物价急剧上涨，福利制度成为实行这种制度的国家的沉重负担。

（二）庞大的福利受供养人口造成在职劳动力经济负担

西方福利国家在人口和年龄方面遇到的危机，主要是低出生率和较长的预期寿命，两者的结合，使得在职人员同退休人员的比例不断下降。就是说，社会保障制度中提供养老金的就业人口不断减少而使得受供养者的比例高得难以忍受。

以美国为例，为维持人口基数，美国的出生率就要保持在平均每对夫妇生育 2.1 个孩子的水准上，而在 20 世纪 90 年代时每对夫妻只有 1.8 —1.9 个孩子，已经不能维持目前美国的社会保障制度由年轻人养活老年人的格局，纳税的压力越来越大。美国在 1950 年时，雇员和雇主共同缴纳社会保障税，每 16 个在职人员负担 1 个享受津贴的退休者，占其工资 12.4%，预计到 2030 年，美国在职人员每 3 个人就要负担一个 65 以上老人。1988 年，在德国 8000 万居民中，20 岁以下的占 21%，20 —59 岁的占 57%，60 岁以上的占 22%，而预计到 2040 年，德国人口数量将降至 7500 万，20 岁以下的只占 15%，20 —59 岁的占 48%，60 岁以上的将占 37%，每 100 个就业人员所供奉的退休者将由 44 人上升为 78 人。而另一方面，人们预期的寿命还将越来越长，当年美国制定社会保险制度时，人们预期的寿命为男 61.4 岁，女 65.7 岁，而在 20 世纪 70 年代已达到男 72.6 岁，女 79.3 岁，现在，65 岁以上的老人占全美人口的 13%，花掉医疗费的 1/3 以上，2020 年预期将达到或超过 20%，将花掉医疗费 2/3。

随着人口的老龄化，养老保险制度将面临严峻的挑战，非正规的以社区和以家庭为基础的保障方式正在趋于衰落。正规的养老保险制度则被日益增长的费用所困扰。据统计，发达国家人口平均预期寿命已在 80 岁左右。另外，世界发达国家正面临着出生率下降的趋势。所有这些原因都必然导致被赡养人口数量增大，进而增加劳动人口的负担，使社会保障制度出现“超负荷的压力”。

（三）社会保障制度的缺陷引发的政治、经济及社会危机

随着福利国家在经济方面出现危机，许多国家的保障制度难以为继，西方国家社会保障制度本身所具有的缺陷也日益凸显。

（1）社会保障制度花费大量福利开支，却并没有像它原来预期的那样通过收入和财富的再分配来有效地抗衡和缓解贫困。例如，1979 —1996 年，英国社会预算每年增长 4%，多支出了 430 亿英镑，但不到全国收入平均水平的贫困人口却由过去的占全体人口的 1/10，增加到 1/5；社会保障费用比用于教育、卫生、警察、司法的开支的总和还要多，至今还有 400 万儿童生活在贫困中；被骗走的社会福利开支每年多达 40 亿英镑，但在社会救济的分享者中有 20% 的人所得到的救济额比 1979 年还少。

（2）国民“福利依赖”情绪的普遍滋生。本意在于解决失业问题的福利救济反而成为有些人逃避劳动力市场的避风港，同时，又造成了一批人的福利依赖性，造成一批“福利妈妈”“福利王后”，酿成“道德公害”。欧洲福利国家奉行一种高福利、高补贴的全方位社会保障体系，这种“从摇篮到坟墓”的福利政策曾经使欧洲各福利国家引以为荣。而在经历了一段时期的

发展之后却发现，这种福利体制严重地滋生了人们的“福利依赖”感，社会上“福利妈妈”和不愿意工作的懒汉越来越多。高额的失业保障金减少了失业者再次寻找工作的热情，更严重的是这些原本旨在保证社会公平的政策却产生了“奖懒罚勤”的消极社会效应。

（3）医疗社会化方面，慷慨而过度保护劳动者利益的医疗保险，一方面导致劳动纪律松弛，劳动效率下降，使一些人小病大养、无病装病，旷工率高；另一方面又使低收入阶层交了钱满足不了最起码的医疗需要，在排长队等求医的人中间，好些人被延误而病入膏肓。

（4）为维护庞大的福利开支而实行过高的累进所得税，挫伤了雇主的投资积极性和雇员的劳动积极性，高福利还使人失去储蓄的积极性和迫切感。总之是抑制了市场，削弱了对工作、储蓄、投资的鼓励，严重影响福利国家产品成本、国际竞争力以及经济发展速度。

（5）这些缺陷和弊端结合在一起诱发政治危机。瑞典社会民主党在1991年9月大选中遭到1932年以来最惨重的失败就是一个典型。

（6）社会保障制度的这些缺陷和弊端还成为新自由主义者抨击和要求取消这种制度的理由和借口。例如，有的新自由主义者认为社会保障制度是违反经济动力、反发展、反进步、反逻辑，更违反人类的生存哲学，是西方治国哲学中最失败、最失控的地方。反福利制度潮流必将成为21世纪一个巨大的社会演变，也将是西方历史上自工业革命以来社会经济上最大的转折点。

二、资本主义国家应对社会保障制度危机的战略

既然资本主义国家的社会保障制度自20世纪70年代中期以来就遭遇经济、政治、社会等多方面危机，遭到了新自由主义的猛烈抨击，那为什么40多年来社会保障制度在西方国家并没有消失呢？根本原因在于，社会保障制度在西方国家是一个促进国家社会一体化的政治设计。虽然它暴露出多

方面的缺陷和弊端，特别是它作为公民权利的收入和就业保险范围的扩大，意味着蓄意背离正统的资本主义市场观念，但它毕竟使下层人民看到了希望，从而把西方国家的人们团结和凝聚起来。特别是在经济全球化把社会一体化的旧的组织机构撕碎的时候，珍视坚持西方社会保障制度的作用又尤为重要。所以，在这种两难处境下，西方资本主义国家只能就此提出和实施一些战略来应对其社会保障制度所遭遇的危机。

（一）新自由主义的市场化战略

新自由主义按其本意来说根本反对社会保障制度，其信奉者认为庞大的社会福利开支已经成为发达资本主义国家沉重的财政负担，而且降低了经济效率，削减了本国产品的国际竞争能力，侵蚀了利润，所以主张要削减社会福利开支，降低国家在这个领域的作用，反对国家调节失业率。他们认为，劳动市场可以通过工资的涨落和劳动力供求之间的自发调节来实现充分就业，大幅度削减社会福利开支，会迫使工人同意以最低工资就业，而企业主则因为能获得更多利润而扩大投资，从而导致失业的进一步减少。所以，根据共和党人总统里根的经济复兴计划通过的预算支出法案，美国在 1982 年削减支出 325 亿美元，1983 年削减支出 440 亿美元，1984 年削减支出 514 亿美元。这种对支出的削减主要落实在社会福利计划支出上，其中包括失业保险金、住房补贴、伤残补贴、家庭补贴、学生补贴、食品补贴等等。20 世纪 80 年代，美国根据新自由主义解除管制，采取市场驱动战略，用较大的劳动力市场、较大的工资伸缩性来控制经济的衰退和国内的失业。为此，它把最低工资降到了只有平均收入的 38%，社会补助费的数值到 1989 年时下降了 76%，接受保险金的失业者的比例从 20 世纪 70 年代中期的 70% 持续下降到 1989 年的 33%，到 20 世纪 80 年代，与中等收入者相比，1/10 最低收入者的收入减少了 11%。

民主党人克林顿就任总统后，把里根的新自由主义政治改变为“中左”

政治，推行强调责任感，变救济福利为工作福利，使福利成为第二次机会，而不是生活方式的改革理念。克林顿在1996年8月宣布，改革61年前罗斯福新政时期建立的社会保障制度，通过《社会福利改革法案》。通过这项改革，一是美国政府结束了对以往穷人无限制的福利补助，并打算在6年内节省福利救济开支550亿美元；二是将美国贫困家庭获得社会福利的期限限定为5年，要求社会救济的受益者在连续获得两年期间内找到工作，否则就会失去全部救济；三是减少分发给非美国公民的食品配给、福利和社会保障；四是削减救济儿童资金，这样将有400万靠此生活的贫困儿童受到影响；五是取消非美国公民的老人、残疾人的补充保障收入。接着克林顿又宣布全国享受福利补助者在4年内减少了210万人，并给减少了福利补助者41%的威斯康星州、减少了福利补助者38%的印第安纳州授予“自动放弃福利补助的里程碑”荣誉。克林顿还宣布必须通过给企业奖励来促使它们雇佣摆脱福利补助的人以争取让私人部门加入一项使所有美国人都进入经济的主张，以便为原来接受福利补助的人创造100万个就业机会。克林顿政府还把教育视为发展新经济、减少失业和落实工作福利政策的重要举措。在共和党人总统小布什入主白宫以后，又发表了将美国社会保障向私有化方向进行改革的“布什报告”。需要指出的是，相当一个时期以来，美国工人的养老金被投入股市中去，因此国家变成了其国内企业界最大的股东。然而具有讽刺意味的是，这些企业已经取消了退休职工养老基金的保障金，并和政府一道试图实现社会保障制度的私有化。退休养老金中大约2/3的资金被投资于不同的债券，有的甚至用来购买自己公司的股票，其余1/3则用于购买国债。20世纪90年代，得益于华尔街的“泡沫”，退休养老基金也经历自己的“黄金时期”，但后来就陷于衰退。2003年1月，道琼斯指数[①]比3年前下跌了34%，

---

① 道琼斯指数是一种算术平均股价指数，计算方法为：股票价格平均数 = 入选股票的价格之和 / 道指除数，而道指除数会受拆股和公司整合影响。——编著者注

2004 年中期，美国公债的收益率仅在 3% 左右徘徊，是半个世纪以来的最低水平。

（二）扩大就业的战略

北欧的扩大就业战略的重要特征是从 20 世纪 70—80 年代开始通过最大限度地增加就业和提高妇女地位，实施有效的社会政策，向积极的劳动力市场、加强男女平等和扩大社会服务转变。随着发达资本主义国家第二产业就业岗位数量的不断下降，扩大就业、实现长久的充分就业，主要由公营部门增加服务业岗位来满足。由于瑞典等北欧国家，有 50% 的幼童由公立的日托机构照顾，妇女享有带薪产假和母亲假，因此妇女参加工作的比率达 80%。这种政策的积极后果是允许妇女把职业和生育率协调起来，增加家庭中男女平等的程度，即使是由女性当家的单亲家庭贫困率也不严重。同时，从社会保障制度的角度来看，又确保了较高的税收和较低的赡养支出水平。但也造成了一些消极影响，一是造成男性大都在私营部门而妇女集中在公营部门的严重性别分离；二是社会服务的主导战略造成的低技术、高报酬工作比例很高，如果生产和私人投资萧条，就会出现严重的成本问题，这些使瑞典等国面临着财政能力衰退，创造公共工作岗位和实行收入补贴的压力日益增长。

一方面，瑞典对福利危机的应对性对策没有效法美国为典型的新自由主义市场化战略。但在另一方面，瑞典也扩大了工资差别；调整了边际税率，以减少高福利带来的降低工作刺激和造成的高旷工率；延长了养老金分摊年限；更加强调工作福利，在失业保险中则强化了对工作和培训的要求；还有一种将服务的提供分散化和私有化的倾向；各种优先考虑事项向有利于青年人和成年人方面倾斜，特别是搞大量的成年再培训政策和终身学习，社会支出更趋向于对青年人比对老年人更加有利。

1994 年在瑞典议会通过的新的退休制度，（1）改变了过去瑞典实行的退休一视同仁，所有人退休后都拿到最后工资的 60% 的做法，规定退休金要按个人年龄，国家经济情况计算，因人而异；而且实行退休越晚、退休金越高的办法。如与65岁退休者相比，66岁退休者要多拿9%的退休金，67岁退休者要多拿19%的退休金，68岁退休者要多拿30%的退休金，让退休者和在职者一起分享经济发展成果，分担经济危机后果。（2）改变了国家过去把退休金全部花掉的做法，实行在退休金中将一小部分用于投资，为将来发放退休金做准备。例如，国家每月从雇员工资中提取18.5%作为退休保险金后，将其中的16%用于支付当年保险金开支，剩下的2.5%按照雇员个人意愿交金融机构或国家管理的基金进行投资。改革后，在瑞典，人们最早可以在61岁退休，这时他可以获得两笔收入。一笔是他在工作期间按照工资的16%每月提取的退休保险金的累计，除以他领取退休金的年数，再参照经济增长速度适当调整，得出的数额以年金的方式交给退休者。第二笔收入是按2.5%的比例从他的工资中提取的那部分生息的资金。新的退休制度还规定了一系列过渡办法：凡1937年以前出生者，仍执行以前的退休政策；1954年以后出生者完全执行新的退休政策；1938年出生者，其退休金额80%按旧法计算，20%按新法计算；1939年出生者，其退休金额75%按旧法计算，25%按新法计算，其余类推。此外，瑞典的各行各业还有自己的补充规定，退休人员还可以得到相当于其退休时工资10%左右的一笔退休金收入。

（三）减少实际就业劳动力的战略

为了削减社会福利开支，如果说以美国为代表的新自由主义采取了市场化削减工资的办法，以瑞典为代表的北欧采取培训劳动力、创造就业岗位去安排过剩的非工业化、没有专门技能的群众的办法的话，那么，欧洲大陆所采用的却是，名义上要延长退休年龄，而实际上却在实行补贴让一些职工提前退休、离开工作岗位的办法。

例如，从1997年起，德国人口数量下降，促使科尔政府决定从2001年起将男子的退休年龄从63岁推迟到65岁，从2005年起将妇女的退休年龄从 60 岁推迟到 65 岁。但施罗德政府 1998 年秋季上台后就取消了科尔的改革方案，在 1999 年地方选举中社会民主党惨遭失败后，强大的五金工会提出将退休年龄提前到 60 岁，以解决就业问题。这样，到 2005 年，有 150 万人可以受益于这样的措施，并可以为年轻人提供工作岗位。对此绿党坚决反对，而政府劳工部部长则称，60 岁退休“是劳资双方的一项计划，不是政府的计划”。影响所及，德国的平均退休年龄在 1960 年时还是 65 岁，而改革之后为 62.5 岁。由于劳动力市场供给过剩，许多年纪较大者都提前退休，所以平均退休年龄下降了。

奥地利更是提前退休人员最多的国家。在那里，法定退休年龄是男 65 岁，女 60 岁，在离法定退休年龄还有 5 年的时间范围内，允许提前退休。由于职工享有社会保障的国有部门正被强制私有化，在 20 世纪 80 年代初还占奥地利工业部门 3/4 的国有资产变成 90 年代中期的国有资产只占 10%—20%，对工薪人员的情绪产生了很大的冲击，再加上财源的减少，雇主采取合理化措施以摆脱年老的领工资者，致使提前退休在奥地利成了一种普遍的现象。据统计，在 1992 年，奥地利劳动人口为 300 万人，退休人员为 170 万人，其中 11.4 万人属于提前退休人员；到了 1997 年，奥地利有劳动能力的人为 310 万人，退休人员为 190 万人，同 1992 年相比，提前退休者增加了 9 万人。欧洲大陆实行这种战略的结果，是减少了就业的劳动力。

如果说 20 世纪在 60 年代末，美国、瑞典、欧洲大陆的就业率都是 65% 的话，那么，之后美国把这个就业率提高为男 76%，女 70%；瑞典将就业率提高为男 83%，女 76%；而欧共体则使男女就业率平均下降到 57%。所以采取这种战略所造成的另一个结果，就是社会保险高度发达，而社会服务则较不发达，儿童社会保育的覆盖率很低，老年人和子女一起生活的比率相当高。这一比率在一些西欧发达国家达 40%，而在北欧不足 10%，在美国不足 15%，所以，有人把欧洲大陆的福利国家称作在实质上是向家庭转移福利的国家。

案例 5-1

瑞典社会民主党1991年大选失利分析

1991年9月17日，瑞典大选结果揭晓，以温和党为首的中右联盟获得51%的选票胜出，执政的社会民主党与左翼联盟以49%的选票落败，这次大选也是近30年来瑞典历史上最势均力敌的一次。社会民主党在本届大选中仅获得35.2%的选民支持，比上届下降4.7%，获得130个议席（上届144席），是过去80年中大选表现最差的一次。社会民主党的联盟党左翼党获得22个席位，环境党获得19个席位，由这三个政党组成的中左联盟共获得171个席位，未能过半。引人注目的是，这次执政的社民党落败，并不是由于瑞典社会经济处于糟糕的状态中。相反，社民党执政近30年来，瑞典经济发展良好，经济增长率一直超过欧盟成员国的平均水平，当年第二季度经济增长率更是高达5.6%，大大超过欧盟国家平均增长率。为什么如此之高的经济增长率没有使瑞典社民党保住执政地位呢？

瑞典社民党在过去的74年，执政了65年，该党奉行平等、自由、团结的社会民主主义理念，在几十年的努力下，社民党按自己的理念在瑞典建立起了福利社会。它通过充分就业与收入再分配政策，建立起包括失业救济、养老金、疾病保险、免费教育等在内的全方位多层次的福利制度。在社民党的领导下，瑞典从一个落后的农业国变成高度工业化、电气化和信息化的发达国家，人均国内生产总值居世界第二位（仅次于瑞士）。几十年来，瑞典经济社会一直发展良好，贫富差距不大，社会稳定和谐，被认为是世界上最理想的国家。

社民党此次失利绝非偶然，是近年来瑞典国内外局势发展的结果，也是社民党多年来自身变化的结果。它有外部的因素，更主要的是内部的因素。社民党长期执政的一个重要原因，是它有强大的工会为后盾。长期以来，工会会员集体加入社民党，是该党的重要力量。党和工会经常就重大问题的决策进行磋商，协调立场，互相支持配合。工会不仅是政府解决劳资纠纷、发展经济、稳定社会的重要借助力量，而且也是党的重要财源之一。工会为党的竞选运动和党的各种报刊提供大量经费，甚至竞选期间，不少竞选工作也由工会会员来承担。

20世纪70年代，社民党和工会曾因“工资收入基金”问题关系一度恶化，80年代矛盾又进一步公开化，被大众媒介称为“玫瑰之战”（瑞典维斯比别称“玫瑰之都”）。工会多次指责社民党背弃均分财富的历史使命，抨击它的税收政策牺牲了低收入者的利益，给高收入者带来好处，认为社民党较早拆除核电站的主张会给经济、就业和人民生活带来难以估量的损失。对社民党主张瑞典参加欧共体、削减公共行政开支及市政设施私有化也持怀疑态度。政府对工资强行冻结、禁止罢工的做法更激起工会的强烈不满和抗议。不少工会人员表示已难以再认同社民党，因为它的政策及主张已与非社民党的政党毫无区别了。工会和党的关系趋于紧张，已使得社民党的力量受到严重削弱，取消集体加入制后，20世纪80年代末社民党党员已减少到100万人。同时，党的青年和妇女组织的人数也在下降。在党和工会关系出现分歧和矛盾的同时，社民党内也出现了许多的矛盾和不满，而且越来越具有扩大化的趋势。在核能、欧共体、环境保护、公共部门改革、国际事务、电视广告、商业营业时间及瑞典和丹麦之间修建大桥等问题上分歧也屡见不鲜。社民党已不再是一个团结统一的政党了，其战斗力已大不如从前了。

长期以来，社民党坚持在确保经济持续增长的同时致力于社会改革，推行各种社会保障，实现充分的就业，抑制通货膨胀。20世纪五六十年代，在瑞典经济发展的黄金时期，这些政策得以顺利实行，一度使社民党的社会威望极高。但80年代以来，经济形势急剧恶化，社民党提不出有效对策，使社民党的威信也急剧下降。1982年社民党重新上台后，采取了一条介乎于撒切尔夫人的紧缩政策和密特朗的扩张政策之间的“第三条道路”。其短期措施是将瑞典克朗贬值16%，旨在兴起一个以出口为先导的经济发展高潮；长期战略是在牺牲消费的基础上增加对能源、交通和研究项目的投资，逐步取消对经营不善企业的补贴，严格控制工资增长和公共开支，减少预算赤字和国债，实行积极的劳工市场政策以降低失业。由于巨额财政赤字，政府宣布推迟一切新的社会改革。为了减少公共开支，政府采取了以下措施：（1）决定公共服务的大部分费用由使用者本人负担；（2）权力下放，由地方政府承担更多福利职责，同时减少中央的政策拨款；（3）削减福利项目。这些做法与社民党历来的持续不断进行的社会改革思想背道而驰，与人人普遍享有和依靠税收来资助公共服务项目等福利原则相违背。至于权力下放的做法实际上是政府转嫁财政困难、分散或转移人们不满的伎俩。这一切破坏了社民党作为社会改革者的形象。

在税收方面，80年代末90年代初，社民党掀起一场可称之为“本世纪的税收改革”的浪潮。其主要做法：一是大幅度降低边际税收。二是扩大增值税的征收范围。这个税收方案背离了以往累进所得税的原则，穷人减免有限，富人得益更多。增值税范围的扩大进一步加重了劳动人民的负担，贫富差别扩大。为此，工会和许多社民党党员都十分不满，引致社会民主党在大选中惨败。

资料来源：陈凤沼：《浅析瑞典社会民主党大选失利的原因》，《西欧研究》1992年第4期。

▶ 阅读文献

1. 恩格斯：《家庭、私有制和国家的起源》，《马克思恩格斯选集》第 4 卷，人民出版社 2012 年版。

2. [英] 庇古著，朱泱、张胜纪等译：《福利经济学》，商务印书馆 2006 年版。

3. [英] 吉登斯：《第三条道路——社会民主主义的复兴》，北京大学出版社、生活·读书·新知三联书店 2000 年版。

4. [爱尔兰] 肖伯纳著，袁绩藩、朱应庚等译：《费边论丛》，生活·读书·新知三联书店 1958 年版。

5. 徐崇温：《当代资本主义新变化》，重庆出版社 2004 年版。

6. 张桂琳、彭润金等：《七国社会保障制度研究——兼论我国社会保障制度建设》，中国政法大学出版社 2005 年版。

7. 穆怀中：《社会保障国际比较》，中国劳动社会保障出版社 2007 年版。

8. 成新轩：《国际社会保障制度概论》，经济管理出版社 2008 年版。

9. 王志伟：《现代西方经济学流派》，北京大学出版社 2002 年版。

10. 丁建定：《西方国家社会保障制度史》，高等教育出版社 2010 年版。

11. 王彩波、李艳霞：《西欧福利国家的理论演变与政策调整》，《教学与研究》2003 年第 11 期。

12. 张奇林、陈卫民：《经济危机与社会保障的变奏及其启示——基于历史的考察》，《武汉大学学报》（哲学社会科学版）2010 年第 5 期。

13. 金炳彻：《欧洲社会保障制度的改革动态与发展趋势》，《中国人民大学学报》2010 年第 5 期。

14. 陈玉照、刘鹏：《社会保障：一个并非超越意识形态的领域——社会保障“超意识形态论”批判》，《华东经济管理》2012 年第 4 期。

15. 潘屹：《国家福利功能的演变及启示》，《东岳论丛》2012 年第 10 期。

16. 沈尤佳、张嘉佩：《福利资本主义的命运与前途：危机后的思考》，《政治经济学评论》2013 年第 4 期。

17. 刘建娥：《当代福利资本主义的危机、矛盾与政策选择——对我国社会转型期福利政策构建的启示》，《学习与实践》2013 年第 10 期。

18. 李昕：《欧洲福利危机对中国福利改革的启示》，《经济问题探索》2014 年第 2 期。

19. 胡连生：《论西欧福利国家的危机及其未来走向》，《当代世界与社会主义》2015 年第 4 期。

▶ 相关概念

社会保障制度	社会福利	福利国家	德国新历史学派
费边社会主义	福利经济学	凯恩斯经济学	

▶ 本章思考题

1. 当代资本主义社会保障制度迅速发展的原因是什么？

2. 试析英国、德国、瑞典和美国社会保障制度的区别。

3. 如何科学处理社会保障制度建设过程中公平与效率之间的关系？

4. 试析社会保障制度对当代资本主义发展的形成的优势与劣势所在。

5. 资本主义的社会保障制度是向社会主义的趋同吗？

6. 如何认识当代资本主义国家的社会保障制度？

7. 当代资本主义社会保障制度的发展变化对我国建立健全社会保障制度有何借鉴之处和启示意义？

8. 资本主义的社会保障制度在当下面临哪些危机？

9. 从理论和实践维度阐述资本主义社会保障制度的发展对社会主义形成的挑战。

10. 资本主义社会保障制度与我国的社会保障制度存在什么本质的区别？

第六章

当代资本主义的经济危机

随着资本积累的不断增长，大量社会财富集中在少数人手里，劳动群众有购买能力的社会需求相对不足，进而导致资本主义世界经济危机的周期性爆发。二战以后，经济政治条件的深刻变化使得当代资本主义经济危机在发生的频率、影响范围和危机形式等诸多方面都产生了新变化，出现了一些新特征。本章经济危机理论，掌握当代资本主义经济危机的新特征、发展趋势以及马克思危机理论视角下的华尔街金融危机。

第一节　资本主义的经济危机理论

一、西方经济危机理论

（一）萨伊否认经济危机发生的可能性

萨伊断言"生产给产品创造需求"[①]。他说："一种产物一经产出，从那时刻起就给价值与它相等的其他产品开辟了销路。"[②]萨伊认为，产品的交换是以货币作为媒介，他反对古典经济学家关于货币只执行流通职能的观点，在他看来，直接购买产品的虽然是货币，可当人们拿到货币之后，会立刻把它换成自己所需要的产品。他说，"其实货币只不过是媒介而已，销路呆滞绝不是因为缺少货币，而是因为缺少其他产品"[③]，"以产品换钱、钱换产品的两道交换过程中，货币只一瞬间起作用。当交易最后结束时，我们将发觉交易总是以一种货物交换另一种货物"[④]。就是说，商品交换实质上不过是物物交换。因此，萨伊的结论是：产品是以产品购买的，生产为产品创造需求，国民经济会通过自由竞争而自行调整。

---

① ［法］萨伊著，陈福生、陈振骅译：《政治经济学概论》，商务印书馆 1963 年版，第 142 页。

② ［法］萨伊著，陈福生、陈振骅译：《政治经济学概论》，商务印书馆 1963 年版，第 144 页。

③ ［法］萨伊著，陈福生、陈振骅译：《政治经济学概论》，商务印书馆 1963 年版，第 143 页。

④ ［法］萨伊著，陈福生、陈振骅译：《政治经济学概论》，商务印书馆 1963 年版，第 144 页。

萨伊定律主要说明，经济一般不会发生任何生产过剩的危机，更不可能出现就业不足，其本质在于证明资本主义再生产过程不存在矛盾，不会由于产品的滞销而发生经济危机。萨伊认为，在市场充分发挥作用和不存在外部干扰的情况下，产品的总供给总是等于总需求，总供给和总需求相互作用推动经济增长。在这种相互作用中，总供给是启动和决定的力量。在萨伊看来，总供给的过剩是由于外部因素致使市场机制失灵的表现。在经济自由的条件下，价格的自由涨落能够自行调节国民经济各部门的比例关系，从而使各种产品的供给和需求趋于平衡，使资本主义生产畅通无阻地进行，而无须国家干预。总之，资本主义社会不存在发生普遍性经济危机的必然性。

萨伊定律是现代西方经济学中供给学派的理论先导。萨伊定律反对国家干预经济活动，主张自由竞争、自由贸易和鼓励储蓄、刺激供给的政策主张，与亚当·斯密的理论是一脉相承的。萨伊关于产业和部门之间互为市场、强调供给在财富生产中的主导地位、主张开展适当的对外贸易有利于国内经济的发展等观点，都具有理论价值和现实意义。不过，萨伊忽视了货币在发达商品经济中的作用，把资本主义商品和货币经济看得过于简单，将它与简单商品生产相混同。而且，他否认经济危机的观点也与事实不符。

（二）李嘉图否认普遍生产过剩危机的可能性

在资本主义发展问题上，李嘉图可以说是萨伊定律的跟随者。他认为生产可以为自身开辟市场，资本主义生产有无限扩大的可能，资本主义根本不存在生产与消费之间的矛盾。并且，产品总是与产品相交换，一种产品的出售同时也是对另一种产品的购买，需求只由生产本身来决定，或需求与供给是同一的。“如果产品已经生产出来，就必须有某些具有消费这些商品的愿望和力量的人，换个说法就是，对这些商品必然有需求。”① “萨伊先生曾经非常令人满意地说明：由于需求只受生产限制，所以不论一个国家有多少资本都不会不能得到使用。任何人从事生产都是为了消费或销售；销售则都是为了购买对于他直接有用或是有益于未来生产的某种其他商品。所以一个人从事生产时，他要不是成为自己商品的消费者，就必然成为他人商品的购买者和消费者。”② 如果出现某一种商品生产过剩，就少生产这种商品，而多生产另一种商品。经过资本的自由转移，实现了对生产的调节，资本按照各行业所需要的确定数量得到合理的分配，社会不会出现普遍的生产过剩。李嘉图在《政治经济学及赋税原理》第 19 章中，承认局部性的生产过剩，否认普遍的生产过剩的可能性，从而对资本主义的未来发展抱有信心。资本主义被他看作可以实现自行调节、不断运行的经济机制。他说：“个人的生长过程是由青年而壮年，而老死；但是国家的发展过程并不如此。国家达到最旺盛的状态以后，再向前进时诚然可能受到阻碍，但它们的自然趋势却是永远地继续发展，使它们的财富和人口永远不会减少。”

▶ 相关链接 6-1　大卫 · 李嘉图

大卫 · 李嘉图（1772—1823），英国古典政治经济学家的代表。李嘉图生于犹太家庭，父亲是证券交易所经纪人。1799 年开始研究经济问题，参加了当时关于黄金价格和谷物法的讨论，1817 年发表《政治经济学及赋税原理》，1819 年当选为上议院议员，极力主张议会改革，支持自由贸易。李嘉图继承并发展了斯密的自由主义经济理论。他认为限制政府的活动范围、减轻税收负

---

① ［英］彼罗 · 斯拉法主编，胡世凯译：《李嘉图著作和通信集》第 6 卷，商务印书馆 1980 年版，第 154 页。

② ［英］大卫 · 李嘉图著，郭大力、王亚南译：《政治经济学及赋税原理》，商务印书馆 1962 年版，第 247 页。

担是增长经济的最好办法。

资料来源：陈其人：《大卫·李嘉图》，商务印书馆1985年版，第6页。

李嘉图的见解，与资本主义的真实情况并不符合。如马克思所说，虽然资本家会把自己的一部分产品重新用在工业的消费上，但是没有一个资本家是为了要消费他自己的产品而从事生产的。因为资本主义生产的目的，不是“‘获得别的产品’，而是占有价值、货币、抽象财富”[①]。因此，资本家在出卖商品时最直接的目的，是要把他的商品，或者更确切地说，要把商品资本再转化为货币资本，从而实现利润。消费或收入绝不是资本家出卖商品的动机。事实上，只有在社会主义条件下，才没有生产超过需求的生产过剩危机。至于李嘉图说资本家生产出来的商品可以自由销售，这也是错误的。因为在资本主义生产的条件下，“一个人已经进行了生产，是出卖还是不出卖，是没有选择余地的。他是非出卖不可。在危机中出现的正是这样的情况，他卖不出去或者只能低于费用价格出卖，甚至不得不干脆亏本出卖。因此，说他把产品生产出来是为了出卖，这对他、对我们究竟有什么用处呢？问题正是在于：要弄清楚究竟是什么东西阻碍他这个善良愿望的实现。”[②]

按照李嘉图的意见，在一个国家中，积累起来的任何数量的资本都得到有利的运用，除非工资由于生活必需品的腾贵而变得非常高昂，以致留下来作为资本利润的部分小得“使积累的动机停止”[③]。根据这种断言，他得出结论：“需求是无限的——资本的运用只要还能产生一些利润，便也是没有限制的；资本无论怎样多，除开工资上涨以外，就没有其他充分原因足以使利

---

① 《马克思恩格斯全集》第26卷第二册，人民出版社1973年版，第574—575页。

② 《马克思恩格斯全集》第26卷第二册，人民出版社1973年版，第573—574页。

③ ［英］大卫·李嘉图著，郭大力、王亚南译：《政治经济学及赋税原理》，商务印书馆1962年版，第247页。

润降低。”[①] 因此，李嘉图认为生产在任何时候都不可能超过需求，因为需求是没有限制的，并且需求是必须依靠生产来满足的。

李嘉图认为资本主义制度下的生产永远不会超过需求，这表现出他对资产阶级研究的局限性。在他看来，资本主义生产方式是一般的生产方式，因而绝不存在对于生产力自由发展的任何限制。他完全忽视了资本主义生产的无限扩大趋势与群众支付能力有限之间的矛盾。事实上，随着资本主义生产的发展，一方面，社会财富增长了；另一方面，劳动群众在社会财富中所占的比重日益减少。因此，对于资本主义生产方式来说，生产超过需求是不可避免的。

为了“证明”资本主义生产不可能引起普遍的生产过剩危机，李嘉图否定了资本主义生产所固有的一切特征。他跟随着萨伊说：“产品总是要用产品或劳务购买的，货币只是实现交换的媒介。某一种商品可能生产过多，在市场上过剩的程度可以使其不能偿还所用资本；但就全部商品来说，这种情形是不可能有的。”[②] 因此，李嘉图只承认资本主义制度下个别的商品存在生产过剩的可能，至于一般的、普遍的商品生产过剩则被看成是生产所固有的对抗性的矛盾。马克思指出：李嘉图断言“产品总是要用产品或劳务来购买的”，首先便把包含着交换价值与使用价值之间对立的商品变为产品，即使用价值；其次，它不同于交换的媒介物，而不是被当作必然要表现为交换价值，即表现为一般社会劳动的商品的本质和必然的存在形式。因此，马克思说：李嘉图论证不可能有危机的办法，就是他在自己的议论中，“忘记或者否定资本主义生产的最初前提——产品作为商品的存在，商品分为商品和货币这种二重化，由此产生的在商品交换中的分离因素，最后，货币或商品对

① ［英］大卫·李嘉图著，郭大力、王亚南译：《政治经济学及赋税原理》，商务印书馆 1962 年版，第 52 页。
② ［英］大卫·李嘉图著，郭大力、王亚南译：《政治经济学及赋税原理》，商务印书馆 1962 年版，第 248 页。

雇佣劳动的关系”。[①]

总而言之，李嘉图为了要证明资本主义生产不可能引起普遍的危机，实际上否认了资本主义生产所固有的特性。在他把利润看作资本积累的动机和条件的同时，又把资本主义生产看成以满足需求为目的的生产。这是李嘉图的积累和再生产学说中的一个矛盾，而这个矛盾归根结底是由于他的资产阶级局限性所造成的。作为资产阶级经济学家，李嘉图把资本主义看作社会生产的绝对的、自然的形式，这就决定了他不可能揭露资本主义生产的真正的对抗性矛盾。

（三）西斯蒙第的消费不足危机理论

西斯蒙第对政治经济学最主要的贡献在于他批判了李嘉图学派和萨伊否定经济危机的理论，他通过研究资本与收入、生产与消费等概念，进一步阐述了资本主义经济危机产生的必然性与根本原因，建立了消费不足危机理论。

▶ 相关链接 6-2　让 · 沙尔 · 列奥纳尔 · 西蒙 · 德 · 西斯蒙第

让·沙尔·列奥纳尔·西蒙·德·西斯蒙第（1773—1842），著名经济学家、历史学家，出生于瑞士日内瓦，法国古典政治经济学完成者，也是经济浪漫主义的创始人。代表著作为1819年出版的《政治经济学新原理或论财富同人口的关系》。他从小生产者的立场出发，批评英国古典政治经济学以财富为研究对象，忽视了人和人的享受，认为经济自由主义给社会带来灾难，要求依靠国家政策调节社会经济生活。

资料来源：高荣贵主编：《经济学辞源》，吉林人民出版社 1991 年版，第 107 页。

---

① 《马克思恩格斯全集》第 26 卷第二册，人民出版社 1973 年版，第 572 页。

西斯蒙第在收入决定生产理论基础上论证了资本主义必然产生经济危机。根据收入决定生产理论，年收入的总量必须等于年生产的总量；通过这项交换，每个人都可以得到自己的消费品，都要取得一笔再生产的资本，要为一项再生产而进行投资，并提出新的要求。因此，西斯蒙第认为："如果年收入不能购买全部年生产，那么一部分产品就要卖不出去，不得不堆在生产者的仓库里，积压生产者的资本，甚至使生产陷于停顿。"① 这种情况表明生产超过了收入，也即生产超过了消费，生产和消费的这种矛盾的发展必然导致经济危机。在他看来，收入是决定消费的，收入不足就是消费不足，经济危机产生的根本原因就是消费不足。

西斯蒙第认为，生产超过消费，这只是资本主义特有的现象。资本主义的大机器生产代替了手工生产，小生产者遭到破产，丧失了收入，从而降低了消费。在资本主义制度下，生产的目的是追求利润，生产者之间受自由竞争支配，资本家为了击败竞争者，占据市场，纷纷采用大量生产、低价售卖的政策，为此，必然力求降低生产成本、削减工人工资，工资的下降使工人消费日益萎缩。因此，一方面，追求利润、采用机器和企业不断集中，造成生产的无限扩张；另一方面，资本主义不公平的分配制度，使财产集中到少数人手中，而占国民大多数的劳动生产者收入不足，这将使国内市场越来越狭窄，使生产和收入之间的比例遭到严重破坏，产品的实现受到严重的阻碍，最终导致生产过剩的经济危机的爆发。他说："由于财产集中到少数私有者手中，国内市场就必定要日益缩小，工业就必定日益要寻求国外市场，因而该国的工业就要受到更加巨大的波动的威胁。"② "在生产上往往不以需要为转移，而是以拥有大量资本为转移的富有的国家里……一旦生产猛烈超

① ［法］西斯蒙第著，何钦译：《政治经济学新原理》，商务印书馆1964年版，第76页。
② ［法］西斯蒙第著，何钦译：《政治经济学新原理》，商务印书馆1964年版，第217—218页。

过消费，就会引起严重的贫困。”[①]他认为，资本主义生产还能够发展，只是由于国外市场的存在，但随着资本主义发展，世界市场会越来越小，产品实现问题最终会成为不可克服的困难。

西斯蒙第认识到资本主义经济危机不是偶然的，而是资本主义内在矛盾的结果，这在经济学说史上是一大功绩。马克思说：“西斯蒙第深刻地感觉到，资本主义生产是自相矛盾的：一方面，它的形式——它的生产关系——促进生产力和财富不受拘束地发展；另一方面，这种关系又受到一定条件的限制，生产力愈发展，这种关系所固有的使用价值和交换价值、商品和货币、买和卖、生产和消费、资本和雇佣劳动等等之间的矛盾就愈扩大。他特别感觉到这样一个基本矛盾：一方面是生产力的无限制发展和财富的增加——同时财富由商品构成并且必须转化为货币；另一方面，作为前一方面的基础，生产者群众却局限在生活必需品的范围内。因此，在西斯蒙第看来，危机并不象李嘉图所认为的那样是偶然的，而是内在矛盾的广泛的定期的根本爆发……他确实有这样一种模糊的猜测：对于在资本主义社会内部发展起来的生产力，对于创造财富的物质和社会条件，必须有占有这种财富的新形式与之适应；资产阶级形式只是暂时的、充满矛盾的形式，在这种形式中财富始终只是获得矛盾的存在，同时处处表现为它自己的对立面。这是始终以贫困为前提、并且只有靠发展贫困才能使自己得以发展的财富。”[②]

但是西斯蒙第的危机理论又有根本的缺陷。生产扩大归根到底要受个人消费的限制，他强调个人消费是不无意义的，但他不了解社会总产品价值包括不变资本、可变资本和剩余价值三个部分，不了解除了个人消费还有生产消费。所以，他仅仅强调个人消费及生活资料实现问题，而忽略了生产消费及生产资料的实现问题，这样就不能正确分析资本主义矛盾并不是资本主义

---

① ［法］西斯蒙第著，何钦译：《政治经济学新原理》，商务印书馆1964年版，第221页。
② 《马克思恩格斯全集》第26卷第三册，人民出版社1974年版，第55页。

的基本矛盾，资本主义的基本矛盾是生产的社会化和生产资料的私人占有之间的矛盾，因此，仅用消费不足并不能完全解释危机。事实上，劳动人民消费不足在一切有阶级社会是共有的现象；在资本主义条件下，即使消费有所增加，危机仍然不可避免。西斯蒙第不从生产关系中去找寻危机的根源，就不能建立科学的经济危机理论。

（四）马尔萨斯的有效需求不足理论

在商品的实现方面，马尔萨斯认为萨伊、李嘉图等人的资本主义只存在某些特殊商品过剩（或叫作局部过剩）而不存在一般商品过剩（普遍过剩）的观点是毫无根据的。因为商品不都是和商品交换的，很多商品还和生产性劳动或私人服务交换，在这些交换之间未必是平衡的，于是资本主义社会就存在着一般商品生产过剩的可能性，原因是有效需求不足。马尔萨斯认为，生产与消费或供给与需求的关系是生产发展的条件。在这种关系中，如果社会的有效需求不足，有利于生产的因素会因缺乏刺激而得不到发挥，市场上的商品会因缺乏需求而出现生产过剩，财富的生产就会停滞甚至倒退。而这种有效需求不足所引起的生产过剩是普遍的生产过剩，普遍生产过剩是由于资本积累，这往往取决于劳动人口的增加，积累与消费出现了不平衡，使总供给大于总需求。马尔萨斯认识到普遍过剩转化为长期萧条的问题。他认为工资的变动是关键因素，如果货币工资保持不变，则普遍过剩时劳动者的实际工资增加，在产品中所占的价值比额增加，利润必然相应降低，这样，资本家缩减生产、裁减工人，通过总供给减少促使供求恢复均衡；反之，通过相反的过程使得供给增加来恢复均衡。如果货币工资随着物价的降低而降低，同时有效需求由于分配制度和人民的节俭习惯而不能充分发挥，结果利润率仍然不会很高，而且会长期保持低水平，从而出现长期萧条。

关于危机的避免问题，马尔萨斯与李嘉图、萨伊和西斯蒙第的观点不同。他认为，危机的避免有赖于一种既能增加需求同时又不增加供给的因素。资本家有消费能力但缺乏消费欲望，“他们一生的重大目的是节约和积累一笔家财”[①]，因此，他们不会在扩大生产的同时扩大消费。至于劳动者也同样不能解决全部产品的实现问题，他说：“由生产性劳动者本身创造出来的需求，绝不是一种足够的需求，因为这种需求绝不会与劳动者生产出来的东西一样多。如果会完全达到这样的程度的话，那就不会有什么利润，因而也不会有雇佣他们的动机了。任何商品上利润的存在，需要先有一种和那生产这种商品的劳动无关的需求。”[②]因此，与其将投资看作增加有效需求的手段，莫不如将它归结为增加供给的因素。为保持充分的有效需求，需要有一个只消费而不生产、增加需求而不增加供给的阶级，如地主、仆役、军队等。

马尔萨斯强调政府在避免危机中的重要作用，由政府来协调财富增长的各种重要的比例关系是非常必要的。马尔萨斯认为，政府可以通过教育、提倡晚婚来控制人口增长；在经济萧条时，政府可以将巨额税款用于修筑道路与公共工程，增加就业；为了发展落后的农业，可以对农业生产进行保护。

（五）凯恩斯的经济危机理论

传统经济学信奉“萨伊定律”，普遍认为资本主义制度的总需求永远在充分就业的调节下等于总供给。1929—1933年，资本主义各国出现了普遍性的经济大萧条，生产和产值大幅度下跌，大量工人失业。面对严重的经济困境，传统的新古典经济理论一筹莫展，既无法从理论上给予解释，也无法从政策方面提出摆脱困境的方法。凯恩斯在《就业、利息与货币通论》中说：“经典学派所假定的情形，是各种可能的均衡位置之极限点，而且这种

---

① ［英］马尔萨斯著，厦门大学经济系翻译组译：《政治经济学原理》，商务印书馆1962年版，第327页。

② ［英］马尔萨斯著，厦门大学经济系翻译组译：《政治经济学原理》，商务印书馆1962年版，第332页。

特例所含属性，不是实际经济社会所含有的。结果是理论与事实不符，应用起来非常糟糕。”[①] 因此，他从根本上改造传统的古典经济学理论体系和政策主张，从理论上对古典经济学所信奉的“萨伊定律”，提出了“有效需求不足论”。他接受了马克思对商品流通内在矛盾的分析，并将其吸收到他的危机理论中。在他看来，危机和失业会经常出现，充分就业仅仅偶然存在。

但凯恩斯并没有从资本主义制度内部、资本主义生产方式上去寻找失业的原因，而是把失业归因于有效需求不足，并进一步归结为心理因素。他认为，资本主义社会之所以存在失业和萧条，主要是“消费倾向”“对投资的预期收益”和“流动性偏好”等心理因素所造成的有效需求不足。

凯恩斯认为，消费需求是人们为满足自己的物质文化生活等需要而产生的需求，投资需求是资本家为扩大生产规模而对资本的需求。如果投资需求和消费需求能把社会上生产出来的全部产品购买，则生产可继续进行；如果不能全部购买，就会出现经济危机。由此得出结论，资本主义之所以出现经济危机，说到底就是人们消费和投资不足，因此要消除危机，就要扩大有效需求，增加消费和投资。

凯恩斯在分析消费需求时认为，人们对消费品的需求是随着收入的增减而变化的，收入增加，消费就会增加；反之，收入减少，消费也会随之减少。用数学语言来讲，消费就是收入的函数，但消费量的增加总没有收入量增加的那么多，人们的收入绝对量越大时，收入减掉消费后的余额也就越大，这是一种基本的心理法则，必须替这份余额找到投资出路，把它全部花出去，否则社会总需求就要减少，商品销售量就要下降，资本家就要缩小生产规模，导致就业量减少。凯恩斯在分析投资需求时认为，资本家愿意投资多少是由“对投资的预期收益”和“流动性偏好”等心理因素共同决定的。他特别强调是主观因素：当资本家对机器设备进行新的投资时他所考虑的不

① 凯恩斯著，徐毓枬译：《就业利息和货币通论》，商务印书馆 1963 年版，第 9 页。

仅有将来的竞争情况、技术变化、有效需求、政治情况等，甚至气候不好也会影响资本家对投资的考虑。为此，凯恩斯认为，为了增加私人投资，应该制造一种有利于资本家对未来充满信心的气氛。而且他认为人们总喜欢手头保留一部分现金，以便灵活地满足各种需要。要人们放弃这种偏好，必须给予利息作为报酬。在人们流动性偏好既定条件下，利率就为货币供给量所左右。货币供给量增加，利率下降；货币供给量减少，利率上升。所以国家金融当局可以适当地用增加货币供给量方法，促使利率下降，以刺激投资和增加就业量。

凯恩斯认为经济危机带来了产量损失和就业不足等，但与马克思不同的是，凯恩斯认为市场和自由竞争对于经济发展的作用不可替代，所以他提出的解决经济危机的方法并不是消灭私有制和市场经济，而是由政府采用各种宏观经济政策来干预经济，保持宏观经济的稳定性，给微观经济主体创造一个良好的竞争环境。他主张政府用各种政策来干预经济，采用反周期政策来平抑经济波动，在经济萧条时采取扩张性的财政、货币政策。

二、马克思对西方经济危机理论的批判

随着西方资本主义国家相继进入工业化发展阶段，面对经济危机周期性发生及其所引发的企业破产、工人失业等社会现实，西方资产阶级经济学家提出了各种各样的经济危机理论，企图掩盖资本主义生产方式对社会经济发展的严重桎梏。马克思在深入分析了资本主义经济社会关系的基础上，对当时具有代表性的四种危机理论进行了批判，揭示了经济危机爆发的根源。

（一）对否认经济危机可能性理论的批判

19 世纪初期，由于资本主义生产力发展水平相对比较薄弱，因此经济危机在生产领域的表现不是很明显，以萨伊为代表的资产阶级经济学家提出了在资本主义生产条件下不可能发生经济危机的供求均衡理论。

萨伊否认资本主义生产过剩危机的可能性，这一论断是建立在“生产给产品创造需求”的供求均衡（即“萨伊定律”）的基础之上。他认为：“生产者在完成他的最后一道加工后，总是急于把产品卖出去。因为他害怕产品在自己手中会丧失价值。此外他同样急于把出卖产品所得的货币花出去，因为货币的价值也易于毁灭。但想要摆脱手中的货币，唯一可用的方法就是拿它买东西。所以单单一种产品的生产，就给其他产品开辟了销路。”[①] 即“生产给产品创造需求”[②]。所以普遍的生产过剩是不可能的，某种商品的生产过剩是因为另一种商品的生产不足造成的。因此，只有扩大生产才会解决这个矛盾。

马克思批判道：“用一方面的生产不足来说明另一方面的生产过剩的观点无非是说：如果生产按比例进行，那就不会发生生产过剩。如果需求和供给彼此相符，也就不会发生生产过剩。如果一切领域具有进行并扩大资本主义生产的同样的可能性……也就不会有生产过剩。”[③] 事实上，买和卖的分离使一部分商品价值无法马上实现。而货币作为支付手段职能的出现，使资本流回生产领域之前经历一段很长的时间，在这段时间，市场对产品的需求可能会与预计需求有很大偏差，因此供给与需求不可能总是相一致的。

萨伊承认商品流通中货币的媒介作用，他说：“你要钱干什么？不是要

① ［法］萨伊著，陈福生、陈振骅译：《政治经济学概论》，商务印书馆 1963 年版，第 145 页。

② ［法］萨伊著，陈福生、陈振骅译：《政治经济学概论》，商务印书馆 1963 年版，第 141 页。

③ 《马克思恩格斯全集》第 26 卷第二册，人民出版社 1973 年版，第 607—608 页。

买原料吗？不是要买你所经营的货物吗？不是要买维持生活的食物吗？因此你所需要的是产品而不是钱。”“在以产品换钱，钱换产品的两道交换过程中，货币只一瞬间起作用，当交易最后结束时，我们将发觉交易总是以一种货物交换另一种货物。”① 马克思对此指出：“认为市场商品充斥等等不可能的学说，在抽象理论上是正确的，但在实践上是错误的。危机有规律的反复出现把萨伊等人的胡说实际上变成了一种只在繁荣时期才使用，一到危机时期就被抛弃的空话。”② 因此萨伊的理论只适用于简单商品经济下的供需关系。但把资本主义生产关系条件下的商品经济关系简单等同于物物交换的关系，撇开生产中实际存在的对立关系，从而否定了经济危机的存在，是完全错误的。

（二）对只承认局部生产过剩理论的批判

大卫·李嘉图作为资本主义古典经济学的完成者，是这一理论的主要代表人物。他接受了萨伊以产品同产品交换的观点，将买者和卖者之间形而上学的平衡作为理论基础，认为需求仅仅决定于生产本身。由于人们的消费需求是无限的，必然要求资本主义生产的无限扩大来与之相适应。因此生产过剩，至少是在市场上商品的普遍充斥是不可能出现的。李嘉图说：“产品总是要用产品或劳务购买的，货币只是实现交换的媒介，某一种商品可能生产过多，在市场上过剩的程度可以使其不能偿还所用资本，但就全部商品来说，这种情形是不可能的。”③ 李嘉图只承认市场上存在个别种类商品的生产过剩，否定了普遍商品生产过剩的事实。

---

① ［法］萨伊著，陈福生、陈振骅译：《政治经济学概论》，商务印书馆1963年版，第142页。

② 《马克思恩格斯全集》第26卷第二册，人民出版社1973年版，第570页。

③ ［英］大卫·李嘉图著，郭大力、王亚南译：《政治经济学及赋税原理》，商务印书馆1962年版，第248页。

马克思把这种观点看成一种可怜的遁辞，他在批判李嘉图时指出："唯一能够防止在一切部门同时发生生产过剩的情况，是商品同商品的交换，就是说，抱这种观点的人求助于假定存在的是物物交换的条件。但是通向这种遁辞的道路恰好被切断了：商品流通不是物物交换，因此一种商品的卖者完全不必同时又是另一种商品的买者"①。也就是说，商品流通中买和卖的分离造成部分商品价值无法实现，这就使直接产品交换中买和卖的同一性分裂为买和卖的对立性了。买和卖的内部统一，是运动于外部对立之中的。当这种对立发展到一定程度，许多商品的价值无法转化为货币，它们的统一就要靠危机来实现。

李嘉图同萨伊一样，将资本主义生产同简单商品生产甚至是直接的物物交换混为一谈，从而否认存在普遍生产过剩的经济危机的存在。马克思指出："包含着交换价值和使用价值的对立的商品变成了单纯的产品，因而商品交换变成了单纯的产品的物物交换，仅仅是使用价值的物物交换。这就不仅是退回到资本主义以前，而且甚至退回到简单商品生产以前去了"②。"以前，李嘉图忘记了产品就是商品。现在，他连社会分工也忘记了。在人们为自己而生产的社会条件下，确实没有危机，但是也没有资本主义生产。"③正是由于社会分工的出现，"一切商品对它们的占有者是非使用价值，对它们的非占有者是使用价值。因此，商品必须全面转手"④。一旦商品实现发生困难，普遍生产过剩的危机就不可避免。李嘉图把局部生产过剩同普遍生产过剩对立起来，就是为了逃避承认后者的存在。因此"论证不可能有危机的办法就是，忘记或者否定资本主义生产的最初前提——产品作为商品的存在，商品分为商品和货币这种二重化，由此产生的在商品交换中的分离因素，最

---

① 《马克思恩格斯全集》第26卷第二册，人民出版社1973年版，第608页。
② 《马克思恩格斯全集》第26卷第二册，人民出版社1973年版，第571—572页。
③ 《马克思恩格斯全集》第26卷第二册，人民出版社1973年版，第573页。
④ 马克思：《资本论》第1卷，人民出版社2004年版，第104页。

后，货币或商品对雇佣劳动的关系。”[①]然而在资本主义生产条件下，没有资本家是为了满足自己的消费而生产的，其生产的直接目的是追求占有价值，获得资本的增值。货币在这里不仅仅起到交换媒介的作用，而是作为一种特殊商品独立存在。马克思明确指出：“任何时候都不应该忘记，在实行资本主义生产的条件下，问题并不直接在于使用价值，而在于交换价值，特别在于增加剩余价值。这是资本主义生产的动机。为了通过论证来否定资本主义生产的矛盾，就撇开资本主义生产的基础，把这种生产说成是以满足生产者的直接消费为目的的生产，这倒是一种绝妙的见解。”[②]因此，李嘉图所说的“不是所有种类的商品，而只是个别种类的商品，才能‘在市场上过剩’，因此生产过剩始终只能是局部的，这种论点是一种可怜的遁辞”[③]。

（三）对消费不足危机理论的批判

小资产阶级经济学代表西斯蒙第是最早论述资本主义生产方式必然导致生产过剩经济危机观点的学者。他看到了生产的无政府状态与消费不足之间的矛盾是引发经济危机的重要原因，指出了资本主义生产的最终目的是获得利润。在这一利益的驱使下，资本主义生产追求盲目的扩张。而自由竞争又导致大量独立的小生产者遭到排挤，面临破产、失业和贫穷的困境。不公平的社会分配制度使财富集中在少数人手中，造成劳动者的收入与消费日益减少，市场狭窄，产品实现困难。因此，“西斯蒙第认为生产不适合消费才是产生危机的基本原因，同时他把人民群众和工人的消费不足提到首位”[④]。这便是他的消费不足理论。

而马克思则把生产与消费之间的矛盾看作资本主义基本矛盾的一种表现

---

① 《马克思恩格斯全集》第 26 卷第二册，人民出版社 1973 年版，第 572 页。
② 《马克思恩格斯全集》第 26 卷第二册，人民出版社 1973 年版，第 564—565 页。
③ 《马克思恩格斯全集》第 26 卷第二册，人民出版社 1973 年版，第 575 页。
④ 《列宁全集》第 2 卷，人民出版社 1989 年版，第 120 页。

形式，把资本主义生产方式的内在矛盾运动看作是资本主义经济危机爆发的根源。马克思说："社会消费力既不是取决于绝对的生产力，也不是取决于绝对的消费力，而是取决于以对抗性的分配关系为基础的消费力；这种分配关系，使社会上大多数人的消费缩小到只能在相当狭小的界限以内变动的最低限度。"[①] 因此，资本主义经济危机根源在于生产的社会化同生产资料资本主义私人占有之间的矛盾。经济危机的爆发是个别企业生产的有组织性和整个社会生产的无政府状态之间的矛盾、生产无限扩大的趋势和人民群众有支付能力的需求相对缩小的矛盾积累到一定程度的结果。

西斯蒙第把资本主义经济的弊端归结为社会化大生产发展的结果，因此他认为克服危机的唯一途径就是发展小生产。马克思批判道，谁像西斯蒙第那样想恢复生产的正确比例，同时又要保存现代的社会基础，谁就是反动者，因为要贯彻自己的主张，他们必定要竭力恢复旧时的工业的其他条件。在西斯蒙第看来，小生产不具有盲目扩张的可能性，这种生产方式是以消费为依托的，即为消费而生产，因此不会发生生产的无限扩大与消费不足之间的矛盾。他极力鼓吹用小生产的原则来规范资本主义生产，主张削弱社会化大生产。这正如马克思所说，令西斯蒙第"经常迟疑不决的是：国家应该控制生产力，使之适应生产关系呢？还是应该控制生产关系，使之适应生产力？在这方面，他经常求救于过去；他成为'过去时代的赞颂者'，或者也企图通过别的调节收入和资本、分配和生产之间的关系"[②]。西斯蒙第站在小资产阶级的利益上，在恢复小生产秩序所做的尝试中，为资本主义经济学的发展做出了贡献，然而其阶级局限性决定了他最终无法建立科学的经济危机理论。

---

① 马克思：《资本论》第 3 卷，人民出版社 2004 年版，第 273 页。
② 《马克思恩格斯全集》第 26 卷第三册，人民出版社 1974 年版，第 55 页。

（四）对有效需求不足理论的批判

作为英国庸俗经济学创始人的马尔萨斯，在他的一系列著作中，也较为系统地阐述了他的危机理论。首先，他不像萨伊等人那样掩盖资本主义生产中的矛盾，相反，他强调这些矛盾，并且论证了普遍生产过剩危机的可能性。他认为，“需求总是由价值决定，而供给总是由数量决定。”“商品不仅同商品相交换，而且也同生产劳动和个人服务相交换，而同这些东西相比，就象同货币相比一样，可能发生市场商品普遍充斥。”“供给必须始终同数量成比例，而需求必须始终同价值成比例。”[①] 他认为，问题不在于（研究）发生商品普遍生产过剩即发生危机的可能性，而在于找到消除生产过剩即消除危机的方法。无论是工人的购买还是资本家之间的交换，都不能为全部产品提供足够的市场，只有存在一个只消费不生产的阶级，才能为全部产品提供有效的需求，才能提供足够的市场。

马尔萨斯的危机理论，遭到了马克思的严厉批判。首先，马克思揭示了马尔萨斯并不掩盖反而突出资产阶级生产矛盾的原因。他指出：“马尔萨斯并不打算掩盖资产阶级生产的矛盾，相反，他是想要突出这些矛盾，以便一方面证明工人阶级的贫困是必要的（对这种生产方式说来，他们的贫困确实是必要的），另一方面向资本家证明，为了给他们出卖的商品创造足够的需求，养得脑满肠肥的僧侣和官吏是必不可少的。”[②] 其次，马克思揭露了马尔萨斯关于“避免生产过剩的危机”药方的本质内容及其荒谬性。他指出：马尔萨斯开出的药方是，“一方面，存在着工人阶级，由于人口规律的作用，他们同供他们使用的生活资料相比始终是过剩的，即由于生产不足而造成人口过剩；其次，存在着资本家阶级，由于这种人口规律的作用，他们始终能够把工人自己的产品按照这样的价格卖回给工人，使工人从中取回的仅仅能

---

① 《马克思恩格斯全集》第 26 卷第三册，人民出版社 1974 年版，第 57 页。

② 《马克思恩格斯全集》第 26 卷第三册，人民出版社 1974 年版，第 56—57 页。

够勉强维持他们的生存；最后，社会上还有很大一批寄生虫，一群专事享乐的雄蜂，他们一部分是老爷，一部分是仆役，他们部分地以地租的名义，部分地以政治的名义，无偿地从资本家阶级那里攫取一大批财富，但是，他们要用从资本家手里夺得的货币，按高于价值的价格支付向这些资本家购买的商品；资本家阶级受积累欲望的驱使从事生产，非生产者在经济上则只代表消费欲望，代表挥霍。……工人人口同生产之间的失调现象，通过根本不参加生产的游手好闲者吃掉一部分产品的办法得到消除。资本家引起的生产过剩的失调现象，则通过财富享受者的消费过度得到消除。”这就是马尔萨斯所开列的“避免生产过剩的唯一办法”“医治这两种过剩的灵丹妙药”的实质。[①]最后，马克思揭露了马尔萨斯危机理论的辩护性和反动性。他指出：马尔萨斯的理论“十分明显地符合他的目的——为英国现状辩护，为大地主所有制、‘国家和教会’、年金领取者、收税人、教会的什一税、国债、交易所经纪人、教区小吏、牧师和家仆（‘国民支出’）辩护”。“马尔萨斯也愿意资本主义生产尽可能自由地发展，只要这一生产的主要承担者即各劳动阶级的贫困是这一发展的条件”。“马尔萨斯愿意有资产阶级生产，只要这一生产不是革命的，只要这一生产不形成历史发展的因素，而只是为‘旧’社会造成更广阔、更方便的物质基础。”[②]

此外，马克思还批判了“只承认货币危机，不承认生产过剩的危机”、用“生产不足”“消费不足”或“资本过多或不足”来说明危机、用“通货不足或滥发通货”说明危机、用“信用”和“投机”或资本的“贪婪”来说明危机等歪曲或掩盖危机根源和原因的错误理论。至于认为资本主义能够防止和消除危机的理论，诸如“提高工资”“大量工业投资”“控制通货”“调节生产和分配”，成立“卡特尔”“禁止竞争”，甚至通过“道德”训导和

① 《马克思恩格斯全集》第 26 卷第三册，人民出版社 1974 年版，第 51 页。
② 《马克思恩格斯全集》第 26 卷第三册，人民出版社 1974 年版，第 50 页。

"法律"约束等，马克思在他的著作中，也以不同的形式进行了分析和批判。通过对上述危机理论的批判，建立并阐明了自己科学的危机理论。

综上所述，通过对马克思针对西方经济危机理论的批判分析可以看出，不管资本主义社会经济生活怎么变化，只要生产的社会化和生产资料私有制之间的矛盾存在，其根本价值导向必然是"以钱为本"，而一部分人赚钱发财总要以绝对或相对减少其他人的利益为前提，所以资本主义经济危机爆发具有必然性。

三、马克思主义经济危机理论及其当代价值

（一）马克思主义经济危机理论

1. 经济危机的根源

资本主义经济危机的根源在于生产的社会化同生产资料的资本主义私有制之间的矛盾。具体表示就是：资本主义基本矛盾直接表现为个别企业生产的有组织性、有计划性和整个社会生产的无政府状态之间的矛盾；表现为资本主义生产有无限扩大的趋势与劳动人民有支付能力的需求相对缩小之间的矛盾，即生产和消费之间的矛盾。这两个矛盾激化，必然引起资本主义经济危机爆发。资本主义再生产周期性的物质基础，是固定资本更新。大规模的固定资本更新，会扩张生产能力，引起生产高涨，为下一次生产过剩危机奠定物质基础。

经济危机只有在资本主义制度下才具有现实性和必然性，这是由资本主义经济制度本身决定的。资本主义生产方式区别于以往任何生产方式的地方是：一方面，此时社会的生产力获得了巨大的发展，生产达到了高度社会化的水平；另一方面，社会的生产资料和生产成果却被极少数资本家私人占有。这种生产的社会性同生产资料和生产成果的私人占有形式之间的矛盾，即资本主义生产方式的基本矛盾，是生产过剩的经济危机的根源。

在生产高度社会化条件下，社会生产各个部门和各个企业之间的联系空前地扩大和加强了，整个社会经济已经连接成为一个统一的有机体。这种社会化大生产，客观上要求由社会共同占有和分配。只有这样，才能使社会生产各个部门和各个企业之间的比例关系及生产和消费之间的关系协调起来，从而使社会再生产得以顺利进行。但是，资本主义的现实情况并非如此。随着资本主义的发展，社会的生产资料和生产成果日益集中到少数资本家手里，归他们私人占有，服从于他们攫取剩余价值的目的。这样，就不能不在少数资本主义的经济生活中引起一系列的对抗和冲突，并不可避免地导致经济危机的爆发。

资本主义生产方式的基本矛盾表现为两组具体矛盾，它首先表现为个别企业内部生产的有组织性和整个社会生产无政府状态之间的矛盾。

资本主义的生产是社会化的大生产。生产社会化要求相互联系的各生产部门、企业、工段、工种之间密切地互相配合。生产社会化的这种客观要求在一个资本主义企业的范围内是能够实现的。因为在资本主义企业里，全体工人都必须服从于资本家的支配，而且，资本家为了提高生产效率，取得尽可能多的利润，也必须加强组织管理，使企业内部协调发展。但是，资本主义所有制却是生产资料和劳动成果归各个资本家所有。每一个资本家都是自己企业的主人，各个企业生产什么、生产多少，是资本家的“私事”，所以整个社会生产是无政府状态的。个别企业的生产越有组织，整个社会的生产就越是陷入无政府状态。随着竞争和生产无政府状态的加剧，资本主义各生产部门之间的比例失调现象就会日益严重。当这种比例失调的现象达到一定程度之后，社会总产品首先是其中的某些重要产品的实现条件就要遭到破坏，从而不可避免地发生普遍性的买卖脱节，即爆发生产过剩的经济危机。

资本主义的基本矛盾，还表现为资本主义生产无限扩大的趋势和劳动人民有支付能力的需求相对缩小之间的矛盾。

资本主义生产之所以具有无限扩大的趋势，是由资本主义的基本经济规律即剩余价值规律所决定的。资本家对剩余价值的无限贪欲，以及外部竞争的巨大压力，促使他们必须不断地改进生产技术和扩大生产规模。所以，在资本主义经济中，客观上存在着一种不顾市场限制而盲目提高生产能力和扩大生产规模的趋势。同时，生产的社会性也有可能把生产迅速地扩大起来，这是因为高度社会化的大生产是以现代大机器工业作为技术基础的。大机器工业拥有先进的生产技术，它可以在新的合理的基础上改进生产方式，可以系统地将新的科学成就应用于生产。这样，生产就取得了一种突然的跳跃的伸张力，产生了生产规模无限扩大的可能性。但是，和资本主义生产无限扩大的趋势同时并存的，却是劳动人民有支付能力的需求相对缩小的趋势。因为资本主义生产规模的扩大总是伴随着技术进步和有机构成的提高，这不仅会加重对在业工人的剥削，降低在业工人的工资，而且会出现大量的相对过剩人口和无产阶级贫困化。这个生产无限扩大的趋势和劳动人民有支付能力的需求相对缩小的矛盾，是资本主义基本矛盾在生产和消费的对抗关系上的突出表现。当这个对抗关系发展到较为尖锐的程度时，一些重要的商品由于群众无力购买而找不到销路的时候，社会总产品的实现条件就会遭到剧烈的破坏，普遍性的生产过剩的危机就会爆发。马克思强调："一切现实的危机的最后原因，总是群众的贫穷和他们的消费受到限制，而与此相对比的是，资本主义生产竭力发展生产力，好像只有社会的绝对的消费能力才是生产力发展的界限。"①

必须明确，资本主义制度下之所以会不可避免地爆发生产过剩的危机，并不是因为资本主义社会生产的巨大增长超过了人民大众的绝对需要，而仅仅是因为它超过了人民大众有支付能力的需求。在危机期间，千百万劳动者比任何时候都更加感到生活必需品的缺乏，他们之所以会挨饿受冻，正是由于他们生产了"太多的"粮食和燃料等等。正如空想社会主义者傅立叶所

---

① 马克思：《资本论》第3卷，人民出版社2004年版，第548页。

说，富裕变成了贫穷和困苦的源泉。所以，资本主义制度下的生产过剩，并不是绝对的过剩，而是一种相对的过剩，即相对于人民大众有支付能力的需要而言的过剩。正如马克思所说，生活资料和现有人口相比不是生产得太多了，正好相反。要使大量人口能够体面地、像人一样地生活，生产资料还是生产得太多了。资本主义经济危机的实质是资本主义商品生产相对过剩的危机。

所以，生产过剩的危机，完全是资本主义生产方式内在矛盾的产物。经济危机的深刻根源在于资本主义所固有的基本矛盾。只要存在资本主义制度，经济危机就不可避免。

2. 经济危机的实质

经济危机的实质是生产相对过剩的危机，即生产和销售矛盾造成的相对过剩。生产资料归社会的少数人（即资本家）私人占有，资本家雇佣社会的大多数人（即工人）进行生产（社会化大生产），生产资料私有制下，资本家为最大限度赚取利润，一方面要生产更多的产品投放市场，另一方面又要以最低的工资给工人，便会使生产与销售出现矛盾，大量产品卖不出去，相对过剩的经济危机由此产生。所以说资本主义制度下经济危机不可避免。

资本主义社会在进入大机器工业时期以后，从 19 世纪初开始，每隔若干年就要爆发一次经济危机。每当经济危机爆发时，资本主义国家的经济生活乃至整个社会生活，就会像受到一次瘟疫或战争的剧烈破坏一样，突然陷入瘫痪和混乱的状态中。危机发生时，商品流通停滞，大量商品由于没有销路而堆满仓库，甚至被成批地毁掉；信用关系遭到严重破坏；大批工厂停产、停工甚至倒闭，失业人数急剧增长，工人和其他劳动人民的收入显著下降，生活困苦不堪。与上述现象相伴随的另一种现象是：在危机时期，由于工厂倒闭，工人失业，劳动群众感到生活必需品极端缺乏，他们的需要比其他任何时候都难以得到满足。

在不同的资本主义国家和不同时期，危机的表现形式和具体进程虽然有所不同，但一般来说，每一次经济危机都是生产过剩的危机。危机时期的各种现象都是直接或间接地由生产过剩引起的，都是生产过剩在社会经济生活各个方面的表现。

这种生产过剩的经济危机，是资本主义以前一切时代的人们所不曾经历过的。在资本主义以前的各个社会里，由于战争、天灾或瘟疫等原因，在或长或短的时期内生产也会陷于瘫痪，造成社会生产的危机。但是，作为资本主义以前危机的特征并不是生产过剩，而是生产严重不足，同其生产过剩的危机是有本质区别的。资本主义经济危机的根本特点是：一方面有着堆积如山找不到销路的过剩商品，另一方面却是饥寒交迫的广大人民。这种相对的生产过剩，就是资本主义经济危机的实质。

生产过剩的经济危机是资本主义经济的特有现象。不过，发生经济危机的可能性，却早就潜伏在简单商品经济中。

首先，经济危机是由货币的流通手段职能引起的。经济危机的最一般的表现，是商品买和卖的脱节，也就是商品卖不出去。商品买卖脱节的可能性，早在以货币为媒介的商品交换即商品流通出现以后就产生了。在商品流通的条件下，买和卖在时间上和空间上分裂成了两个互相独立的行为，这时如果有一些商品的生产者在出卖了自己的商品之后，不接着完成购买，就会有另一些商品生产者的商品卖不出去。

其次，经济危机是由货币作为支付手段的职能引起的。马克思分析说："至于由作为支付手段的货币形式产生的危机的可能性，那么，在资本的场合，这种可能性转化为现实性的更现实得多的基础已经显露出来了。"[①] 而这种"转化基础"就是"相互债权和债务之间、买和卖之间的联系"[②]。随着商品生产和商品流通的发展，商品买卖有更多的部分采取赊销赊购的方式，在

① 《马克思恩格斯选集》第 2 卷，人民出版社 2012 年版，第 798 页。
② 《马克思恩格斯选集》第 2 卷，人民出版社 2012 年版，第 799 页。

商品生产者之间，便逐渐形成了错综复杂的债务链锁关系。在这种情况下，如果有一些债务人在债务到期时不能支付，就会使其他一些生产者也不能支付债务，从而使整个信用关系遭到破坏，形成债务危机，进而引发经济危机。

但是，在简单商品经济条件下，危机毕竟只是一种可能性，并没有变成现实。这主要是因为：（1）小商品生产者的目的是换取生产资料和生活用品来维持自己的生产，满足生活的需要，他们的生产目的是使用价值而不是价值；（2）在资本主义以前的社会经济中，占统治地位的是自给自足的自然经济，商品生产所占的比重不大，因此，商品买卖的脱节和支付连锁关系的破坏，虽然对某些商品生产者会发生较大的影响，但不至于牵动整个社会经济；（3）在简单商品生产条件下，小商品生产者之间的联系不是很广泛，一般被限制在比较狭小的范围以内。在这种情况下，即使某个地方发生了买和卖的脱节或者支付方面的困难，对商品经济本身的影响也是很有限的。再加上小商品生产者通常是为自己所熟悉的本地市场或者固定的买主进行生产，因而供求关系也是比较稳定的。因此，马克思说："这些形式包含着危机的可能性，但仅仅是可能性。这种可能性要发展为现实，必须有整整一系列的关系，从简单商品流通的观点来看，这些关系还根本不存在。"①

3. 经济危机的周期性

在资本主义存在的整个历史时期内，资本主义的基本矛盾及由它所引起的一系列对抗和冲突是经常存在的。但是，这并不意味着资本主义经济会持续陷于危机之中。资本主义的经济危机每隔一定时期重演一次，是一种周期性的现象。

早在 18 世纪末 19 世纪初，英国就发生过个别工业部门的局部生产过剩的经济危机。从 1825 年资本主义世界爆发第一次经济危机起，每隔一段时

---

① 马克思：《资本论》第 1 卷，人民出版社 2004 年版，第 135—136 页。

期，在主要资本主义国家或整个资本主义世界就要爆发一次经济危机。1836年，英国又发生了经济危机，这次危机后来还波及美国。1847—1848年的经济危机席卷了英国、美国和欧洲大陆的许多国家，实际上已具有世界经济危机的性质。接着，在1857年、1866年、1873年、1882年和1890年都爆发了世界性的经济危机。在19世纪的经济危机中，以1873年的危机最为深刻，它大大加速了资本和生产的激增，促进了垄断组织的形成和发展。从此以后，资本主义就开始了向垄断阶段的过渡。

在20世纪初，1900—1903年和1907年发生了经济危机。以后，资本主义世界又经历了1920—1921年、1929—1933年和1937—1938年3次经济危机。其中，1929—1933年的经济危机是以往资本主义各次危机中最深刻、最严重的一次。它不仅包括了资本主义世界的一切国家，而且在各主要资本主义国家中，工业危机和农业危机相互交织在一起，因而具有特别严重的性质。这次危机持续了4年之久，使整个资本主义世界的工业产量下降了44%，贸易总额下降了66%。在1933年，整个资本主义世界完全失业的人数高达3000万人。

二战后，资本主义经济一度获得持续、较快、稳定的发展，经济社会等各个方面都出现了诸多新变化与新特点。与二战前的经济危机相比，战后的经济危机有这样一些新的特点：再生产周期缩短，危机频繁；各周期界限不十分明显，复苏和萧条阶段不易区分；危机和通货膨胀同时并存，等等。但是资本主义基本矛盾所导致的经济危机还是不断。美国在1953年、1957年、1960年、1969年和1974年先后爆发了5次经济危机。1957—1958年、1974—1975年、1979—1982年，资本主义世界曾爆发了世界性的经济危机。其中，1979—1982年的经济危机持续了3年之久，造成了生产的大幅度下降和严重的失业问题。1997年7月开始，东南亚国家爆发了严重的金融危机，货币大量贬值，生产大幅下降，企业大量破产，失业人幅增加。这次金融危机虽然与这些国家的经济结构、经济体制和经济政策中存在的种种内部矛盾有很大关系，但从根本上说，这次金融危机仍然是资本主义性质的危机，它的根本原因是整个资本主义世界生产相对于需求的大量过剩，这种生产过剩在世界经济全球化的条件下，必然会在缺乏竞争优势的新兴工业化国家中首先爆发出来。

2008年美国爆发了次贷危机，这场危机迅速从美国扩展到全球，美国、日本、欧盟等主要发达经济体都陷入了衰退，发展中国家经济增速减缓，世界经济正面临着20世纪30年代以来最严峻的挑战。这场危机的根源仍然是由资本主义社会的基本矛盾引发的生产相对过剩，其中金融资本的高度垄断和高度投机的结合，造成虚拟经济和实体经济的严重失衡，把资本主义社会的基本矛盾推进到一个新的高度。

从历次经济危机可以看出，资本主义经济危机的周期性爆发并不是以往周期的简单重复。危机的周期爆发和不断加深，是资本主义矛盾日益尖锐化的表现。在资本主义进入帝国主义阶段以后，由于资本主义社会的各种矛盾空前尖锐化，危机的爆发更加频繁，危机的周期更加缩短，危机的破坏作用比过去任何时候都更大。

（1）资本主义经济危机周期性出现的原因

经济危机是由资本主义所固有的矛盾决定的。因此，经济危机周期性爆发的根本原因，也只能从资本主义矛盾的运动中来寻找。资本主义的各种矛盾是经常存在的，但只有当它们发展到极其尖锐的程度，再生产的比例发生严重失调的时候，才会爆发经济危机。在危机期间，大批工厂关门，生产迅速下降，社会生产力遭到巨大破坏。经济危机导致了资本主义生产与低消费水平暂时相适应的局面，再生产所需要的比例关系重新建立起来，资本主义的生产又得以继续“正常”进行。

但是，危机虽然使资本主义再生产过程中的各种矛盾暂时得到缓解，但矛盾并没有解决。随着危机过后资本主义经济的恢复和发展，资本主义所固有的各种矛盾还会重新发展和激化，再生产过程中比例失调的现象还会重新严重起来，这样就导致另一次危机的爆发。

由于上述原因，经济危机就成了一种周期性的现象。市场的扩张赶不上生产的扩张，冲突变得不可避免。而且，资本主义生产方式本身并不能使矛盾得到解决，所以经济危机便成为周期性的了。

▶ 专栏 6-1　有关经济周期成因的主要理论

经济周期的原因一直是各经济学派理论争论的焦点，也是各派周期理论分歧的关键所在。除了马克思的经济危机理论，还有诸多经济理论探讨经济周期的成因。下面介绍其中主要的一些理论。

1. 外部力量理论

该理论的代表人物是英国的杰文斯（H. Jevons）。该理论把经济周期的根源归结为经济制度之外的某些事物的波动，包括太阳黑子、星相、革命、政治事件、金矿的发现和人口及移民的增长、新疆域和新资源的发现、科技发明、技术进步，等等。

2. 消费不足论

该理论可以追溯到19世纪法国的西斯蒙第和资产阶级改良主义经济学家霍布森（J. A. Hobson）。该理论认为经济周期的形成原因是收入中的储蓄过多而消费不足。这种收入与消费的不平衡或者因为收入不公或者因为消费习惯不同等所致，这使生产过剩及其周期性的出现成为必然。

3. 心理因素理论

该理论的代表人物是庇古。心理因素理论强调心理预期在经济周期各个阶段形成中的决定作用。在经济繁荣时期，人们往往过于乐观，乐观预期会带动相关需求，导致过多投资。当这种盲目的乐观情绪所造成的错误判断产生后果的时候，衰退就开始了，此时人们的乐观情绪则被悲观情绪代替，并随着经济的衰退而走向过度悲观，导致失误，最终引起萧条。

4. 投资过度理论

投资过度理论包括货币投资过度论和非货币投资过度论。

（1）货币投资过度论。该理论的代表人物有奥地利学派的现代代表者哈耶克、米塞斯和伦敦经济学院的罗宾斯等。这一理论把经济周期产生的原因归结于投资过度或者生产资料的生产过剩，而这是由投资活动超过货币供给引起的。危机的根源在于货币供给落后于货币需求。这一学派反对任何人为的干预市场机制的措施，主张回到“自由放任”，认为只要让自由竞争的市场体系自动调节经济运行，银行自动调节信用，生产过剩的现象和经济危机就会逐步消除；反之，经济萧条就会持续下去。

（2）非货币投资过度论。这一理论的代表人物有“合法马克思主义者”杜冈·巴拉诺夫斯基和德国的斯匹托夫及熊彼特等。该理论着重从生产过程本身来解释危机，并不把货币因素视为引起经济周期的基本动因，认为周期产生的机制是：新的因素（新技术发明、低利率等）引起投资活跃，进一步增加投资，引起投资过度、生产资料和耐用消费品的生产过剩，导致经济危机爆发。

5. 凯恩斯经济周期理论

凯恩斯认为消费倾向、流动偏好及资本边际效率的波动都会影响经济周期。在繁荣后期，人们过度乐观，加上投机的推波助澜，利率成本上升到很高的水平，势必引起资本边际效率突然崩溃，导致人们对未来充满不确定预期，从而使流动偏好急剧上升，利率提高，结果引起更为严重的投资下降。所以，资本边际效率崩溃是从扩张进入收缩的转折点。经过一段时间，资本、剩余存货和流动资本减少，最终它们的稀缺性也会因此而降低，这导致成本下降。这一切都刺激投资增加，经济开始复苏，在经济乘数的作用下，经济逐渐进入繁荣。根据这一理论，凯恩斯提出推行财政干预以帮助经济复苏。

6. 货币主义周期理论

现代货币学派的主要代表人物是弗里德曼。其周期理论把经济周期的主要原因归结为货币因素：萧条是流通中货币量剧减的结果，而工业高涨是由货币供应链增加所引起的。这种货币与不稳定的货币供给之间的不协调是由凯恩斯主义调节“有效需求”政策引起的，也会受政治形势影响。总之，该理论认为货币供应量波动是经济周期波动的根本原因。

上述经济周期理论从不同的侧面和角度研究经济周期发生的原因，对具体国家、具体历史时期的经济波动有一定的解释力，但大都没有深入经济波动的根源，有些甚至相互冲突。这也说明了经济周期的复杂性。

资料来源：刘恒：《中国社会主义经济周期理论研究》，西南财经大学出版社2006年版，第6—15页。

（2）资本主义经济危机各阶段的特点

资本主义经济危机每隔一个时期就会爆发一次，而且在二战后，资本主义经济危机的周期有逐渐缩短的趋势。从一个危机的开始到下一个危机的开始为一个再生产周期。一般情况下，一个再生产周期包括危机、萧条、复苏和高涨四个阶段，其中危机是再生产周期的决定性阶段，它既是上一周期的结束点，也是新周期的起点。

在不同的资本主义国家，在一个国家的不同的发展时期，由于具体的历史条件不同，周期的整个进程和周期的每个阶段又会有这样或那样的特点。下面，我们就根据一般情况来说明资本主义再生产各个阶段的特点。

第一阶段：危机阶段。

危机通常是在资本主义经济最繁荣，也就是资本主义矛盾最尖锐的时候爆发的。在危机阶段，大量商品找不到销路，存货堆满仓库，资本周转困难，利润率急剧下降，这就迫使资本家缩小生产规模，缩短开工时间，解雇大批工人，使成千上万的工人陷于失业和半失业的状态。大批工人失业又为资本家提供了进一步压低在业工人工资的条件。这样，工人的工资水平和工资总额在危机阶段便急剧下降。与此同时，由商品销售困难所引起的市场竞争的空前加剧，又使竞争力量比较薄弱的广大小生产者纷纷破产。这一切都使得资本主义社会的基本消费群众即广大小生产者纷纷破产。这一切都使得资本主义社会的基本消费群众即广大劳动人民的购买力急剧降低。社会购买力的急剧降低，引起了商品价格的猛烈下跌。许多工商企业特别是中小企业，由于经受不住危机的沉重打击而纷纷破产。

在危机阶段，许多工商企业由于商品销售困难而不能按期偿还债务，又会引起整个资本主义支付关系紧张，引起货币信用的危机。这时，资本家都不愿再以赊销方式出卖商品，而会要求以现金进行支付。由于对现金的需求急剧增加，而金融市场上借贷资本的供给又远远不能满足这种需求，因而就使得利息率急剧提高。利息率的提高、企业股息的降低，再加上资本家大量抛售股票、公债等有价证券，结果使有价证券的行市猛烈下跌。资本家为了追求现金，普遍向银行大量提取存款，这就使许多银行特别是中小银行因现金准备不足，不能满足偿还债务的要求而不得不宣告破产。危机所造成的经济动荡局面，还会引起对外贸易收入减少和国外收入减少，从而形成国际收支方面的巨额逆差，使黄金外流，储备减少。

危机持续一段时期以后，市场上的商品数量由于资本家关闭企业、缩减生产和销毁存货而减少了，商品供应超过有支付能力需求的情况便逐渐发生了变化。于是，资本主义经济就从危机阶段转入萧条阶段。

第二阶段：萧条阶段。

萧条阶段是周期中的停滞阶段。它的特征是生产不再下降，企业停止倒闭，失业人数不再增加，物价低落，商业萎缩，游资充斥。资本家为了摆脱这种困境，竭力降低成本，以便在剧烈的竞争中站稳脚跟和在物价低落的情况下获得超额利润。为了降低成本，他们一方面加强对工人的剥削，另一方面改进生产技术，更新固定资本。由于新的投资逐渐增加，对生产资料和劳动力的需求也逐渐增加，结果就会推动整个社会生产恢复和发展起来，工人就业人数逐渐增多，商业和信用事业也逐渐活跃。萧条阶段便逐步转入复苏阶段。

第三阶段：复苏阶段。

复苏阶段是周期中的经济恢复阶段。它的特征是市场销售扩大，生产逐渐回升。资本家开始进行大规模投资和更新固定资本，生产逐渐扩大，就业人数逐渐增加，社会购买力开始提高，市场容量扩大，物价慢慢回升，企业利润增加，信用事业日益发展，社会生产逐渐恢复到危机前的水平。当生产超过危机以前的最高点时，复苏阶段就进一步过渡到高涨阶段。

第四阶段：高涨阶段。

高涨阶段又叫繁荣阶段，在这个阶段，投资大量增加，生产迅速发展，就业工人增加很快，物价上涨，利润增多，工资水平也有提高，市场兴旺，信用关系普遍发展，利息率降低，股票价格上涨。随着生产规模的扩大，生产产品的增多，很快又超过劳动群众的购买力，当生产和消费的矛盾极其尖锐时，整个社会又重新陷入严重的生产过剩状态。高涨阶段出现的生产过剩，起初是不明显的，由于商业投机造成市场的虚假需求，掩盖着社会购买力的真实情况；信用膨胀造成的虚假繁荣，掩盖着生产与消费的脱节，以至于当商品供应已大大超过需求时，资本家还在盲目扩大生产。只要几种主要商品的流通停滞，就会成为导火线，使经济危机突然爆发。整个社会经济生活又重新陷入瘫痪和混乱状态。

上述各个阶段在资本主义经济发展中不断交替和反复出现，就形成了资本主义再生产的周期性，即资本主义经济只能在危机—高涨—危机中颠簸起伏地向前发展。资本主义经济发展中出现的繁荣景象，只不过是新的危机到来以前的预兆。

（3）资本主义经济危机周期性发展的物质条件

资本主义经济危机周期性的发展是有其物质条件的。马克思指出："虽然资本投入的那段期间是极不相同和极不一致的，但危机总是大规模新投资的起点。因此，就整个社会考察，危机又或多或少地是下一个周转周期的新的物质基础。"[①] 资本主义经济危机再生产为摆脱危机提供了物质条件。经济危机进入萧条阶段，资本家所想的就是怎样提高劳动生产率，降低成本，尽快使自己的经济恢复和发展起来。他们会为此采取各种手段，其中一个很重要的方面，就是实行固定资本的更新和投资。这时，社会游资充斥，利息率、商品价格水平、工资水平等都较低，这便为固定资本的更新和投资提供了便利条件。这样，固定资本的大量更新和投资带动了生产生产资料的部门和生产消费资料的部门的发展，从而使资本主义经济复苏起来。

同时，固定资本的更新，又为下一次经济危机的到来创造了物质条件。因为固定资本的大规模更新意味着先进技术的广泛应用、旧设备为新设备所代替，从而使劳动生产率普遍提高，生产规模扩大，生产迅速地增长起来。同时，由于先进技术的应用，固定资本的大规模更新，使资本有机构成提高，相对过剩人口增加，对劳动者的价值剥削的结果是劳动者有支付能力的需求下降。这样，资本主义生产迅速扩大的趋势和劳动者有支付能力的需求相对缩小之间的矛盾又尖锐起来。当社会再生产的比例遭到严重破坏时，经济危机就又爆发了。

固定资本的更新，只是爆发周期性经济危机的物质基础，而不是爆发周期性经济危机的原因。如果没有资本主义生产方式，没有资本主义基本矛盾时而缓和时而尖锐的运动，固定资本的更新是不会引起经济危机的。

---

① 马克思：《资本论》第2卷，人民出版社2004年版，第207页。

（二）马克思经济危机理论的当代价值

100多年来资本主义经济发展的实践表明，马克思的全部政治经济理论包括其中的经济危机理论，是科学的理论。现实资本主义经济发展不是否定而是一再证实了马克思的理论分析和预见。因此，只有进一步运用马克思主义政治经济学理论，才能科学认识当代资本主义的实质及其发展规律和趋势。就马克思经济危机理论来说，它仍然是我们科学认识当代资本主义经济周期和运动规律的理论基础和出发点，而且对于中国特色社会主义经济建设也具有十分重要的指导意义。具体来说：

（1）马克思经济危机理论中所运用和体现的历史唯物主义方法论仍然是我们认识当代资本主义经济危机或金融危机的科学指南。马克思经济危机理论深刻揭示了一切资本主义经济危机的本质和最深刻的根源，而不是像一些资产阶级经济学家那样，只是在经济危机的表面现象上兜圈子。马克思经济危机理论认为，资本主义生产方式的基本矛盾即社会化生产与资本主义生产资料的私人占有之间的矛盾是资本主义经济危机和经济波动产生的总根源。100多年来，发达资本主义虽然在许多方面发生了一些变化，但是资本主义所固有的基本矛盾并没有从根本上得以消除，从而也就不可避免地爆发周期性的经济危机和金融危机。因此，周期性的经济危机和经济波动是完全内生于资本主义生产方式和经济制度的，是资本主义经济所固有的东西。所以，要彻底消除经济危机，除非消灭资本主义本身。马克思经济危机理论所提供的这一深刻见解，不仅打破了一切资产阶级经济学理论对于资本主义的粉饰，而且给全人类指明了前进的方向。因此，马克思经济危机理论正如他的全部政治经济学理论一样，并不仅仅具有阶级的属性和意义，而且具有全人类的和世界性的意义。

（2）马克思经济危机理论认为，资本主义社会经济是一个不断发展的过程，在不同的历史阶段，资本主义生产方式具有不同的特点，资本主义基本矛盾的两个方面及其关系也会具有不同的形式，从而，资本主义经济危机也具有不同的产生条件和特点。例如，在商业资本主义阶段，经济危机主要表现为一种局部危机；在工业资本主义阶段，则主要表现为生产相对过剩的且周期性的经济危机；而在全球化的金融垄断资本主义阶段，资本主义经济危机则更多地表现为国际性的金融危机，进而发展为经济危机。这就是说，资本主义经济危机是一个历史的范畴。我们必须以马克思经济危机理论为指导，深入研究当代资本主义经济的新变化和新特点，在深刻把握当代资本主义经济危机和金融危机实质的同时，进一步科学认识当代资本主义经济危机和金融危机的具体特点及其发展趋势，对于推进我国社会主义经济发展具有十分重要的实践价值。

（3）马克思经济危机理论不仅深刻地揭示了资本主义经济危机的本质和制度根源，而且深刻地揭示了市场经济与资本主义经济危机的内在联系。这对于我们深入研究中国特色社会主义市场经济的发展规律具有重要的启发意义。马克思经济危机理论表明，商品生产和货币的产生为资本主义经济危机提供了最一般的和最抽象的形式和条件。在社会主义市场经济条件下，同样存在的一般的和抽象的形式。因此，我国社会主义市场经济不仅同样出现了明显的经济波动，而且在国际金融危机的影响下，经济发展进入新常态，经济增长面临新的压力。虽然从理论上来说，社会主义条件下不可能产生资本主义那样的经济危机，但是，我们必须充分认识我国社会主义的不成熟性。事实上，在我国社会经济的发展过程中，已经存在许多产生经济危机的各种“要素形式”，如产业结构和整个社会再生产比例的失衡、收入分配差距过大等。因此，我们必须以马克思经济危机理论为指导，全面深化经济体制改革，着力推进供给侧结构性改革，着力进行产业结构调整，着力深化收入分配改革，只有这样，才能避免资本主义式的经济危机的爆发，保持中国特色社会主义市场经济持续健康发展。

第二节　马克思经济危机理论视角下的美国金融危机

2008年，全世界经历了自1929年以来冲击力最猛烈、破坏性最强、涉及面最广的金融危机。这次危机始发于美国次贷危机，进而引发世界金融危机。这次危机带来的危害至今还未完全消除，值得我们深刻反思和警惕。

一、美国金融危机的产生和蔓延

2001年“9·11”事件后，美国经济受到影响，美联储为避免经济下滑实行了连续降息政策，联邦基金利率从3%降至2003年1月的1%，一直持续到2004年6月。在这种超低的利率环境里，贷款的成本降低，大大激发了美国人的购房热情，导致房价上涨，房地产市场呈现出一片繁荣景象。房地产开发商为了提高业绩，大力鼓励人们买房。富裕阶层和收入一般的人群纷纷加入买房队伍，房地产开发商为了赚取利润，开始将目光投到没有购买能力的贫民阶层，提出了只交10%的首付款即可买房。如果连10%的首付都付不起，则可以向开发商或银行贷款，两年后再还贷。

银行及其他金融机构将这一部分向信用程度较差和收入较低的购房者提供的贷款叫作“次级贷款”。随着低首付、“零首付”政策的施行，房地产市场继续上涨，银行也放出越来越多的次级贷款。次级贷款毕竟有相当大的违约风险，要是两年后付不起贷款，银行就需承担所有风险。所以，银行开始设法转移风险。银行把这些贷款设计成债券转卖，这种债券也被称为“金融债券”。债券在美国根据风险程度分级别，风险小的债券，比如有能力偿还银行贷款的富裕阶层的贷款设计成的债券自然卖得出去；但是那些来自穷人的贷款（也称“次级债”）所设计成的债券，基本是卖不出去的。于是，银行又开始想办法。他们找上了投资银行，这些投资银行追求高风险高利润，只要可赚取高额利润，风险再大的项目也敢投资。所以，他们大量买入银行那些卖不掉的次级债。这样投资银行与商业银行共同承担了次级贷款风险。不料美国的房市持续高涨，投资银行狠狠赚了一笔。在高风险、高利润的刺激下，保险公司也加入进来，发行了新的险种，专保投资银行买的次级债。进而，投资银行将手中的次级债向保险公司投保，保险公司也就获得了高额利润。为了获得更大的利润，华尔街的金融精英们紧接着又想出了更赚钱的好方法，首先投入一笔钱作为保证金，建立了一个风险级别很高的对冲基金。对冲基金是指由金融期货和金融期权等金融衍生工具与金融组织结合后以高风险投机为手段并以盈利为目的的金融基金。于是大批人在美国房市高涨的行情下，大量买入对冲基金投机获利，其中包括政府和诸多银行。两年以后，房贷还是房贷，穷人还是穷人，他们中的大多数压根还是还不起贷款。如果房价可以一直涨下去还好说，因为抵押的房产足以偿还贷款，债权人只需要将房产收回并重新卖掉就可以收回贷款，对房价上涨良好的预期进一步刺激了整个投机过程，金融创新也就成了越来越时髦的名词，大家都赚得钵满盆盈。

但是随着房价的不断上涨，房地产泡沫越来越大，牵连的方面也越来越广，同时也变得越来越脆弱，打包销售的次级债券的信用等级也就一落千丈。银行债券或者对冲基金的受益，是建立在信用等级之上的，它们的价值不断下跌，投资银行、保险公司的资金链也迅速断裂，若无人收购或者救济，只能破产倒闭。此外，美国商业银行多是混业经营，损失惨重，坏账率大幅上升，股票价格一落千丈。由于金融股在股市中的权重太大，金融股的大幅下跌导致了股市整体重挫，从而为股市蒙上了一层悲观的色彩，投资者的信心大受打击。于是投资者就会从整个金融市场（股票、债券以及期货市场）撤回资金，从而使整个市场资金的流动性严重不足，继而导致恶性循环。

房价的下跌导致房地产开工不足，下游配套产业也随之萧条；金融市场动荡导致银行收缩银根，企业融资将更加困难；投资人在金融市场上损失惨重，必然会收紧钱包，减少消费。此时，金融市场的危机也就成功地转移到实体经济上来，整个实体经济也是一片萧条，生产过剩，经济危机随时都可能发生。

2008 年 9 月 15 日，金融危机终于爆发了。继美国两大住房抵押贷款融资机构房利美和房地美被政府接管后，美国第三大投资银行美林公司和第四大投资银行雷曼兄弟公司也陷入困境，前者被美国银行收购，后者则被迫申请破产保护。受此影响，纽约股市三大股指 15 日巨幅下挫，创下“9 · 11”事件以来的最大单日跌幅。有人说这是“百年一遇的大地震”，也有人用“金融风暴”比喻这场危机。随着次贷危机愈演愈烈，美国金融业陷入新一轮风暴。连续 14 个月，由美国住房市场和金融业疯狂投机引发的危机持续恶化，给世界金融稳定和全球经济增长带来了严重威胁。

危机的蔓延过程可以分为四步：第一步，房地产泡沫的破裂导致违约和房屋止赎的突然增加，从而使贷款抵押债券的价格跳水。第二步，这些损失让很多金融机构陷入资本严重短缺的境地；和负债相比，资产少得可怜，鉴于每个机构在泡沫年代都积累了巨额负债，如今这个问题尤为严重。第三步，由于金融机构的“资产 / 债务”的比值非常低，他们没办法也不愿意提供经济发展所需要的信贷。第四步，通过抛售包括贷款抵押债券在内的资产，金融机构试图偿还其债务，但是这却导致了价格下跌，更让其金融状况岌岌可危。这一恶性循环使得次贷危机愈演愈烈，最终演变成了全球金融危机。

二、美国金融危机产生的直接原因

美国金融危机的爆发，有其必然的、客观的原因。有的人认为，美国居民消费严重超过居民收入、无节制的负债、无管制的市场、无限制的衍生金融工具、无限制的投机、无限制追求高额利润和高收入是爆发金融危机的重要原因。有的人认为，美国的消费模式、金融监管政策、金融机构的运作方式，美国和世界的经济结构等因素，是金融危机的基本成因。有的人认为，房地产泡沫是金融危机的源头祸水，金融衍生品过多地掩盖了巨大风险，金融监管机制滞后造成“金融创新”犹如脱缰之马，是金融危机爆发的真正原因。也有人从资本主义弊病、资本的逐利本性和金融资本的贪婪性来分析金融危机的成因，在一定程度上涉及资本主义根本制度问题。对于这场“有史以来最严重”的危机，资本主义政府大多将其归咎为“金融市场上的投机活动失控”“不良竞争”或“借贷过度”，并希望通过政府救市，“规范”资本主义现行体制、机制，以达到解决危机、恢复繁荣的目的。

华尔街金融危机爆发的原因有以下几个：

（一）连续 17 次加息政策是美国金融危机的导火索

1944 年，布雷顿森林体系建立以后，世界逐步进入了以美国为首的跨国金融垄断资本主义阶段，导致全球美元泛滥。全球基础货币供应量呈数十倍增长，物价飞涨，贫富差距越来越大。正是由于处在社会底层的民众经济条件差，甚至没有住房，宽松的次级贷款政策极大地点燃了这部分民众的购房热情，他们与富人一起推动了美国房市的繁荣，吹大了美国房市的泡沫。

持续升温的美国房价在 2004 年时上涨幅度比正常情况已高出 40%。鉴于此，美联储开始觉察其问题的严重性，故自 2004 年 6 月起，实施了连续 17 次的加息政策。从此，美国房市逐渐萎靡、次贷危机愈演愈烈，并逐步蔓延到与次贷相关的金融市场的各个角落。因此，美国政府的利率政策正是导致次贷危机爆发的导火索。

（二）宽松的信贷条件和日益膨胀的住房泡沫

20 世纪 90 年代中期以来，在美国获取住房贷款变得极其容易。为了应对2000年前后的网络泡沫破灭，2001年1月至2003年6月，小布什在格林斯潘支持下推行令富人受益的减税政策，为了促进经济增长和就业，美联储连续13次降息，联邦基金利率由6.5%降至1%的历史最低水平。过低的利率引发了宽松信贷，也直接刺激了民众的贷款投资热潮，越来越多的生活状况不稳定的民众通过银行贷款加入购房者的行列中。正是市场对美国房市前景普遍预期过高，极大地刺激了美国房市，房价在1996—2006年飞涨了大约85%，为次贷危机的爆发埋下了种子。

（三）华尔街对金融衍生品的滥用

美国的金融衍生品在危机爆发前的几年发展很快，其复杂程度也日益加剧，以至于连投资大师巴菲特都弄不明白。在巴菲特看来，衍生工具是金融界大规模毁灭性武器。

正常意义上来说，提供按揭贷款的银行通常都把按揭贷款当作一种优良的资产持有并赚取相应的利润。但是为了追求利益的最大化，华尔街投行将原始的金融产品分割、打包、组合开发出多种金融产品，根据风险等级的不同，出售给不同风险偏好的金融机构或个人，在这个过程中，最初的金融产品被放大为高出自身价值几倍甚至几十倍的金融衍生品，极大地拉长了交易链条。从本质上看，这类金融衍生品并没有降低投资的风险，它仅仅是将风险进行转移，而且随着金融衍生品的不断开发，风险在无限分散的同时，也变得越来越隐蔽，越来越难以察觉。以至到后来，买家看到的这类金融产品，除了投行提供的数字以外，根本无法判断资产的质量。

因为担保债务凭证（Collateralized Debt Obligation，简称CDO）等金融衍生品蕴含的巨大利润，美国几乎所有金融机构都参与其中，商业银行、保险机构等，都大量持有担保债务凭证、信用违约掉期合约（Credit Default Swap，简称CDS）等债券，无论美国本土还是海外，越来越多的投资者开始了对这种金融产品近乎疯狂的追求。美国房地产泡沫，也通过这类金融衍生品将风险扩散到了全球范围，这也正是次贷危机为什么能够波及全球的原因。

金融衍生品是一把双刃剑，它的确拥有活跃交易、分散风险的功能，但如果不加监管控制地滥用，它凭借杠杆效应掀起金融波澜的能力便会显现。一旦危机爆发，金融衍生品的这种杠杆效应以及风险的分散性，必将极大地放大危机的广度和深度。

（四）监管机构的失职与政策的失误

放松监管一向是格林斯潘所推崇的管理之道，也正是他担任美联储主席的这段时间里，美国央行降低了抵押贷款的标准，导致相当一部分信用或生存状况不佳的贷款人以低廉的成本通过贷款购买房屋；美国监管机构对市场评级机构监管不严，也导致了评级机构在对次贷相关产品的评级的主观性，也极大地打击了投资者的信心，加深了投资者的恐慌情绪，最终导致全球范围内的恐慌。

监管部门的失职与政策上的失误间接地促使了次贷危机的大规模爆发，参加美国总统选举时麦凯恩就曾经尖锐地指责美国证交会没有监管好华尔街。2008 年，美国政府开始调整措施加大监管力度，当年 9 月 19 日美国证券交易委员会（SEC）发布紧急命令暂时禁止针对包括商业银行、保险公司在内的 799 只金融股的卖空操作。[①]

此外，还有人将美国金融危机爆发的原因归结为华尔街的侥幸心理以及信用评级机构的失职等，不一而足。

三、美国金融危机产生的深层次原因

从马克思经济危机理论的角度来看，资本主义社会生产的无限扩大与劳

---

① 周蓓：《美国政府发紧急命令：禁止卖空 799 只金融股》，全景网 2008 年 9 月 19 日。

动人民购买力的需求相对缩小之间的矛盾才是导致危机爆发的根本原因。事实上，依靠信用过度扩张化解需求矛盾正是金融危机爆发的前兆。历史的经验反复证明，马克思主义理论具有强大的生命力。资本主义生产的本质是追求剩余价值。生产力越高，生产出来的剩余价值量越大，在市场上实现的困难也越大。解决这一矛盾，一个途径就是依靠信用支持消费和投资创造需求。20 世纪 90 年代，伴随着网络经济泡沫破灭，实体经济投资需求锐减，全球范围内出现大量资本过剩。2007 年，全世界有 8000 多个对冲基金，总额 2.8 万亿美元，世界各国主权财富基金达 7.6 万亿美元，占全球生产总值的 15%，全球储蓄的 60%。这种情况下，美国政府开始公开或非公开鼓励房贷公司、金融机构提供过度扩张信用支持消费。所谓“信用过度扩张”，是指不顾信用风险、超过偿还能力的信用扩张，表现为长期实行低利率政策、放松风险监管、放松交易监管等。信用的过度扩张在刺激消费的同时，也拉动了投资，更重要的是由于信用被转化为证券出售，为全球巨额流动资金提供了短期投机机会。短期看，信用的过度扩张缓解了生产过剩和资本过剩，但长期看，信用过度扩张把问题从“当前”转到了“未来”，当金融投机不再延续、债务链条无法维系时，危机便会爆发。

美国的国内经济增长主要就是靠消费带动，消费一大部分就是靠消费信贷来支撑。但是透支未来来刺激消费毕竟只是一种权宜之计，无法长久持续进行。人民群众有购买能力的需求不足的原因是生产资料的资本主义私有制，在此基础上的按资分配方式导致了贫富悬殊。资本主义的按资分配为主的分配方式导致财富日益向少数人手里集中，使得劳动群众手里的财富日益相对减少，只能靠借贷才能增强消费能力，借贷本息一旦增加到临界点，就会出现大量无法还贷的现象。美国近年来的房地产繁荣，很大程度上就是依靠贷款消费来支撑的。资本为了获利，也为了转嫁债务风险，发明了大量金融衍生品，将借款和借款担保相互分离，并制作成不同的金融产品，这些金融产品被许诺以较高的投机价值，大批欧美金融和投资机构都在投资美国的房贷金融产品，都是靠房地产价格不断增长切割成不同环节来获利。当然世上没有只涨不跌的市场，当房地产价格涨到一定水平停止上涨甚至转头下跌时，建立在价格上涨前提上来获利的金融创新产品，马上就成了滔滔洪水，让欧美各大金融机构损失惨重，陷入了金融危机。这就是次贷危机的由来。可见，美国金融危机的根源还是来自资本主义社会生产的无限扩大与劳动人民购买力的需求相对缩小之间的矛盾所导致的生产相对过剩，是资本主义制度的本质弊端。

第三节　当代资本主义经济危机的特征及其变化的原因

二战以后，科学技术革命引起生产社会化程度的提高，国家垄断资本主义的发展及其对社会经济生活的干预，经济全球化和资本国际化的加强，这些经济政治条件的变化使得当代资本主义经济危机在发生的频率、影响范围和危机形式等方面都发生了新变化，出现了一些新特征，包括危机的严重程度有所减轻，破坏性有所减弱、经济危机周期略有缩短，四个阶段的差异有所减弱、周期性危机与结构性危机相互交织、经济危机期间物价不降反升等一系列特征。

一、当代资本主义经济危机的特征

（一）危机的严重程度有所减轻、破坏性有所减弱

经济危机严重程度的减轻和减弱表现在生产下降的幅度上面。在二战前最严重的一次资本主义世界经济危机——1929—1933 年世界经济危机中，

美国工业生产的下降幅度达到46.2%，德国为40.6%，法国36.2%，日本为32.9%，英国为23.8%；而在二战以后1973—1975年世界经济危机中，美国工业生产的下降幅度为15.3%，联邦德国为12.9%，法国为14%，日本为20%，英国为22%，最严重的意大利为22.4%；而在1979—1983年世界经济危机中，美国工业生产的下降幅度为11.8%，联邦德国为12.2%，法国为7.4%，日本为4.1%，英国为14.8%，意大利为22%；在1990—1993年世界经济危机中，各主要资本主义国家的生产下降幅度也不大。2008年金融危机后，工业生产，特别是制造业生产出现明显下降，这也是美国等国实行“再工业化”措施以重振工业的主要原因。

这种减轻和减弱，还表现在失业率方面。在1929—1933年世界经济危机中，美国的失业率为24.9%，德国为50%，英国为22.2%；而在1973—1975年的世界经济危机中，美国的失业率为9.1%，联邦德国为5.1%，法国为3.5%，日本为2%，英国为5.14%，意大利为3.3%；在1979—1983年世界经济危机中，美国的失业率为10.8%，联邦德国为8.5%，法国为8.2%，日本为2.5%，英国为12.5%，意大利为10.5%。金融危机爆发后，2008年12月，欧元区的整体失业率攀升至8%，欧盟27国的失业率为7.4%，德国为7.2%①；美国为7.2%，创下1993年1月以来的最高水平；日本失业率骤升至4.4%②。

这种减轻和减弱，也表现在固定资本投资下降幅度方面。在1929—1933年世界经济危机期间，美国的固定资本投资下降幅度达到82.8%，而在二战后几次世界经济危机，固定资本投资下降幅度最大的也没有超过28%。受2008年金融危机的影响，2009年美国固定资产投资较2008年下降了15.9%。

---

① 《2008年12月份欧元区失业率攀升至8%》，新浪财经2009年1月31日。
② 《经济不景气 日本08年12月份失业率骤升至4.4%》，新浪网2009年1月30日。

这种减轻和减弱，还表现在企业破产的数量方面。在 1929—1933 年世界经济危机中，美国有 13 万家以上的企业破产倒闭，而在二战后几次世界经济危机中，企业破产最多的 1979—1982 年经济危机中，美国也只有 2.4 万家企业破产，联邦德国有 8499 家企业破产，法国有 17375 家，英国的英格兰和威尔士有 5500 家。2008 年由于金融危机带来的全球经济恶化，许多企业陷入了销售低迷和资金短缺的困境，日本破产企业数量和负债总额均达到 2003 年以来的最高水平，达到了 15646 家，比上年增加 11.0%①；2009 年 5 月，美国破产企业数量由 2008 年同期的 5354 家增至 7514 家，与 2007 年同期相比，美国 5 月企业破产数量翻了一番以上，平均每天（工作日）有 376 家企业向破产法院申请破产保护。②

这种减轻和减弱，还表现在货币信用领域的波动方面。在 1929—1933 年世界经济危机中，美国破产的银行达 1.05 万家，占全国银行总数的 49%，股票价格下降了 73.4%，而在二战后股票价格指数下降最严重的 1973—1975 年，也只下降了 41.9%。美国和西欧虽曾有几家大的银行倒闭，但却未酿成一次大批银行倒闭的货币信用危机。2008 年金融危机的爆发，也开启了美国银行的倒闭浪潮，2009 年该数量从 2008 年的 25 家增至 140 家③，银行倒闭数量在 2010 年达到高峰，当时监管机构共关闭了 157 家银行④。

应当指出，在 20 世纪 80 年代以后，资本主义国家经济危机的严重程度、破坏性又有加重的趋势。如在 1983 年的二战后第五次世界经济危机中，各主要资本主义国家的失业人数达 3050 万人，创造了二战后的最高纪录，接近于 1929—1933 年世界经济危机的水平，美、英、法、西德等国的企业破产也创二战后最高纪录。2008 年金融危机时，因刺激抵押贷款机构破产，

① 《金融危机拖累：2008 年日本企业破产数量创 5 年新高》，中国新闻网 2009 年 1 月 14 日。

② 《美国 5 月企业破产数量同比增长 40%》，新浪网 2009 年 6 月 3 日。

③ 《雅虎财经：08 年以来美国银行破产数量及事实》，腾讯网 2012 年 7 月 6 日。.

④ 《美今年倒闭银行数量或创 07 年以来新低》，新浪财经 2013 年 12 月 17 日。

投资基金被迫关闭，股市剧烈震荡，导致多家相当大型的金融机构倒闭或被政府接管。美国的经济增长率在 2008 年和 2009 年都出现了负增长，增长率分别为 -0.3% 和 -2.8%。失业率一直居高不下，2009 年 2 月到 2012 年 8 月的 42 个月里，失业率均保持在 8% 以上的水平。出口企业大量倒闭，失业人数攀升，人们收入减少，市场有效需求不足，通货紧缩，经济衰退。世界头号经济强国的美国成为这次全球金融危机的"罪魁祸首"，并经受着 1929 年大萧条以来最严重的考验。

（二）经济危机周期略有缩短、四个阶段的差异有所减弱

在 1872—1875 年分卷出版的《资本论》法文版第一卷中，马克思在论述资本主义经济危机周期时说："这种周期的延续时间是十年或十一年，但绝不应该把这个数字看作是固定不变的。相反，根据我们以上阐述的资本主义生产的各个规律，必须得出这样的结论；这个数字是可变的，而且周期的时间将逐渐缩短。"把二战以后到 20 世纪末发生的 6 次世界性经济危机发生的周期同二战前 11 次世界性资本主义经济危机的周期相比，可以看出，马克思的这个预测是正确的。在资本主义的自由竞争阶段，即 1900 年前，资本主义经济危机周期长度平均为 10 年左右，而进入垄断资本主义阶段以后，即 1900 年以后，周期平均年度缩短到 9 年左右，在二战以后，资本主义经济危机的周期又进一步缩短为 8 年左右。

在资本主义发展史上，资本主义再生产各阶段之间有比较明显的区别。如在危机阶段，往往是商品大量堆积、物价下降、生产减少，失业剧增；到了萧条阶段，则生产停滞，商业萎缩，固定资本更新开始；在复苏阶段，扩大再生产和物价利润上扬；到了高涨阶段，则出现生产的高速发展，物价迅速上涨，市场十分活跃。但在二战后，世界经济危机的各个阶段之间的差别有所减弱，虽然再生产周期的各个阶段仍然存在，但各个阶段的交替过程却不如二战前那么明显，往往在危机过后经济回升疲弱乏力。特别是 1973—

1975 年经济危机陷入经济停滞和通胀恶性循环中，经济周期呈现增长速度缓慢，高涨时期超过上次危机期的最高点不多甚至还不及前次最高点，明显表现为高涨期缩短、下降，停滞、复苏期延长。在美国，在经济比较顺利发展的 1978 年，其设备利用率也只达到 80%，而不及危机前 1973 年的 87.7%；英国在走出 1983 年危机以后，1985 年的失业率超过了危机阶段的 12.5%，有的月份甚至达到了 15%，而在 1991—1993 年危机期间，国民生产总值在 1991 年第 1 季度下降到谷底时，以后三个季度只回升了 1.7%、1.2% 和 0.6%，只是到了 1994 年，才逐渐恢复到“正常”增长，但增长率也没有高于 80 年代，甚至没有高过滞胀的 70 年代。

此外，由于资本主义经济危机是周期性生产过剩危机，因而在二战前危机爆发时，由于大量产品堆积卖不出去，因此商品价格总要下降，甚至大幅度下降。在 1929—1933 年危机期间，商品价格甚至下跌 47%，但在二战后的经济危机期间，除 20 世纪 40 年代末 50 年代初的危机之外，商品价格不仅没有下跌，反而逐步上升。如主要资本主义国家的消费物价上涨率，从 20 世纪 50 年代的 2.5%，上升到 60 年代的 2.9%，猛增到 70 年代的 7.7%。此外，失业现象贯穿于二战后经济危机周期的各个阶段，特别在 1973—1975 年危机后的经济回升时期，西欧一些国家的失业人数不仅没有减少，还继续增加。

但是，值得注意的是，2008 年经济危机往后拖延了 7 年左右的时间才爆发，并且以往的资本主义经济进入危机有一个发展过程和明显先期征兆，而 2008 年经济危机是在没有任何明显先期征兆和发展过程下突发的。

（三）周期性危机与结构性危机相互交织

这两种危机的交织，扩大了资本主义周期性经济危机震荡的规模，并延长了其持续时间，而且由于周期性危机渡过之后，结构性危机依然存在，对经济的复苏和高涨持续起到了消极作用，这也是使二战后经济危机之后经济回升和高涨疲软乏力，危机各阶段的差别有所减弱的一个重要原因。

所谓结构危机，是指由于经济结构严重失调即由于一些生产部门之间比例严重失调，阻碍了整个经济稳定增长及正常运行的危机。结构性危机和周期性经济危机的区别在于，它的持续时间要长于周期性危机，往往要延续10年甚至更长时间；它可以像周期性危机一样表现为生产过剩，也可相反地表现为生产不足；它不像周期性危机那样从生产领域波及流通领域，可能只发生在某一个或某几个特定领域和部门，又不会对其他领域和部门乃至整个经济发挥消极破坏作用；它不像周期性世界经济危机那样在各国表现基本相同；而是在各国的表现和影响不一样甚至完全相反。

20世纪70年代以来，资本主义经济结构性危机发生在资本主义社会的不同经济领域，具有不同的表现形式。比如，在1973—1974年首次出现、1978—1979年再次出现的原料危机，原料价格以超过工业制成品价格的上涨幅度上涨。在第一次上涨时，金属原料价格比1950年上涨84%，矿物原料上涨327%，农业原料上涨130%；第二次上涨时，原料平均出口价格比1974年又上涨了38.5%，而且这种上涨并不是由于原料供应的绝对短缺，因当时世界原料储藏量的增加仍快于消费量的增加。如1973—1974年出现第一次石油危机，油价由每桶3.01美元上涨到11.65美元，上涨2.87倍；1979—1980年第二次石油危机时，油价又从每桶12.7美元上涨至41美元，这种上涨也不是由于石油储量的绝对短缺。如由于产业结构不能适应新的生产力发展需要，20世纪70年代后期出现钢铁、煤炭、造船、汽车、纺织等传统工业危机，这些传统工业部门的产品被新兴工业产品所替代，劳动生产率下降，设备闲置、出口萎缩、利润降低，被迫解雇工人，大量削减生产。美国的钢产量减少45.7%，英、法两国钢产量的降幅甚至超过了1929—1933年危机时的降幅。如20世纪70年代出现的震源在少数发达资本主义国家的世界性通货膨胀，1974年的世界通货膨胀率达到15.6%，直到1979年仍有55%的国家的通货膨胀率超过10%。如在1982—1983年第一次发生、1988—1990年第二次发生的金融机构倒闭浪潮，反映了在信用高度膨胀基础上银行信贷体系危机，当时货币市场资金紧张，利率居高不下，银行贷款对存款的比率上升，许多金融机构被坏账、呆账拖累发生倒闭。如在以美元为中心的国际货币制度瓦解，1973年实行浮动汇率后，在20世纪70年代末期和1985—1987年出现的美元两次激烈动荡，反映了主要国际储备货币信用低落而引发的国际货币危机。如1982年爆发的国际债务危机，发展中国家对发达国家积欠的债务达5290亿美元，为其出口值的151%，无力如期偿债，有40多个国家要求延期还债，1990年国际债务总额又上升到13336亿美元。

上述种种结构性危机的出现和爆发，主要是在二战以后的迅速发展中，资本主义经济结构在多层次多方面出现了失调，其中有的是由于新的科技革命推动新兴产业部门的形成和发展，并使传统工业急剧衰落而引起的产业结构失衡；有的是因二战以后沿袭下来的帝国主义宗主国与殖民地之间旧的垂直的高级分工体系，在与发展中国家争取建立国际经济新秩序的斗争高潮中遭到冲击而引发的；有的反映了在国家垄断资本的发展过程中，各国用财政政策和货币政策刺激经济，遏制周期性危机而造成的货币信用领域中的经济结构失调；有的则是由于资本主义发展不平衡所造成的国际金融市场的动荡。

（四）经济危机期间物价不降反升

周期性经济危机是生产过剩危机，由于在发生经济危机时，产品严重供过于求，因而必然伴随着物价的猛烈下跌，这是经济危机的一个重要表现。如在1929—1933年危机期间，英国的批发物价指数就下跌了57.8%，美国的消费物价指数下跌了47%。但二战以后，在美国，除了在1948—1949年、1957—1958年两次危机时，消费物价也曾下跌过2.7%和0.1%以外，在其他几次危机中，却出现了物价不跌反升的现象，而且有时物价的涨幅甚至超过了平时。例如，在1957—1958年危机中，美国的消费物价上涨了4%；在1969—1970年危机期间，美国的消费物价上涨了6.2%；在1973—1975年危机中，消费物价上涨了7.4%；在1980—1982年危机期间，消费物价更上涨了8.9%，其他主要资本主义国家的情况也与此类似。金融危机爆发后，2009年美、英、日等主要资本主义国家的消费物价都出现了温和的上涨，美国比2008年同期上涨2.7%，英国比2008年同期上升2.9%[①]，日本比2008年同期上升0.2%。但是在2015年以后，各国的消费物价指数开始下降，2015年1月美国环比下降0.7%，为2008年以来最大降幅[②]；2016年11月日本消费者物价指数（生鲜食品除外）比上年同期下跌0.4%，连续9个月同比下跌[③]。

与此相适应的利息率在资本主义经济高涨时，因为借贷资本的供应，其增长总会快于对借贷款需求的增长，因而利息率就会下降；反之，到了经济危机爆发时，对借贷资本的需求急剧增加，而借贷资本的供应却大大减少，而且风险较大，因而利息率就会上升，在二战后，却出现了相反的情况。仍以美国为例，经济危机期间利息率的下降幅度，1953—1954年是7.7%，1957—1958年是22.3%，1959—1960年是10%，1969—1971年是38.2%，1974—1976年是47.9%，1980年是57.4%。

二、当代资本主义经济危机变化的原因

二战以后，随着资本主义生产社会化、国际化的高度发展及资本主义生产的高度集中与垄断，当代资本主义进入国家垄断资本主义新阶段，主要资本主义国家的经济出现了迅速增长的局面。资本主义国家对经济生活的全面

① 《英国2009年12月消费者物价指数同比上升2.9%》，新浪财经2010年1月20日。
② 《美国消费者物价指数下降为2008年12月来最大降幅》，中新网2015年3月24日。
③ 《日本消费者物价指数连跌9个月，11月下滑0.4%》，新浪财经2016年12月27日。

干预和调控，不仅从社会经济过程的外部，通过法律、政治等各种手段影响社会经济的发展，而且越来越深地介入社会经济生活的内部，直接参与、控制和干预社会经济的运行，成为整个社会经济生活的基础和决定性力量。此外，科学技术作为第一生产力的飞速发展，不仅为当代资本主义国家奠定了坚实的经济基础，为其进一步发展提供了空间，而且为资本主义生产关系进一步的自我调节、自我改良和自我完善提供了条件；不仅使传统经济周期和经济危机爆发的社会与经济成因发生了重大变化，而且也导致当代资本主义社会、经济、政治、文化发生历史性深刻变化。

（一）新的科技革命

二战后，科技进步对经济增长的促进作用，主要是通过下列机制来完成的。

1. 科学技术进步大大提高了劳动生产率

科学技术作为第一生产力，对劳动生产率的提高具有极强的推动作用。在现代生产中，一项新技术的发明和应用，往往能够几倍、几十倍、甚至几百倍地提高劳动生产率。例如，计算机技术大大提高计算能力和速度，并且能够提高生产自动化的程度；信息技术使信息的传播大大加快，提高了生产和管理的效率。统计资料显示，在过去的一个世纪中，西方发达国家劳动生产率呈明显的加速增长态势。如美国的劳动生产率在 1929 —1945 年平均增长率为 2.0%，而在 1946 —1970 年平均增长率提高到 2.4%；其他西方发达国家在 1973 年以后，劳动生产率的年均增长也在 2.7% 到 3.4% 之间。劳动生产率水平是衡量经济发展和科技进步水平最有意义的经济指标，经济增长不仅反映着有关经济部门中技术革新进程的加速，而且也体现着劳动生产力技术内涵的提高。二战后西方国家劳动生产率的迅速提高与科技进步密不可分，已是不争的事实。

2. 科学技术进步改进了资本主义扩大再生产的条件

（1）科技进步扩大了资本积累。二战后西方国家的科技进步，不仅极大地促进劳动生产率迅速提高，而且在主要资本主义国家甚至大大超过实际工资的提高程度。例如，1961—1970 年，日本制造业的实际工资年平均增长率为 6.3%，而同期劳动生产率平均增长率则为 11.4%，其结果必然引起剩余价值率的提高，从而扩大资本积累的源泉，增强了经济发展的实力和后劲。

（2）科技进步还增加了扩大再生产所必需的生产资料和消费资料。如计算机、信息、光导等技术的开发和应用，极大地提高了劳动生产率，从而在同等时间内生产出更多的物质产品。生物工程的开发提供了更广阔的生物资源，并使工农业废弃物得以综合利用，从而在一定程度上突破了地球上有限资源的限制。新材料、新能源的开发利用，则大大增加了原料和燃料的产量。

（3）科技进步改变了生产和消费的结构，拓展了更为广阔的市场。在科技进步的条件下，一大批新兴产业部门竞相涌现，扩大了机器和设备的需求。同时，垄断资本为了在竞争中取得有利地位，往往提前更新设备，从而加快了固定资本的更新和扩大，于是引起生产资料市场的扩大。此外，科学技术进步同时使消费品的种类和数量不断增加，创造并刺激着人们新的消费需求，加之就业人数和实际工资的增长，使消费资料市场也相应扩大。

3. 科学技术进步推动了当代资本主义整体生产力的迅速发展

（1）科技进步使社会生产力以更快的速度向前发展，更具规模化的特点。电子计算机技术、新能源技术、生物技术以及新材料技术等广泛应用，不仅大大增强了人类改造自然的广度和深度，产生了核电、宇航等新兴工业部门，而且伴随着劳动生产率的空前提高，生产规模也得以迅速扩大。统计资料显示，1980 年美国固定资产总量比 1950 年扩大了两倍以上，比 1913 年扩大了 5.3 倍之多；同一时期，联邦德国的固定资产则分别扩大了 4.6 倍和7.2倍。早在1909年，年产值在100万美元以上即算大企业，而1982年，美国资产超过10亿美元的公司增加到360家，而资产在100亿美元以上的达49家。

（2）它使社会生产力的知识与科技含量越来越高，更具智能化的特点。无可否认，电子计算机技术的应用开辟了人类智力解放的新纪元，不仅使生产过程、管理过程及服务过程全面自动化、智能化，而且使劳动者从简单重复的脑力劳动中得以解脱，去从事复杂创造性的思维活动和脑力劳动。但当代资本主义的产业结构，从传统的劳动密集型和资本密集型向技术密集型、知识密集型、智能效益型产业转化，却是不争的现实。而且，与此相适应的就业结构也在发生着重大的变化，从事“知识产品”开发和技术研究创新的银领、金领工人日趋增加，而从事低层次单纯劳动的人数越来越少。如在美国硅谷所聚集的各类科技人员，其人数已远远超过从事具体生产活动的人员。在美国的微软、英特尔等公司中从事科研和新技术、新产品开发的人员，已取代从事具体产品生产的人员而成为公司员工中的主体。

（3）科技进步使社会生产的专业化程度进一步提高，再生产过程的相互联系和协作进一步加强，生产力更具社会化的特点。如参加波音B–747型喷气飞机制造的，高达1500家大企业和1.5万家中小企业，这些企业提供的产品数量占整个飞机构件数量的70%；而通用汽车公司生产的汽车所用的零件也多达数十万个，而为该公司提供零部件及毛坯的厂家高达4.5万家。此外，西方发达国家不仅在生产方面的社会化分工与协作日益增强，而且在科研开发方面，也在不断强化社会化的分工与协作。如德国的西门子公司早在20世纪80年代末，即在科研开发方面与世界诸多一流公司形成较为稳固的协作关系，其不仅在电讯上与美国国际通讯公司、日本东芝公司、荷兰飞利浦公司合作，而且在机器人方面与日本富士通公司合作，在新材料方面与美国科宁公司合作。生产力社会化及分工协作的程度明显可见。

（二）国家对经济生活的调节和干预

1. 财政政策调节

宏观需求管理，是当代资本主义国家实行宏观调控的主要内容，也是二战以后西方发达国家从自由放任主义转向国家干预经济的主要理论依据和政策主张。二战后西方资本主义国家的发展历史和现实表明，财政政策对经济运行的调节作用是极为显著的。

从宏观层面上看，财政政策调节的主要功能，在于保持物价总水平的稳定和一定的就业水平，以促进经济的稳定增长。具体表现为：（1）通过调节社会需求总量影响物价总水平；（2）通过调节投资需求影响就业水平；（3）通过调节社会储蓄与投资影响经济增长率。就微观层面而论，财政调节的主要功能在于：（1）通过财政在公共物品和私人消费品之间进行的资源调节，实现社会资源配置的合理化；（2）通过财政调节国民收入在个人之间的分配，缓解社会收入的公平和社会矛盾，改善社会经济运行的环境。

2. 货币政策调节

在当代资本主义国家对宏观需求管理的实践中，货币政策是与财政政策并举的两大主要调节手段。所谓货币政策，即是通过中央银行调节货币供应量，进而影响利率和信贷规模，间接调节社会总需求，以求得社会总需求与总供给的均衡，实现经济的稳定增长的政策。因此，货币供应量是实行货币政策调节的重要方面，能否根据经济运行的“晴雨”变化，拧紧和放松货币供应量的“阀门”，是实现这一调节手段应有功能的关键所在。就当代资本主义国家乃至市场经济的实践而言，中央银行调节货币供应量的主要手段有三项：（1）通过变更贴现率，直接影响商业银行的贷款利率及贷款规模，进而影响货币市场的利率和货币供应量，间接实现对经济扩张和收缩的调控目的；（2）通过改变银行存款准备金率，调节各专业银行及其他金融机构的自由准备金额度和同行拆借利率，以扩大和减少货币供应量，并使其与宏观调控的目标相适应；（3）公开市场业务，即央行在证券市场上公开买进和卖出国库券、公债等有价证券，以调节货币供应量，进而实现平抑经济波动的目的。实践证明，在上述被誉为宏观货币政策三大法宝的调节手段中，公开市场业务是控制货币量和利率最为灵活的调节方式，也是二战以后乃至当今许多西方国家宏观调控的重要武器。

3. 经济计划调节

根据生产和资本社会化的客观要求，当代发达资本主义国家均不同程度地实行各种形式的经济计划，对社会经济运行予以综合调节。经济计划调节，不仅在其各自经济调控体系中占据重要地位，而且也是当代资本主义发展的重要特点之一。从当代资本主义国家在此方面的实践看，经济计划的主要内容多集中于三个方面：（1）中长期的经济和社会发展预测；（2）计划期内经济和社会发展的总目标及主要相关的具体目标；（3）实现目标的政策和措施体系。应该说，在当代资本主义国家中，对国民经济全面实行经济调节，以日本、法国和意大利等国为典型代表。如法国从 1947 年以来，先后制定并实施了 10 个中长期计划；日本从 1955 年以来，则先后制定和实施了 11 个中长期计划。而且，实践已充分显示，当代资本主义国家推行并实行的经济计划，并非只是束之高阁的形式之物，而是有实在内容并卓有成效。经济计划的制定与实施，不仅为经济主体提供了及时而准确的经济预测与经济信息，增强了经济主体活动的自觉性，而且对经济主体产生了积极的引导作用，大大增加了整个国民经济运行的协调性。

4. 产业政策调整

二战以后，伴随着生产和资本的社会化、国际化程度的进一步提高，当代发达资本主义国家的国内产业分化进程加快，同时各国产业之间的国际化竞争也日趋激化。为适应新兴产业的发展、产业结构的调整以及提高国际竞争力的客观要求，各国都极为重视和着手制定产业政策，并将对产业政策的制定与实施视为“革命性的新发现”，作为对国民经济运行实施计划调节的重要载体与手段。当代资本主义国家较早制定并成功实施产业政策的国家当数日本和法国。日本的产业政策以结构政策和组织政策为主要内容，具有明确的结构目标和企业竞争力目标。如早在20世纪60年代，日本在提出产业高度结构化目标的同时，也明确制定出“革新产业体制”的目标，以克服在自由竞争中出现的“过度竞争”和“规模过小”，逐步建立起“有效竞争”的组织结构，以迅速提高其企业的竞争力。二战后日本之所以在战争废墟的基础上创造“经济奇迹”，在现代化国际化进程中捷足先登，一个极为重要的原因，就在于它制定并实施了一系列促使其产业和外贸协调发展行之有效的产业政策。同样，法国在计划调节的实践中，也根据不同时期的目标，相应制定和实施不同的产业政策。如20世纪50年代，为加快恢复国民经济，促进产业结构的调整和升级，其先后推出了国有化改革、企业集中与兼并政策、农产品价格支持政策及农业现代化等系列政策；20世纪80年代，随着国家经济发展目标的调整，推出了促进农业科研发展的政策、加快发展科技和教育的政策。这些政策的制定与实行，不仅对国民经济运行的调节作用极为明显，而且也是二战后法、日两国基本上避免了经济发展起伏不定的混乱状态，实现了经济有序均衡快速发展的重要因素。

第四节　当代资本主义经济危机的发展趋势

当代资本主义经过近70年的变迁，取得了进步和新发展，但其基本矛盾深化和加剧达到了前所未有的地步。一方面是社会生产力达到了空前发达和强大的程度，另一方面是生产关系调整的余地已接近于资本主义制度的极限。越是发达资本主义国家，两个方面的情形就越明显；而对还不发达或者较落后的资本主义国家而言，则预示着它们的未来景象。资本主义基本矛盾的继续存在，决定了当代资本主义发展仍将摆脱不了经济危机。因此，整个资本主义世界未来经济危机的根源只有一个，即其基本矛盾；而其表现则是多样的和繁杂的，呈现为一致性中的多样性局面。

一、传统经济危机仍是基础性经济危机

所谓传统经济危机，就是以生产相对过剩为实质的周期性经济危机。这种经济危机自 1825 年在英国首次爆发，1847 年演化为资本主义世界性经济危机以来，始终是资本主义经济危机的“正统”形式。为什么说生产相对过剩的周期性危机是未来资本主义经济危机的基本表现形式呢？

（一）周期性危机与资本主义的基本矛盾具有完全的同在性

马克思主义创始人关于资本主义基本矛盾以及它的两种派生性矛盾必然导致资本主义经济危机的科学分析和论证，至今仍是颠扑不破的真理。当代资本主义基本矛盾的发展变化使得经济危机具有了新特点或新形式，因而在资本主义制度范畴内表现出历史进步性。但是，这不是对资本主义基本矛盾的消除，而是对它的调和。这种调和之所以能够进行和一定程度地实现，不过是因为垄断资产阶级、金融寡头、资产阶级国家政权的力量强大罢了。但是归根到底，资本主义基本矛盾作为客观存在，是无法依靠资本主义制度之内的不断调和而消除的，因而生产相对过剩的周期性危机就将继续存在。这样的逻辑和命运是资本主义未来发展逃脱不了的。

（二）经济危机是资本的掠夺本性和资本限制的必然产物

资本的本性和它固有的独特职能，是无限制的扩大再生产和掠夺剩余价

值。因此，在资本主义生产过程中，资本不顾下列各点限制：(1)必要劳动是活劳动能力的交换价值的界限；(2)剩余价值是剩余劳动和生产力发展的界限；(3)货币是生产的界限；(4)使用价值的产生受交换价值的限制，由此造成生产过剩。“资本主义生产的真正限制是资本自身，这就是说：资本及其自行增殖，表现为生产的起点和终点，表现为生产的动机和目的；生产只是为资本而生产，而不是反过来生产资料只是生产者社会的生活过程不断扩大的手段。以广大生产者群众的被剥夺和贫困化为基础的资本价值的保存和增殖，只能在一定的限制以内运动，这些限制不断与资本为它自身的目的而必须使用的并旨在无限制地增加生产，为生产而生产，无条件地发展劳动社会生产力的生产方法相矛盾。手段——社会生产力的无条件的发展——不断地和现有资本的增殖这个有限的目的发生冲突。”① 这种矛盾和冲突的必然和直接的结果，就是生产相对过剩的经济危机。只要物质生产还是资本主义生产，相对过剩的经济危机就无法避免。

(三)资本主义商品生产和市场经济是经济危机的基础

马克思主义创始人早已科学而详尽地证明：在简单商品经济中就蕴藏着危机的一般可能性，即买卖脱离的危机和支付危机；经济危机由一般可能性转变为资本主义经济危机的可能性，是在商品生产转变为资本主义商品生产条件下实现的；资本主义私有制与社会化大生产之间的矛盾使危机变为现实，造成以生产相对过剩为本质的经济危机。这种深刻内在的逻辑之强硬，以致在资本主义经济发展史上一再重现，而且国家垄断资本主义的干预和调节也无可奈何。全部问题在于，资本主义生产和经济的客观规律，是不会向资产阶级及其国家政权的意志让步的。在现已形成的全球市场经济体制下，世界市场经济作为世界商品、劳务、资本、技术等交易关系的总和已有重大

---

① 马克思：《资本论》第3卷，人民出版社2004年版，第278—279页。

发展：市场主体日益多元，主体数量和类型日益增多，交易对象与交易方式日益多样化，以至于各类经济资源和由之形成的衍生品都进入交易领域，有形市场和无形市场各类交易都成倍扩大。但是这一切愈加使市场经济成为生产相对过剩的经济危机的基础，而绝不是相反。因为资本主义基本矛盾及其表现扩充于全球市场经济，资本主义商品生产、流通、消费以及各个方面的矛盾空前扩大和相互作用，整个资本主义世界经济在更高的程度上表现为无政府状态。

（四）资本主义不断积累的过剩生产能力，为经济危机准备了条件

目前的资本主义世界，大约半数的资本主义国家都不同程度地存在生产能力过剩的问题，发达国家尤其突出。在资本本性的驱使下和资本主义基本矛盾的运动中，如此过剩的生产能力，会使生产相对过剩的经济危机更加频繁地发生。

由上述可知，在资本主义经济危机的未来发展中，生产相对过剩的经济危机不仅依然不可避免，而且更易发生，不仅是基本形式，而且具有基础性地位。如果仅就危机本身来说，没有生产相对过剩的传统经济危机，其他形式的经济危机或者难以继生，或者不能发生，也不会成为危机的基本形式。这是因为，传统经济危机直接根源于资本主义基本矛盾，是资本主义商品生产必然的和最直接的产物，因而与资本主义生产方式共存亡。

二、金融危机仍将周期性地发生

在资本主义社会，商品生产是资本主义生产方式下社会物质生产乃至社会经济生活的一般形式，因而社会物质产品取得了与其使用价值的自然形式不同的价值形式。而价值的货币形式则成为财富的一般体现或代表，成为人

们在经济活动中直接追求的东西。因此，资本主义生产本身并不关心它所生产的商品具有什么样的使用价值，而只关心价值和剩余价值。这样，商品生产和商品经济就成为直接为取得货币的经济活动。资本主义生产方式的特殊性质，不仅使商品的价值与货币形式成为追求财富的直接目标，使占有剩余价值成为资产阶级经济活动的根本内容，而且也因此模糊了甚至使人看不到价值生产背后的物质联系，使价值拜物教和货币拜物教成为根深蒂固的普遍观念。生产服从于少数人追求剩余价值，这一点使资本主义生产内在地具有危机的种子和倾向。而矛盾积累到一定程度，危机就成为现实。

另外，货币的资本属性不仅产生了借贷关系，而且进一步发展成为虚拟资本、土地价格、众多的价值增值工具。货币运动远离物质生产领域，但却不能从根本上摆脱实际物质财富的运动，从而产生了在金融领域触发危机的可能性与现实性。因此，经过 2008 年国际金融危机的重创，包括发达国家在内的当代资本主义的发展，将非常艰难。总体来说，当代资本主义的未来，仍将不可避免地、周期性地发生金融危机。

首先，在资本主义生产方式的基本结构和内在矛盾不被根本改变和消除的前提下，国家垄断资本主义和金融垄断资本不会放弃用货币和金融手段获取剩余价值，进行资本积累。因而一如前面所述，金融危机必将一再发生无可避免。

其次，金融部门的发展和金融资本的膨胀具有历史性，就是说，是在一定的历史条件下应运而生的。2008 年资本主义金融危机，就是在实体经济部门的利润率长期低迷，实体资本及其利润转入金融领域、新自由主义大肆鼓吹金融自由化的条件下逐渐积累并最终爆发的。由于利润率下降、生产能力过剩和投资机会减少，资本主义金融领域今后也必然具有内在的不稳定性，资本主义金融工程、金融创新、金融市场建设性的外表必然包藏着破坏性内核。金融垄断资本和金融寡头的贪婪本性到处都是一样的，绝不仅存于华尔街。因此，资本主义将来也不可能建立起真正为实体经济运动服务的金融体系，从而经过一定时期必然有金融危机卷土重来。

最后，当代资本主义未来的金融危机不仅不可避免，而且依然表现为生产过剩和金融过度的双重结果。生产过剩是资本主义生产方式的不治之症，并且需要通过金融过度来消化；而金融部门的独立性、金融产品的复杂化、金融资本的掠夺性则直接推动或助长金融过度。这两个方面既相互依赖又相互破坏，使当代资本主义积累具有无政府性质，因而金融危机必然在一定条件下爆发。这种由当代资本主义自身所呈现的内在逻辑和规律，是它的未来发展跳不出的，并且改变不了。因此，金融危机会作为生产过剩和金融过度的双重结果而周期性地发生。

三、多重危机相互交织

上述当代资本主义经济危机的各种趋势，无论在理论上还是在经济的实际运动中，都不是孤立存在和彼此隔绝的，相反地，它们不仅相互影响、相互作用，而且总体上相互交织。因此，在当代资本主义的未来发展中，各种经济危机的实质表现、周期的长短、冲击力与破坏力的大小等，会随现实条件的变化而变化。但是，它们在任何条件下都必然成为危机系统，从而形成整个经济体系全面危机的时代性景象。这种情形和景象将一步步地、实际地化为资本主义生产方式和经济增长的牢笼。

笔者前述的当代资本主义的各种经济危机，都是资本主义经济现实中的客观存在，并在资本主义经济运行中不断表现出来。一方面，与资本主义生产方式下的经济和经济运行构成有机统一体；另一方面，越来越明显地形成系统，即危机系统。前者根源于资本主义基本矛盾，因为这种矛盾及其运动而成为统一体；后者则是它们在资本主义基本矛盾运动变化基础上逐步发展的结果。可见，资本主义基本矛盾、资本主义经济运动、资本主义经济危机发展是步调一致的。而危机已形成一个明显的、相对独立的系统，则是当代资本主义所产生的一个突出而重大的新现象。

我们应当从一般性方面看到，当代资本主义仍有一定的生命力，因而今后仍然会出现发展变化。但就经济危机这一问题，当代资本主义已没有什么更好或更有效的克服办法，而且办法越来越少，它既没有克服传统经济危机，反而在 20 世纪 70 年代以后增添了结构性危机，2008 年国际金融危机就是一例。因此，通观当代资本主义既有的进程就一目了然：它既在竭力克服经济危机，又在发展和创新经济危机；它用以克服危机的办法不是越来越多，而是越来越少。随着各种危机的交织演变，以致危机的系统性、整体性逐渐增强，当代资本主义将束手无策，无力以对危机的重压。有一种流行观点仍然对资本主义发展持有乐观的估计，认为资本主义天生具有自我修正能力，这显然把当代资本主义看成无所不能的，把它的自我调整看成是轻而易举的或者至少是不难的，把它的发展看成是必然的了。在已被当代资本主义丰富发展起来、已经结构成系统，甚至连发达国家还惊魂未定的经济危机面前，那种观点则近乎是这样的：承认或倾向于承认资本主义会永世长存。显然这种观点是难以立足的。

我们说当代资本主义仍有一定生命力，还会有发展变化，这如果不做空论而从现实性上来看，当代资本主义的发展在很大程度上取决于其克服危机的能力。而这两者之间的对立的、矛盾的、冲突的关系，不是趋于缓和松弛，而是空前尖锐和紧张。正如前述，当代资本主义对付经济危机的办法将越来越少，而它对付危机的能力也接近于极限。随着各种危机相互交织和逐渐深化，当代资本主义也将走入一个整体性经济危机的黑暗时代。

▶ 阅读文献

1. 张作云:《〈资本论〉与当代资本主义金融和经济危机研究》，中国社会科学出版社 2015 年版。

2. 刘明远:《马克思主义经济危机理论与当代现实》，经济科学出版社 2009 年版。

3. 鲁友章:《经济学说史》，中国人民大学出版社 2013 年版。

4. 胡碧玉:《马克思主义政治经济学》，西南交通大学出版社 2013 年版。

5. 赵景峰:《当代资本主义经济新变化与发展趋势》，科学出版社 2014 年版。

6. 刘崇仪:《经济周期论》，人民出版社 2006 年版。

7. 逄锦聚:《政治经济学》，高等教育出版社 2014 年版。

8. 高铁梅:《经济周期波动分析与预测方法》，清华大学出版社 2015 年版。

9. 徐崇温:《当代资本主义新变化》，重庆出版社 2004 年版。

10. 靳辉明、罗文东:《当代资本主义新论》，四川人民出版社 2005 年版。

11. [美] 约瑟夫 · 熊彼特著，朱泱等译:《经济分析史》，商务印书馆 2015 年版。

12. 丁开杰:《当代资本主义经济新变化与结构性危机》，中央编译出版社 2015 年版。

13. [美] 道格拉斯 · 多德著，熊婴、陶李译:《资本主义经济学批评史》，江苏人民出版社 2008 年版。

14. 汪丁丁:《经济思想史讲义》，上海人民出版社 2008 年版。

15. 刘朝阳:《金融危机形成机理研究》，经济科学出版社 2015 年版。

16. 韩文龙：《资本积累、信用扩张与资本主义经济危机》，西南财经大学出版社 2016 年版。

17. 张晖明：《金融危机的马克思主义解读》，复旦大学出版社 2009 年版。

18. [英] 克拉克著，杨健生译：《经济危机理论：马克思的视角》，北京师范大学出版社 2011 年版。

19. 李志辉、王飞飞：《美国金融危机研究综述》，《经济学动态》2010 年第 2 期。

20. [美] 大卫 · 科茨、童珊：《利润率、资本循环与经济危机》，《海派经济学》2012 年第 4 期。

▶ 相关概念

经济危机	萨伊定律	分配结构失衡
财政政策	结构性危机	周期性危机
货币政策	产业结构失衡	产品结构失衡
消费不足理论	有效需求不足理论	

▶ 本章思考题

1. 西方经济学家如何认识资本主义的经济危机？有哪些经济危机理论？
2. 简述马克思对西方经济危机理论的批判。
3. 马克思主义经济危机理论的内容有哪些？
4. 为什么说资本主义经济危机是资本主义基本矛盾的必然产物？
5. 资本主义经济危机的实质和根源是什么？
6. 简述经济危机周期性爆发的原因。
7. 如何理解固定资本更新是资本主义经济危机周期性存在的物质基础？

8. 简述当代资本主义经济危机的特点。

9. 经济危机、金融危机与国家主权债务危机有什么区别？它们的本质各是什么？

10. 有人说，华尔街金融危机是房地产危机，只要采取有力措施，是完全可以避免的。你是怎么认为的？

第七章

当代资本主义的历史地位和发展演变趋势

二战后，发达资本主义国家进入国家垄断资本主义阶段，在一定程度上缓和了资本主义的基本矛盾。但是，国家垄断资本主义的赤字财政政策和负债经济不但没有消除资本主义的经济危机，反而促使资本主义基本矛盾进一步激化，导致了严重的“滞胀”危机，这说明新科技革命所推动的生产力与国家垄断资本主义的生产关系难以相容。资本主义进入国际垄断资本主义或经济全球化调整阶段，即把资本主义基本矛盾向全球扩张来摆脱经济危机，却在全球范围内放大和加深了资本主义的各种矛盾和危机。探讨当代资本主义基本矛盾在国内、国际政治经济中的各种表现形式，把握当代资本主义基本矛盾日益激化和加深的趋势，深化关于帝国主义的寄生性、腐朽性和垂死性的理解研究，有助于人们认清当代资本主义的内在本质、运动规律及资本主义最终被社会主义所取代的历史命运。

第一节　当代资本主义的历史地位

俄国十月革命的胜利，开辟了社会主义取代资本主义的历史时代，也开创了社会主义与资本主义共处的世界新格局。社会主义与资本主义两种制度将长期共存并平行发展。正确认识当代资本主义的新变化，既是当前社会各方面关注的重大理论问题，也是21世纪马克思主义者面对的最大的理论难题。

一、资本主义新发展对社会主义构成的压力和挑战

自从社会主义国家产生以来，世界范围内就形成了社会主义与资本主义并存和斗争的格局。在20世纪20—50年代，社会主义国家欣欣向荣，成就辉煌，多次显示了社会主义制度的优越性，给资本主义世界造成了很大的压力，大有“东风压倒西风”之势。然而，到20世纪50年代中期以后，资本主义国家赢得了较长时期的稳定和发展，社会主义国家却出现了一些不安定因素和发展受阻现象。社会主义国家与资本主义发达国家之间的差距开始拉大，在与资本主义的竞争中逐渐处于不利地位。当代资本主义的稳定和发展对世界社会主义形成了相当大的压力和挑战。

（一）发达资本主义国家的科技优势对社会主义的压力

新科技革命兴起于20世纪四五十年代，80年代以后达到了高潮，成为变革生产和变革社会的巨大力量，具有一些不同于以往科学技术革命的新特点。新科技革命极大提高了西方国家的劳动生产率，改变了资本主义国家的产业结构和就业结构，促进了垄断资本主义的发展和整个世界格局的变

化。随着新科技革命浪潮的兴起，西方学者提出了“技术统治论”“未来主义论”“权力转移论”等各种各样的观点，为资本主义制度辩护，寻找资本主义克服危机、获得永生的出路。英、美、法等西方发达国家为了开发新产品，加强市场竞争，开展军备竞赛，争夺世界霸权，十分注重发展科学技术。它们及时制定科技发展规划，不惜投入巨额科研经费，建立庞大的科研机构，用高薪和优越条件吸引科技人才，有力推动了现代高新科技的发展。二战后日新月异的科学技术，在某种意义上已成为一种关系国家盛衰兴亡的斗争关键因素。然而，二战后社会主义国家由于思想认识上的失误和经济体制上的缺陷，不能积极地迎接新科技革命的挑战，在高新科技领域被发达资本主义国家抛在后面。苏联在二战前的国民经济总体技术水平与西方国家相差 5—10 年，二战后逐步扩大到 10—15 年。在科技转化为生产力方面，社会主义国家与西方发达国家的差距尤为突出。苏联的“科研—产品”周期是 9 年左右，而西方发达国家只有 5 年。苏联的科技发明创造在生产中得到利用的不到 1/3，西方国家大多在 1/2 以上。正如保加利亚科学院原副院长尼古拉·托多罗夫所说：当全球性的科技革命浪潮来临时，西方发达国家抓住了它，获得了新的进展，而社会主义国家却轻视了它，至少丢掉了几十年的发展时机。科学技术落后，“生产集约化”方针难以推行，社会主义国家扩大再生产缺乏新的源泉和强大的动力，在粗放型生产要素日趋枯竭的情况下，国民经济和社会发展面临着日益严重的困境。

当代新科技革命无疑将世界各国卷入了全球性的激烈竞争与角逐当中。这不仅是一场科学技术的竞争，而且是一种经济、政治、文化体制乃至整个社会制度的较量。法国前总统密特朗将其比喻为“现代战争”，美国前总统尼克松称之为“和平战争”。这也从一个侧面说明了科技进步对于社会主义的迅速发展及其与资本主义抗衡和竞争的战略意义。可以毫不夸张地说，当代新科学技术的发展，不仅是经济增长的原动力，而且是军事对抗的威慑力，政治斗争的影响力，社会进步的推动力。二战后社会主义国家在发展高新科技方面出现的失误，曾经阻碍了世界社会主义的发展进程；能否成功地应对新科技革命的挑战，将决定世界社会主义的前途命运。如果再次错过新科技革命提供的机遇，在科学技术领域还处于落后状态，被排除在世界先进科学技术的外围，势必延误生产力的发展和社会经济、政治和文化的进步，影响社会主义制度优越性的发挥，危及社会主义的生存和发展。

▶ 相关链接 7-1 尼克松

理查德·米尔豪斯·尼克松（1913—1994），美国著名政治家，曾于1953年至1961年担任美国第34任副总统，于1969年至1974年担任美国第37任总统。1974年辞职，成为美国历史上第一位在任期内辞职的总统。尼克松于1972年和1976年两度访华，是首位在任期间访华的美国总统，被称为“中国人民的老朋友”。

资料来源：[美]大卫·C.惠特尼著，何东辉等译：《美国总统列传》，天津人民出版社1986年版，第424—425、470、451—452页；方可成著：《中国人民的老朋友》，人民日报出版社2014年版，第196页。

▶ 专栏 7-1 新科技革命的进程

新科技革命兴起于20世纪四五十年代，到七八十年代以后达到了高潮，且在21世纪还可能持续相当长的时期，其发展势头十分强劲。在电子技术方面，1971年世界第一台以大规模集成电路作芯片的微型计算机在美国制成；1976年美国又推出第一台苹果电脑，开创了个人电脑新纪元；到1998年美国宣布开发出每秒能运算3.9万亿次的超级计算机——“太平洋蓝”。在信息技术方面，1973年世界上第一个光纤通信试验系统建成标志着光纤通信技术进入实际应用阶段；1989年美国的Internet正式命名，共有30万台电脑联网；1990年美国研制出世界上第一台光子信息处理机；

1994 年全球兴起信息高速公路建设热潮；1996 年美国政府宣布投资 1 亿美元建设第二代计算机互联网，使信息网络技术更加成熟。在空间技术方面，1957 年世界上第一颗人造卫星上天；1981 年美国第一家航空飞机飞行成功；1998 年阿尔法磁谱仪升空，开始从空间探测宇宙中的反物质。在海洋技术方面，1975 年日本建成世界上最早的海上飞机场，并制成深海探测仪；1979 年美国建成海洋温差电装置。在激光技术方面，1972 年世界上出现第一台自由电子激光器；1991 年美国科学家用激光将铯原子冷却到低于百分之一开尔文的世界最低温度。在生物技术方面，1973 年重组 DNA（即脱氧核糖核酸）生物基因工程成功；1982 年美国推出现代医学史上第一次使用的人工胰岛素；1990 年人类基因组工程开始实施，美国宣布在 15 年内编绘出人类的全部基因图；1997 年美国利用体细胞移植技术克隆出名为“多莉”的绵羊，表明生物技术取得了重大突破。在新材料技术方面，1988 年英国研制出世界上第一个超导通信器件，该超导材料用液氮冷却后电阻为零；1991 年日本制成世界上第一个超导磁体。在新制造加工技术方面，1974 年美国的哈林顿提出计算机集成制造系统（CIMS）理论；1991 年美国研制出用一个原子启动的电开关，表明人类可进行单原子控制。这一系列高新科技纷至沓来，其发展速度令人目不暇接，显示了变革生产和变革社会的前所未有的巨大的物质力量。

资料来源：刘建军：《科学社会主义理论与实践》，北京理工大学出版社 2015 年版，第 216 页。

（二）发达资本主义国家的稳定发展对社会主义的挑战

近半个世纪以来，西方主要资本主义国家的劳动生产率、国民生产总值、人均国民收入和生活水平等主要指标都有大幅度增长，有利于维持垄断资产阶级的统治和资本主义社会的稳定。二战后发达资本主义国家的主要社会发展指标，无论是住房、通信、交通等物质生活条件，还是健康、教育、治安等社会发展水平，均有了明显的改善，并居于世界前列。根据世界银行《2000/2001 世界发展报告》提供的资料，美国、日本、英国、瑞典、德国等西方国家大多数属于高收入国家的行列，其城市化水平都在高收入国家的平均水平之上，城市人口超过总人口的 2/3，几乎没有文盲，平均预期寿命男性超过 74 岁，女性超过 80 岁，婴儿死亡率不到 10 ‰。如果用莫里斯 1975 年提出的物质生活质量指数（Physical Quality of Life Index，简称 PQLI。该指数由识字率、平均预期寿命和婴儿死亡率三个指标构成）衡量，那么，美国、日本、英国、瑞典、德国等国家的物质生活质量指数分别为 97.43、100、98.29、100 和 97.43，而世界平均水平只有 76.69（平均预期寿命和识字率以男性计算），低收入国家只有 65.46（平均预期寿命和识字率以男性计算）。

▶ 相关链接 7-2　主要发达资本主义国家的社会发展状况（2000/2001）

	人口（百万）	人均国民生产总值（美元）	排名	城市化（%）	文盲率（%）男 女	平均预期寿命（岁）男 女	婴儿死亡率（‰）
世界	5975	4890	—	46	18　32	65　69	54
低收入国家	2417	410	—	31	30　49	59　61	68
中等收入国家	2667	2000	—	50	10　20	66　72	31
高收入国家	891	25730	—	77	—	75　81	6
美国	273	30600	8	77	—	74　80	7
日本	127	32230	6	79	—	77　84	4
英国	59	22640	22	89	—	75　80	6
瑞典	9	25040	15	83	—	77　82	4
德国	82	25350	13	87	—	74　80	5

资料来源：世界银行《2000/2001 世界发展报告》。

西方发达国家咄咄逼人的发展态势，对社会主义国家构成巨大的压力和挑战。但一些社会主义国家由于体制上的弊病和领导上的失误，在经历了二战后初期的高速发展之后，相继出现了不同程度的动乱和停滞现象。在政治上，高度集权的政治体制越来越不适应社会主义民主法治的要求，不能切实保障广大人民群众当家作主的民主自由权利。在经济上，高度集中的经济体制越来越不适应和平建设时代和国民经济稳定协调的要求，加之经济建设过程中出现的失误和挫折，社会主义国家的经济增长速度普遍出现了下降趋势，与发达资本主义国家的差距越拉越大。从 1984 年开始，美苏竞争的优势转向了美国，苏联的处境日益艰难。在提高人民生活水平方面，二战后社会主义国家虽然取得了巨大成绩，但同西方发达资本主义国家相比，仍有很大差距。20 世纪 90 年代初，美国、日本、联邦德国等国家人均国民生产总值大多在 2 万美元以上，而社会主义国家最高的才不过六七千美元，低的只有几百美元。社会主义国家经济发展较为缓慢，政治民主程度较低，社会主义的优越性还未充分彰显。所以社会主义国家只有及时地、坚定地进行改革，建立适合新的国际环境和国内条件的社会主义新体制，才能创造出比资本主义更高的物质文明、政治文明和精神文明，增强社会主义的生机与活力。

二、资本主义基本矛盾的新变化

揭示资本主义的基本矛盾以及由这种矛盾所决定其灭亡和被社会主义取代的历史必然性，是马克思主义的基本精神。马克思、恩格斯在《共产党宣言》中指出：资本主义“社会所拥有的生产力已经不能再促进资产阶级文明和资产阶级所有制关系的发展；相反，生产力已经强大到这种关系所不能适应的地步，它已经受到这种关系的阻碍；而它一着手克服这种障碍，就使整个资产阶级社会陷入混乱，就使资产阶级所有制的存在受到威胁。资产阶级的关系已经太狭窄了，再容纳不了它本身所造成的财富了”①。恩格斯在《雇佣劳动与资本》一书的导言中指出：“这种以前所未有的幅度日益提高的人类劳动的生产率，最终必将造成一种使当代资本主义经济走向灭亡的冲突。一方面是不可计量的财富和购买者无法对付的产品过剩，另一方面是社会上绝大多数人口无产阶级化，变成雇佣工人，因而无力获得这些过剩的产品。社会分裂为人数很少的过分富有的阶级和人数众多的无产的雇佣工人阶级，这就使得这个社会被自己的富有所窒息，而同时社会的绝大多数成员却几乎没有或完全没有免除极度贫困的任何保障。社会的这种情况日益显得荒谬，日益显得没有存在的必要。这种状况应当被消除，而且能够被消除。”②马克思在《资本论》中指出：“资本的垄断成了与这种垄断一起并在这种垄断之下繁盛起来的生产方式的桎梏。生产资料的集中和劳动的社会化，达到了同它们的资本主义外壳不能相容的地步。这个外壳就要炸毁了。资本主义私有制的丧钟就要响了。剥夺者就要被剥夺了。”③

总之，马克思、恩格斯认为，资本主义的生产关系已经成为生产力发展的桎梏。生产社会化与生产资料资本主义私人占有之间的矛盾，反映了资本主义社会生产力与生产关系之间以及经济基础与上层建筑之间的矛盾，是资本主义社会一切政治经济矛盾的总根源，是资本主义的基本矛盾。在经济方面，这一基本矛盾集中体现为个别企业生产的有组织性与整个社会生产无政府状态之间的矛盾，从而导致资本主义的周期性经济危机；在政治方面，则集中体现为无产阶级与资产阶级之间的阶级斗争，从而导致资本主义的政治、社会危机。资本主义的灭亡、社会主义的胜利是不以人的意志为转移的

---

① 《马克思恩格斯选集》第 1 卷，人民出版社 2012 年版，第 406 页。

② 《马克思恩格斯选集》第 1 卷，人民出版社 2012 年版，第 325—326 页。

③ 《马克思恩格斯选集》第 2 卷，人民出版社 2012 年版，第 299 页。

客观规律。

20 世纪 70 年代末 80 年代初，以微电子技术、生物工程、新型材料、宇航技术、海洋工程等尖端技术的应用为主要标志的新科技革命的到来，推动经济全球化的加速发展和发达资本主义国家由工业社会向信息社会转变。经济全球化使生产的社会化程度达到更高阶段，生产的社会化与资本主义私有制之间的矛盾迫使国家垄断资本主义进一步调整其社会关系。随着资本主义生产方式的全球扩张以及全球寡头垄断经济和寡头帝国的形成，当代资本主义的生产力与生产关系以及二者的矛盾运动都出现了新情况和新的表现形式。马克思、恩格斯都看到了主要资本主义国家内部生产关系对生产力发展的桎梏作用与殖民地、势力范围、世界市场之间的关系，但由于当时的历史条件和生产力发展状况的局限，他们都没有对资本主义生产方式在全世界扩张后的生产力与生产关系的运动状态和变化趋势进行深入探讨，这是当代马克思主义学者必须进一步研究和解答的重大理论和现实问题。

三、当代资本主义的本质没有变化

（一）资本主义的自我调整和改良无法解决其基本矛盾

经济危机的周期性爆发是资本主义基本矛盾的集中体现。20 世纪 30 年代的资本主义经济大危机说明，生产力的发展已经为垄断资本主义的生产关系所不能容纳，打破这种生产关系势在必行。二战后，新科技革命推动的生产力又为国家垄断资本主义制度所难以容纳；国家垄断资本主义在缓解资本主义制度所固有的种种矛盾方面已日显力不从心，相反，它已成为促进、加深这些矛盾发展的因素。伴随 20 世纪 70 年代“滞胀”的出现，新自由主义粉墨登场，一方面为资本主义的自由扩张开拓了新的空间，另一方面却在全球范围内扩大和加深了资本主义的基本矛盾，进而引发席卷全球的经济金融危机。为了克服资本主义的基本矛盾，摆脱经济危机，西方国家采取了种种自我调节、改良和改善措施，但这些措施只是为了延长资本主义的寿命，并没有从根本上改变资本主义私人占有制度的性质。相反，它还会在新的基础上积累和加深资本主义的基本矛盾。这说明，资本主义的基本矛盾和危机已成为资本主义制度本身无法愈合的伤口，它们终究会发展到资本主义框架内无法调节和缓解的地步，从而导致资本主义的灭亡。邓小平同志指出："社会主义经历了一个长过程发展后必然代替资本主义。这是社会历史发展不可逆转的总趋势，但道路是曲折的。"①

（二）资本主义的自我调整和改良没有触动私有制的根基

生产关系一定要适应生产力发展的状况，是不以人的意志为转移的客观规律。资产阶级为了维护资本主义基本制度的生存和发展，缓解资本主义私有制对生产力发展的羁绊和束缚，对资本主义的生产关系和上层建筑的某些环节以及资本主义经济社会的运行和管理机制做了不少的调节、改良和改善，为生产力的发展提供了新的空间；同时，还借鉴社会主义的一些做法，使资本主义社会的阶级矛盾和社会矛盾得到相当程度的缓解。当代资本主义的自我调节和改良确实在不同程度上提高了资产阶级统治和剥削的能力和水平，减轻了经济波动的幅度和经济危机的破坏性，缓解了发达资本主义国家内部的激烈矛盾，有利于二战后资本主义的稳定和发展。但是，这种调节和改良是在资本主义制度允许的范围内进行的，没有触动资本主义私有制的根基，因而也就不可能从根本上克服资本主义的基本矛盾和由此产生的经济危机与政治矛盾。② 始终困扰着资本主义世界的经济危机、"丰裕中的贫困"、

---

① 《邓小平文选》第 3 卷，人民出版社 1993 年版，第 382—383 页。

② 靳辉明：《社会主义的历史·理论·前景》（上），社会科学文献出版社 2004 年版，第 345 页。

结构性失业、无家可归、两极分化、道德沦丧、精神空虚和环境污染等问题，就是对西方国家自我调节能力的检验及其局限性的证明。我们既要看到资本主义基本矛盾在调整中有所变动的新情况，又要透过现象看本质，认清资本主义基本矛盾的深刻性，看到资本主义的基本矛盾仍然在积累和发展，资本主义自我调节和改良的余地在不断缩小。

我们应当清醒地看到，虽然二战后发达资本主义国家空前繁荣和发展，但资本主义的基本矛盾依然存在。如果从更广阔的历史视野来看，它甚至呈现出进一步扩大的趋势，列宁关于从资本主义向社会主义、共产主义过渡的“大时代”理论并未过时，当今世界仍处在这个“大时代”之中，即资本主义与社会主义长期共存、相互竞争，经过长期较量后逐步向社会主义过渡的历史大时代。

第二节　当代资本主义的发展演变趋势——资本主义必然为社会主义所代替

资本主义必然被社会主义所替代，无产阶级的历史使命就是变革资本主义旧制度，建立社会主义和共产主义新制度，这是马克思主义经典作家反复论证的基本原理。二战后资本主义在诸多方面发生的新变化，社会主义在世界范围内遭遇的历史性低潮，使一些人对资本主义向社会主义过渡的历史趋势产生了怀疑；当代发达资本主义国家工人阶级生活状况的改善，又使部分人对马克思主义关于无产阶级的历史使命学说发生了动摇。本节运用马克思主义的基本原理，客观分析上述问题。

一、资本主义向社会主义过渡的历史必然性

（一）马克思主义经典作家的有关理论和西方学者的观点

在人类社会，不论是在东方，还是西方，自由、平等、幸福的生活自古以来就是人们追求的理想。而从封建社会中萌生出资本主义的时候，当资本主义经济关系和阶级关系随着生产力的发展而逐步展开的时候，当资本主义弊端开始暴露的时候，在西欧，人们便开始提出了共产主义的理想，来表达他们对资本主义造成人类不平等的不满，以及用一种实现人类平等的社会制度来取而代之的愿望。虽然直到1827年11月，“社会主义者”一词才被英国《合作》杂志首次提出，用来指那些主张资本应归公有的人；“社会主义”一词则直到1832年才被法国人勒鲁用来表示圣西门学说的特征。以后，又被他在法国《新百科全书》的一个词条中，作为个人主义在观念上的对立物首先使用。实际上，社会主义的思想以托马斯·莫尔的《乌托邦》一书为标志，从16世纪初就开始产生和发展了，而后又衍生出16世纪和17世纪对理想社会制度的空想描写，18世纪出现平均空想社会主义，19世纪初期出现批判的空想社会主义和共产主义。只是，所有这些社会主义思想，都是与不成熟的资本主义经济关系和阶级关系相适应的、不现实的改造社会的思想体系，直到马克思、恩格斯从19世纪40年代开始才把它从空想变为科学。

在《共产党宣言》这部标志科学社会主义诞生的划时代论著中，马克思、恩格斯从分析资产阶级和无产阶级产生、发展及其相互对立和斗争入手，得出了“两个必然”的科学论证。他们指出，至今“有文字记载的全部历史”，“都是阶级斗争的历史”，[①] 阶级斗争是阶级社会发展的直接动力。资本主义社会同以往阶级社会的明显区别在于，简化了阶级矛盾，使整个社

① 《马克思恩格斯选集》第1卷，人民出版社2012年版，第400页。

会日益分裂为两大直接对立的阶级——资产阶级和无产阶级。处于社会最下层的无产阶级“没有什么自己的东西必须加以保护，他们必须摧毁至今保护和保障私有财产的一切”，否则“就不能抬起头来，挺起胸来”。[①] 无产阶级的这种社会地位和阶级特性，决定了其必然成为资本主义的掘墓人。“随着大工业的发展，资产阶级赖以生产和占有产品的基础本身也就从它的脚下被挖掉了。它首先生产的是它自身的掘墓人。资产阶级的灭亡和无产阶级的胜利是同样不可避免的。”[②]

在《资本论》中，马克思从分析资本主义的积累过程及其必然趋势出发，做出了整个资本主义生产方式必然要被消灭的历史性判断。马克思指出：资本主义使农民、手工业者的小生产破产，将他们手中的生产资料集中到资本家手中，他们的历史就是从这里开始的，然后，资本主义又迫使中小资本家灭亡，把生产资料吸收到更大的资本家手中。资本的集中过程就是多数资本家被少数资本家剥夺的过程，资本积累的直接结果是，越来越多的巨额财富集中到越来越少的资本家手中。据此，马克思作出了“资本主义从发生到灭亡的全部过程的历史性的总结，作为论述资本主义累积的理论和历史结论”。他说：“随着那些掠夺和垄断这一转化过程的全部利益的资本巨头不断减少，贫困、压迫、奴役、退化和剥削的程度不断加深，而日益壮大的、由资本主义生产过程本身的机构所训练、联合和组织起来的工人阶级的反抗也不断增长。资本的垄断成了与这种垄断一起并在这种垄断之下繁盛起来的生产方式的桎梏。生产资料的集中和劳动的社会化，达到了同它们的资本主义外壳不能相容的地步。这个外壳就要炸毁了。资本主义私有制的丧钟就要敲响了。剥夺者就要被剥夺了”。[③]

---

① 《马克思恩格斯选集》第 1 卷，人民出版社 2012 年版，第 411、412 页。
② 《马克思恩格斯选集》第 1 卷，人民出版社 2012 年版，第 412—413 页。
③ 《马克思恩格斯全集》第 23 卷，人民出版社 1972 年版，第 831—832 页。

在《反杜林论》《社会主义从空想到科学的发展》等著作中，恩格斯通过分析资本主义社会的基本矛盾，进一步论证了社会主义代替资本主义的历史必然性。恩格斯指出：在封建社会内部逐步发展起来的资本主义生产方式发展到机器大工业阶段以后，使生产社会化的程度日益提高，但这种进步是在资本主义私人占有的框架内实现的。随着资本主义生产方式的不断发展，“社会化生产和资本主义占有的不相容性，也必然越加鲜明地表现出来”。[①] 资本主义生产力和生产关系之间的这一基本矛盾，在阶级关系上表现为无产阶级和资本主义的对立。“资本主义生产方式在它生而具有的矛盾的这两种表现形式中运动着”，经济危机的周期性爆发就是这一基本矛盾“恶性循环”的结果。经济危机的出现表明：“一方面，资本主义生产方式暴露出它没有能力继续驾驭这种生产力。另一方面，这种生产力本身以日益增长的威力要求消除这种矛盾，要求摆脱它作为资本的那种属性，要求在事实上承认它作为社会生产力的那种性质。”[②] 因此，资本主义私有制必将为社会主义公有制所替代。

19 世纪末 20 世纪初，列宁继承了伟大的马克思主义事业，并依据 20 世纪初无产阶级反对资产阶级的斗争日益增长，殖民地、半殖民地人民反对帝国主义宗主国的民族民主解放运动日益高涨，帝国主义国家之间为争夺原料产地、投资场所、销售市场而产生的矛盾和斗争越来越尖锐，即自由资本主义向帝国主义过渡这一特殊的历史背景和社会条件，提出了具有划时代意义的帝国主义学说。列宁认为，帝国主义是资本主义的最高阶段，即：是垄断的资本主义、寄生或腐朽的资本主义、垂死的资本主义，因此，帝国主义是社会主义革命的前夜，是“过渡到社会主义的开始”。列宁从帝国主义的经济实质出发，进一步解释了帝国主义所处的历史地位。在分析垄断资本主义的基础上，不仅指明帝国主义是腐朽或寄生的资本主义，还进一步揭示它

① 《马克思恩格斯选集》第 3 卷，人民出版社 2012 年版，第 802 页。
② 《马克思恩格斯选集》第 3 卷，人民出版社 2012 年版，第 808 页。

是垂死的资本主义。列宁根据对帝国主义的经济实质的全部论述，得出了关于帝国主义的历史地位的结论：帝国主义是过渡的资本主义，或者更确切些说，是垂死的资本主义。

从匈牙利的卢卡奇在1923年出版《历史与阶级意识》一书起，西方马克思主义逐渐形成并不断发展。到20世纪60年代末期，在发达资本主义社会的许多国家里，相继发生了震荡社会的学潮和工潮，特别是1968年的“五月风暴”之后，西方马克思主义的研究内容发生转变。从主要致力于批评苏联模式的社会主义对马克思主义的歪曲，转向加强对现代资本主义的变化发展、对发达资本主义社会的分析研究，他们强调理论要适应时代特征。

▶ 相关链接7–3　格奥尔格·卢卡奇

格奥尔格·卢卡奇（1885—1971），匈牙利著名的哲学家和文学批评家，在20世纪马克思主义的演进中占据十分重要的地位。1923年，他以著名的《历史与阶级意识》开启了西方马克思主义思潮，被誉为“西方马克思主义的创始人和奠基人”。这一著作从主客体相互作用和主体—客体同一的主观辩证法出发，否定自然辩证法和反映论，并提出一系列尖锐问题：哲学的对象和社会意义、社会过程的辩证法、人类实践的结构、人的主体性及其能动作用、无产阶级世界观和资产阶级世界对立的意义等。这些观点和提出的问题为后来的西方马克思主义者以及其他资产阶级哲学家所发挥。所以，《历史与阶级意识》一书一直被认为是“西方马克思主义的圣经”。

资料来源：葛朗、陈敏：《马克思主义文艺观教程》，上海人民出版社2008年版，第183页；夏基松、张继武：《现代西方哲学辞典》，安徽人民出版社1987年版，第34页。

根据对现代资本主义发展的分析和研究，西方马克思主义者关于发达资本主义社会及国家资本主义的性质和作用问题中，法兰克福学派的马尔库兹在 1972 年出版的《反革命与造反》一书中指出：“很明显，用来分析 19 世纪和 20 世纪初的资本主义的概念，不能简单地应用于它的现阶段：由于它们是历史概念，因而它们本身就带有历史的索引。而且他们分析的结构是一个历史的结构。当然，资本主义在其一切阶段上都是资本主义，而它的生产方式的组织是它的全部发展的基础。然而，生产方式的能力也在发展着，而这些变化则影响着基础经济和上层建筑。把同一个资本主义基础从社会的其他因素中游离出来，就是马克思主义理论在其基础上具有一种非历史、非辩证的抽象。变化发生在资本主义框架内；他们是内在的、逐渐的、量的，但他们将导致‘质的决裂’之点，导致到革命前的形式。就不是马克思主义概念面对资本主义的发展，以及不从这种面对中为政治实践引出结论，导致到机械地重复‘基本范畴’把马克思主义理论僵化成一种同现实很少有关的修辞，而一种没有抓住资本主义的实践的理论是不能引导旨在废除资本主义的实践的”。在发达资本主义社会结构的变化和形成工人阶级问题中，马尔库兹等西方马克思主义者反对“消费不决定阶级的观点”，认为消费的领域是人的社会存在的一个领域，在这个领域中，人的身份决定了人的意识，而意识则是一个（身份）承认的行为、是人在劳动和闲暇时导致某种态度产生的因素，所以，把消费领域广泛的社会方面从现阶段资本主义社会结构分析中排除是违反辩证唯物主义的。

▶ 相关链接 7-4　安德烈·高兹及其代表作

安德烈·高兹（1924—2007），法国左翼哲学家，萨特的学生。1950 年，高兹开始从事新闻记者工作，在政治上接近马克思主义。作为萨特的追随者，1961 年起担任萨特和梅洛·庞蒂创办的《现代》杂志 9 位编委之一，1964 年成为《新观察家》周刊创始人之一。作为法国左翼知识分子的重要代表之一，高兹支持

1968年“五月风暴”，主张“自下而上”地建立群众政党，反对资本主义统治。高兹的主要代表作包括《历史的道德》《劳工战略》《艰难的社会主义》《改良和革命》《向工人阶级告别》等。

资料来源：金瑶梅：《当代社会主义思想的中西比较》，同济大学出版社2015年版，第117—118页。

有些人并不否认当今的资本主义社会中存在种种弊端，问题在于，他们否认这些弊病根源于资本主义制度本身，从而也否认这些弊病在资本主义制度下的必然性。在他们看来，资本主义社会与任何社会一样都不可能是十全十美的，在这一社会中会有许多不尽如人意之处，所以这些不尽如人意之处大多是由资本主义统治者政策失误造成的，只要对政策稍做调整，它们马上或者消失或者缓解。这就带来了尖锐的问题：到底资本主义社会的弊端是不是资本主义本身的弊端？当今资本主义的社会危机是不是资本主义本身的社会危机？西方左翼思想家对当今资本主义批判的一个重要特点就是不仅揭露了存在于资本主义社会中的种种弊端，而且认为危机根源于资本主义的生产方式。

二战以后特别是在最近几十年，现代西方社会确实发生了许多变化，生活在现代的马克思主义者必然应该思考这些变化，必须对在这些变化中出现的新现象、提出的新问题，给予科学的说明和回答。把马克思列宁主义的基本原理同现代西方社会的这些状况密切地结合起来，这样，才能使马克思主义随着时间的推进而发展，而不是停滞不前。而在这方面，西方马克思主义者的有关研究确实是一份很有价值的思想材料。西方马克思主义者对发达资本主义社会中新情况、新特点的分析，对社会主义革命途径和方式的探索，为当代国际共产主义运动和工人运动提供了有益的启示和参考。

（二）从资本主义到社会主义发展的大趋势

二战以来，在国际形势的影响下，在新科技革命和经济全球化浪潮的推动下，当代资本主义在经济、政治、思想文化、对外关系、社会结构、阶级关系等诸多方面，都发生了令人瞩目的巨大变化。这些变化在一定程度上缓和了资本主义的矛盾，延缓了其走向灭亡的历史进程。但是，由于所有这些变化都是在资本主义生产方式范围内进行的，没有触动资本主义的基本制度，没有改变资本家剥削工人的本性，更未能消除资本主义的基本矛盾，因此，也不可能扭转资本主义向社会主义过渡的历史趋势。

马克思和恩格斯在一个多世纪以前就指出："资产阶级在它的不到一百年的阶级统治中所创造的生产力，比过去一切世代创造的全部生产力还要多，还要大。自然力的征服，机器的采用，化学在工业和农业中的应用，轮船的行驶，铁路的通行，电报的使用，整个整个大陆的开垦，河川的通航，仿佛用法术从地下呼唤出来的大量人口——过去哪一个世纪料想到在社会劳动里蕴藏有这样的生产力呢？"① 在资本主义形成和发展的过程中，曾经历过几次科学技术革命，从而导致了社会生产力的飞速发展；与此相适应，资本主义生产方式和生产关系随之发生了深刻变化。二战后，在过去社会生产力发展和一系列有利因素的影响下，第三次科学技术革命迅猛发展。这次科学技术革命，就其规模、深度和造成的影响来看，都大大超过了前两次科学技术革命。

当代国家垄断资本主义把资本主义推向了一个更高的发展阶段。在这个阶段，与生产、科研、劳动力在生产的高度社会化相适应，资本主义生产方式开始了向生产经营国际化、全球化的方向发展。而资本社会性的更大范围的表现，资本社会化的进一步发展，强化了对自身的否定，使以私有制为基

① 《马克思恩格斯选集》第1卷，人民出版社2012年版，第405页。

础的资本主义生产关系不可抗拒地一步一步走向自己的反面。国家垄断资本主义创造了高度发达的生产力，拥有了巨大的物质基础，除此之外它还在社会经济的组织管理和监督方面，准备了现成的机构，提供了只需要稍加修改就可以利用的，适合于社会化大生产的生产组织和社会组织形式，即它从物质上、组织上、人才上均为社会主义的到来做好了一切准备。因此，正如列宁所指出的："国家垄断资本主义是社会主义的最充分的物质准备，是社会主义的前阶，是历史阶梯上的一级，在这一级和叫做社会主义的那一级之间，没有任何中间级。"[①]

在垄断阶段，资本主义基本矛盾的加剧，主要表现在以下几个方面。

（1）生产能力巨大增长与劳动人民有支付能力的需求相对缩小之间的矛盾进一步尖锐化。一方面，以资本和精良装备为基础的垄断性生产，不仅有可能提供更多的资本积累，而且有可能在更大范围内组织社会化大生产，充分发挥现代科学技术成就作用，推动社会经济进步，使社会生产能力得到空前的巨大的增长。另一方面，追逐更多的垄断利润这一资本主义生产方式特有的生产目的又促使垄断资本家进一步加强了对雇佣劳动者以及其他劳动人民的剥削，从而加剧了生产能力巨大增长与广大劳动人民有支付能力的需求相对缩小之间的矛盾。

（2）个别企业生产的有组织性与社会生产无政府状态之间的矛盾进一步尖锐化。一方面，在个别垄断企业内部的生产经营过程中，有组织性和有计划性比之以前大大提高了；另一方面，这些庞大的垄断企业仍然保持着私有制的性质或直接就是垄断资本家的私人财产，仍然按照资本的意志为追求垄断利润而进行生产，从而加剧了整个社会生产的无政府状态。

（3）现代经济发展所需的投资与私人资本积累的有限性之间的矛盾进一步尖锐化。随着生产力的进步和生产社会化的发展，生产和企业规模空前扩

① 《列宁选集》第3卷，人民出版社2012年版，第266页。

大了，从而使所需资本超过了私人资本所能提供的限度。例如，大型输电、灌溉、供气、通信等工程，修建铁路、高速公路、港口、机场等基础设施，都需要大量投资，而这种投资周转慢，利润没有保证，所以私人资本一般难以负担或不愿负担。还有，随着研制及生产费用的不断增长，所需垫支资本的数额超出了单个资本所能承担的程度，只有依赖国家的资助、补贴，或直接由国家投资，才能使社会再生产得以维持。

（4）科学研究社会化与个别资本局限性之间的矛盾进一步尖锐化。在资本主义发展的初期，科学研究和技术发明，基本上是以个体劳动的方式进行的。19 世纪末，随着生产集中与社会化发展，科学研究和技术发明也开始了社会化的过程，出现了有组织的科学研究单位。美国发明家爱迪生在 1887 年个人投资组建了世界上第一个科学技术研究所，共有 100 多人，共同研究当时电力工业发展中提出的各种问题。随着现代科学技术的发展，需要解决的问题愈来愈复杂，学科、专业分得愈来愈细，数目愈来愈多。完成某个科研项目，不仅需要巨额投资，而且需要组织不同专业的科学家、工程技术人员协同工作，相互配合，而这又往往是个别资本力所不及的。事实上，一些资本主义国家在二战期间及战后所进行的对雷达、原子弹、导弹、大型计算机、航天技术、生物工程等的研究，所动用的人力、物力和投资，往往都具有国家规模。现代科学研究的发展不仅要求国家对私人企业进行的科研活动给予一定的资助和进行协调，而且要求国家直接主持某些科研项目，并建立只有国家力量才能承担的大规模科学研究中心。

（5）国民经济国有化趋势与垄断资本所固有的私人占有形式的要求之间的矛盾进一步尖锐化。一方面，生产规模日趋扩大和现代化大企业发展对超越私人资本积累能力的巨额资本的需要，以及社会经济发展对某些不能或一时难以带来赢利的基础设施及基础工业的需要，推动着国民经济的国有化发展。另一方面，私人垄断资本力求占领和扩大自己的阵地，在尽可能大的领域内保持资本的私人占有制。适应生产社会化发展的要求，国家需要加强自己的经济实力，以国有企业作为加强对整个社会经济调节力量的物质基础，保证政府提出的经济计划、经济战略目标的贯彻和落实。然而，国有化每前进一步都意味着私有制的退让，都意味着从根本上动摇资本主义生产方式的基础，因此必然遭到私人垄断资本的强烈抵制。

（6）国家的各种协调措施之间存在着矛盾现象。二战后，国家承担着全面协调国民经济各行业各部门及生产过程各个环节之间相互关系的任务。为此采取了多种手段，如预算、信贷、税收、津贴以及经济计划、产业政策等，落实对社会经济的组织、管理和调节。然而，从实践结果来看，国家为达到某一目标而采取的措施，往往会阻碍另一些目标的实现，为达到不同目标而分别采取的措施之间常常存在互相牵制、互相抵消的现象。例如，国家在刺激经济增长时，常常会加剧通货膨胀；在抑制需求、治理通货膨胀时，又往往造成减少财政收入、增加财政开支等问题。顾此失彼是国家调节经常遇到的困境和难题。因此，只能是有选择地实践，在矛盾中徘徊、摸索。

马克思指出："一种历史生成形式的矛盾的发展，是这种形式瓦解和改造的唯一的历史道路。"自从自由资本主义被垄断资本主义代替以后，由于自身矛盾的发展，资本主义生产方式发生了许多重大的变化。随着生产力的进一步发展，随着资本主义内在矛盾的进一步激化，当生产资料的集中和劳动的社会化达到了同它们的资本主义外壳再也不能相容的地步时，这个外壳就被炸毁了，剥夺者就会被彻底剥夺了。

（三）当代资本主义向社会主义过渡的方式和途径

如前所述，资本主义生产由于自然过程的必然性，造成了对其自身的否定。实现社会变革，以社会主义取代资本主义，是生产关系一定要适应生产力性质规律作用的必然结果，是人类历史发展不以人的意志为转移的必然过程。

1. 马克思、恩格斯提出的设想

社会主义怎样取代资本主义？马克思、恩格斯提出过两种设想，即暴力革命方式与和平发展方式。

关于暴力革命方式。社会主义取代资本主义的运动不同于以往的社会变革。历史上的奴隶制生产关系、封建制生产关系和资本主义生产关系，都是以生产资料私有制为基础的，它们之间的更替是一种私有制取代另一种私有制，因此新的生产关系能够在旧社会内部产生。但是，即使这样，这种产生于旧社会内部的新的生产关系，也不能自发地毫无震荡地取代旧制度而占据统治地位，也要经过社会革命。通过暴力手段夺取政权，为新生的生产关系的发展扫清道路，建立起新的社会制度，这好似以往社会形态更迭过程中常见的和普遍的方式。而社会主义是同以往私有制社会包括资本主义社会根本对立的，是对一切私有制的彻底否定。所以，以生产资料公有制为基础的社会主义生产关系不可能在资本主义制度内部自发地产生。另外，资产阶级绝不会自动放弃对雇佣劳动制度的享受，自动交出他们占有的生产资料，相反，他们必然会利用所掌握的国家机器和全部上层建筑，来竭力维护资本主义剥削制度的统治。因此，无产阶级只有通过暴力革命才能推翻资产阶级，才能为自己建立起阶级统治，才能彻底剥夺资产阶级的操控，才能自觉地建立起社会主义生产关系。通过暴力革命，彻底摧毁旧的国家机器，经过无产阶级专政，才能实现从资本主义向社会主义的过渡，这是马克思总结当时巴黎公社历史经验得出的重要结论。他说："必须先建立无产阶级专政，其首要条件是无产阶级的大军。工人阶级必须在战场上赢得自身解放的权利。"①列宁继承了这一思想，他明确指出："谁指望不通过社会革命和无产阶级专政来实现社会主义，谁就不是社会主义者"②，并且通过他所领导的俄国十月

① 《马克思恩格斯选集》第3卷，人民出版社2012年版，第1006页。
② 《列宁全集》第23卷，人民出版社1960年版，第443页。

革命实践了这一思想。

关于和平发展方式，早在1859年马克思就指出："无论哪一个社会形态，在它所能容纳的全部生产力发挥出来以前，是决不会灭亡的；而新的更高的生产关系，在它的物质存在条件在旧社会的胎胞里成熟以前，是决不会出现的。"[①]1871年爆发的巴黎公社革命，是在法国资本主义还没有充分发展的情况下，在其他各种复杂矛盾促使下发生的。公社的经验，没有改变马克思对资本主义社会的总体看法。在总结公社经验时，马克思进一步发展了他的暴力革命和无产阶级专政理论，但时隔不久，他又提出和论述了革命和平发展道路的可能性。1871年4月12日马克思在《致路·库格曼的信》中根据巴黎公社的革命实践，肯定了打碎资产阶级国家机器是任何一次真正的人民革命的先决条件，但又把这个结论明确地限制在"大陆上"，实际上把英国排除在外。1872年9月马克思在《关于海牙代表大会》的演说中进一步指出："工人总有一天必须夺取政权，以便建立一个新的劳动组织……但是，我们从来没有断言，为了达到这一目的，到处都应该采取同样的手段。我们知道，必须考虑到各国的制度、风俗和传统；我们也不否认，有些国家，像美国、英国，——如果我对你们的制度有更好的了解，也许还可以加上荷兰，——工人可能用和平手段达到自己的目的。"[②]1891年恩格斯在讨论德国的纲领问题时也明确指出："可以设想，在人民代议机关把一切权力集中在自己手里、只要取得大多数人民的支持就能够按照宪法随意办事的国家里，旧社会可能和平地长入新社会，比如在法国和美国那样的民主共和国，在英国那样的君主国"[③]。

综上所述，马克思、恩格斯的革命观充满辩证的智慧。他们始终从实际

---

① 《马克思恩格斯选集》第2卷，人民出版社2012年版，第3页。
② 《马克思恩格斯全集》第18卷，人民出版社1972年版，第179页。
③ 《马克思恩格斯全集》第22卷，人民出版社1972年版，第273页。

出发，在亲身领导工人运动和深入科学研究中，不断总结工人斗争的伟大实践，检验和发展自己的革命理论，理论内容本身又表现为一个不断发展的辩证过程。他们不仅从根本上论证了资本主义社会基本矛盾和阶级矛盾的对抗性质以及资本主义生产关系的历史暂时性，而且把这种对抗视为一种从个人的社会生活条件中生长出来的对抗，视为一种发展过程，并以此提出了根本变革社会制度的一般战略与采取暴力革命或革命和平发展的具体策略。

2. 西方马克思主义的战略

发达资本主义社会向社会主义社会过渡的途径与战略问题，引起“西方马克思主义”者长期地、普遍地关注。他们主张经过“总体革命”“双重否定”“日常生活批判”和“结构改革”方法实现对资本主义的超越，其理论视角独特、内容丰富，有一定的价值。

在二战前，由于受“斯大林主义”的限制与法西斯主义的迫害，“西方马克思主义”的一些代表人物往往脱离现实，在半公开半隐蔽的情况下从事纯学术研究，用密码式的哲学语言曲折地反映他们与第三国际不同的、有关当代新西方无产阶级革命的理念。在二战后，特别是 20 世纪五六十年代之后，“西方马克思主义”的理论方向产生了重大转变。由于和平时期理论研究的合法化，尤其是置身于当代资本主义不断发展变化的现实中，“西方马克思主义者”的研究更加关注当代资本主义社会本身，他们发表了大量著作与文章，探讨与研究当代资本主义社会的异化、危机、阶级、国家与社会变革问题，形成了较为系统完整的“当代资本主义理论”。

“总体革命”战略从“西方马克思主义”奠基人之一安东尼·葛兰西开始，很多“西方马克思主义者”在谈到当代资本主义社会的变革时都强调“总体革命”这一战略。他们认为现代资产阶级实行的是“总体专政”，即专政不仅表现在政治与经济方面，而且也表现在思想、文化以及日常生活各个方面。要打破这种专政，实行革命性的变革，就必须实行以“意识革命”“文化革命”即“主观革命”为先导的“总体革命”。革命政党首先要争取掌握思想与意识形态方面的“领导权”，以争取群众，唤醒被资产阶级生活方式与意识形态“异化”了的无产阶级的阶级意识与变革需求，才能夺取社会主义革命的胜利。

在涉及当代西方发达资本主义国家的变革途径与战略方面，几乎所有的“西方马克思主义者”都否定了通过正面进攻去摧毁资产阶级国家、用暴力夺取政权的列宁主义的变革模式，认为这种模式已经不适用于民主制度比较健全的西方发达资本主义国家。他们普遍主张通过民主的道路渐进地过渡到社会主义的战略。但“西方马克思主义”思潮内部的“结构主义马克思主义”流派的代表人物之一、法国当代著名的阶级与国家理论家尼科斯·普兰查斯仍支持“双重政权”战略。所谓“双重政权”战略，普兰查斯指的就是列宁主义的革命模式。在普兰查斯看来，这一革命模式的含义是：在发生革命性危机的情况时，必须在双重政权的情况下，通过正面进攻、用暴力手段去摧毁资产阶级国家政权，而代之以在革命运动中已经形成的第二种政权——苏维埃。

在“西方马克思主义”的传统中，根据对当代资本主义社会中异化普遍性的分析，也有代表人物在考虑当代资本主义社会的变革时，很重视“日常生活批判”这一战略。“西方马克思主义”思潮中的“存在主义马克思主义”流派的代表人物之一、法国著名哲学家与社会学家亨利·列菲弗尔就是其中最具代表性的一位。所谓“日常生活批判”，就是通过创造一种关于日常生活中异化形式的现象学，通过对这些异化形式——如家庭、两性关系、劳动场所、文化活动、口头和其他的交往形式、社会的相互作用制度以及意识形态中的异化形式——做精巧、丰富的描述来进行批判。

在“西方马克思主义”中，还有的代表人物主张把“结构改革”当作实现西方发达资本主义社会的变革和争取西方社会主义前景的新战略。“西方马克思主义”思潮中的“存在主义马克思主义”流派的代表人物之一安德烈·高兹就是这样的代表人物。高兹在其 1976 年出版的《艰难的社会主义》

与1980年出版的《告别无产阶级》中，曾明确地企图把社会主义理论同发达资本主义社会形态结合起来，逐步形成他的“后工业社会”的社会理论和反资本主义的“结构改革战略”。

“西方马克思主义”者大多直接生活在当代最发达的资本主义国家，他们的“当代资本主义理论”及社会变革战略是他们通过对这个社会亲身观察体验逐步提出与形成的；他们力求解释当代资本主义的新变化、新特点，探索变革这个社会的新战略、新途径。因此，从总体上来说，他们的这一理论有其积极、合理的一面。

二、资本主义向社会主义过渡的长期曲折性

“社会主义经历了一个长过程发展后必然代替资本主义。这是社会历史发展不可逆转的总趋势，但道路是曲折的。”邓小平同志这句话，既表明资本主义向社会主义过渡的必然性，也反映出这一过渡的长期曲折性。在资本主义尚处于发展之中，社会主义仍然未完全走出低谷的情况下，只有充分认识资本主义向社会主义过渡的曲折性，才能更加坚定资本主义最终必然为社会主义所替代的信心。

不可否认，由于受当时革命气氛和环境的影响，马克思主义创始人对于资本主义向社会主义过渡的历史进程，确实曾存在过比较乐观的估计。比如，马克思、恩格斯在19世纪40年代就曾预测可以首先在西欧推翻资本主义、实现社会主义。列宁在十月革命胜利之初，也对世界革命形势抱有相当乐观的态度，多次提出共产主义革命不是一天一天，而是每时每刻地成熟起来，“一切迹象表明，奥地利和意大利正处在革命的前夜，这两个国家的旧制度正在迅速瓦解……英法正在作最后的努力以保持自己的地位。他们向俄罗斯共和国猛扑过来，把资本主义的弦都要绷断了……英法帝国主义，也可

以说世界帝国主义，就要咽气了。”[1] 在共产国际成立后，列宁又指出：“第三国际即共产国际的成立是国际苏维埃共和国即将诞生的前兆，是共产主义即将在国际范围内取得胜利的前兆。”[2]

对于自己判断上的失误，马克思主义者从不回避。恩格斯在1895年为《1848—1850年法兰西阶级斗争》撰写的导言中就非常坦诚地指出：“历史表明我们也曾经错了，暴露出我们当时的看法只是一个幻想”，“历史清楚地表明，当时欧洲大陆经济发展的状况还远没有成熟到可以铲除资本主义生产的程度”。[3] 列宁也根据国际形势的变化适时地纠正了自己过去的乐观估计，“我们预言过的国际革命正在向前发展。但是，这种前进运动并不是我们所期望的那种直线运动”[4]。

（一）资本主义向社会主义过渡的长期性

在人类历史上，每一次社会形态的更迭，无不经过长期复杂、曲折反复的斗争。封建制度取代奴隶制度是这样，资本主义制度取代封建制度亦是如此。

封建社会取代奴隶社会就经历了长达上千年的时间。比如，从古罗马帝国奴隶制的衰亡到各地封建制的建立大致经历了400—900年，古埃及的封建社会取代奴隶社会则用了近1000年的时间，亚洲的中国、印度和日本，也分别用了700多年、600多年和200多年时间，才完成了奴隶社会向封建社会的更替。资本主义代替封建社会也经历了曲折反复的长期过程。从资本原始积累算起，英国过了300多年时间才最终确立资本主义制度，即便1640年英国资产阶级革命开始后，也经历了两次内战，并出现旧王朝复辟，一直到1688年，英国才确立了君主立宪制，使英国资产阶级专政稳定下来。

---

① 《列宁全集》第35卷，人民出版社1985年版，第75—76页。
② 《列宁全集》第35卷，人民出版社1985年版，第506页。
③ 《马克思恩格斯选集》第4卷，人民出版社2012年版，第382、384页。
④ 《列宁全集》第42卷，人民出版社1985年版，第40页。

法国资产阶级革命于1789年爆发后，先后经历了4次资产阶级革命，7次反法联盟的对抗，两次波旁王朝复辟，直到1875年第三共和国成立，前后经历了86年的斗争，才使资产阶级统治得以初步稳定下来。而资产阶级革命从取得政权一直到成熟，大体要经历两三百年时间。

“历史是一面镜子，它反映出了社会形态更迭无不经历长期的曲折的斗争历程这一历史规律。之所以要经过长期曲折的历程，就是因为社会制度的新旧更替，关系着对立的阶级和社会势力的生死存亡盛衰枯荣，因此必然要发生你死我活的反复较量和激烈的争斗。”① 以一种私有制和剥削制度代替另一种私有制和剥削制度的社会形态的更迭，尚且需要经历曲折和反复的长期过程，以消灭一切剥削制度和剥削阶级为己任，要在自己的发展过程中，“同传统的观念实行最彻底的决裂”② 的社会主义，更不可能毕其功于一役。

任何一种社会制度都不甘退出历史舞台，资本主义也是如此，它必然会通过各种自我调节手段，缓和其基本矛盾，延缓其有限生命。

二战以来，为了缓和其业已激化的基本矛盾和各种经济社会危机，资本主义在保持其基本制度不变的前提下，不断进行自我调整和改革。包括：在经济上采取股份制、国有制等一定的生产社会化形式，同时增强了国家对市场的宏观干预和调控；在政治领域扩大了资产阶级形式上的民主、健全了资本主义的法律体系；在社会层面，建立了比较完备的社会福利保障体系，等等。所有这些，在一定程度上避免了经济的大动荡和危机，缓解了其社会的阶级矛盾，使资本主义在二战后又获得了长期的发展。资本主义在二战后的调整和发展，表明了它仍然具有生存和发展的历史空间，决定了它向社会主义过渡将是一个漫长的历史过程。

---

① 樊期曾主编:《现代科技革命与未来社会——评两种社会制度“趋同论”》，中国人民大学出版社1993年版，第321页。

② 《马克思恩格斯选集》第1卷，人民出版社2012年版，第421页。

（二）社会主义制度取代资本主义制度的长期曲折性

资本主义在二战后出现的种种新变化、新发展表明：资本主义仍然具有自我调适、自我修复的能力，仍具有容纳和推进现代生产力的能力。“资本主义私有制这个外壳不是一种刚性体系，而是一种弹性体系，它不是当时生产社会化程度一超出它能容纳的范围时便马上破灭，而是会随着生产社会发展程度的提高而扩大自己的社会程度。”① 虽然这一弹性以及资本主义进行局部调整的能力有一定限度，但其毕竟为资本主义生产力的进一步发展提供了一定的空间，使资本主义在向社会主义过渡的过程中仍能够容纳生产力的发展。正如马克思明确指出的：“无论哪一个社会形态，在它所能容纳的全部生产力发挥出来以前，是决不会灭亡的”②。

社会主义要实现由弱到强，最终在世界范围内取代资本主义，更需要经历一个长期的历史进程。

第一，社会主义从诞生、发展，到改革、完善，直到最终战胜资本主义，要显示出其巨大优越性，需要一个很长的历史时期。尤其是，如果社会主义是在经济文化相对落后的国家首先取得胜利的，那么由于物质基础的先天薄弱，落后的社会主义国家要赶上并超越发达的资本主义国家，创造出高于资本主义的劳动生产率，在短时间内很难实现。“经济文化落后的国情决定了中国这样不发达的国家实现社会主义现代化，只能是一个由量变的积累进而部分质变的长期历史过程。我们也许能够凭借社会主义制度的优越性和人民群众的首创精神，在某个方面或领域内创造奇迹，赶上或者超过发达国家的水平，但就总体水平、整体现代化而言，其现代化不可能在短期内取得

① 仇启华、姬兵：《当代资本主义若干问题研究》，江西人民出版社 1996 年版，第 258 页。
② 《马克思恩格斯选集》第 2 卷，人民出版社 2012 年版，第 3 页。

神速的进展。”①

第二，作为一个崭新的社会制度，社会主义要靠工人阶级及其政党自己去探索，且这种探索是在同资本主义的竞争和较量中进行的，这也不可避免地加剧社会主义革命和建设的复杂性、艰巨性和长期性。一方面，社会主义国家在革命和建设过程中，没有现成的经验可资借鉴，只能从本国实际出发，在探索中不断前进。既然是探索，就难免会出现种种挫折和失误。20世纪 80 年代末 90 年代初的东欧剧变、苏联解体，在很大程度上就是由苏联、东欧国家执政党的失误造成的。另一方面，社会主义制度的诞生打破了资本主义一统天下的局面，为挽救自己灭亡的历史趋势，资本主义必然千方百计反对乃至消灭社会主义，经济上封锁、政治上制裁、意识形态上渗透，都是国际资本主义反动势力压制社会主义的手段。在两种社会制度的竞争中，资本主义目前拥有的一些优势，也对社会主义的发展构成了一定挑战，从而使社会主义取代资本主义的进程更加曲折漫长。

▶ 阅读文献

1. 仇启华:《现代垄断资本主义经济》，中共中央党校出版社 1982 年版。

2. 仇启华、姬兵:《当代资本主义若干问题研究》，江西人民出版社 1996 年版。

3. 宋涛:《当代帝国主义经济》，经济科学出版社 1988 年版。

4. 宋涛、陈耀庭:《论国家垄断资本主义》，安徽人民出版社 1992 年版。

5. 肖枫:《两个主义一百年》，当代世界出版社 2000 年版。

6. 李琮:《当代资本主义的新发展》，经济科学出版社 1998 年版。

① 李会滨:《社会主义：20 世纪的回顾和前瞻》，华中师范大学出版社 1999 年版，第 300—301 页。

7. 韩玉贵、张宗斌：《当代资本主义概论》，山东大学出版社 2000 年版。

8. 蔡中兴：《当代帝国主义理论》，生活·读书·新知三联书店 1992 年版。

9. 述弢、王尊贤等译：《戈尔巴乔夫回忆录》，社会科学文献出版社 2003 年版。

10. [美] 保罗·肯尼迪著，王保存、王章辉等译：《大国的兴衰》（上、下），中信出版社 2013 年版。

11. [法] 德里达著，何一译：《马克思的幽灵：债务国家、哀悼活动和新国际》，中国人民大学出版社 2016 年版。

12. 杜攻：《转换中的世界格局》，世界知识出版社 1992 年版。

13. 张世鹏、殷叙彝：《全球化时代的资本主义》，中央编译出版社 1998 年版。

14. 陈耀庭、巫宁耕：《现代资本主义市场经济运行机制》，军事科学出版社 1995 年版。

15. 徐崇温：《西方马克思主义》，天津人民出版社 1982 年版。

16. 徐崇温：《全球问题和“人类困境”——罗马俱乐部的思想和运动》，辽宁人民出版社 1986 年版。

17. 徐崇温：《西方马克思主义理论研究》，海南出版社 2000 年版。

18.《国外社会科学》编辑部：《当代西方思潮》，社会科学文献出版社 1988 年版。

19. 颜鹏飞、刘会闯：《当代资本主义再认识：当代资本主义基本矛盾的新解读》，《理论学刊》2013 年第 9 期。

20. 王晓方：《从技术批判到社会批判的转向——马尔库塞的资本主义制度生态学批判》，《陕西师范大学学报》（哲学社会科学版）2012 年第 5 期。

21. 陈硕、李乾坤：《马克思主义哲学如何面对资本主义的最新变化？——“第三届当代资本主义研究国际学术研讨会”综述》，《哲学研究》2012 年第 3 期。

22. 陈学明:《资本主义所存在的种种弊端根源于资本主义制度本身吗?——左翼思想家的回答》,《社会科学家》2007 年第 5 期。

23. 李青宜:《西方马克思主义关于发达资本主义向社会主义过渡的战略》,《科学社会主义》2007 年第 1 期。

24. 罗文东:《新科技革命与资本主义、社会主义》,《江汉论坛》2006 年第 7 期。

▶ 相关概念

国家垄断资本主义	滞胀	新科技革命	反资本主义的结构改革
结构性失业	生产集约化	无政府主义	

▶ 本章思考题

1. 当代资本主义的基本矛盾是什么?表现在几个方面?

2. 西方马克思主义者对资本主义新情况、新特点的分析给你带来了哪些启示?

3. 第二次世界大战爆发的根源是什么?

4. 当代资本主义向社会主义过渡的方式和途径中哪种途径更为合适?并陈述理由。

5. 西方马克思主义认为发达资本主义向社会主义过渡的战略有哪些?

6. 世界资本主义的三道裂痕是什么?

7. 马克思断言“资本主义必然灭亡”,你是如何理解的?

8. 请说出资本主义发展的局限性。

9. 资本主义与社会主义有同一性吗?

10. 请阐述对斯大林模式的理解。

后　记

承担本书写作任务的是：王换（第一章）、樊晓燕（第二章第一节、第二节）、张紫君（第二章第三节）、高香香（第三章）、贺升杰（第四章）、李超阳（第五章）、骆荣（第六章）、邓江楠（第七章）。

刘儒设计了全书的总体思路、研究内容和研究方法，并对全书进行了审查定稿。樊晓燕具体负责全书著述过程的组织工作；王换、贺升杰、李超阳分别在不同阶段主持了对书稿的讨论和修改工作，承担了统稿、审查格式、校订和文字编辑等任务。王换、高香香、贺升杰、李超阳、骆荣、邓江楠全程参与了文献检索、资料汇编等工作。

本书的基础是刘儒承担的研究生课程——当代资本主义专题研究的讲义，受到西安交通大学研究生院课题——当代资本主义专题研究的资助，在此我们表示衷心的感谢。

刘　儒

2020 年 3 月